CB080313

EXECUÇÃO PROVISÓRIA DA SENTENÇA PENAL

EXECUÇÃO PROVISÓRIA DA SENTENÇA PENAL

2021

Carlos Augusto da Silva Moreira Lima

ALMEDINA

EXECUÇÃO PROVISÓRIA DA SENTENÇA PENAL
© Almedina, 2021
AUTOR: Carlos Augusto da Silva Moreira Lima

DIRETOR ALMEDINA BRASIL: Rodrigo Mentz
EDITORA JURÍDICA: Manuella Santos de Castro
EDITOR DE DESENVOLVIMENTO: Aurélio Cesar Nogueira
ASSISTENTES EDITORIAIS: Isabela Leite e Larissa Nogueira

DIAGRAMAÇÃO: Almedina
DESIGN DE CAPA: FBA

ISBN: 9786556272634
Agosto, 2021

Dados Internacionais de Catalogação na Publicação (CIP)
(Câmara Brasileira do Livro, SP, Brasil)

Lima, Carlos Augusto Silva Moreira
Execução provisória da sentença penal / Carlos Augusto Silva Moreira Lima. -- 1. ed. -- São Paulo : Almedina, 2021.

ISBN 978-65-5627-263-4

1. Direito 2. Execução provisória 3. Sentenças (Processo penal) I. Título.

21-67051 CDU-347.952.6(81)

Índices para catálogo sistemático:

1. Brasil : Execução provisória da sentença : Processo civil 347.952.6(81)

Aline Graziele Benitez - Bibliotecária - CRB-1/3129

Este livro segue as regras do novo Acordo Ortográfico da Língua Portuguesa (1990).

Todos os direitos reservados. Nenhuma parte deste livro, protegido por copyright, pode ser reproduzida, armazenada ou transmitida de alguma forma ou por algum meio, seja eletrônico ou mecânico, inclusive fotocópia, gravação ou qualquer sistema de armazenagem de informações, sem a permissão expressa e por escrito da editora.

EDITORA: Almedina Brasil
Rua José Maria Lisboa, 860, Conj.131 e 132, Jardim Paulista | 01423-001 São Paulo | Brasil
editora@almedina.com.br
www.almedina.com.br

Dedico, primeiramente, essa obra às pessoas responsáveis pela formação do meu caráter, meus pais, Bento e Beth, e aos meus amigos de infância, irmãos de qualquer hora.

Agradeço ao meu orientador Andre Ribeiro Giamberardino, pela condução do estudo, e às membras da Banca de Defesa de Dissertação, Professoras Erika de Oliveira Hartmann e Clara Maria Roman Borges, por lançarem luzes sobre questões fundamentais ao desenvolvimento do tema.

Agradeço, ainda, aos meus colegas da Defensoria Pública do Paraná, local de onde emanaram laços estreitos de amizade, e, especialmente, aos amigos Henrique de Almeida Freire Gonçalves, Ricardo Menezes da Silva, que dedicaram um pouco de seu tempo para contribuírem com o aprimoramento dessa obra; sem olvidar da menção ao meu assessor, Edison Dutra Junior, que permitiu que o cumprimento dos prazos editoriais não deixasse a descoberto os prazos processuais.

Por fim, dedico a obra a minha esposa, Ellen Balassiano, por me acompanhar nessa caminhada há muito tempo, e, hoje, carregar em seu ventre o fruto do nosso amor - ainda sem divulgação, sem que sequer saibamos o sexo, ou tenhamos definido seu nome. Que venha com muita saúde!

O Autor
Curitiba, Dia da Mães, 11ª Semana de Gestação,
09 de maio de 2021.

SUMÁRIO

INTRODUÇÃO 9

1.1 Delimitação do tema 12

1.2 Fundamentação téorica 14

1.3 Metodologia 15

1.

TEORIA DOS PRECEDENTES NO PROCESSO PENAL 17

1.1 Justificativa histórica de surgimento das tradições jurídicas e a natural aproximação da *common law* e *civil law* 17

1.2 O que *stare decisis* e *common law* guardam de identidade? 24

1.3 Dos fundamentos para adoção *stare decisis* 27

1.4 Óbices à adoção do precedente 31

1.5 Pensando o direito a partir da crítica 36

1.6 Formação do conceito de precedente 37

1.7 Técnicas de superação e revisão dos precedentes 43

1.8 Da aplicabilidade da teoria dos precedentes ao processo penal 47

2.

EFICÁCIA TEMPORAL DOS PRECEDENTES NO PROCESSO PENAL 51

2.1 Pressupostos da norma jurídica alinhados a teoria dos precedentes 51

2.2 Sucessão legislativa como enredo da solução de conflito da sucessão normas jurídicas no tempo 54

2.3 Regra da aplicação imediata da Lei Processual Penal 56

2.4 Classificação da norma jurídica quanto à inovação 69

3.
DESCREVENDO O CONTEXTO DA PRISÃO APÓS CONDENAÇÃO EM SEGUNDA INSTÂNCIA 73
3.1 Populismo judicial penal 78
3.2 As cartas políticas brasileiras e a presunção de inocência 81
3.3 A linha do tempo e a jurisprudência do Supremo Tribunal Federal 85
3.4 Confronto de teses: vedação ou não à execução provisória de pena após esgotamento das instâncias ordinárias. 88
3.4.1 Campo teórico 88
3.4.2 Campo do senso comum 91
3.4.3 Campo jurisdicional 94
3.4.3.1 Prospecto da execução provisória da pena em 2019 103
3.5 Da repercussão da decisão no controle objetivo de constitucionalidade 107
3.6 Campo político: a "quinta" instância decisória 109
3.7 Prognóstico de reversão da decisão acerca da prisão em 2ª instância pelo parlamento: projetos de Lei, Propostas de Emenda Constitucional e o Pacote Anticrime 112

CONCLUSÃO 121

REFERÊNCIAS 125

ANEXO 1 – *HABEAS CORPUS* 126.292/SP 133
ANEXO 2 – *HABEAS CORPUS* 84.078-7/MG 237

INTRODUÇÃO

Ao tomar para si o monopólio da jurisdição, o Estado, igualmente, carreou o dever de entrega da resposta jurisdicional definitiva para solução de uma crise jurídica e garantia da pacificação social.

O acertamento do fato proveniente das disputas deve ocorrer dentro da moldura do devido processo legal, o que impõe a realização de atos correspondentes à ciência bilateral, ao tempo para a elaboração da defesa, ao exercício do direito à impugnação e produção de provas, a oportunidade de revisão integral da decisão, atos sucessivos que naturalmente demandam tempo para sua realização. Após todo esse ritual, há de se definir a regra a ser aplicada, sua extensão, seus efeitos, de modo que o Estado, na qualidade de terceiro desinteressado, garanta a convivência de liberdades de todos, e, para, haver efetiva definitividade, sua atuação não pode privilegiar ninguém, pautando-se regras universalizáveis e racionais.

De um lado, a revisão retrospectiva dos fatos para julgamento, que não permite soluções instantâneas; de outro, o aumento geométrico das populações e relações sociais, que contribuem – em especial numa amostra que envolve diversas faixas etárias – para o aumento do número de conflitos – e de processos –, impondo o incremento do número de juízes e maiores pressões por eficiência e celeridade.

Para tornar tudo mais complexo, o parâmetro decisório – que no auge da *Civil Law* se pautava no mito da completude das leis –, revela-se cada vez mais insuficiente, pois a norma não mais se extrai de uma simples intepretação, a partir da influência do pós-positivismo e do constitucionalismo, exigindo-se, por conseguinte, uma operação mais elaborada; ao passo em que, os anseios por celeridade, reclamam a não realização de operações desnecessárias. Assim, guardada a mesma matéria-prima (fatos), não se deve repetir o enfrentamento de todas etapas da formação da norma judicial, a menos que o material elementar se altere.

No âmbito penal, por lidar com o bem liberdade individual, o conhecimento da proscrição é fundamental para exercício da individualidade. O parâmetro legal, escrito – afora suas dúvidas interpretativas – agora se pauta em cláusulas abertas e princípios, o que esbarra na noção de segurança jurídica e no basilar princípio de que o cidadão pode fazer tudo que não é proibido ou deixar de fazer tudo que não é obrigado.

Violada a norma de conduta penal, cabe a definição pelo Estado, em reconhecido o delito, da quantidade de sanção adstrita ao âmbito poder de punir, bitolada por uma sentença condenatória. Nesse título, revela-se que a censura no campo penal tem a pena de prisão como principal instrumento.

O aumento da criminalidade – sem qualquer carga valorativa – tende a expandir com o crescimento populacional – sobretudo numa sociedade multietária e com altos níveis de desigualdade social – e, de outro giro, tem-se a pressão por celeridade, em especial no campo penal, em razão do prazo prescricional, que – embora conte com várias hipóteses de interrupção – constitui um obstáculo à realização do acertamento e a execução.

Confrontam-se, portanto, os ideais segurança jurídica e de eficiência. De algum modo, busca-se satisfazer o coletivo social pela execução da expectativa criada, primeiro, pelo alarde dos meios de comunicação, depois pelos julgamentos monocráticos sujeitos a recursos, sendo certo que, no campo penal, é impossível o retorno ao *status quo* proveniente da supressão da liberdade individual.

Não é por outra razão que o tema da execução provisória da sentença penal condenatória retorna ao cenário. A jurisprudência do Supremo Tribunal Federal que foi alterada em 2009 – Habeas Corpus (HC) 84.078 – prevendo a impossibilidade de execução da sentença antes do trânsito em julgado da sentença penal condenatória – que parecia sedimentada – modificou-se no ano de 2016, a partir do julgamento do HC n. 126.292, para permitir a execução provisória após encerramento da discussão da matéria fático-probatória.

A então superada orientação se pautava na literalidade do dispositivo constitucional, na irreversibilidade dos efeitos da execução provisória, bem como nos problemas correlacionados ao incremento da população carcerária e na inconstitucionalidade do sistema prisional brasileiro. A nova orientação apresenta-se com uma roupagem de "releitura" do garantismo, com enfoque integral, que se projeta não só nos investigados/acusados, mas também na sociedade através da influência de bandeiras genéricas como a de combater à impunidade e em prol da prisão de corruptos, fiando-se na baixa taxa de sucesso de recursos, como sustentação da execução provisória da pena. Há pouco tempo, tal concerto de argumentos constituía-se da concretização do princípio da proporcionalidade com enfoque na vedação à insuficiência penal.

Em que pese a familiaridade do constituinte com a expressão "trânsito em julgado" desde a Constituição de 1891, o caldo político, jurídico e social, além do acirramento político partidário impõem a definição pelo Poder Judiciário do marco temporal da execução de penal, em especial diante do advento do acórdão confirmatório da sentença penal condenatória de um ex-Presidente da República.

Infelizmente, no imaginário social, a tese jurídica fica relegada a segundo plano em torno das disputas apaixonadas, por predileções partidárias, e a decisão individual se tornou mais relevante do que a decisão em sede abstrata para fins de definição de uma padrão decisório compatível com o ideal de segurança jurídica perseguido.

A opinião pública, as pautas midiáticas e políticas e o mundo acadêmico reclamam detalhada investigação sobre o tema, razão pela qual buscamos dar nossa singela contribuição científica para interpretar o cenário em voga, permeado por um aproveitamento da publicidade da celeuma para ganhos eleitoreiros pelo legislador ordinário, em especial no contexto do populismo penal, bem como sob o aspecto da reação política à atuação contramajoritária do judiciário em defesa dos direitos fundamentais. Sobretudo porque pretendemos analisar o tema num segundo estágio, qual seja, da segurança jurídica, da legalidade e da proteção da confiança. Nesse ponto, vale lembrar que o princípio da colegialidade, que se traduzia no ideal de estabilidade da jurisprudência da Corte Suprema foi lançado como fundamento para impedir a superação do precedente no HC do caso Lula.

Ademais, a existência de diversos projetos para reforma processual penal e constitucional, no que dizem respeito à disciplina da questão da execução provisória – e a entrada em vigência do Pacote Anticrime –, são sintomas da instabilidade do precedente, mas também da atualidade da discussão.

Assim, pretende-se, independentemente da confirmação ou não da decisão em sede de controle abstrato de constitucionalidade pelo Supremo Tribunal Federal – Ações Declaratórias de Constitucionalidade n. 43 e 44 –, ou de posterior reforma constitucional, por força da atuação do Poder Constituinte Derivado, investigar em que medida a modulação dos efeitos da decisão admitindo ou não a execução provisória da pena em 2ª instância se faz indispensável à proteção da segurança jurídica, relativamente a cognoscibilidade, estabilidade, coerência e efetividade.

Os objetivos específicos são: a) apresentar os dois grandes sistemas de direito contemporâneos, bem como se posicionar acerca do papel do judiciário nesses dois sistemas; b) traçar os principais fundamentos capazes de sustentar a adoção de um sistema de precedentes; c) conceituar precedentes e definir o processo de elaboração do precedente; d) distinguir o precedente de figuras afins; e) definir se a teoria dos precedentes judiciais pode ser aplicada ao processo penal; f) verificar se a estabilidade é fundamento capaz de impedir a superação do precedente (STF. HC 152.752.); g) verificar se o precedente judicial em âmbito penal possui algum paralelismo com a legislação, no que concerne ao princípio da legalidade; princípio da proteção da confiança; e a *vacatio legis;* h) buscar distinguir os regimes diferenciados de incidência do princípio da legalidade segundo a natureza jurídica das normas penais e processuais; i) identificar os argumentos de cada uma das decisões paradigmáticas relativas à presunção de inocência (HC 84.078 e HC 126.292) e analisar se as decisões paradigmas podem ser consideradas precedentes; j) apontar as dificuldades encontradas no seio da sociedade para a definição, bem como a conduta das autoridades com poder decisório, que fomentam o populismo penal e o *backlash*; l) definir se a decisão do Supremo Tribunal Federal a respeito da constitucionalidade da execução da pena de prisão em segunda instância deve se submeter a modulação temporal de seus efeitos.

Com esses elementos, pretende-se constatar as seguintes hipóteses: i) independentemente da posição a ser definida pelo Supremo – agora ou após controle de constitucionalidade das propostas levadas a cabo pelo Poder Constituinte Derivado, se a modificação de entendimento representa potencial risco de violação ao princípio da confiança, exigindo parcimônia na aplicação imediata do novel entendimento; ii) se a ausência de rigor na aplicação da teoria dos precedentes é capaz de abalar o papel do Supremo Tribunal Federal na qualidade de intérprete final da Constituição.

1.1 Delimitação do tema

A temática será analisada sob a ótica Penal, Processual Penal e Constitucional.

Inicialmente, pretendia-se pesquisar se os recursos extraordinários seriam o maior fator de impunidade do processo penal brasileiro, por conta da ocorrência das prescrições. Ocorre que o Conselho Nacional de Justiça (CNJ)[1] e Tribunal de Justiça do Estado do Paraná(TJPR)[2] não possuem a precisa catalogação e classificação do número de processos criminais em que foi interposto algum dos recursos extraordinários e a prescrição tenha se dado durante o trâmite nas Cortes Constitucionais, o que demandaria aguardar o transcurso de relevante tempo de pena e, portanto, impedia que a pesquisa pudesse ser realizada durante o período do mestrado.

A abordagem será feita na sociedade brasileira no bojo do regime democrático instaurado a partir de 1988, que persiste até hoje, e dada a abrangência territorial do Supremo Tribunal Federal não se debruçará sobre nenhuma circunstância singular de algum juízo ou região.

Partimos da convicção de que a violência urbana está inserida no nosso cotidiano, influenciada pelo alto grau de desigualdade social, e, por outro lado, que o sistema carcerário está em crise – conforme a Ação de Descumprimento de Preceito Fundamental (ADPF) n. 347-, por desequilíbrio na equação investimento/censura.

O contexto político e social será apresentado para ilustrar a repercussão e relevância da discussão quando ingressa no seio jurídico.

Quanto ao conceito de "execução provisória de pena", este sempre se compreendeu associado à execução da pena em favor do réu no bojo da tramitação dos recursos (Enunciados 715 e 716 do Supremo Tribunal Federal) para garantia da isonomia. No entanto tal expressão foi apropriada pelos partidários da execução antecipada, como se pudesse haver um mero paralelismo entre a execução em favor do réu e a autorização para a aplicação da pena antes do trânsito em julgado da sentença condenatória. Por tal reverberação, justifica-se a opção do título da presente pesquisa.

No campo da organização judiciária, esclareceremos que a referência à "instâncias", não está pautada na quantidade de vezes em que o debate do material fático-probatório ocorre; mas em razão da quantidade de órgãos que avaliaram as questões de fato e/ou exclusivamente de direito, desconsiderando a possibilidade de existência de réus com prerrogativa de foro. Assim sendo, trabalha-se com 4 (quatro) instâncias judiciais: Juízo monocrático em 1º grau, Juízo colegiado no âmbito dos Tribunais de Justiça/Tribunais Regionais Federais, Juízo no Superior Tribunal de Justiça e Juízo no Supremo Tribunal Federal.

[1] Refiro me a pedido de informações formulado por e-mail no Protocolo de nº 523906

[2] Procedimento sob o n. SEI 0012939-72.2019.8.16.6000, de solicitação de acesso ao banco de dados.

Quanto às iniciativas legislativas que pretendem disciplinar a questão da execução provisória da pena, mesmo após diversas manifestações do Supremo Tribunal Federal, indispensável, ao menos, inserir a análise do Pacote Anticrimes (Lei n 13.964/2019) no contexto da instabilidade do precedente, mesmo que não seja objeto da presente pesquisa o aprofundamento do instituto do júri e a correlata garantia da soberania dos vereditos. ·

Por fim, os elemetos textuais trazidos em anexo tem por escopo permitir ao leitor a fácil verificação da conclusão do autor a partir da leitura das decisões dos HCs n. 84.078 e 126.292, fundamentos essenciais à compreensão e consolidação do precedente nas ADCs 43, 44 e 54.

1.2 Fundamentação téorica

Iniciaremos a pesquisa com o resgate histórico das bases do *civil* e *common law* a partir de David e Grossi, ingressando nos fundamentos para adoção e formação do conceito de precedente com auxílio de Tucci e Marinoni, sem olvidar das críticas de Streck.

Sobre a aplicação da teoria dos precedentes ao Direito Processual Penal, fundamental passar por Grinover, Lopes Jr. e Coutinho; bem como a proposta de Didier sobre a desconhecida teoria geral do processo.

Quando estabelecemos o paralelo entre a norma jurídica legislativa e a norma judicial, recordaremos das lições de Ávila acerca da segurança jurídica e a necessária proteção à confiança.

A pesquisa, no campo penal, revisitará o garantismo de Ferrajoli e seus axiomas, analisará as normas prescritivas da conduta de tratamento com relação aos acusados e como a marcha processual deve se desenvolver, explorando a inventividade do "novel" garantismo penal integral, sobretudo porque coincide com antigas lições de Canaris, Sarlet e Streck.

A presunção de inocência será definida a partir de Antônio Magalhães Gomes Filho, na medida em que a adoção do princípio representa uma opção evidente por uma concepção de processo penal em que a liberdade, igualdade e a dignidade humana são tidas como valores centrais do sistema.

A contextualização será realizada no campo teórico, do senso comum e jurisdicional, e as repercussões serão assimiladas à luz do populismo penal e da reação parlamentar à decisão do Supremo Tribunal Federal.

O controle de constitucionalidade e modulação dependerão da revisão bibliográfica de autores com Mendes, Canotilho, Capelletti, em especial sobre a modulação dos efeitos, revisaremos as lições de Derzi e Ataíde Júnior.

A fundamentação da modulação do efeitos será reforçada a partir da imersão na doutrina de caráter penal, debatendo sobre a natureza da norma consistente na execução antecipada do acórdão penal condenatório, expondo a visão de Grinover, Tourinho Filho e Marques, fazendo o diálogo com Queiroz e Vieira e Cirino.

Por fim, analisaremos a decisão do Supremo Tribunal Federal, mais especificamente os votos dos Min. Luís Roberto Barroso e José Antônio Dias Toffoli, depurando-se os dados levantados e os elementos contidos em seus discursos a par do desempenho independente da função jurisdicional, no contexto do populismo penal, apresentado por Gomes, Gazoto e Pratt, além de investigar o cenário após decisão, sobre à reação legislativa, conforme lições de Marmelstein.

1.3 Metodologia

A pesquisa é qualitativa e bibliográfica, pois revisitará a doutrina acerca das mais famosas tradições jurídicas, para enfrentar o tema da possibilidade de aplicação da teoria dos precedentes na seara processual penal.

O método adotado foi documental, na medida em que se fez necessário traçar a linha do tempo por conta da sucessão de entendimentos, oportunidade em que se sintetizará os mais importantes fundamentos de cada uma das decisões que estabeleceram os precedentes sobre o tema.

No campo político-social, analisaremos o período de véspera da promulgação da Constituição de 1988, através dos anais da Constituição; e nos períodos ao em torno da decisão do HC 84.078 em 2009 e HC 126.292, em 2016. Para ilustrar, traremos notícias de veículos de comunicação como Jornal O Globo, Estadão, CBN, entre outros; bem como analisaremos dados do Departamento Penitenciário (DEPEN).

No campo jurídico, as decisões do Supremo Tribunal Federal serão o alvo de análise, bem como as reações ocorridas no legislativo ao apresentarem propostas de modificação legislativa e constitucional contra a decisão do controle concentrado de constitucionalidade.

As críticas a cada um dos entendimentos – e a notória instabilidade no tema – serão feitas para esclarecer que ambas posições possuem lógica e coerência com determinadas premissas, por si sós, capazes de tornar compreensível o processo de decisão, bem como estabelecer justificativa para a ocorrência do interminável debate e reação no campo social e político.

A modulação dos efeitos será analisada sobre os fundamentos dos diversos campos e sobretudo por pairar desconfiança acerca da possibilidade de consolidação de qualquer um dos entendimentos sobre a possibilidade ou não da execução antecipada da sentença penal condenatória.

1.
TEORIA DOS PRECEDENTES NO PROCESSO PENAL

1.1 Justificativa histórica de surgimento das tradições jurídicas e a natural aproximação da *common law* e *civil law*

O ponto de partida da presente pesquisa é a comparação entre as tradições jurídicas ocidentais da *common law* e *civil law*. Visando a melhor compreensão do tema posto em tela, se faz necessário um breve resgate histórico, bem como de uma investigação acerca dos motivos culturais e sociais que fundamentaram o surgimento das tradições jurídicas ocidentais d*a common law* e *civil law* em um certo ordenamento jurídico. De plano, há de se reconhecer que essas duas tradições não são os únicos sistemas jurídicos do mundo contemporâneo[3] e que sequer podem ser compreendidos como uma massa uniforme em cada uma das espécies.

Cabe ressaltar que as tradições *common law* e *civil law* são sistemas notoriamente diferentes, tendo em vista os seus aspectos histórico-políticos de formação do Estado, sustentados por um discurso legitimador para atender aos anseios de segurança jurídica da sociedade à época, em que a variante fundamental está na posição da magistratura no direito inglês e francês.

O modelo do *civil law* é definido por Reale nos termos a seguir:

> Caracteriza-se pelo primado do processo legislativo, com atribuição de valor secundário às demais fontes do direito. A tradição latina ou continental (*civil law*) acentuou-se especialmente após a Revolução Francesa,

[3] David (20014, p. 26-28) destaca a existência de uma terceira família: a dos direitos socialistas; bem como direitos mulçumano, hindu judaico e africano, nominados de não ocidentais, em que o direito é compreendido de modo peculiar, ou não é chamado a desempenhar a mesma função que o ocidente.

> quando a lei passou a ser a única expressão autêntica da nação, da vontade geral, tal qual verificamos na obra de Rosseau, Du contrat social. (REALE, 2002, p. 141)

Na França, no período pré-revolucionário, os magistrados faziam parte da aristocracia, e seus cargos eram comprados ou herdados, sendo certo que os juízes agiam de modo a negar a aplicação da lei, segundo seus interesses individuais. Diante disso, a revolução pretendeu a fundação de um "direito novo", em que o magistrado deveria ter seus poderes limitados à declaração da lei. Do outro lado, a Revolução Inglesa pretendeu vencer longa luta contra o absolutismo real, na qual os magistrados sempre se portaram ao lado do Parlamento contra o monarca, o que lhe conferia uma "reforma" mais tímida, de características nitidamente conservadoras.

Assim, o discurso legitimador do novo direito francês se pautava na segurança jurídica conferida pela lei[4], segundo David (2014, p. 114); enquanto, no direito inglês, nos costumes do povo, que eram declarados pelo magistrado e serviriam de base para o Parlamento definir o direito comum, sempre como norte o controle do monarca.

A respeito do surgimento do sistema romano germânico René David aduz:

> Esta família se formou sobre a base do direito romano. As regras de direito são concebidas nestes países como sendo regras de conduta, estreitamente ligadas a preocupações de justiça e de moral. (...) A partir do século XIX, um papel importante foi atribuído, na família romano-germânica, à lei; os diversos países pertencentes a esta família dotaram-se de "códigos. Uma outra caraterística da família romano-germânica reside no fato de esses direitos terem sido elaborados, antes de tudo, por razões históricas, visando regular as relações entre os cidadãos; os outros ramos do direito só mais tardiamente e menos perfeitamente foram desenvolvidos, partindo dos princípios do "direito civil", que continua a ser o centro por excelência da ciência do direito. (DAVID, 2014, p. 23)

A dicotomia existente entre as tradições ocidentais romano-germânico e anglo-saxã se baseia em dogmas ligados, na primeira tradição, à lei como a única fonte do direito – papel descartado relativamente à jurisprudência – e,

[4] Os códigos tinham realizado a "perfeição da razão" e eram considerados o meio mais seguro de chegar a solução de justiça, de conhecer o direito, bastando a simples exegese.

na segunda a fonte, os precedentes judiciais. Enquanto a experiência inglesa fundava-se na ideia de que juízes eram "oráculos do Direito", a experiência francesa concebia os juízes como seres inanimados, de forma que o Direito era produto fornecido ou pelo juiz ou pelo legislador, segundo Mitidiero (2018, p.27).

A *civil law* descende da atuação que o Direito Romano desempenhou sobre os países da Europa Continental e suas colônias, haja vista a passagem concedida pelo direito local aos princípios do Direito Romano que resultou na elaboração de códigos, leis e constituições[5].

Segundo Grossi (2006, p. 52), a codificação serviu de instrumento de controle e vinculação do poder político, pois importa na estatalidade do direito, mesmo na seara civilista; razão pela qual o Estado despontou como único ente capaz de [...] "transformar em jurídica uma norma estatal", situando o direito unicamente como voz do Estado.

De outro lado, quando se persegue a origem do termo *common law*, verifica-se decorrer do "direito comum" da Inglaterra, pois estabeleceu-se a partir da consolidação dos Tribunais de Westminster, onde suas decisões vinculavam a totalidade do território (DAVID, 2014, p. 359). Nesse ponto, destaca-se, diferentemente da *civil law*, que o direito comum era estabelecido pelos juristas, com olhos voltados ao desenvolvimento do direito segundo as necessidades da sociedade em crescimento. (GROSSI, 2006, p. 55-56).

Ainda hoje, debate-se sobre a natureza da atuação judicial no pronunciamento da decisão. Importante notar que a teoria declaratória do direito servia, inicialmente, numa tradição para legitimar a atuação do judiciário – *common law* –, pois os juízes atuavam como declaradores do direito comum; e, na outra, para negá-la – *civil law*, pois o judiciário limitava-se a expressar taxativamente o comando legislativo, controlando os julgadores.

A tradição romano-germânica também teve papel fundamental de sustentar na Europa Continental a natureza declaratória, na medida em que, na visão de Montesquieu, o Judiciário não teria outra atribuição senão declarar a vontade do legislador.

Aderir a natureza declaratória do direito guarda em si uma mística de cunho messiânico, na medida em que certa pessoa teria o papel de revelação do direito, algo que se mostra superado na transição do medievo para a modernidade. Por tal motivo, a criação do direito deve ser entendida como

[5] Para David (2014, p.25-26) a colonização e a codificação destacam-se como principais fatores para ampliação da *civil law* além do território do império romano, tendo alcançado inclusive o Brasil.

ato intencional e artificial, característico da natureza constitutiva do papel do judiciário.

É certo que também houve disputa entre a natureza declaratória ou constitutivo, como relata Blackstone[6] (1915, p.69) em oposição a Bentham e Austin (1875)[7], no próprio nascedouro d*a common law*. Contudo, pode-se dizer que ambas as tradições passaram a reconhecer a teoria constitutiva do direito[8]. No direito inglês, quando a *House of Lords* passou a permitir a revogação[9] de seus próprios precedentes e no direito americano, desde *Lochner v New York* em 1905[10] (MELLO, 2008, p. 241), e na tradição romano-germânica quando da influência do pós-positivismo e constitucionalismo[11], em que a legislação já não era suficiente para disciplinar as relações sociais.

[6] De acordo com Blackstone: "(a) Precedents.— But here a very natural, and very material, questionarises: how are these customs or maxims to be known, and by whom is their validity to be determined? The answer is, by the judges in the several courts of justice. They are the depositaries of the laws ; the living oracles, who must decide in all cases of doubt, and who are bound by an oath to decide according to the law of the land. Their knowledge of that law is derived from experience and study; from the "viginti annorum lucuhrationes" (the lucubrations of twenty years), which Fortescuen mentions; and from being long personally accustomed to the judicial decisions of their predecessors. And indeed these judicial decisions are the principal and most authoritative evidence, that can be given, of the existence of such a custom as shall form a part of the common law.

[7] Destaca-se no contexto: I cannot understand how any person who has considered the subject can suppose that society could possibly have gone on if the judges had not legislated, or that there is any danger whatever in allowing them that power which they have in fact exercised, to make up for the negligence or the incapacity of the avowed legislator. That part of the law of every country which was made by judges has been far better than part which consists of statutes enacted by the legislature.Province of Jurisprudence.

[8] Segundo Marinoni (2016, p. 69-70), a disputa entre a natureza declaratória ou constitutiva do ato judicial é retratada também no embate doutrinário de Hebert Hart – que afirma a natureza constitutiva – e Ronald Dworkin. – que a nega. Marinoni afirma que Dworkin seria um dos integrantes de um poderoso pensamento engajado em negar a natureza positiva do procedente por visão interpretativa, com a reinserção da teoria declaratória com roupagem contemporânea.

[9] O Practice Statement 1966 autorizou a *House of Lords* a fazer uso da superação de seus próprios precedentes.

[10] Lochner v New York, 198 U.S. 45 (1905).

[11] Para efeito de definir Constitucionalismo, encontramos nas lições de Canotilho (2017, p. 52) a ideia de uma série de movimentos que inventaram uma ordenação e fundamentação do poder político, em especial a partir da técnica de limitação do poder com fins garantistas. Ainda no contexto o Neoconstitucionalismo, a partir da experiência do pós 2ª Guerra Mundial, é a fase em que a constituição não somente se apresenta como protagonista formal do movimento, mas também se posta em posição de centralidade, superioridade e imperatividade para efetiva concretização dos direitos fundamentais ali referidos, pois a Constituição adquire um valor em si, aproximando-se o Direito da Moral, da Ética e Justiça como paradigma interpretativo. Barroso, Nova Hermenêutica e da Teoria dos Direitos Fundamentais. (BARROSO, 2002, p.27). A esse marco-filosófico

Em que pese a divisão acadêmica, mesmo no passado, não se vislumbrava uma radical dicotomia entre as tradições, na medida em que, por exemplo, a Corte de Cassação Francesa podia considerar inválida uma lei. Assim, haveria uma espécie de modificação da "declaração" judicial do direito. Ainda que se olvide da discussão quanto à natureza jurídica da Corte de Cassação Francesa[12], tem-se que um ato não parlamentar superava a legislação (MARINONI, 2016, p.13). De outro turno, a tradição anglo-saxã, antes somente baseada nas decisões judiciais, acabou por adotar uma Constituição Escrita nos Estados Unidos e, hoje, a própria Inglaterra possui intensa produção legislativa.

Sustenta-se, assim, um movimento de aproximação entre as tradições como se fosse fruto de um ato intencional, entretanto a artificialidade está justamente na rígida concepção da distinção entre os sistemas. Apesar desta aproximação não ter iniciado nos dias atuais, é possível observar o seu elevado crescimento hodiernamente.

Para Mancuso (2019, p. 9), a divisão entre as famílias jurídicas do *civil law* e *common law* que preponderou por décadas está enfraquecendo, tendo em vista "[...] certas intercorrências contemporâneas, tais como a globalização (das sociedades, da economia, das culturas); a recepção e mútua implicação de modelos jurídicos" entre os países e a celebração de normativas multinacionais, sob a égide da reciprocidade.

Por outro lado, Zaneti Jr afirma que:

> a ausência de autonomia metodológica entre *common law e civil law*, pois não se deve comparar a interpretação/aplicação de lei com a de um precedente, de modo que os sistemas estão se aproximando não pelo predomínio do método indutivo da primeira tradição e dedutivo da segunda tradição, mas sim pela técnica decisória, que aplica a norma-lei ou norma- precedente por analogia ou dedução. (ZANETI JR, 2016. P.348-350)

– nominou-se de pós-positivismo, cujos instrumentos são a normatização dos princípios, a expansão da jurisdição constitucional, a partir da atuação contramajoritária judicial na proteção dos direitos fundamentais, e da nova hermenêutica, não mais limitada a mera subsunção. Assim, o judiciário é chamado a tutelar os direitos fundamentais e a calibrar as normas jurídicas criadas pelo legislador sempre com o mote no viés moral do direito em prol da preservação das vontades majoritárias em compatibilidade com a preservação das minorias.

[12] Em que pese nominada de Corte não se situava no plano do Poder Judiciário, fazendo crer na natureza de ato político.

Nesse contexto, ambas as tradições jamais foram puras, muito embora, para fins de estudo, seja sempre louvável que se agreguem as características predominantes – não estanques.

A distinção entre as duas famílias em comento se mostra presente diante da situação de que a família romano-germânica procura a solução de um determinado caso com embasamento na lei, sendo que, no direito anglo-saxônico, são pontuadas as decisões de casos similares decididos em um momento anterior. Esta diferenciação tinha como principal fundamento o mito da completude da lei[13]. Segundo David (2014, p.114), entendido como fator de segurança jurídica do *civil law*, artificialidade hoje superada, o que demonstra que a aproximação das tradições deve ser encarada como um fenômeno natural de queda da fronteira legislativa.

Embora o precedente seja o mais virtuoso elemento que compõe a atual *common law*, *direito comum* e *stare decisis* não são expressões sinônimas. Sequer são institutos contemporâneos, visto que o tratamento igual não era signo tradicional em razão da proliferação de diversos tribunais locais ingleses[14]. A *common law*, que é a oposição aos costumes locais, se efetivou a partir da unificação do Direito pelos Tribunais Reais de Westminster a partir do século XIII (DAVID, 2014, p. 361); enquanto a regra do precedente, como categoria principiólogica e obrigatória, fundamentada na certeza e segurança (DAVID, 2014, p. 428); somente se estabeleceu na primeira metade do século XIX[15] (CRAMER, 2016, p. 19-20), após crescente evolução da necessidade de coesão do direito jurisprudencial.

Por outro lado, a intangibilidade e preponderância do ato parlamentar, sustentada pela Revolução Francesa, perdeu a sua imperatividade com o decorrer do tempo, pois os litígios já não eram mais resolvidos pela mera exegese. O crescimento do constitucionalismo e a necessidade de intervenção judicial para a concretização dos valores e efetivação das normas de características mais abertas e gerais, acarretaram no surgimento de um modelo de juiz indesejado pelo *civil law*.

Atualmente, o juiz dessa tradição desempenha um papel não muito distinto e cada vez mais correspondente ao dos juízes de tradição da *common law*. Muito embora haja uma proximidade de funções entre os juízes das duas

[13] A lei como expressão da "perfeição da razão".

[14] A regra do procedente somente se consolidou.

[15] Em 1861, na House of Lords, no julgado Beamisch v. Beamisch.

tradições, o respeito aos precedentes foi observado e acatado na maior parte do tempo apenas pelos sistemas jurídicos da *common law.*

O possível motivo para a tradição do *civil law* não respeitar os precedentes se deve ao simbolismo da lei, por se afigurar um instrumento concreto para assegurar a segurança jurídica; enquanto no *common law* não havia nenhum signo.

Quando se observou e se notou que a lei pode ser interpretada de inúmeras formas e que os juízes pertencentes à tradição do *civil law*, de forma habitual, decidem de maneiras diferentes os casos similares, começou o abalo à segurança jurídica, entretanto, ainda por muito tempo, insistiu-se na tese de que apenas a lei bastava para salvaguardá-la. No entendimento de Marinoni sobre o assunto, o mesmo expõe:

> Ora, ao se tornar incontestável que a lei é interpretada de diversas formas, fazendo surgir distintas decisões para casos similares, deveria ter surgido, ao menos em sede doutrinária, a lógica e inafastável conclusão de que a segurança jurídica apenas pode ser garantida salvaguardando-se a igualdade perante as decisões judiciais, e, assim, estabelecendo-se o dever judicial de respeito aos precedentes. Afinal, a lei adquire maior significação quando sob ameaça de violação ou após ter sido violada, de modo que a decisão judicial que a interpreta não pode ficar em segundo plano ou desmerecer qualquer respeito do Poder que pronunciou (MARINONI, 2016, p. 82).

Em oposição, no *common law,* a certeza jurídica se consolidou através da *stare decisis,* e do princípio da observância e respeito obrigatório do precedente como forma de garantia da igualdade.

A aproximação entre *common law* e *civil law* apresenta duas causas genéricas, a saber: a globalização e a procura de soluções para os problemas de coerência e celeridade. No tocante ao fenômeno da globalização, Cramer esclarece:

> Como se sabe, a globalização é um processo, surgido no final do século XX, de integração social, cultural, econômica e política entre os países. Para permitir uma melhor circulação de negócios pelo mundo, a globalização reclama que os sistemas jurídicos dos países não sejam tão diferentes, que haja, assim, mais aspectos comuns do que distintos entre eles (CRAMER, 2016, p. 29-30).

Sendo assim, os países que seguem a tradição da *common law* vem sendo estimulados a publicar mais leis, a fim de elaborar a norma jurídica de maneira mais rápida do que a partir dos julgados. Já os países pertencentes à tradição do *civil law* foram levados a dar mais poder aos precedentes, de maneira que a resposta judicial a respeito dos assuntos já julgados passasse a ser presumível, atendendo o tratamento impessoal aos jurisdicionados.

Com relação à procura de soluções para os problemas encontrados em um sistema jurídico, Cramer (2016, p.30) explica que "[...]essa busca faz-se interna e externamente, sendo que, nessa segunda perspectiva, são observados modelos e experiências de outros países, principalmente países com outra tradição jurídica.". Ou seja, um país é capaz de introduzir institutos de distinta tradição jurídica que é tida como mais apropriada para sanar certo empecilho local.

Portanto, não se trata de importar – no caso brasileiro – a "*common law*", mas de utilizar técnicas capazes de conferir maior coerência e eficácia ao sistema, incorporando experiências exitosas de uma tradição, para solucionar as problematizações encontradas pelo sistema jurídico local, sem que haja, necessariamente, a perda de suas particularidades da tradição originária. Ou seja, a aproximação não se constitui por derrogação de um sistema por outro, mas por compartilhamento das técnicas entre ambos.

1.2 O que *stare decisis* e *common law* guardam de identidade?

O nome completo da doutrina é "*stare decisis et quieta non movere*" que possui o seguinte significado: "mantenha-se a decisão e não moleste o que foi decidido".

A retrospectiva histórica é fundamental para responder se *commow law* e *stare decisis* são institutos equivalentes.

Na realidade, *a common law* remonta tempos imemoráveis, baseada na continuidade histórica e na revelação dos costumes. Aponta-se como certidão de nascimento da tradição anglo-saxã a conquista da Normandia pela Inglaterra em 1066, em que o rei Guilherme, em vez de abolir o direito do povo conquistado, passou a afirmá-lo como estratégia de aceitação, explicam Ramos (2006, p. 39-42) e David (2014, p. 357-358), o que mitigou alguma espécie de descontentamento da população local quanto à continuidade de seus costumes, determinando uma centralização do poder na experiência jurídica inglesa.

A common law é o direito comum de toda Inglaterra, em oposição ao direito local, dos condados. As Cortes Reais aplicavam o chamado direito comum nos casos que diziam respeito à Coroa, enquanto as Cortes Locais julgavam com fundamento nos costumes locais. Com o tempo, as *County Courts* foram substituídas pelas jurisdições senhoriais, que ainda aplicavam o direito local, até efetivo surgimento dos Tribunais Reais.

No século XVII, dentro dos Tribunais Reais, situava-se a *Curia Regis,* em que o rei exercia a "Alta Justiça", com atribuição apenas excepcional diante da impossibilidade da jurisdição vulgar resolver a disputa. No século XIX, os Tribunais Reais se tornaram jurisdição de direito comum, mas a submissão de um caso particular era um privilégio concedido pelo rei por intermédio dos Oficiais da Coroa – Chanceleres –, que encaminhavam o caso a julgamento, e dependia de conhecimento da causa, superando o filtro dos delegatários do rei, relata David (2014, p.359-363).

Tal prática fez com que os ingleses voltassem sua doutrina à produção normativa sob a seara eminentemente processual, como manuais de ritos – enquanto toda Europa Continental voltava seus conhecimentos primordialmente ao desenvolvimento de direitos e obrigações.

Tal comportamento doutrinário inglês foi nominado de *remedies precede rights.* Somente após da formação do catálogo processual, os ingleses passaram a consolidação das normas substantivas no direito comum, para definição de direitos e obrigações, construídos de precedente em precedente.

David (2014) disserta sobre a expressão "processo em primeiro lugar":

> Remedies precede rights: em primeiro lugar o processo. A common law, nas suas origens, foi constituída por um certo número de processos (forms of action) no termo dos quais podia ser proferida uma sentença: qual seria, quanto à substância, esta decisão, era algo incerto. O problema primordial era fazer admitir pelos Tribunais Reais a sua competência e, uma vez admitida, levar até o fim um processo cheio de formalismo. A que solução chegaria? Não havia para esta pergunta nenhuma resposta concreta: a common law só aos poucos passou a conter normas substantivas, que definissem direitos e as obrigações de cada um. (DAVID, 2014, p.364)

Ao sistema da *common law* nunca causou estranheza o direito ser produzido a partir de decisões judiciais, entretanto, a desarmonia entre os julgados somente foi solucionada muito tempo depois pelo *stare decisis,* em especial, porque a tradição se pautou na edição de regras procedimentais,[16] explica David (2014, p.363), ficando em segundo plano a teorização sobre os direitos

[16] Remedies precedes rights

de cunho material, pois, independentemente do resultado, o maior dos empecilhos a tutela judicial era a obtenção do exercício da função jurisdicional.

Com a adoção das regras substantivas, e o consequente desenvolvimento das teorias acerca dos direitos materiais, a autoridade do *stare decisis* mostrou-se indispensável para fim de distribuição de justiça e pacificação dos conflitos mais tarde do que a formação da *common law*.

O *stare decisis* é, portanto, apenas um ingrediente evolutivo da *common law*, pois os costumes comuns se mantiveram vivos por diversos séculos sem a presença da autoridade vinculante do precedente, segundo Marinoni (2016, p. 31).

No campo da aplicação do direito comum, dentre as instituições da *Curia Regis*, destacaram-se as comissões com poderes jurisdicionais, como *King's Bench*, a *Court of Exchequer Chamber*, e o próprio Parlamento, este último sobretudo por aquisição de autonomia e fixação de sua sede em Westminster.

O hábito de se referir aos casos anteriores surgiu dentro da Corte de *King's Bench*, e a prática é atribuída ao juiz Bracton. A prática serviria como guia de atuação para juízes e advogados da época e passou a ser divulgada pelos chamados *Yearbooks*, relatórios anuais das Cortes Reais, que continham o resultado e comentário dos julgamentos.

Mais tarde, os *Yearbooks* foram substituídos por *Law Reports*, quando passaram a ser confeccionado por particulares (normalmente juristas), com o inteiro teor dos casos e as anotações mais relevantes dos julgamentos relata Cramer (2016, p.317). Entretanto os julgados eram apenas um gérmen do precedente, pois ainda não gozavam de uma eficácia vinculante.

Alguns historiadores, como Plucknett, sustentam que a certidão de nascimento do *stares decisis* seria uma decisão da *Court of Common Pleas*, de 1483, ou seja, quase dois séculos após o surgimento do se convencionou chamar de *common law*.

De todo modo, em 1861, no julgado *Beamisch v. Beamisch*[17], a *House of Lords*, órgão de cúpula do judiciário inglês, fixou a regra de que os precedentes vinculam as suas próprias decisões e a de cortes inferiores.

A sistemática da eficácia vinculante do precedente foi reafirmada em 1898, no caso *London Tramways v, London County Council* para Cramer (2016,

[17] No presente caso, segundo CRAMER (2016, p. 19-20) a lei comum inglesa disciplinava que um casamento para ter validade deveria ser celebrado presença de um clérigo, ocorre que o noivo era clérigo e criou-se a celeuma que foi resolvida pela invalidade do casamento por falta de uma autoridade desinteressada.

p.21-22)[18], tendo incorporado definitivamente o *stare decisis* ao sistema do *common law*.

Muito embora a Inglaterra seja apontada como relevante localidade em que se desenvolveu a *common law* e o *stare decisis*, os Estados Unidos tiveram intenso desenvolvimento, sobretudo porque contavam com uma espécie de sistema misto, em que uma Constituição Escrita despontava como parâmetro para criação do direito.

Assim, evidencia-se que *common law* e *stares decisis*, além de não serem práticas sinônimas, já que nenhuma delas se apresenta como pressuposto da outra, a busca pela coerência, certeza e segurança jurídica na solução de conflitos é a pedra de toque da opção metodológica, que pode ser estendida a qualquer sistema que se pretenda racional.

Outra importante conclusão está no fato de que a adoção do caráter vinculativo está correlacionada a uma ideia de integridade de um sistema, de modo a conferir estabilidade e coerência[19].

Nesse ponto, não se trata de conferir ao judiciário poderes de definir "verdade", "direito" ou 'justiça", todos conceitos utópicos, mas de apostar em uma teoria da decisão e exaltar o dever de fundamentar – e de seu ônus argumentativo – como fator de redução das arbitrariedades, extirpando qualquer distinção de caráter pessoal.

1.3 Dos fundamentos para adoção *stare decisis*

Os fundamentos para adoção do *stare decisis* surgem do anseio de tratamento igualitário intensificado no curso da humanidade, e, além disso, da necessária coerência da figura estatal, atuando na qualidade de terceiro desinteressado.

Marinoni (2016, p. 96) elenca como razões para seguir o precedente a estabilidade e continuidade da ordem jurídica e a previsibilidade das consequências jurídicas de determinada conduta como aspectos imanentes ao Estado de Direito. A segurança jurídica exigiria o mínimo de continuidade

[18] Na decisão, a Corte entendeu pela necessária observância do precedente na demanda que discutia a compensação da companhia pelos custos da depreciação dos trens componentes da linha explorada.

[19] Para Streck (2008, P. 54) a estabilidade difere de integridade e da coerência, pois "estabilidade" é um conceito autorreferente, isto é, tem relação direta com os julgados anteriores. Já a integridade e coerência guarda um substrato ético-político em sua concretiza, isto é, são dotados de consciência histórica.

e a possibilidade de prever as consequências de seus atos, não apenas a partir do direito legislado, como também a partir de decisões judiciais. Para concretização da previsibilidade, haveria de se pressupor o conhecimento dos termos jurídicos e a confiabilidade naqueles que detém o poder de afirmá-la.

Assim, além dos elementos correlacionados a coerência e previsibilidade, faz alusão a uma autoridade capaz de garantir a segurança jurídica, papel atribuído às Cortes Supremas (MARINONI, 2016, p.101).

A despeito do posicionamento que elege as Cortes Supremas unicamente como responsáveis pela produção de precedentes, nada nos leva a crer que este papel deva ser cindindo entre cortes de vértice e de justiça. Na realidade, a função judicante do Estado se correlaciona à solução de conflitos, de modo que está ínsita à existência de uma ordem, uma hierarquia para que a decisão, após razoável trâmite, tenha caráter definitivo.

Contudo a vinculação não deve ser apenas vertical, mas correlacionada à própria coerência, de modo que cada magistrado zele pela manutenção da estabilidade de suas próprias decisões, e pela adequação ao sistema. Trata-se mais de tomar consciência de um modelo do que uma ordem voltada à sanção[20].

Cramer (2016, p. 54) prega a existência dos aspectos deontológicos e pragmáticos para a adoção de um sistema de precedentes. Expõe que a segurança jurídica é na verdade um valor correlato ao Estado Democrático de Direito, que será alcançado pelo domínio da previsibilidade, que possui uma conotação subjetiva dos indivíduos, enquanto a estabilidade atuaria no campo objetivo.

Ávila (2011, p. 604-605), por sua vez, utiliza a expressão calculabilidade, pois atribui não ser possível prever com exatidão as consequências futuras dos atos praticados no presente, mas entende possível "[...] antecipar e medir o espectro reduzido e pouco viável de consequências atribuíveis abstratamente a atos, próprios e alheios, ou a fatos e espectro reduzido de tempo dentro do qual a consequência definitiva será aplicada".

No que tange à estabilidade, pretende-se que as decisões tendam a ser contínuas de modo a gerar certeza, evitando que o judiciário se porte como uma casa lotérica, relata Cambi *apud* Cramer (2016, p. 58).

Outro fundamento deontológico desenvolvido por Cramer (2016, p.59) é a isonomia que também é um valor ético da atuação humana, encarada em

[20] Exemplo quando da admissão de reclamação constitucional para a violação do preceito de súmula vinculante.

seu aspecto material, para que se evite tratamento desigual para pessoas em situação semelhante, afetando a credibilidade do sistema jurídico.

Tratam-se, portanto, das bases lógicas do direito a coerência e estabilidade, quando se tem por escopo adotar decisão racionalmente universalizável e não aderir a discriminações odiosas de cunho ontológico, em consonância com a calculabilidade.

Quanto aos aspectos pragmáticos, sustenta Cramer (2016, p.61) a duração razoável do processo, o desestímulo a litigância e a solução para demandas repetitivas.

Em que pesem os argumentos pragmáticos, a própria noção de incoerência pode se intensificar em um grau capaz de desestimular a litigância, não como um fator que possibilitaria um ganho, mas por descrença na instituição do judiciário, de modo que tal argumento pode ser alinhavado com sinal trocado.

No que concerne aos outros dois aspectos, realmente tem-se como resultado a celeridade. O único apontamento é que tais argumentos estão mais correlacionados à estabilidade – ou seja, reiteração de decisões no mesmo sentido – do que à coerência – concordância com todo sistema.

A partir do momento em que se formam precedentes, há sim um incremento da calculabilidade da pretensão recursal em razão da previsibilidade do resultado fundado não só em estabilidade, mas também em coerência, diante do enfrentamento argumentativo. Assim, optar pelos precedentes não é entregar o poder ilimitado ao poder judiciário, mas conferir coerência ao sistema, de modo a reduzir o espectro de decisões com julgamento distinto quando comprovado pairar sob o caso em análise o mesmo fundamento fático e entendimento consolidado.

Há de se questionar se tal reprodução de decisões semelhantes não gera o engessamento do sistema.

Para evitar esse efeito danoso, o constrangimento doutrinário deverá ser a maior válvula de controle das decisões judicias, ocasião em que se deve fortalecer a pesquisa empírica no campo jurídico.

Reconhece-se, contudo, que o Judiciário, composto por membros não eleitos, gozará de poderes mais amplos quando é chamado a constituir o direito, diante do fortalecimento do constitucionalismo, do pós positivismo e da introdução das técnicas das cláusulas abertas e normas gerais. Noutro giro, há de se convir que o princípio majoritário jamais foi capaz de afastar o risco da usurpação do papel proposto, esteja ele situado na figura do monarca, na figura do legislador ou, agora, na figura do juízo; de modo que o problema do abuso não se relaciona ao cargo com a palavra final, mas a um desvio funcional.

Exalta-se, mais uma vez, o papel da doutrina e das pesquisas, sobretudo empíricas para desconstituir determinados argumentos falaciosos utilizados pela magistratura, enfrentamento capaz de criar um constrangimento discursivo apto a atrair o regime interpretativo mais adequado.

Assim, pela própria noção de racionalidade – uma vez que se considera ausente tal característica em razão da inconsistência no tratamento de casos iguais de maneira desigual sem motivos materialmente justificadores – é evidente o dever de tratamento igualitário entre pessoas em situação semelhantes, sem que tenha por padrão decisório nenhum outro critério ontológico ou violada a noção de desinteresse do julgador.

Nesse ponto, o postulado da igualdade exige mais do que coerência com as preferências subjetivas de alguém, destacando-se primordialmente a justificação por características objetivas da distinção de tratamento[21].

Seja por justificativa moral ou meramente racional, tratar pessoas em situação semelhante de modo semelhante e pessoas em situação distinta de forma distinta, se correlaciona com a impessoalidade estatal, quando no papel de terceiro desinteressado.

Importante destacar, em análise dos dilemas da *common law*, que a força obrigatória do precedente não está ancorada numa sanção jurídica. O caráter coercitivo é baseado no constrangimento, à título de *soft law* (Ramos, 2012, p.30), fenômeno parecido com o direito internacional.

Barboza (2014, p. 200-201) entende que os precedentes possuem caráter coercitivo, em que pese não haver sanção jurídica. Fazendo uso das lições de Cross e Harris (2004, p.3) afirma que, muito embora o juiz pudesse perder seu cargo, na verdade o que o impele a seguir o precedente é uma reprovação moral por parte dos outros juízes, o que explica, inclusive, a inexistência de comentários na doutrina ou tribunais superiores acerca das ocorrências de descumprimento no direito inglês.

Diante disso, independentemente dos mecanismos existentes para desconstituição do precedente, seja na cadeia recursal ou através de petição direta ao tribunal formador do precedente – que faz a doutrina graduar o porte do precedente – a força vinculante está na coerência do sistema e não na autoridade especial do precedente em si.

Seria contraproducente repetir toda ampliação do debate, nova realização de audiências públicas e participação de órgãos especializados, quando

[21] THE STANFORD ENCYCLOPEDIA OF PHILOSOPHY. Disponível em https://plato.stanford.edu/entries/equality/. Acesso em: 04 de fevereiro de 2020.

a manifestação das partes e as provas técnicas e documentais retratem exatamente o que já foi colhido para a elaboração do precedente em julgamento de demanda similar; constatação essa que não justifica, de igual modo, identificar o precedente com ementas ou resumos de teses, como será explicado em momento oportuno.

Dessa forma, a coerência e isonomia se apresentam como justificativas racionais para adoção de um sistema de precedentes, pois o direito nasce para tutelar situações objetivas mediante uma racionalidade universalizável, na qualidade de terceiro interessado.

1.4 Óbices à adoção do precedente

Em geral, os argumentos contrários à adoção de um sistema de precedentes obrigatórios se voltam à fossilização do direito ou a redução de alguma esfera de poder. No primeiro caso, paira a sensação de que, uma vez formado o precedente, jamais esse poderá ser alterado, quando, na realidade, procura-se estabelecer um parâmetro de comparação, que se projeta a outros casos por similitude, ou, permite a criação de novos precedentes por diferenciação.

Ademais, o precedente não é de todo hermético, pois não fixa a regra apenas para aquele fato da vida, mas para situações que envolvem a mesma questão de direito. Vale frisar que, na Inglaterra, inicialmente se concebia que os precedentes não poderiam ser revogados, à luz do julgamento do caso *London Tramways vs. London County Concil* pela *House of Lords*, que, na lição de Marinoni (2016, p.141), passou a ser entendida como "imunidade contra o precedente".

Em 1966, a *House of Lords* editou o *Pratice Statement* e afirmou expressamente a possibilidade de revogação dos precedentes, quando se configura caso de injustiça ou a excessiva restrição, que fosse óbice ao desenvolvimento do direito.

Nesse ponto, cabe destacar que mesmo sendo a estabilidade um dos fundamentos para adoção da *stare decisis* – ou da teoria dos precedentes – esta não é suficiente, isoladamente, para sustentar a manutenção de determinado entendimento da corte, em especial quando a confiança no precedente já foi abalada pelos estudos empíricos, pelas manifestações doutrinárias e pelas manifestações das opiniões dissidentes.

Além disso, o precedente não é capaz de assumir, igualmente, o mito de completude e de controle do futuro, em termos de revolução tecnológica e científica.

O mito de que a lei seria solução de todos os problemas da humanidade não se consolidou de modo repentino; tampouco sua decomposição. O paradigma de segurança, inicialmente, era a legislação; depois, tornou-se a lei maior; e, posteriormente, a norma extraída da interpretação de acordo com princípios e valores da sociedade, em que destacaram-se na passagem do estado legalista para o estado constitucional do direito, o pós-positivismo e o neoconstitucionalismo.

O marco histórico de inauguração dessa última etapa foi o pós-guerra, diante do fracasso, no período anterior, do legalismo como legitimador da justiça e a separação estanque entre direito e moral, já que seu método partia de operações meramente silogísticas e formais.

A noção de constitucionalismo passou a compreender muito mais do que a simples ideia de limitação do poder político, abarcando a efetividade das promessas constitucionais, de modo a vencer a chamada "insinceridade constitucional"[22].O paradigma ético advindo dos direitos fundamentais passou a representar princípios que compunham o processo de interpretação e extração da norma jurídica a partir do texto para adquirirem força normativa segundo Hesse (1991)[23].

O papel da função jurisdicional do estado é fortalecido na medida em que, na moderna interpretação jurídica, incluíram-se os princípios e normas de textura aberta, cujo sentido depende do juízo valorativo conferido pelo julgador, construído lógica e argumentativamente, à luz do caso concreto.

Por seu turno, o reconhecimento da igualdade material passa a abranger o reconhecimento e preservação das diferenças, em atenção a característica plural da sociedade, o que torna o papel do intérprete muito mais complexo, pois deve lidar com a vagueza da linguagem, a polissemia das expressões constitucionais e legislativas e a colisão entre o interesse das maiorias e preservação da dignidade das minorias.

Nesse ponto, cabe ponderar que, embora o julgador conte com maior flexibilidade para constituição da norma, este não goza de discricionariedade pura. A "discricionariedade judicial" sustentada por ocasião do pós-positivismo e neoconstitucionalismo tem como referencial evolutivo aquele juiz "boca da lei" de Montesquieu. Assim, o julgador não opera por conveniência e

[22] No contexto trata-se de anotação de Barroso, no sentido de que as normas constitucionais devem gozar de força normativa, sob pena de se considerar que a Carta Magna laboraria por projetos que jamais deverão ser concretizados. Disponível em: https://www.direitofranca.br/direitonovo/FKCEimagens/file/ArtigoBarroso_para_Selecao.pdf. Acesso em 04 de fevereiro de 2020.

[23] Expressão de Konrad Hesse.

oportunidade, e sim por possibilidades legítimas de atuação de modo a viabilizar a solução constitucionalmente adequada[24], como base, segundo Dworkin (2002, p. 279) nos ideais de justiça, segurança jurídica e dignidade humana.

Nesse arco teórico que vai da determinação à indeterminação do direito, em que os textos são ainda mais vazados e equívocos[25], segundo Guastini apud Kircher (2018, p.67-68), e as normas cada vez mais vagas, o intérprete deve proceder a intepretação por método lógico argumentativo e racional, ou seja, de maneira justificada, e que o seu resultado seja coerente e universalizável.

Mitidiero (2018) entende que "[...] a justificação deve ser interna, isto é, correlacionada à correção lógica e completude da fundamentação da decisão com a pretensão das partes; e externa, isto é, por intermédio da adequação das premissas internas" com as preferências argumentativas e doutrinárias empregadas na decisão.

Para o autor (MITIDIERO, 2018, p. 67), o cunho da racionalidade está mais correlacionada à coerência do que ao cumprimento de aspecto formal, ligando-se à ideia de consistência e completude, ou seja, à inexistência de contradição, inteireza e coesão; e, no aspecto substancial, à ideia de dependência recíproca e afinidade entre as normas e a possibilidade de universalização, que tem correlação com a replicabilidade para casos futuros, que atribuem caráter objetivo e imparcial à decisão.

O pós-positivismo, portanto, foi responsável pelo aumento da distância entre o texto e a norma, através de inclusão de valores e princípios ao processo de extração da norma jurídica. Por essa razão, o julgador, com o escopo de atribuir definitividade ao conflito, deve conferir concretude a norma, porém, sem gerar insegurança jurídica por violação da coerência e isonomia entre membros da comunidade.

Novas classes de direitos, destinatários e instrumentos certamente se desenvolverão e a cristalização do precedente estaria pautando-se em um paradigma formalístico, na contramão do pós-positivismo e as técnicas das cláusulas abertas e normas gerais.

[24] Em oposição, vale destacar a tese de Ronald Dworkin para quem a solução constitucional adequada sempre encontra lastro em uma única resposta.

[25] Texto equivoco revela que o texto pode (potencialmente) ser ambíguo (ter significações alternativas – "uma coisa ou outra") ou complexo (conter mais de uma significado ao mesmo tempo – "uma coisa e outra", pode padecer de problemas de implicação (o texto, ao expressar uma norma, gera, necessariamente outra? – "uma coisa quer dizer também outra?) ou defectibilidade (o texto gera determinada norma, que admite exceções implícitas – "norma diz mais do que deveria").

Dessa maneira, o precedente não deixou de ser obrigatório, mas há margem para o natural desenvolvimento do direito, mediante revogação ou a própria redefinição do precedente.

Na outra ofensiva contra o precedente, encontram-se as justificativas que se alinham à mitigação do poder desempenhado pelas funções de justiça com base em dogmas, como a violação da separação dos poderes e da independência dos juízes.

Sobre a necessidade de preservação da separação dos poderes, tem-se que esclarecer, primeiro, a inexistência de poderes, mas de funções do Estado. Classicamente, poderia se trabalhar com apenas três funções, mas, modernamente, o critério é insuficiente[26], sobretudo diante da inércia judicial, devendo haver órgãos para, sem violação da imparcialidade e independência judicial, levar as demandas a julgamento demovido do interesse numa ou outra tese.

Nesse passo, após deflagração do processo, a função jurisdicional exercida pela magistratura tem o dever de concretização dos direitos fundamentais, veiculados por intermédio das políticas públicas, atento às situações de abuso quanto à discricionariedade do administrador público e às vontades das maiorias de ocasião. Tal atuação excepcional e de correção quanto à atuação típica do executivo pelo judiciário, nominou-se de ativismo judicial[27],

[26] Explicando a necessidade de órgãos públicos capazes de deflagrar o a fiscalização da atuação do Estado, as funções essenciais se apresentam como imbricadas a característica essencial da inércia do judiciário, como procuradores dos interesses da coletividade, tal como explica Diogo de Figueiredo Moreira Neto: Essas três espécies funcionais de advocacia pública, criadas todas pela Carta Política, caracterizam diferentes ministérios públicos da advocacia, distinguidas, bem como as suas respectivas carreiras, consoante a especial tutela de interesses a que se dirigem: primo, a advocacia da sociedade, cujas funções se voltam à defesa da ordem jurídica, do regime democrático e dos interesses sociais e individuais indisponíveis, conformando o Ministério Público, expressão empregada agora em seu sentido estrito; secundo, a advocacia das entidades públicas, cujas funções se especializam na defesa dos interesses públicos primários e secundários cometidos aos diversos entes estatais, políticos ou administrativos, constituindo, por isso, os diversos ramos da Advocacia de Estado, e, a advocacia dos hipossuficientes, cujas funções se dirigem à defesa dos interesses dos necessitados, constituindo a assim denominada Defensoria Pública. MOREIRA NETO, Diogo de Figueiredo. A RESPONSABILIDADE DO ADVOGADO DE ESTADO. ABRAP. Disponível em: http://www.abrap.org.br/?p=927. Acesso em: 04 de fevereiro de 2020.

[27] Já o ativismo judicial é uma atitude, a escolha de um modo específico e proativo de interpretar a Constituição, expandindo o seu sentido e alcance. Normalmente ele se instala em situações de retração do Poder Legislativo, de um certo descolamento entre a classe política e a sociedade civil, impedindo que as demandas sociais sejam atendidas de maneira efetiva .A ideia de ativismo judicial está associada a uma participação mais ampla e intensado Judiciário na concretização dos valores e fins constitucionais, com maior interferência no espaço de atuação dos outros dois Poderes" JUDICIALIZAÇÃO, ATIVISMO JUDICIAL E LEGITIMIDADE DEMOCRÁTICA Luís

que nada mais é do que a exteriorização do *checks and balances*[28], com instrumento de concretização dos direitos humanos.

Sem a pretensão de esgotar o conceito de ativismo judicial, vale indicar que se trata de conceito controverso, segundo Dickson (2007, p.367), pois, na maioria dos países, os membros do poder judiciário não são eleitos, sendo certo que a visão de democracia liberal está escorada no poder representativo, e inovação da ordem jurídica por membros não eleitos para concretização de direitos fundamentais, a partir da construção da norma a partir do sistema, desafia alguns dogmas estabelecidos.

Em sentido similar, Gonçalves (2020, p. 20) coloca que "as definições dos termos 'ativismo judicial' e 'autocontenção' são escorregadias, variando conforme o autor ou mesmo conforme a intenção do autor".

Assim, verifica-se que, modernamente, o conceito de separação de poderes sequer pode ser considerado rígido, sendo certo que a criação de direitos pelo judiciário não é desvinculada e nem em substituição ao legislador, mas no sentido de conformar os direitos fundamentais e os valores constitucionais, em especial diante da equivocidade da nova técnica legislativa.

A independência do juiz somente pode ser considerada afetada a partir do pressuposto equivocado: de que juízes são livres. Na realidade, os magistrados exercem uma função e não um poder. E, na qualidade de função, relacionam ao funcionamento do próprio sistema, de modo que suas decisões devem corresponder aos parâmetros constitucionais, à legislação, bem como à coerência do sistema.

Assim, a independência do judiciário está na tomada de decisões jurisdicionais com base em sua convicção com parâmetro em normativas válidas sem que possa sofrer pressão e influência dentro de um coerente sistema que se desenvolve a partir da unidade do judiciário.

Por fim, quanto à suposta alegação de que o precedente interfere no acesso à justiça, deve-se deixar claro que o acesso à justiça, em que pese seja um direito abstrato, público e subjetivo, e só se materialize a partir de uma demanda. Nessa concepção, o acesso à justiça não é um fim em si mesmo, mas um meio para resolução de conflitos. Na medida em que os conflitos já

Roberto Barroso. Disponível em: https://www.direitofranca.br/direitonovo/FKCEimagens/file/ArtigoBarroso_para_Selecao.pdf. Acesso em 04 de fevereiro de 2020.

[28] A doutrina americana do *checks and balances* tinha por objetivo a divisão de tarefas, e não o receio de concentração do poder nas mãos do monarca – nota distintiva com relação a separação de poderes de Montesquieu. Tinham maior preocupação na relação mais equilibrada entre legislativo e executivo.

demonstrem para onde deve pender eventual decisão, abre-se o caminho para acordos e para o desestimulo à litigância, pois, a partir de um cálculo econômico, vez que todo ser humano procura não dispender energia em vão, mitigando a prática de condutas que não atinjam uma finalidade.

1.5 Pensando o direito a partir da crítica

Muito embora tenha sido esclarecida a questão teórica acerca da não fossilização do direito diante da possibilidade de revogação e redefinição dos precedentes, há de se pensar de que maneira operacionalizar essa oxigenação do direito.

Trata-se de importante preocupação manifestada por Streck (2019) de "como" e "por quem" o precedente poderá ser superado, pois de nada adiantaria pregar a possibilidade de revogação do precedente, se a cadeia recursal impedisse que a corte que estabeleceu o precedente revisitasse a hipótese. Do contrário, a adesão a um sistema de precedentes será uma cilada, tendo em vista que somente prezará pela estabilidade e não pela coerência.

No aspecto competência para superação do precedente, tem-se, como regra, que a própria corte que o estabeleceu deve superá-lo. Persiste a dúvida no que tange ao procedimento para superação, ou direcionamento desta pretensão.

Mitidiero (2018) sugere um mecanismo de manifestação da discordância – *dissenting opinion ou dissent* – na redação das decisões judiciárias, de modo que o juízo deverá reportar por escrito determinada divergência que restou vencida. Prática esta, segundo o autor, [...] presente na *House of Lords* e Suprema Corte estadunidense.

Nessa linha, afirma-se que a manifestação da discordância se sustenta pelo próprio dever de fundamentar, que, junto com a pressão doutrinária e investigação científica, poderá gerar um constrangimento – *soft law* – para que a Corte que aprovou o precedente revisite o tema e supere o mesmo.

Contudo importante destaque é feito por Streck, ao esclarecer que a providência não garante a possibilidade de ocorrência do *distinguishing* e *overruling*, na medida em que súmulas[29] dos Tribunais Superiores restringem

[29] Enunciado 7 da Jurisprudência Dominante do Superior Tribunal de Justiça – A pretensão de simples reexame de prova não enseja recurso especial e 279 da Jurisprudência Supremo Tribunal Federal – Para simples reexame de prova não cabe recurso extraordinário.

o revolvimento do acervo fático probatório, essenciais para a formação do precedente. Veja:

> E ainda que se diga que o precedente poderá ser superado, a pergunta que fica é: como e por quem? Uma pergunta simples: será que depois de assentada a "autoridade" do precedente será possível fazer chegar até a Corte de Precedentes? Não podemos esquecer que, ao lado da doutrina das teses e precedentes, vem junto com um rígido sistema de filtros recursais, a impedir que as Cortes de Precedentes sejam sujeitas ao constrangimento epistemológico de corrigirem seus próprios erros. (STRECK, 2019, p.75).

Aderimos à crítica, mas acreditamos que seja possível resolvê-la por uma prática que conferisse maior destaque ao juízo de admissibilidade atribuído à Presidência dos Tribunais de Justiça, funcionando não só como válvulas de contenção, mas como vertedouro da necessidade de *overruling* e *distinguishing*. Tal providência já poderia ser implementada e teria maior legitimidade caso fosse possível uma espécie de ampliação da participação democrática, com pedidos de ingresso de *amicus curiae* e realização de audiências públicas, formando-se através de amplo estudo e participação da doutrina uma espécie de maturação da questão para que seja eventualmente devolvida ao Tribunal Superior em momento oportuno.

Assim, assiste razão para as críticas manifestadas por Streck (2019), entretanto entendemos que o aperfeiçoamento do mecanismo da admissibilidade seria suficiente para garantir a oxigenação do sistema, sem sequer necessidade de alteração legislativa.

1.6 Formação do conceito de precedente

Nas teorias advindas do direito inglês, a saber: a teoria do *stare decisis* e do *binding precedent*[30], os costumes se transformaram ao longo do tempo em direito jurisprudencial, guiados através da visão de que a *common law* refletia uma ordem jurídica transcendente, na qual os seus princípios foram conservados e só poderiam ser apresentados pelos juízes em suas próprias decisões. De maneira oposta, no modelo tido por base pelos países da Europa continental, as codificações colocaram um fim com o passado, haja vista

[30] Doutrinas da Decisão Paradigma e do Precedente Obrigatório.

a preponderância da lei de modo escrito e não mais a utilização de outros meios de demonstrações do Direito (TUCCI, 2004, p. 10-11).

Em essência, toda decisão judicial tem potencial de tornar-se precedente, pois, como explica Tucci (2004), "[...] o precedente então nasce como uma regra de um caso e, em seguida, terá ou não o destino de tornar-se a regra de uma série de casos análogos.", entretanto a sua calibragem e abrangência acabam por ocorrer após decisões consecutivas.

A qualidade de precedente pode ser alcançada quando do enfrentamento da questão, inovadora, ou diante de um perspectiva nova, perante todo o sistema, em consonância com as normas constitucionais, as mutações sócio-políticas e as teses levantadas. Desse modo, é possível que uma única decisão constitua a doutrina do precedente individual obrigatório, segundo Goodhart *apud* Barboza (2014, p.199), ou seja, capaz de constituir direitos e gerar obrigações para terceiros da relação processual. Assim, seja a decisão monocrática ou colegiada, ela pode[31] ser categorizada como precedente vinculante.

O precedente judicial possui sua composição baseada em duas partes, quais sejam: as condições de fato que respaldam a controvérsia; e a tese ou o princípio jurídico alicerçado na motivação da decisão.

A grande característica do princípio jurídico denominado de *stare decisis*, é o caráter coercitivo, que permite que a decisão judicial crie direito, desde que fática e coerentemente justificada. Nesta perspectiva, Tucci (2004, p. 12) esclarece que "[...] O fundamento dessa teoria impõe aos juízes o dever funcional de seguir, nos casos sucessivos, os julgados já proferidos em situações análogas."

No que diz respeito ao direito codificado, a disposição prevalente é de que a jurisprudência não possui força vinculante, e sim de eficácia meramente persuasiva. Por outra frente, não se deve imaginar o Direito como uma linha de produção de decisões sem coerência. Desse modo, deve haver espaço sempre para a renovação e a discussão de um precedente, estabelecendo o diálogo entre fontes de conhecimento da norma jurídica; mas, diante da dúvida relativa à superação do entendimento, o precedente deverá prevalecer e servirá como auxiliar ao julgador para encontrar a melhor solução no caso em análise, explica Tucci (2004, p.13).

[31] O precedente possui eficácia distinta diante das particularidades de cada sistema jurídico existente (TUCCI, 2004, p. 12). No *Brasil, país baseado no sistema* civil law, em razão do papel secundário da jurisprudência, o precedente somente possuía natureza persuasiva, muito embora o incremento de decisões vinculantes ainda por força de previsão legal.

Quando estamos diante de um precedente que passa a ser considerado ultrapassado, este poderá ser substituído por outra decisão que detém distinto conjunto de fatos necessários e suficientes. Quando ocorre este tipo de situação, no sistema *common law*, o precedente é retirado da qualidade de fonte e subtraído qualquer valor dele tido anteriormente. Já na *civil law* não é muito distinto, tendo em vista que o precedente em desuso é alterado por julgados que passam a ser o novo referencial, relata Tucci (2004, p.16).

O vocábulo *precedente*, no campo jurídico, pode tanto assumir a mera condição de referência que um julgado anterior tem para um julgamento posterior; quanto, numa noção mais técnica, alinhar-se ao ideal de coerência do Direito, no sentindo de que os fatos essenciais e suficientes de uma decisão inédita, que sejam capazes de vincular uma decisão posterior por um critério de semelhança.

Anote-se que "vincular" denota um caráter de normatividade, sendo certo que o aspecto nodal é justamente saber "*o que é precedente*" e "*o que vincula?*"[32].

Para responder o que é precedente, é providencial excluir tudo aquilo que não se enquadra no conceito. Precedentes não são idênticos a súmulas, jurisprudência, demanda repetitiva, tese, julgado, fundamentação do julgado, *obiter dicta* ou costume.

Conforme esclarecimento de Tucci (2004, p. 15), " [...] o precedente judicial não se confunde com o costume; pelo contrário, uma regra consuetudinária, passando também a ser observada pelos tribunais, é que viabiliza a sua transformação em precedente.". Ao costume a que se agregue autoridade converte- se em fonte primária de direito. É perceptível que temos a existência de precedente sem costume, bem como costume sem precedente, embora um possa influenciar o outro. Ainda que o valor do precedente não dependa do seu conteúdo, o precedente que se baseia em costume conta com algo que lhe proporciona uma determinada força.

A distinção entre o precedente e costume, se mostra identificada facilmente na *common law*, tendo em vista que possui sua forma de direito costumeiro antes mesmo da criação da doutrina do precedente. O costume é considerado fonte d*a common law* clássico, e surgiu em ocasião antecedente à noção de que os precedentes teriam que ser de forma obrigatória e deveriam

[32] "Por que vincular?" já foi esclarecido, quando da análise dos fundamentos do *stare decisis*, em que foram apontadas à necessidade de coerência e isonomia para garantia de uma das finalidades típicas do Estado de Direito de dar cabo, de maneira definitiva, a um conflito de interesses.

ser respeitados pelas Cortes inferiores e até mesmo pelas Cortes de onde emanam, como ensina Marinoni (2016, p.86-87).

A jurisprudência pressupõe uma série de julgados sobre um mesmo tema, de modo que o conceito depende de uma aderência entre julgados[33], no curso de um período, perante uma mesma linha de pensamento. Em geral, a jurisprudência é traduzida e cristalizada em uma súmula, que congrega o resumo de algumas questões jurídicas já decididas. A súmula, na realidade, é o local de divulgação dos enunciados da jurisprudência dominante. O conceito de súmula deveria se limitar ao instrumento em que seus verbetes, enunciados, são publicados.

Os enunciados constituem meros resumos das teses jurídicas consolidadas de modo repetitivo, seja na qualidade de jurisprudência ou como enunciado vinculante. Tecnicamente, "súmula vinculante" somente se constitui a partir de reiteradas decisões sobre matérias constitucionais, e gozam de iniciativa reservada, tendo por resultado de sua implementação uma decisão com caráter vinculativo aos demais órgãos judiciários e administração pública direta e indireta.

As demandas repetitivas, em si, não guardam relação com enunciados, pois são questões pendentes de julgamento, que se repetem numa multiplicidade de processos, e tendem a ser jugadas numa única oportunidade, sendo certo que a tese jurídica extraída possui potencial para se tornar precedente.

Em geral, o resultado do processo de julgamento das demandas repetitivas acaba por traduzir a jurisprudência de determinado órgão jurisdicional, pois o conceito se relaciona a uma série de decisões, e que, por disposição legal, é capaz de vincular outras decisões judiciais.

Anote-se que todos os institutos acima que possuem certo grau de persuasão ou vinculação poderão ser constituídos pela via difusa, em um única oportunidade, de modo que, afora para o efeito de publicar, tornam-se ferramentas mais complexas, e tenderão ao desuso. Explica-se: na medida em que qualquer julgado, de modo individualizado, possui a potencial possibilidade de se tornar vinculante, o referencial passará a ser o próprio precedente criado, de modo que a decisão, ou será inédita, ou corporificará um precedente pretérito.

O julgado ou a decisão judicial, por sua vez, é a unidade da atividade judicial, âmbito no qual podem ser formuladas e resolvidas uma ou diversas teses

[33] Streck (2019, p. 10). prega que a estabilidade é autorreferente e é justamente a característica que se extrai a partir de uma tendência a respeito de uma prática.

jurídicas, inéditas ou não, repetidas ou não, com potencial de influenciar em outras demandas como argumento de reforço ou mediante a extração de um precedente.

No que tange à fundamentação dos julgado, ela constitui a parte da decisão que contempla tanto os argumentos essenciais, como os argumentos de reforço que sustentam lógica (correlação com os fatos) e juridicamente (correlação com as teses) aquele determinado julgado. A fundamentação, via de regra, possui âmbito de aplicação individual, mas podem servir de parâmetro para outros julgamentos a partir da extração do precedente.

A *obiter dicta* é justamente o argumento de reforço da tese, que não possui caráter vinculante, geralmente sustentado a partir de uma opinião ou por argumento não deliberado majoritariamente, debatido pelas partes, ou que não gozava de ineditismo.

Na realidade, o conceito de *obiter dicta* é excludente com relação ao precedente. As notas distintivas são, portanto, o ineditismo, o caráter vinculativo, o caráter essencial dos fatos sintetizados em teses jurídicas e o amplo debate dos argumentos – não exclusivamente sujeitos à iniciativa das partes, mas incluídos pelos julgadores ou por qualquer procedimento capaz de democratizar o debate –, e julgamento majoritário quanto aos elementos essenciais selecionados com fundamento da decisão.

A esse conjunto de elementos fáticos essenciais dá-se o nome de *ratio decidendi* (Inglaterra), *holding* (Estados Unidos), e precedente (Brasil), o que não pressupõe reiteração, e sim substância[34], explica Mello (2008, p.118).

Pondera-se, entretanto, que o precedente não é um resumo, mas sim um encadeamento harmônico de fatos essenciais que, reunidos, induzem e constituem uma regra universalizante, fundamentação no qual se extraíra uma *ratio decidendi,* quando inédita, amplamente debatida pelas partes e julgadores, com a pretensão de esgotamento dos argumentos ao redor.

Streck muito bem aborda que pretender que os precedentes sejam teses, ou seja, resumos da *ratio decidendi,* é retornar ao positivismo do século XIX, que antes era legalista, por um positivismo judicial, repristinando um objetivismo ingênuo da pré-modernidade. Streck (2019, p. 68-69) finaliza declarando: "[...] Deslocar todo o poder de atribuição de sentidos para os Tribunais Superiores, chamadas Cortes de Vértice. Surge, no horizonte, um novo tipo de juiz (e desembargador): juiz-desembargador-boca-dos-precedentes-à-brasileira."

[34] Debate qualificado e indispensabilidade desses fatos como motivadores da decisão majoritária.

A preocupacão do doutrinador é extremamente pertinente. Precedente deve se relacionar, então, a fatos necessários e suficientes. Qualquer resumo, enunciado, repetição que não se sustente em uma conjugação própria de fatos não deve ser chamado de precedente. Mas isso não significa que não seja possível resumir apontamentos como forma de individualização de um raciocínio. Tal prática, aliás, é realizada nos países da *common law* que se referem a precedentes através do nome das partes em litígio e ano do julgamento.

Se estivéssemos tratando de teoria da política[35], as teses não deveriam ser definidas pelo próprio julgador, de modo a mitigar a presunção normativa a partir do resumo da *ratio decidendi*. O mesmo problema é encontrado atualmente relativamente às ementas, pois essas são utilizadas como se *ratio decidendi* fossem. Nessa toada, talvez um especialista em comunicação social com formação jurídica – tais quais os antigos *Law Reports* ingleses – poderia sintetizar e individualizar o precedente em teses.

Cabe lembrar que a força do precedente é de ordem material, pois seu caráter coercitivo se deve mais à coerência do sistema do que o grau de vinculação garantido por previsão legislativa. Nada obsta que o sistema preveja meios de ataque diferenciados ou mecanismos recursais distintos, mas a força obrigatória se relaciona à coerência e racionalidade do sistema e relativamente aos meios de impugnação ou sanção do magistrado.

Retornando ao modo de formação da *ratio decidendi*, há diversas teorias[36] a respeito da complexa operação. As que mais se destacaram são de Cross

[35] Rearranjos institucionais – bem como ponderações sobre o que funciona melhor ou traz melhores resultados – são coisas de teoria política. O papel de uma teoria do Direito é apontar para os limites dos rearranjos. (STRECK, 2019, p.34).

[36] Diversas teorias surgiram para extração da ratio decidendi, operações de revelação que se dá por exclusão quando da obtenção da *obiter dicta*. Wambauhh (the sudy of cases: a course if instruction in Reading and stating reported cases, composing head-notes and briefs, criticizing anda comparing authorities, and compiling digests. 2 ed Boston: Littel, Brown and company, 1894); Goodhart (determining the ratio decidendi of a case. The Yale Law Jornal, v. 40, n 2. New Haven: the Yale Law Jornal Company, Inc., dez., 1930) criaram dois métodos para distinção entre as categorias. O primeiro é o teste de Wambaugh, em que se identifica a proposição jurídica que determinou o resultado, depois insere-se um palavra que a reverta. Se, após essa operação, o resultado permanecer o mesmo, não poderá ser qualificada como ratio decidendi; caso, o resultado se modifique, será confirmada como ratio decidendi. Goodhart previu as 10 regras para distinguir fatos essenciais dos demais: (1) Todos os fatos de pessoa, hora, local, tipo e quantidade são irrelevantes, a menos que declarados materiais. (2) Se não forem opinião, ou a opinião não representar fatos, todos os outros fatos registrados devem ser tratados como materiais. (3) Se houver uma opinião, os fatos declarados na opinião são conclusivos e não podem ser contraditados; (4) Se a opinião omitir um fato que apareça no registro, isso pode ser devido a (a) supervisão ou (b) a uma conclusão

(2004), que se baseia na definição conceito de "razões necessárias" para definição da *ratio decidendi*; enquanto MacCornick (2010, p.159-161) prega que o importante são as "razões suficientes", pois "necessária" seria um vocábulo que amplificaria muito a abrangência da *ratio decidendi*.

Dessa forma, a caracterização da *ratio decidendi* não pode ser tão ampla, sob pena de qualquer questão, opinião ou decisão, ter caráter imperativo e vinculante, o que afetaria inclusive a certeza da norma jurídica por tornar-se contingente.

Analiticamente, a *ratio decidendi* é decomposta em fatos materiais (suficientes e necessários); operação lógico-jurídica decisória; e juízo conclusivo, sendo certo que se trata da razão de direito que constitui a regra de decisão do caso e vincula julgamentos futuros. A *ratio decidendi* é a norma que é extraída do processo de interpretação, que não deve se basear num método específico, sem contudo ser discricionário, visto que deve operar por balizas, tais como a coerência com as questões submetidas a juízo, e sempre em deferência a precedente anterior, mesmo que pretenda inovar na perspectiva.

1.7 Técnicas de superação e revisão dos precedentes

Em que pese a existência de diversas espécies[37] de técnicas para aplicação, superação e sinalização dos precedentes, para fins da presente pesquisa, trabalharemos com os gêneros da superação e distinção para facilitar o trabalho. Esses dois gêneros são o principal fator de desenvolvimento

implícita de que o fato é imaterial. O segundo será assumido como sendo o caso na ausência de outras evidências. (5) Todos os fatos que o juiz declara especificamente serem irrelevantes devem ser considerados irrelevantes. (6) Todos os fatos que o juiz considera implicitamente imateriais devem ser considerados imateriais. (7) Todos os fatos que o juiz especificamente declara serem materiais devem ser considerados materiais. (8) Se a opinião não distingue entre fatos materiais e imateriais, todos os fatos expostos devem ser considerados materiais. (9) Se, em um caso, existem várias opiniões que concordam com o resultado, mas diferem quanto aos fatos relevantes, então o princípio do caso é limitado, de modo a ajustar a soma de todos os fatos mantidos pelos vários juízes. (10) Uma conclusão baseada em um fato hipotético é um ditado. Por fato hipotético, é qualquer fato cuja existência não tenha sido determinada ou aceita pelo juiz.

[37] Algumas espécies são: a sinalização (MARINONI, 2018, p. 238), a transformação (MARINONI, 2018, p. 244), overriding (MARINONI, 2018, p. 247); distinções inconsistentes (MARINONI, 2018, p. 242)

do direito dentro do sistema do *stare decisis*, em que se persegue o respeito ao precedente.

A sinalização, embora não se alinhe propriamente à superação nem à distinção, trata-se de ferramenta para evitar que a comunidade seja surpreendida pela revogação de um precedente, pois essa já demonstra sua incompatibilidade com o novo quadro-normativo, com as mudanças sociais, e com a inovação tecnológica;[38] entretanto, a questão submetida ainda carece de maior amadurecimento ou participação de órgãos especializados.

Trata-se, no entanto, de importante instrumento de demarcação da boa-fé dos jurisdicionados e de regramento da eficácia diferida dos efeitos da revogação do precedente, em clara ponderação entre o interesse na revogação do precedente e a garantia de segurança jurídica. Nesse sentido, Marinoni tece os seguintes comentários:

> Pois bem, nos Estados Unidos, quando não há manifestações doutrinárias e decisões judiciais que permitam ver que o precedente perdeu força, entende-se, por consequência, que o jurisdicionado que nele se pautou ou que os negócios jurídicos que nele se basearam devem ser protegidos. Em outras palavras, quando o precedente não é abalado de modo sério e objetivo, não há como desamparar o jurisdicionado que lhe devotou confiança. (...) No entanto, procurando-se um benefício adicional na técnica da sinalização, encontra-se a possibilidade de os efeitos do overruling serem modulados de acordo com o impacto da sinalização na realidade social. (MARINONI, 2018, p. 240-244)

Nesse contexto, a técnica da sinalização será analisada como um instrumento para a efetivação da superação do precedentes e não como instituto autônomo.

Entre o precedente e a sua revogação, a técnica que se apresenta é a distinção, mais conhecida como *distinguishing*.

O caráter dinâmico do precedente surge justamente pela distinção, realizada através da identificação da *ratio decidendi* do precedente que serve de parâmetro e as circunstâncias fáticas essenciais e necessárias do caso em análise.

[38] Marinoni simplifica em três justificativas para revogação do precedente, quais sejam, falta de coerência sistêmica, alteração da concepção geral do direito, e o reconhecimento de equívoco.

Sobre o caráter dinâmico, Tucci afirma que:

> stare decisis não é apenas uma teoria que historicamente resguardou a establidade e a uniformidade, visto que suas restrições e ampliações inerentes, bem como os fatores que determinaram a inaplicabilidade de precedentes judiciais, permitem inafastável flexibilidade do ordenamento da common law, indispensável à evolução e ao progresso do direito. (TUCCI, 2004, p.172)

Importante ressaltar que a distinção não se relaciona apenas a meras circunstâncias fáticas, mas a casos materialmente distintos, aptos à justificar e permitir o isolamento da questão sob exame.

Sob outro ponto de vista, o reconhecimento da distinção não significa que o precedente-parâmetro está equivocado ou deva ser revogado, mas faz mister a edição de uma outra norma precedente, que derive da peculiaridade daquele originário.

A distinção levada a efeito é uma reacomodação do precedente com relação ao parâmetro primitivo. Explica Marinoni, que há uma alteração da *ratio decidendi* do precedente:

> Há, em verdade, uma pequena correção da ratio decidendi ou a sua acomodação a um caso que, além de caracterizado pelas circunstâncias fáticas (ainda que não todas) que marcaram aquele que deu origem ao precedente, é constituído por outros fatos materiais. Note-se que o caso obviamente não pode ser integralmente diverso. Ele deve conter os fatos presentes no caso que abriu ensejo ao precedente, aos quais se somam novas circunstâncias fáticas. (MARINONI, 2018, p. 233)

Dessa forma, a distinção é uma derivação a partir da *ratio decidendi* primitiva, como se funcionasse como um molde para situações que se diferenciam sem contrariar o afirmado no precedente utilizado como parâmetro.

A superação, por seu turno, é justamente a negação do precedente. Segundo Cramer (2016, p.145), "[...] Superação (*overruling*, no *Common Law*) é a revogação do precedente por outro precedente proferido pela mesma corte que criou o anterior ou por uma corte hierarquicamente superior".

Nesse caso, não há acomodação, mas a ruptura da *ratio decidenci* primitiva por conta da perda da congruência social e advento da inconsistência sistêmica, ocasionados por nova concepção geral do direito, inovação tecnológica, mudanças dos valores sociais.

A nova concepção direito pode advir de reformas constitucionais ou legislativas, bem como em razão de mutação constitucional, ou seja, por modalidade formal ou informal.

A inovação tecnológica pode relativizar determinadas concepções utilizadas como pressuposto das decisões, por exemplo, se determinada enfermidade antes incurável tornar-se curável, alterando um precedente relacionado a aposentadoria por invalidez.

No que tange à mudança de valores sociais, nada melhor do que a compreensão do STF de que o desiquilíbrio nas relações afetas a gênero demandaria a necessidade de maior tutela normativa das vítimas de violência, o que transformou – a despeito das críticas quanto ao método – as ações penais para processo e julgamento de crime de lesões corporais no âmbito da violência doméstica e familiar em ações públicas de iniciativa pública incondicionada.

Certo é que a superação deve ser retratada como situação excepcional, que demanda intensa e elaborada justificação, com especial enfrentamento do parâmetro até então vigente. Assim, a superação não é fruto de mero capricho por conta da mudança da composição do órgão julgador. Tal alerta é feito por Cramer:

> Parece haver uma compreensão, de todo equivocada, de que a jurisprudência não é do tribunal, mas da atual composição de magistrados do tribunal. Logo, quando se muda a composição, o que ocorre com certa frequência, modifica-se também a jurisprudência, para que ela esteja adaptada ao entendimento jurídico dos novos membros do colegiado. (CRAMER, 2016, p. 147)

Tal instabilidade demonstra que os critérios para superação do precedente devem ser expostos, com fundamentos jurídicos, bem como empíricos sólidos, colhidos através de pesquisas científicas para que novo e efêmero precedente não venha a ser criado a cada nova aposentadoria dos magistrados.

Por outro lado, a estabilidade não deve ser compreendida como um dogma, mas uma propriedade indispensável para a implementação de um adequado sistema de precedentes, isonômico e impessoal, de modo que a reiteração de decisões, ou qualquer fundamento relacionado à estabilização da jurisprudência, tal como o princípio da colegialidade , não pode ser óbice ao resgate da coerência do sistema.

A estabilidade do precedente garante a isonomia, mas, diante da real incoerência do sistema, a teoria dos precedentes admite sua revogação, com objetivo de refinar o ordenamento jurídico, em especial com a utilização de técnicas de tutela da segurança jurídica, contra a não surpresa, que será analisado mais tarde nessa pesquisa.

1.8 Da aplicabilidade da teoria dos precedentes ao processo penal

Não se pretende no presente capítulo aprofundar o assunto sobre a existência ou não de uma teoria geral capaz de colmatar tanto os institutos civilistas como penalistas, em especial guiado pelo próprio critério civilista de lide e em comparação ao que se define por conteúdo do processo penal (COUTINHO, 1989, p. 117). Pretende-se apenas ilustrar a divergência doutrinária e manifestar-se sobre a aplicabilidade de institutos mais correlacionados ao direito civil – com a devida ótica do bem jurídico afetado – ao processo penal. Senão vejamos.

Grinover, Cintra e Dinamarco (2015) sustentam que uma teoria geral do processo apresenta grande potencialidade de gerar a percepção de que há certas normas de direito positivo e certos princípios setorizados que se propagam como se norma geral de processo fossem. Nesse passo, afirmam:

> Essa movimentação de preceitos no âmbito do processual como um todo constitui verdadeiro diálogo das fontes do qual pode ter perfeita consciência na medida que se reconheça que a teoria do processo é uma só, a saber, teoria geral do processo" (GRINOVER; CINTRA; DINAMARCO, 2015, p. 31- 32).

Em seguida os autores, enfatizando uma abordagem metodologicamente instrumentalista, estabelecem algumas distinções entre o processo civil e penal. Veja:

> O destaque dado aos conflitos de natureza penal, em oposição àqueles não penais, remonta em última análise a essa fundamental distinção entre direitos disponíveis e direitos indisponíveis. Os conflitos de natureza penal ocorrem entre o Estado, detentor do direito de punir, e o suposto infrator da lei penal, sem descuidar da pessoa da vítima. Surge assim a tutela jurisdicional penal – obrigatória em países como o Brasil, em que vige o princípio da legalidade, ou seja, da obrigatoriedade da ação penal pública, afastado o princípio oposto, que é o da oportunidade. Dar início

> ao processo criminal com vista à repressão de crimes de ação pública não é uma faculdade do Ministério Público, mas um dever (GRINOVER; CINTRA; DINAMARCO,2015, p. 32-33).

Nesse ponto, a compreensão é que a teoria geral do processo também deve se nortear pelas peculiaridades de cada seara, sendo certo que se reconhecem diferenças estruturais na intepretação da norma. Assim, a adoção de uma teoria pura mitigada, ou, "pura" – pura, mas atenta às peculiaridades do conflito, – já é suficiente para demarcar que não é possível encaixar o processo penal dentro do processo civil, ou vice-versa.

Tal ponderação é bem exposta por Lopes Jr. quando faz referência à paródia da fábula *Cenerentola* escrita por Carnelutti:

> Mas o problema maior está na relação com o processo civil. O processo penal, como a Cinderela, sempre foi preterido, tendo de se contentar em utilizar as roupas velhas da irmã. Mais do que vestimentas usadas, eram vestes produzidas para sua irmã (e não para ela). A rima favorita aqui, corporificada pelo processo civil, tem superioridade científica e dogmática inegável. (...) Todo erro de pensar, que podem ser transmitidas e aplicadas no processo penal as categorias do processo civil, como se fossem as roupas da irmã mais velha, cujas mangas se dobram, para caber na irmã preterida. É a velha falta de respeito a que se referia GOLDSHMIDT, às categorias jurídicas próprias do processo penal. (...) Cinderela é boa irmã. Adverte o mestre italiano, e não aspira a uma superioridade em relação às outras, senão unicamente a uma afirmação de paridade. O processo civil, ao contrário do que sempre se fez, não serve para compreender o que é o processo penal: serve para compreender o que não é (LOPES JR, 2019, p. 81-84).

Ambos os posicionamentos possuem argumentos relevantes. Entretanto não se crê na dicotomia como única saída, até porque há de se reconhecer que, para fins de recursos extraordinários, as previsões constitucionais indicando um caráter civil da modalidade recursal, e, por própria disposição do Código de Processo Penal, abre-se a janela para a aplicação de normas processuais civis no que não for conflitante com a natureza dos bens em conflito.

Nesse ponto, faz-se indispensável a crítica de Coutinho sobre a utilização de fórmulas civilistas no processo penal:

> Sem embargo disso, per das et nefas, a teoria geral do processo civil, a cavalo na teoria geral do processo, penetra ao nosso processo penal e, ao invés de dar-lhe uma teoria geral, o reduz a um primo pobre, uma parcela, uma fatia da teoria geral. Em suma, teoria geral do processo é engodo; teoria geral é a do processo civil, e, a partir dela, as demais. (COUTINHO, 1989, p. 118-119)

Através do testemunho acima, constata-se que diversos autores do processo penal buscam encaixar os institutos próprios do processo penal na estrutura do processo civil, o que impede a pretendida sistematização. Contudo o Coutinho afirma a impossibilidade de se pautar por uma postura de trabalho iconoclasta. Veja:

> Ora, na justa medida da utilidade, seria tacanho não utilizar o discurso do processo civil. Inadmissível, isso sim, é usar no processo penal o mesmo discurso, como se o referencial semântico fosse igual (e, portanto, desprezando-o), tudo em nome de uma pseudo-coerência sistêmica quem no final das contas, é sintática e acaba legitimando o status quo, nem que seja fruto das mais terrível das ditaduras. (COUTINHO, 1989, p.119)

Dessa forma, não há de se adotar uma postura isolacionista e intolerante, pois a sistematização deve ser realizada a partir de referências de mesma natureza, em especial porque partirmos de bens da vida distintos: patrimônio e liberdade.

Independentemente de nominar-se de teoria geral ou de afirmar que cada ramo deverá seguir as peculiaridades, é certa a existência de institutos não exclusivos, razão pela qual nos limitamos a responder se a teoria dos precedentes pode ser aplicável no processo penal.

Insta salientar que as mesmas dificuldades relacionadas à polissemia dos vocábulos e à falta de unidade e coerência das normas penais e processuais penais são encontradas na seara dos direitos indisponíveis e diante do poder de punir do estado.

A proposta de Didier (2018, p. 26), no sentido de distinguir a teoria geral do processo e processo unitário, afirma que esse seria a prescrição de conceitos comuns entre processo penal e processo civil, de maneira uniforme; aquele trabalharia com conceitos lógico-jurídicos comuns ou essenciais, mas não deixaria de reconhecer as especificidades de cada ramo.

Zaneti compreende o Código de Processo Civil como a lei processual infraconstitucional mais importante do Estado Democrático de Direito, conquanto que o CPC/2015 seja o núcleo entorno do qual gravitam as demais legislações processuais. Sugere, para aplicação do CPC aos demais processos, a aplicação de um filtro de adaptação:

> 1.8.1 as normas do CPC não podem estar em conflito com os princípios e a lógica própria do direito processual que será completado; b) há necessidade de confrontação constitucional no resultado obtido com a aplicação do CPC. Assim, preservação dos sistemas paralelos (polissistema) e confrontação constitucional (constitucionalização) são postulados de aplicação subsidiária e supletiva do CPC aos outros ordenamentos processuais (ZANETI, 2019, p. 416-417).

Adverte-se, contudo, que a atividade criativa do magistrado criminal não pode empreender na esfera da criação de tipos penais, pois estaria a violar o princípio básico da legalidade, em especial nos aspectos da anterioridade e da interpretação estrita, posto que não haveria ciência prévia da ação censurada e da específica sanção; e nem se pode interpretar a norma excepcional de forma muito abrangente.

Assim, não havendo conflito entre as normas do ramo processual específico e nem com os direitos fundamentais, é possível a aplicação supletiva do Código Processo Civil. Contudo, ressalva-se que a aplicação deve ser realizada alinhavada aos princípios setoriais e específicos do Processo Penal, levando em consideração tanto a natureza indisponível do objeto em debate, quanto a natureza da censura típica na seara penal, a pena de prisão.

2.
EFICÁCIA TEMPORAL DOS PRECEDENTES NO PROCESSO PENAL

2.1 Pressupostos da norma jurídica alinhados a teoria dos precedentes

O pressuposto para exigência de determinada conduta é o conhecimento acerca de determinado dever ou obrigação, razão pela qual as normas jurídicas tendem a regular apenas comportamentos humanos futuros[39].

A norma jurídica é derivada de algum tipo de consenso[40], seja aquele deferido por um mero compromisso, por um costume ou por normas estatais, que é transmitido à sociedade como comportamento esperado e exigido pelo Estado, em prol da preservação de interesses individuais e coletivos.

Não somente a norma inaugural, mas também suas modificações, somente possuem poder de influenciar após seu conhecimento – ou presunção de conhecimento[41] – pela sociedade. No atual estado da arte, a presunção se dá mediante publicação oficial ou após um período para conhecimento.

[39] A norma somente é capaz de exigir comportamentos a partir do momento em que influencia o indivíduo, seja mediante sanção moral, jurídica, faz-se indispensável a prévia ciência de seu conteúdo. BOBBIO (2003). "Além das normas jurídicas, existem preceitos religiosos, regras morais, sociais, costumeiras, regras daquela ética menor que é a etiqueta, regras da boa educação, etc. (...) Mas todas têm em comum um elemento característico que consiste, como veremos melhor em seguida, em ser proposições que têm a finalidade de influenciar o comportamento dos indivíduos e dos grupos, de dirigir as ações dos indivíduos e dos grupos rumo a certos objetivos ao invés de rumo a outros.

[40] O processo legislativo conta com deliberação majoritária ou qualificada para aprovação do texto da lei, onde segue veiculada a norma.

[41] As normas jurídicas presumem-se conhecidas como forma de garantia de sua exigência. Conforme o art. 3º da LINDB: Ninguém se escusa de cumprir a lei, alegando que não a conhece

No campo legislativo, o período entre a publicação da lei e o início da vigência se convencionou chamar de *"vacatio legis"*[42], sendo certo que tem por finalidade fazer a sociedade se preparar para aquele novo comportamento esperado, evitando qualquer surpresa. Embora o período destacado esteja adstrito à norma legislativa, o valor por detrás da delimitação da eficácia temporal, relacionado a não surpresa, deve ser aplicado tanto para a norma legislativa, quanto para qualquer outra norma jurídica.

Vale recordar que texto e norma jurídica se distinguem, tendo em vista que, a partir dos textos, são extraídas as normas jurídicas fruto da intepretação do operador, de modo que é plenamente possível que, de variados textos jurídicos, extraiam-se normas jurídicas distintas.

A norma jurídica pode ter origem legislativa, administrativa ou judicial. A norma legislativa tem por função primordial a criação, modificação ou extinção de direitos; enquanto a norma administrativa, via de regra, não possui o condão de inovar na ordem jurídica, sendo certo que sua função é apenas regulamentar o exercício de determinado direito.

Já a norma judicial – antes entendida como um ato declaratório –, é um ato de criação, fruto da interpretação das normas legislativas em consonância com a Constituição e de modo coerente com as demais normas do ordenamento jurídico.

Qualquer normatização – legislativa ou judicial – que pretenda ordenar comportamentos de indivíduos componentes de uma sociedade não prescinde do conhecimento de seu conteúdo e o domínio de seus efeitos. Ávila (2011, p.284-641) denomina esses dois pressupostos de dimensão estática – "segurança do direito" – e dinâmica – "segurança pelo direito" – da norma jurídica.

O primeiro retrata aspectos relacionados à cognoscibilidade da norma, em especial da publicação, da presunção de conhecimento e da capacidade de compreensão do conteúdo da norma pelos destinatários, bem como do início da produção de seus efeitos; que conferem a certeza da existência e vigência. O segundo, relacionado à confiabilidade nas situações jurídicas já consolidadas e à calculabilidade; referindo-se ao planejamento das ações futuras.

O aspecto estático encontra-se associado com a superação do dogma da completude do sistema *civil law*, influenciado pelo pós-positivismo, neoconstitucionalismo e pelas técnicas legislativas abertas, em que o Judiciário é chamado a reduzir as possibilidades normativas, definindo conceitos

[42] O processo legislativo conta com deliberação majoritária ou qualificada para aprovação do texto da lei, onde segue veiculada a norma.

e a amplitude de direitos. O aspecto dinâmico se relaciona à confiabilidade e ao planejamento diante da transição entre o direito antigo ao direito novo, alinhando-se aos anseios de proibição de afetação das situações consolidadas e suavidade da mudança.

Como já traçado, a polissemia dos vocábulos, a vagueza da linguagem e a técnica de normas gerais e cláusulas abertas repercutem sobre os ideais de segurança das relações em todas as áreas. Enquanto, nas relações civis, o aspecto coerência se mostra intimamente ligado à previsibilidade das ações e à orientação dos comportamentos humanos futuros; no campo penal, tem-se que grande parte das normas são de caráter proibitivo, o que se desconecta de algum modo do domínio do comportamento.

Nesse ponto, cabe esclarecer que a norma penal possui um aspecto de cunho material, relacionado à censura[43], como elemento capaz de dissuadir o indivíduo da prática de determinado comportamento; e o aspecto meramente formal, relacionado, em regra, à maneira de implementação da sanção ou ao processamento e execução de determinada norma penal, aspecto este que não é capaz de influenciar na decisão do indivíduo de cometer ou não determinada infração penal.

Ainda que determinado cidadão cometa crime por vislumbrar vantagem no produto do crime, não se pode crer que todos os elementos do tipo penal, do preceito secundário e até do processo e da execução sejam levados em consideração na decisão criminosa, sobretudo porque esses elementos meramente formais provavelmente são desconhecidos por ocasião da prática delitiva. Exemplifica-se: seria difícil sustentar que o requisito quantitativo de 2/5 para progressão de regime para crimes hediondo, em vez de 1/3 para os crimes comuns teria capacidade dissuasória no cálculo do custo do crime (BECKER, 1968, p.169-217), equação que pondera satisfação/dor na esfera da *cogitatio criminis*[44].

Por conta dessa impotência do aspecto meramente formal, considera-se a previsibilidade das ações futuras não um fator primordial para disciplina do comportamento no campo penal, mas entende-se que a mudança repentina do precedente se relaciona à confiabilidade, em que o princípio da legalidade

[43] Nesse ponto, cabe anotar que a censura de caráter penal não necessariamente deve ser aflitiva, pois o ato de sofrimento não é elemento essencial da reprovação, merecendo haver desconexão entre censura e aflitividade. Tal tese foi comprovada em estudo empírico acerca de estudos psicossociais junto à 2ª Vara Privativa do Tribunal do Júri de Curitiba. (GIAMBERARDINO,2014).

[44] Trata-se da esfera da cogitação, em que os atos sequer são punidos, pois prescinde dos atos de efetiva afetação ao bem jurídico.

faz exigir que as regras sejam postas antes do fato gerador, por desconfiança na possibilidade de mudança de interpretação conforme a pessoa que está sendo julgada.

Ávila (2011, p.124), em sua dissertação sobre segurança jurídica, define "confiabilidade" como exigência de um ordenamento jurídico protetor de expectativas e garantidor de mudanças estáveis.

A perspectiva acima referida impõe maior atenção com a transição racional entre o Direito Antigo e Novo, um vez que, enquanto, na esfera cível, interessa mais prever comportamentos e, diante das normas, orientarmos nossas ações; ao passo que, na esfera penal, mais importante é garantir que as normas do procedimento não sejam modificadas após a ocorrência do fato, de modo repentino, afetando a confiança no sistema.

Dessa forma, a segurança jurídica no campo estático e dinâmico identifica-se com os pressupostos da cognoscibilidade, da coerência e não surpresa, tratando-se de pano de fundo para investigação da eficácia temporal das normas jurídicas.

2.2 Sucessão legislativa como enredo da solução de conflito da sucessão normas jurídicas no tempo

Com escopo de tratar da eficácia temporal dos precedentes não há melhor método do que analisar sucessão de leis no tempo, tema dos mais conhecidos nos compêndios de direito.

O primeiro pressuposto a ser delineado é a irretroatividade das normas jurídicas, que nasce vocacionada à tutela da proteção da confiança, através do resguardo dos atos ocorridos durante sua vigência.

A consolidação das situações jurídicas impede a retroatividade das normas jurídicas sobre o ato jurídico perfeito, a coisa julgada e o direito adquirido, sendo impertinentes quaisquer ponderações relacionadas à presença ou ausência de interesse público.

Tal afetação da credibilidade, volta-se à proteção do passado, no entanto, não possui a mesma consistência quando da análise da sucessão de atos pendentes que compõem o procedimento já iniciado, espaço este direcionado aos atos futuros.

A proteção da confiança (Ávila, 2011, p.360) serve de instrumento de defesa de interesses individuais, não protegidos pelo direito adquirido e ato jurídico perfeito, nos casos em que o cidadão exercita sua liberdade confiando na validade de um conhecido ato normativo e, posteriormente, é frustrada pela descontinuidade da vigência dos efeitos ou por revogação, anulabilidade ou declaração de nulidade do ato. A conduta contraditória acaba por comprometer o futuro, afetando a calculabilidade.

Nesse ponto, cabe apontar que, no campo judicial, em sede de controle de constitucionalidade, seja aquele exercido de modo difuso ou concentrado, há uma disputa em relação aos efeitos da decisão: se nulificam a norma desde o estágio da publicação ou se meramente anulam, sendo que os efeitos da norma são obstados apenas a partir do momento em que proferida a decisão.

Na Áustria, inicialmente se adotou a teoria da anulabilidade, de modo que as decisões não retroagiriam, apenas incidindo daquele instante para o futuro, modelo peculiar as sentenças constitutivas; contudo, segundo Cappelletti (1999, p.116), posteriormente, passou-se a adotar a possibilidade de retroação.

Os partidários da teoria da nulidade da lei inconstitucional afirmam que *the unconstitucional statute is not law at all*, ou seja, evidencia a natureza declaratória da jurisdição constitucional a doutrina de origem estadunidense se baseia na decisão da Suprema Corte em *Wolf v.Colorado*, 338 U.S. 25 (1949)[45]. Contudo, nos Estados Unidos, também se flexibilizou o sistema de nulidade absoluta, permitindo a modulação dos efeitos.

No Brasil, conforme apregoado pela legislação de regência – Lei n. 9.868/99 e Lei n. 9.882/99 –, a regra é a nulidade. Porém, por maioria qualificada seria possível a modulação dos efeitos por razões de segurança jurídica ou de excepcional interesse social. Vale frisar que dentro dos institutos previstos na legislação, abrangem-se a tutela da boa-fé e da proteção da legítima confiança.[46]

Veja que a norma impõe *quorum* qualificado para a modulação dos efeitos, quando, em razão das justificativas apontadas na legislação e da racionalidade do sistema de precedente, a questão deveria ter caráter cogente, pois visa a resguardar elemento fundante do próprio estado de direito: a segurança jurídica na dimensão dinâmica.

[45] A presente decisão foi superada por *Mapp v. Ohio*, em razão da vedação à utilização das provas consideradas ilícitas em outras esfera de julgamento, depois de exclusão das provas no julgamento de competência federal.

[46] Trata-se de tutelar a não surpresa, de modo que se possa ter a expectativa, através dos comportamentos, de como se dará o tratamento da disputa em momento posterior. BRASIL. Supremo Tribunal Federal. Agravo no Recurso Extraordinário 709.212/DF. Relator Min. Gilmar Mendes. **Pesquisa de Jurisprudência**, Acórdão, data 19/02/2015. Disponível em: http://portal.stf.jus.br/processos/detalhe.asp?incidente=4294417. Acesso em: 4 de fevereiro de 2020.

Dessa forma, evidencia-se que, diferentemente da seara legislativa, o processo judicial torna mais periclitante a análise, pois a declaração de inconstitucionalidade de um ato normativo tende a efetivar retroatividade e o efeito repristinatório; razão pela qual é fundamental sistematizar quando é possível a aplicação retroativa do precedente sem qualquer modulação.

Por essa razão, a investigação acima empreendida, deveria ser nominada de sucessão de normas jurídicas no tempo, de modo a abranger não só a espécie legislativa "lei", como também qualquer ato normativo, tal como a norma jurídica criada através do estabelecimento do precedente.

2.3 Regra da aplicação imediata da Lei Processual Penal

O Direito Processual Penal possui a norma processual como princípal elemento, contudo encontra-se estrutrado através da imbricação de todo um conjunto de normas do ordenamento jurídico. Marques (1997, p.32) define o direito processual penal como "[...] conjunto de princípios e normas que regulam a aplicação jurisdicional do Direito Penal, bem como as atividades persecutórias da Polícia Judiciária, e a estruturação dos órgãos da função jurisdicional e respectivos auxiliares".

As normas processuais penais, portanto, são comandos que regulam as atividades estatais persecutória e punitiva, associadas a uma relação processual penal.

O Brasil, na qualidade de ex-colônia de Portugal, tornou-se independente, mas não tinha condições de, no exato instante da proclamação da independência, promulgar constituições e legislações eminentemente brasileiras.

Nesse sentido, por algum tempo, em termos da legislação penal e processual penal, vigoraram as Ordenações Portuguesas. Por ocasião da independência, as Ordenações Filipinas (1603) concretizam o corpo legislativo da nóvel nação, razão pela qual Zaffaroni e Pierangeli (2019, p. 191) afirmam que, "[...] com certeza absoluta, que dentre as três Ordenações do Reino, só as Filipinas tiveram efetiva aplicação no nosso país".

A Constituições Imperial de 1824, sob influência iluminista, previa, no art. 179, os princípios da irretroatividade (III); a isonomia (XIII); intranscendência da penas (XX); dignidade relacionada à execução das penas (XXI); o que fomentou a adoção de um código criminal de viés eminente liberal; além da constitucionalização do júri criado em 1822, no art. 151.

O primeiro código de processo, o Código de Processo Criminal de 1832[47], reformado pela Lei n 261/1841[48], já previa o instituto do *Habeas Corpus*, que fora constitucionalizado pela Constituição Republicana de 1891[49].

A Constituição Republicana adotou o modelo federeativo norte-americano, em que os Estados que compunham os Estados Unidos do Brasil tinham soberania para legislar sobre matéria processual, descentralizando o direito processual[50]. A reunificação somente se deu através do Código de Processo Penal, Decreto-Lei 3.689/1941[51], conforme revelado na Exposição de Motivos do Código de Processo Penal[52]– cumprindo exigência do art 16, inciso XVI, da Constituição de 1937.

Interessante notar trecho da exposição de motivos que menciona o atendimento de uma proposta de código de processo único e o perfil da legislação:

> II – De par com a necessidade de coordenação sistemática das regras do processo penal num Código único para todo o Brasil, impunha-se o seu ajustamento ao objetivo de maior eficiência e energia da ação repressiva do Estado contra os que delinquem. As nossas vigentes leis de processo penal asseguram aos réus, ainda que colhidos em flagrante ou confundidos pela evidencia das provas, um tão extenso catálogo de garantias e favores, que a repressão se torna, necessariamente, defeituosa e retardatária, decorrendo daí um indireto estímulo à expansão da criminalidade. Urge que seja abolida a injustificável primazia do interesse do indivíduo

[47] BRASIL. Lei de 29 de novembro de 1832. Promulga o Código de Processo Criminal de primeira instância com disposição provisória acerca da administração da justiça civil. Rio de Janeiro, 5 de dezembro de 1832. Disponível em: http://www.planalto.gov.br/ccivil_03/leis/lim/lim-29-11-1832.htm. Acesso em 04 de fevereiro de 2020.

[48] BRASIL. Lei n 261 de 3 de dezembro de 1841. Reformado o Código de Processo Criminal. Rio de Janeiro, 10 de dezembro de 19841. Disponível em: http://www.planalto.gov.br/ccivil_03/leis/lim/LIM261.htm. Acesso em 04 de fevereiro de 2020.

[49] O elenco de leis processuais não és exaustivo. À guisa de ilustração, não abordamos o Decreto 2.033 de 1871, que instituiu o inquérito policial no Ordenamento Jurídico Brasileiro.

[50] CRUZ, R.S. **Os recursos cíveis no direito brasileiro antes do código de 1973**. Trabalho de conclusão no curso de doutorado. Faculdade de Direito da Universidade de São Paulo. São Paulo, 2003.

[51] BRASIL. Decreto-Lei n 3689 de 03 de outubro de 1941. Código de Processo Penal. Rio de Janeiro, 03 de outubro de 1941. Disponível em https://www.planalto.gov.br/ccivil_03/decreto-lei/Del3689.htm. Acesso em 04 de fevereiro de 2020.

[52] EMPÓRIO DO DIREITO. **A ratio da exposição de motivos "Francisco Campos" do novo CPP**. Empório do Direito. ROSA, Alexandre Moraes da. Disponível em: https://emporiododireito.com.br/leitura/dica-amr-a-ratio-da-exposicao-de-motivos-francisco-campos-do-novo-cpp. Acesso em: 04 de fevereiro de 2020.

sobre o da tutela social. Não se pode continuar a contemporizar com pseudodireitos individuais em prejuízo do bem comum. O indivíduo, principalmente quando vem de se mostrar rebelde à disciplina jurídico-penal da vida em sociedade, não pode invocar, em face do Estado, outras franquias ou imunidades além daquelas que o assegurem contra o exercício do poder público fora da medida reclamada pelo interesse social. Este o critério que presidiu à elaboração do presente projeto de Código. No seu texto, não são reproduzidas as fórmulas tradicionais de um mal-avisado favorecimento legal aos criminosos. O processo penal é aliviado dos excessos de formalismo e joeirado de certos critérios normativos com que, sob o influxo de um mal-compreendido individualismo ou de um sentimentalismo mais ou menos equívoco, se transige com a necessidade de uma rigorosa e expedita aplicação da justiça penal.

As nulidades processuais, reduzidas ao mínimo, deixam de ser o que têm sido até agora, isto é, um meandro técnico por onde se escoa a substância do processo e se perdem o tempo e a gravidade da justiça. É coibido o êxito das fraudes, subterfúgios e alicantinas. É restringida a aplicação do in dubio pro reo. É ampliada a noção do flagrante delito, para o efeito da prisão provisória. A decretação da prisão preventiva, que, em certos casos, deixa de ser uma faculdade, para ser um dever imposto ao juiz, adquire a suficiente elasticidade para tornar-se medida plenamente assecuratória da efetivação da justiça penal. Tratando-se de crime inafiançável, a falta de exibição do mandato não obstará à prisão, desde que o preso seja imediatamente apresentado ao juiz que fez expedir o mandato. É revogado o formalismo complexo da extradição interestadual de criminosos. O prazo da formação da culpa é ampliado, para evitar o atropelo dos processos ou a intercorrente e prejudicial solução de continuidade da detenção provisória dos réus. Não é consagrada a irrestrita proibição do julgamento ultra petitum. Todo um capítulo é dedicado às medidas preventivas assecuratórias da reparação do dano ex delicto.

Quando da última reforma do processo penal na Itália, o Ministro Rocco, referindo-se a algumas dessas medidas e outras análogas, introduzidas no projeto preliminar, advertia que elas certamente iriam provocar o desagrado daqueles que estavam acostumados a aproveitar e mesmo abusar das inveteradas deficiências e fraquezas da processualística penal até então vigente. A mesma previsão é de ser feita em relação ao presente projeto, mas são também de repetir-se as palavras de Rocco: "Já se foi o tempo em que a alvoroçada coligação de alguns poucos interessados

> podia frustrar as mais acertadas e urgentes reformas legislativas". E se, por um lado, os dispositivos do projeto tendem a fortalecer e prestigiar a atividade do Estado na sua função repressiva, é certo, por outro lado, que asseguram, com muito mais eficiência do que a legislação atual, a defesa dos acusados. Ao invés de uma simples faculdade outorgada a estes e sob a condição de sua presença em juízo, a defesa passa a ser, em qualquer caso, uma indeclinável injunção legal, antes, durante e depois da instrução criminal. Nenhum réu, ainda que ausente do distrito da culpa, foragido ou oculto, poderá ser processado sem a intervenção e assistência de um defensor. A pena de revelia não exclui a garantia constitucional da contrariedade do processo. Ao contrário das leis processuais em vigor, o projeto não pactua, em caso algum, com a insídia de uma acusação sem o correlativo da defesa.

O presente Código de Processo Penal, cuja edição foi motivada na dualidade entre o cidadão "de bem" e 'de mal", é o então vigente até a presente data, aplicado mesmo em face da Constituição da Redemocratização de 1988. Sofreu diversas alterações pontuais, mas jamais foi reformado de modo a compatibilizar-se com a Constituição, sendo certa a existência de Projeto de Lei n. 8.045/2010[53], que ainda trâmita nas casas legislativas.

A doutrina não é uníssona quanto à nomenclatura relativa à incidência imediata da novel legislação processual. Alguns nominam de "efeito imediato" (GRINOVER, 2015 p. 127; BADARÓ, 2017, p. 108; TOURINHO, 2005; p.111; MARQUES,1997, p. 54); outros, princípio da imediatidade (Lopes Júnior, 2019, p. 111); regra da *tempus regit actum* (BUSATO, 2015, p.137); ou, da aplicação imediata (MIRABETE, 2006, p. 38).

Em que pese a divergência de nomenclatura, todos autores compreendem a existência de duas regras bem claras: i) a intangibilidade dos processos findos pela nóvel legislação, considerando-se válidos os produzidos até então; ii) sua incidência sobre os novos processos.

Outro ponto uniforme é a diferenciação entre retroatividade e aplicação imediata, justamente porque a primeira permitiria a incidência da nova legislação inclusive para os processos findos; enquanto a última, simplesmente

[53] O Projeto de Lei n 8.045/2010 foi fruto do Anteprojeto de Lei 156/2009, apresentada pela Comissão Presidida pelo Senador Demostenes Torres, que foi instalada em 20/05/2009 BRASIL. CT – Reforma do Código de Processo Penal – PLS 156/2009 (art. 374-RISF). Senado Federal. Disponível em: https://legis.senado.leg.br/comissoes/comissao?0&codcol=1460. Acesso em: 04 de fevereiro de 2020.

denotaria a regência dos atos processuais pela lei em vigor no momento de sua prática.

Vale pontuar que os precedentes sobre matéria processual que envolvam direitos e garantias assegurados pela Constituição também devem ter o mesmo tratamento das normas processuais de conteúdo material, permitindo-se apenas a retroatividade da norma benéfica, desde que não afetem as situações jurídicas consolidadas.

Desse modo, é possível assentar a regra de que a lei processual se regerá pelo princípio do *tempus regit actum*.

Certa dificuldade é apontada quando se trabalha com as situações em curso, pois, a princípio, mais de uma legislação será aplicada quando da deflagração da ação penal, sendo certo que a normativa do art 2º do Código Penal é totalmente distinta da disposição do art 2º do Código de Processo Penal, razão pelo qual devemos proceder à classificação das normas jurídicas.

As normas jurídicas são classificadas em materiais ou instrumentais, de acordo com a função que desempenham no caso penal. Mas o que está por detrás dessa classificação não é simplesmente o alinhamento com a função de direito processual ou material, mas sim a sucessão de leis – e precedentes – no tempo.

Segundo Cintra, Grinover e Dinamarco, as normas jurídicas podem ser materiais, quando:

> disciplinam imediatamente a cooperação entre pessoas e os conflitos de interesses ocorrentes na sociedade, escolhendo qual dos interesses conflitantes, e em que medida, deve prevalecer e qual deve ser sacrificado; e normas instrumentais, quando apenas de forma indireta contribuem para resolução de conflitos interindividuais, mediante a disciplina da criação e atuação das regras jurídicas gerais ou individuais destinadas a regulá-los diretamente. (2015, p. 117)

Advertem os autores, contudo, que tal dicotomia não é estanque, de modo que existe uma região cinzenta e indefinida entre a fronteira de cada espécie. De modo que pode haver normas instrumentais que interferem diretamente sobre o caso penal.

A questão demanda ainda mais cuidado por conta do objeto tutelado pelo processo penal. No direito penal, a sucessão legislativa é resolvida pela garantia de que a lei penal não retroagirá, salvo para beneficiar o réu. No campo processual penal, a previsão legislativa prevê a aplicação imediata, pois alinhavada com a prática de atos processuais e não com o delito.

Assim, a retroatividade teria maior aptidão para as normas de direito material; enquanto o *tempus regit actum* seria um referencial para as normas processuais. O problema surge quando tratamos de normas que combinam os dois tipos de normas, ou seja, quanto às normas mistas ou processuais-materiais.

Badaró (2017, p.85-86) aponta inexistir dúvida quanto à existência de normas mistas, mas que há intensa discrepância quanto ao âmbito de incidência do conceito. Assim, afirma que a corrente restritiva, capitaneada por Tourinho Filho (2005, p. 118), entende que são normas processuais mistas ou de conteúdo material aquelas que embora disciplinadas em diplomas processuais penais, disponham sobre o conteúdo da pretensão punitiva. Por exemplo, quando disciplinam o exercício de queixa, a representação, a prescrição e a decadência, o perdão, à perempção, e outras.

A corrente ampliativa, capitaneada por Tucci (1975, p.22) e Nucci (2011, p.112), inclui, ainda as normas que estabelecem condições de procedibilidade, constituição e competência dos tribunais, meios de prova e eficácia probatória, graus de recurso, liberdade condicional, prisão preventiva, fiança, modalidade de execução de pena e todas as demais normas que tenham por conteúdo matéria que envolva direito ou garantia constitucional do cidadão.

Segundo Badaró (2017, p.109), preferível é a adoção da corrente ampliativa, pois, de algum modo, todas as normas que regulam ou disciplinam direitos e garantias constitucionais, ainda que veiculadas sob a forma processual, não perdem seu caráter material. Dessa forma, [...] "são normas processuais de conteúdo material as regras que estabelecem as hipóteses de cabimento de prisões cautelares, os casos em que podem ser revogadas, o tempo de duração de tais prisões". Para tais institutos, portanto, a regra de direito intertemporal a ser aplicada deve ser a mesma das normas penais de conteúdo material, em que é vedada a retroatividade da lei mais gravosa.

De modo a operacionalizar a incidência legislativa, lança-se mão de critérios definidos por três ficções: a primeira, considera todo o processo como um ato unitário; a segunda, que cinde o processo em fases; a terceira, que supõe que cada ato processual é um ato isolado, totalmente desvinculado de seu sucessor ou antecessor.

No que concerne às normas eminentemente processuais, o critério primordial eleito pelo Código de Processo Penal é o do isolamento dos atos processuais. Porém, em algumas situações, adota-se o critério do encerramento de cada uma das fases processuais (postulatória, instrutória, decisória, recursal e executória), para evitar criar um leque muito extenso de procedimentos transitórios, desviantes do modelo padrão.

Imaginemos a situação hipotética em que uma lei nova seja publicada e entre em vigor no curso de uma longa sessão do tribunal do Júri, e essa lei tenha alterado a ordem da produção de provas em plenário, proibindo que as sessões se iniciassem pela manhã, e tenha proibido o juiz de prolatar sentença na sessão. Ainda que o Juiz Presidente tenha conhecimento das modificações no curso da sessão, após instalação não deveria modificar o procedimento, uma vez que, já tendo começado a sessão pela manhã, não deveria alterar a ordem de produção probatória e sequer estaria impedido de prolatar a sentença ao final da sessão, pois a fase processual já havia se iniciado, não se aplicando a técnica padrão do isolamento de ato processual das partes ou do juízo.

Além dos processos em curso, outra circunstância que suscita dúvida quanto à legislação de regência é quando a disposição processual possui alguma "prevalente material". Para Tucci (1975, p.21), são normas cujos efeitos concretos possuem aparência mais ampla do que o simples âmbito processual.

A doutrina mais tradicional representada por Marques (1997, p.57) entende que norma processual regula atos e atividades processuais, e não o poder de punir, sendo, portanto, imediatamente aplicável em questões de juízo natural, questões de competência, tendo em vista que são normas de "organização das jurisdições penais" e presumem-se "resultantes de aperfeiçoamento dos meios de apuração da verdade"; razão pela qual "não há falar em direito adquirido do réu a ser julgado segundo as leis processuais do tempo do crime."

Entretanto a maioria dos autores defende a necessidade de temperamento das chamadas normas mistas, híbridas ou processuais-materias, ou daquelas que contam com prevalentes materiais (TOURINHO FILHO,2005, p.117), em especial porque o processo penal é meio de efetivação do direito material penal. Nesse ponto, vale apontar que é Marques reconhecera a necessidade de revisão de seu primitivo entendimento. Veja:

> Se lei penal não é lei processual, e lei processual não é lei penal, – as regras sobre ação penal e as condições de procedibilidade (Queixa, representação e requisição ministerial) não se incluem no canôn constitucional do art 141, parágrafo 29, da Constituição Federal de 1946, que manda retroagir, em benefício do réu tão só a "lei penal" (...). Mas se nos afigura (pelo que reconsideramos em parte a opinião antiga) que é necessário estabelecer-se distinção: desde que se trate de requisição

> ministerial, imperam os mandamentos intertemporais aplicáveis aos processo, o mesmo não sucedendo no tocante à queixa ou representação. (MARQUES, 1997, p. 59).

Diante dessas normas de cunho material, a doutrina se posiciona no sentido de atrair a aplicação da irretroatividade das leis penais mais gravosas.

A doutrina, por vezes, enxerga uma ligação mais ou menos tênue com o direito penal e com o *jus puniendi*, sem estabelecer um critério muito seguro, o que acaba por colocar em risco a isonomia, vez que, ora as condições de procedibilidade são meramente processuais, como para Tourinho Filho (2005 p.118), ora não; ou, as medidas cautelares, entre elas a prisão preventiva, para alguns afiguram-se como normas processuais, como para Mirabete (2006, p. 39) e, para outros, materiais, como para Dias (2004, p.112).

Os autores que sustentam que a norma processual deve ter aplicação imediata – com exceção das hipóteses arbitrariamente ressalvadas de caráter misto, que variam ao talante do doutrinador –, podem ter seus argumentos resumidos: a) na presunção de aperfeiçoamento relativamente à nova lei processual penal; b) no fato de que a lei processual não regula o fato criminoso, mas apenas atos processuais; c) no aspecto de que o autor do fato delitivo não possui direito adquirido à legislação da época da prática do suposto crime.

Primeiramente, como ato humano, não se pode garantir que a nova legislação será melhor do que a anterior. Nesse ponto, não há qualquer garantia de efetividade – entendida como aplicação na prática – da legislação. É certo que a legislação é grande fator de ordenação de condutas, mas não necessariamente atinge os objetivos idealizados.

Relativamente à função processual da norma e ao direito adquirido à legislação, tem-se que, muito embora ninguém possua direito adquirido à legislação, não pode o ente estatal violar legítimas expectativas. Cabe observar que a apreciação não deve ser feita do ponto de vista premial, como uma expectativa de benefício, mas se pautar na própria racionalidade por detrás do princípio da legalidade, não só como instrumento de proteção contra a pessoalidade, mas como forma de assegurar o cumprimento das regras estabelidas antes do fato.

Imbuídos do espírito da não surpresa, causa-nos perplexidade a solução conferida pelo Superior Tribunal de Justiça, quando do julgamento acerca da supressão do recurso do protesto por novo júri:

> AGRAVO REGIMENTAL EM RECURSO ESPECIAL. PROCESSUAL PENAL. APLICAÇÃODO ART. 557 , CAPUT, DO CPC C.C.

> ART. 3.º DO CPP . DECISÃOMONOCRÁTICA. POSSIBILIDADE. HOMICÍDIO TRIPLAMENTE QUALIFICADO.PROTESTO POR NOVO JÚRI. RÉUS JULGADOS PELO CONSELHO DE SENTENÇA APÓSA ENTRADA EM VIGOR DA LEI N.º 11.689 /2008. IMPOSSIBILIDADE.PRECEDENTES DO
>
> STJ. AGRAVO DESPROVIDO. 1. De acordo com o art. 557 , caput, do Código de Processo Civil ,c.c. o art. 3.º do Código de Processo Penal , é permitido ao Relator negar seguimento ao recurso especial, quando a decisão recorrida for manifestamente inadmissível, improcedente, prejudicada ou estiver em confronto com súmula ou com jurisprudência dominante desta Corte Superior ou do Supremo Tribunal Federal. 2. A recorribilidade se submete à legislação vigente na data em que a decisão foi publicada, consoante o art. 2.º do Código de Processo Penal. Incidência do princípio tempus regit actum. 3. O art. 4.ª da Lei n.º 11.689 /2008, que revogou expressamente o Capítulo IV do Título II do Livro III, do Código de Processo Penal ,afasta o direito ao protesto por novo júri quando o julgamento pelo Conselho de Sentença ocorrer após a sua entrada em vigor, ainda que o crime tenha sido cometido antes da extinção do recurso.
>
> 4. Decisão agravada que se mantém pelos seus próprios fundamentos. 5. Agravo regimental desprovido.[54]

O recurso tinha cabimento para rejulgamento do fato, quando a pena por fato criminoso fosse igual ou superior a 20 anos.

A supressão dessa modalidade recursal foi promovida pela Lei n 11.689/2008, sendo certo que, quando do cometimento do crime, – o que inclui a ocorrência também da denúncia, da resposta à acusação, da pronúncia e da sessão de julgamento –, o recurso ainda estava em vigor.

Nota-se que há nítida vinculação a direito constitucional de defesa, não se tratando de ato meramente processual, correlacionado à instrumentalidade das formas, mas de efetiva repercussão material. Ainda assim, o STJ definiu que a aplicação da nova legislação deveria ser imediata, independentemente da data do fato.[55]

[54] BRASÍLIA. STJ – **AGRAVO REGIMENTAL NO RECURSO ESPECIAL. 1288971 SP.** Relatora Ministra Laurita Vaz. Data de publicação: 17/04/2013. Disponível em: https://ww2.stj.jus.br/processo/revista/documento/mediado/?componente=ITA&sequencial=1222949& num_registro =201102562619&data=20130417&formato=HTML. Acesso em 04 de fevereiro de 2020.

[55] O recurso vigeu por 69 anos – e somente agora – o estado está preocupado com a efetividade da resposta jurisdicional? Não se tratasse de caso de tamanho clamor público – assassinato

Anote-se que, embora processo tenha a conotação de avançar, eventual manutenção recursal não tem o condão de reiniciar todo procedimento. Na realidade, apenas cumpriria o regramento proposto há pouco tempo.

Nesse ponto, é importante tratar diferentemente a supressão de uma prerrogativa e a alteração do formato recursal ou do prazo de seu exercício.

Primeiro, porque ainda que falemos em redução do prazo, a legislação anterior deve ser aplicada pela ficção da fase processual, que se comporta como exceção legalmente admitida. Segundo, porque a mudança de modalidade não surpreende no que tange à faculdade existente ao tempo da ocorrência do fato. Ambos exemplos alinham-se à forma.

Hipoteticamente, pode-se imaginar que deteminado fato delitivo ao tempo da prática da infração penal estava sujeito ao procedimento do Tribunal do Júri, mediante julgamento por conselho de sentença, e, por ocasião da nova legislação, está sujeito ao julgamento por juiz togado.

À primeira vista, parece uma inofensiva alteração procedimental, entretanto não há como se afastar da circunstância de que o réu não será mais julgado por juízes leigos, de modo que não se tratou de uma simples alteração procedimental, visto que influenciou em circunstância materiais, inclusive na contratação de profissional especialista no tribunal do júri ou não.

Render-se à retórica de que o direito está "condenado ao engessamento ou fossilização" (OLIVEIRA, 2014, p.25) é no mínimo exagerado, pois, possui plena aplicabilidade na serara penal sem qualquer contestação, além de que a supressão ou alteração da forma, em muitos casos, não está restrita ao mero âmbito da instrumentalidade, mas correlacionada ao aspecto material.

Repise-se, não será toda modificação das norma processuais que determinará o reinício do procedimento. Há meios de compatibilizar o exercício da faculdade processual com legislações mais favoráveis ao réu. Para tanto, vale lembrar que a previsão da transação penal e suspensão condicional do processo, embora vocacionadas para incidência, respectivamente, anteriormente ao recebimento da denúncia e tão logo oferecida a denúncia, são concedidas na fase de sentença, por ocasião da desclassificação da imputação de crimes com pena privativa de liberdade máxima igual ou inferior a dois anos[56]

de Dorothy Stang em 2005 – desconfiaríamos do mero equívoco do tribunal, mas nos parece que o judiciário, às vezes, se rende a pautas majoritárias, das ruas ou da mídia, olvidando-se da garantia da independência funcional nos limites da constituição.

[56] Art. 76 da Lei 9.099/95 – "Havendo representação ou tratando-se de crime de ação penal pública incondicionada, não sendo caso de arquivamento, o Ministério Público poderá propor a aplicação imediata de pena restritiva de direitos ou multas, a ser especificada na proposta"

ou a pena mínima igual ou inferior a um ano[57], por se tratarem de medidas despenalizadoras. Diferentemente seria implementar o interrogatório em todo e qualquer procedimento como ato imediatamente anterior à sentença, pois o fundamento da aplicação seria justamente possibilitar a impugnação de todos os elementos de prova produzidos.

Por outro viés, salienta-se que não se pode interpretar as leis penais e processuais penais de modo desprovido da instrumentalidade do processo penal. Ou seja, o processo penal não é outra coisa senão um conjunto de normas para realização do direito material, de modo que todas suas normas direta ou indiretamente, influenciam na lei penal material (BUSATO, 2015, p.138).

Sob a ótica do processo penal, Tornaghi define o processo penal como:

> uma sequência ordenada de fatos, atos e negócios jurídicos que a lei impõe (normas imperativa) ou dispões (regras técnicas e normas puramente ordenatórias) para a averiguação do crime e da autoridade e para julgamento da ilicitude e da culpabilidade. Proceder significa ir para frente; mesmo etimologicamente, portanto, o processo é uma atividade, um encaminhamento, em determinada direção. (TORNAGHI, 1997, p.3)

Não nos convence, portanto, que a incidência da norma penal esteja vinculada à característica da norma proibitiva (OLIVEIRA, 2014 p.25), por ser o conhecimento pressuposto da coerbibilidade, tendo em vista o direito penal não é composto apenas de normas proibitivas, razão pela qual o desconhecimento de uma normas mais benéfica não seria óbice a sua incidência, demonstrando que o caráter prejudicial sobre o direito material é o que efetivamente prepondera.

Outro ponto a se destacar é que a incidência ou não da nova legislação poderia depender da previsão de normatização transitória do legislador (TOURINHO FILHO, 2005, p.114). Tal comportamento poderia variar de modo negativo de reforma para reforma, sem que se possa definir se decorre de uma providência intencional ou mero esquecimento do legislador.

Vislumbrando-se uma falha do legislador ou inexistente coerência, faz-se necessário adotar critério mais seguro, dando sobrevida à legislação revogada,

[57] Art. 89 da Lei 9.099/95 – "Nos crimes em que a pena mínima cominada for igual ou inferior a um ano, abrangidas ou não por esta Lei, o Ministério Público, ao oferecer a denúncia, poderá propor a suspensão do processo, por dois a quatro anos, desde que o acusado não esteja sendo processado ou não tenha sido condenado por outro crime, presentes os demais requisitos que autorizariam a suspensão condicional da pena"

ampliando a função de garantia da legislação, sem qualquer temor da ultratividade pontual ou pelo menos compatibilização – tal qual ocorreu com a transação penal e suspensão condicional do processo.

Importate destacar que há autores que sustentam a não recepção da interpretação do art 2º do CPP sempre que representar prejuízo ao réu, como, por exemplo, o fazem Queiroz e Vieira (2004). Segundo os autores

> o dispositivo não passou no filtro constitucional, na medida em que a lei processual possui função garantia, e, por isso, toda legislação processual que venha a suprimir ou relativizar garantias limitar-se-á a reger às infrações penais consumadas após a sua entrada em vigor. QUEIROZ; VIEIRA (BOLETIM IBCCRIM, N 143, 2004)

Em adendo, vale ressaltar que, embora a Constituição se utilize da previsão de que a "lei penal não retroagirá, salvo para beneficiar o réu", não distingue as normas eminentemente penais das processuais.

Consentida a possibilidade de edição de normas processuais penais com conteúdo meramente processual e conteúdo material, por exemplo, a norma do art 366 do CPP, editada pela Lei 9.271/97, evitaríamos inclusive o debate acerca da possibilidade de combinação de diplomas legislativos (FRAGOSO, 1962, p.59)[58].

Assim, sempre que a nova norma suscitar perigo de prejuízo a amplitude de defesa, ou ao exercício de uma prerrogativa relacionada ao *status libertatis*, não há porque recear da ultratividade da lei processual antiga. A pergunta que cabe é, se a partir de um conceito amplo da previsão constitucional de lei penal, teria ocorrido a não recepção do art 2º do CPP; e se amplitude é total ou parcial.

Santos (2010, p. 52-53) afirma que a proibição de retroatividade da lei processual em prejuízo do réu é condicionante da legalidade processual penal, determinando, assim, a extensão das garantias penais ao subsistema da imputação[...] *"porque a coerção é a própria realização da coação punitiva"* e porque as espécies lei processual penal e lei penal estão abarcadas pelo mesmo gênero, objeto de regência do mesmo direito fundamental.

Em que pese o referido autor não se manifeste acerca da recepção do art 2º do CPP, a resposta da pergunta formulada acima há de ser pela não recepção

[58] Nesse ponto, FRAGOSO, admite por força da expressão do art. 2º, parágrafo único do CPP "de qualquer modo", quando da disciplina do efeito retroativo da norma penal benéfica.

apenas parcial, pois plenamente aplicável às normas processuais com conteúdo meramente relacionado à instrumentalidade. Não se trata, portanto, de extirpar a norma, mas de decretar a nulidade (não recepcão[59]) parcial sem redução do texto.

Dessa forma, a norma processual penal que não implique simplesmente mudança da forma ou prazo, suprimindo garantia, deve estar calcada no princípio da irretroatividade da lei penal mais gravosa.

Na mesma linha, o precedente que crie ou altere norma processual penal deve ser manejado de forma a observar o princípio da não surpresa.

Santos explicita a partir do conceito de jurisprudência a necessidade de observância ao princípio da irretroatividade da lei penal mais gravosa em sentido amplo. Veja:

> Afinal, se manifestações do Poder Judiciário não são indiferentes ao homem do povo, então a proibição de retroatividade inclui mudanças de jurisprudência dominante em prejuízo do autor, sob o argumento de que a confiança na jurisprudência equivale à confiança na lei (SANTOS, 2010, p. 54-55).

O alerta evidenciado pelo autor, entretanto, conforme explicitado nessa pesquisa, não deve se correlacionar à jurisprudência – como reiteração de decisões judicias no mesmo sentido – mas ao precedente – criação de norma judicial vinculante –, pois a frustração das expectativas jurisdicionais criadas pressupõe a consolidação de orientação em sentido contrário ao senso comum ou modificação do sentido anteriormente atribuído pelo judiciário.

Assim, alinhado ao fato da importância de adoção do precedente vinculante como ferramenta para garantia da coerência e da isonomia, bem como, diante do reconhecimento de aplicação da teoria dos precedentes ao processo penal, faz-se necessário sistematizar os efeitos da superação, ou modificação dos precedentes em matéria processual penal, sendo fundamental traçar a classificação das normas jurídicas quanto ao efeito advindo pela inovação da orientação.

[59] Supremo Tribunal Federal reforçou o seu entendimento pela inaplicabilidade da reserva de plenário em se tratando de juízo de não recepção, nos seguintes termos (STF, RE 844252/AL, Rel. Min. Teori Zavaski, DJ 29/04/2016).

2.4 Classificação da norma jurídica quanto à inovação

Certo é que, nem toda novel legislação ou decisão possui o condão de ameaçar a segurança jurídica, mas somente quando a base objetiva da confiança é violada por uma conduta surpreendente.

Para tal investigação, fundamental a classificação apresentada por Ataíde Júnior (2012, p.177-183), que distingue os precedentes judiciais quanto à inovação da ordem jurídica, consignando que, quanto maior a novidade anunciada no precedente, maior será a agressão à ordem jurídica. Diante disso, divide os precedentes em três grupos: a) o novo precedente em sentido não surpreendente; b) o novo precedente em sentido diverso da concepção geral sobre o direito; e c) o novo precedente revogador ou modificador de anterior orientação jurisprudencial.

O primeiro deles resta evidenciado quando as Cortes Superiores julgam pela primeira vez a questão. Exemplifica o autor: imaginemos que o TJPE tenha produzido a norma "a", o TJPB, a norma "b"; o TJRN, a norma "c" e o TJCE, a norma "d". O STF julgando a questão entende que aplicável deve ser a norma "c".

Na presente hipótese, não se tem qualquer frustração de expectativa, na medida em que não havia um precedente sobre aquele ponto. Diante disso, a aplicação na norma "c" poderia ser aplicável a todos os casos em andamento, ou eventualmente rescindidos[60].

Com relação ao precedente em sentido diverso à concepção geral sobre a questão, tem-se uma surpresa à comunidade jurídica não pela existência de um precedente contraditório, mas em razão do grande lapso temporal existente entre as decisões dos tribunais ordinários e a decisão dos tribunais superiores.

Exemplifica o autor, dizendo que os Tribunais de Justiça adotavam o entendimento consignado pela norma "c", mas o STF, muito tempo depois, unifica a questão de acordo com a norma "d".

Nesse caso, para que a decisão não gere violação ao princípio da proteção à confiança, faz-se indispensável transportar o cenário da época do julgamento para o momento do estabelecimento dos precedentes. Se, à época, não fosse possível deduzir pela aplicação da norma "d", não seria possível

[60] Nesse ponto, vale alertar da existência de óbice levado a cabo pelos enunciados 343 do STF e 400 do STJ, mas que devem ser criticados por criarem situações contraditórias a frente da força vinculante dos precedentes.

retroagir para atingir tais processos; enquanto, se possível deduzir a aplicação da norma "d" à época por alguma sinalização, não seria possível a incidência dos efeitos retroativos.

Ao transportar o cenário da época do julgamento para o momento do estabelecimento do precedente, estamos a adotar a hermenêutica jurídica de Larenz (1991 p. 286), no aspecto da "circularidade hermenêutica", em que, no confronto entre texto e norma, investiga-se a concordância material interna e externa da disposição das leis, de acordo com o contexto de sua elaboração. Adere, portanto, à necessidade de valorizar o aspecto temporal dos termos, para identificar o sentido literal possível, como limite da interpretação (LARENZ, 1991, p. 457).

Por fim, quanto ao novo precedente revogador ou modificador da jurisprudência, tem-se que a adoção do entendimento "d" superando o entendimento "c", representa situação de intensa e grave surpresa, na medida em que o Tribunal Superior afastou as demais interpretações possíveis da norma jurídica, evidenciando situação de flagrante contradição, que merece a modulação dos efeitos.

Destaca-se que entendemos que as Cortes de Justiça e os próprios juízos individualmente falando também deveriam modular os efeitos de suas decisões, se, por precedente contraditório, violarem a confiança depositada pela parte.

Segundo Derzi, quando o precedente já havia realizado um fechamento semântico, por ocasião do afastamento dos demais significados possíveis, impõe-se a modulação dos efeitos quando da reversão ou superação do entendimento. Veja:

> a decisão judicial, no momento em que se firma em uma das alternativas possíveis de sentido dos enunciados legislativos, criando a norma específica e determinada do caso, e repetível para o mesmo grupo de casos, norma cabível dentro da norma legal, ela fecha as demais alternativas – antes possíveis. As demais alternativas não estarão mais disponíveis, sustentamos, exatamente porque foram afastadas pelo Poder Judiciário, em entendimento consolidado. Desde o momento em que tal fechamento ocorra, o espaço, discricionariamente deixado pelo legislador e dotado de uma cadeia de signos e significados inúmeros, concretiza-se e fixa-se em certo sentido único, criando-se verdadeira expectativa normativa de comportamento para todos, integrantes do mesmo grupo de casos. A norma judicial seleciona o significado adequado, o melhor para o caso ou grupo

> de casos. Se, supervenientemente, o Poder Judiciário altera e muda a sua decisão, escolhendo uma alternativa (antes possível, em razão do leque de significados da cadeia de signos), cria nova norma, específica e determinada. Tal norma nova equivale a uma nova lei, pois a lei anterior, ainda vigente no sentido formal, tinha sido dotada de um só conteúdo, unívoco, pois sofrera o esvaziamento dos demais sentidos alternativos, por decisão do próprio Poder Judiciário. (DERZI, 2009, p. 189)

Diante da flagrante frustração da expectativa, por ato próprio do poder judiciário, não restaria outra saída senão modular os efeitos da decisão, pois laborou em grave contradição, não podendo atingir aqueles que atuaram conforme disciplinado pelo próprio judiciário.

A presente classificação é plenamente aplicável na seara criminal, valendo destacar que a conduta contraditória possui potencial de violar o bem jurídico liberdade. Deste modo, se raciocinarmos sobre o enfoque da superação do entendimento que impedia a execução da sentença penal condenatória antes do trânsito em julgado, resta evidente a inovação, pois, àquela época, foi afastada a possibilidade de execução provisória para os acórdãos que não evidenciassem os fundamentos de cautelaridade da prisão preventiva. E, assim, a neonata decisão não poderia retroagir para atingir os processos em andamento.

3.
DESCREVENDO O CONTEXTO DA PRISÃO APÓS CONDENAÇÃO EM SEGUNDA INSTÂNCIA

Balizadas as premissas, traremos à baila o panorama sobre os precedentes do Supremo Tribunal Federal acerca do tema, sendo indispensável não só a abordagem histórica no campo constitucional, como também o exame dos argumentos e críticas a cada uma das decisões.

Em que pese a redação de que o réu não será considerado culpado até o trânsito em julgado da sentença condenatória, Gomes Filho (1991, p.1) aduz que a realidade social brasileira é assolapada pela dramatização do fenômeno da criminalidade, sobretudo pela influência dos meios de comunicação de massa, estimulando a insegurança do cidadão, de modo a justificar o incremento dos padrões de controle social, punição mais rígida dos delitos, em detrimento das garantias indispensáveis à realização do processo justo.

À título de exemplo, faz-se menção ao Pacote Anticrime, apresentado em 31 de janeiro de 2019, com a pretensão de estabelecer medidas eficazes ao combate à corrupção, amplamente noticiado e fomentado pela imprensa, pois tinha como autor do Projeto o Ministro Sergio Moro, que foi o juiz que condenou pela 1ª vez na história do país um ex-Presidente da República por crimes de corrupção. A despeito do fato, certo é que nenhuma legislação possui o condão de transformar a sociedade instantaneamente e impedir crimes, entretanto o nome do projeto e a figura de seu autor foram indispensáveis ferramentas para obtenção da chancela popular para desafiar a literalidade do marco temporal estabelecido pela Constituição de 1988.

Por tal razão, reacende-se a interminável celeuma acerca da execução provisória da pena sem respaldo nos fundamentos do art. 312 do CPP.

Anota Gomes Filho que a presunção de inocência foi estabelecida por ocasião da Declaração dos Direitos do Homem e Cidadão, de 1789 como reação ao sistema repressivo pré-revolucionário, fundado no sistema das provas legais e tarifadas das ordálias e da tortura como instrumento probatório.

Nesse contexto, confirma-se a tese de que a Constituição Brasileira não teria inovado em relação ao marco do trânsito em julgado, em especial diante da adesão do Brasil à Declaração Universal dos Direitos dos Homens, de 1948. Para ele: "[...] o constituinte inseriu explicitamente o preceito por escolha da concepção de processo penal em que a liberdade, a igualdade e a dignidade da pessoa humana são valores centrais do sistema". (GOMES FILHO, 1991, p. 1-2)

O marco histórico, portanto, da construção da presunção de inocência é a Declaração dos Direitos do Homem e Cidadão de 1789. Antes desse período, desde os primórdios da humanidade, jamais se teve uma efetiva presunção de inocência, tendo em conta que o processo era iniciado de ofício pela autoridade julgadora, ou seja, se iniciou é porque irá procurar provas para confirmar sua opinião inicial. Se algo seria possível de se presumir: era somente a culpa, em especial diante das ordálias de Deus e da tortura como meios válidos de prova e a utilização do processo como meio de ataque aos opositores.

O Iluminismo e a Revolução Francesa tinham como bandeira justamente a busca pelo racionalismo e humanismo, em que o processo deixava de ser instrumento de perseguição ao inimigo, ao herege, ou aos hostis, característica constante no curso da história. Nesse sentido, ZANOIDE ressalta que:

> o pensamento iluminista francês, embebido pelos avanços humanistas iniciados nos séculos XVI e XVII para o processo penal e o direito penal, foi buscar naquela classificação tripartida da "presunção" (técnica e mais humana) uma forma de revestir o cidadão de uma proteção ética e jurídica contra os desmandos estatais perpetrados pelo sistema processual penal inquisitivo (ZANOIDE, 2010, p.91)

Ocorre que os auspícios da Revolução Francesa rapidamente foram deixados em segundo plano diante da assunção de Napoleão Bonaparte, retomando a característica inquisitiva na primeira fase do procedimento, o que, por conseguinte, converteu, mais uma vez, a persecução penal em instrumento político de combate aos seus adversários políticos, sob alegação de um estado de "emergência"

Zanoide (p. 532) tece a seguinte consideração:

> A história ainda demonstrou por que foi na própria França que, no período pós-revolucionário, Napoleão Bonaparte eliminou a presunção de inocência como dispositivo constitucional e criou o sistema processual

> penal misto francês, em hábil reconstrução de um sistema de essência inquisitiva, conquanto apresentasse uma segunda fase formalmente acusatória.
>
> Após o estudo histórico ter demonstrado que um modelo acusatório de processo penal não é suficiente para se garantir a presunção de inocência, também se verificou que um apuro técnico-científico das instituições jurídico-criminais não implica, necessariamente, respeito a esse direito constitucional, nem sequer a um processo mais justo. Garante apenas uma melhoria técnica, que se colocará a serviço dos desígnios do ocupante do poder, sejam eles quais forem.
>
> Nesse contexto foi crucial o estudo histórico, agora com maior ressalto das linhas criminológicas empreendidas pela Scuola Positiva e pela Escola Técnico-Jurídica italianas. Essa última corrente criminológica foi a grande artífice da elaboração do Código de Processo Penal italiano de 1930, em pleno vigor do regime fascista de Benito Mussolini. Foi ela quem, com apurada técnica jurídica, concebeu um sistema criminal ao feitio dessa ideologia. Nesse espaço político não havia como se respeitar a presunção de inocência, porque não havia como se respeitar a igualdade a todos os indivíduos, voltou-se, portanto, à figura do "hostis", prova disso é que a presunção de inocência foi alcunhada de "assurdità teorica" pelos técnico-positivistas.
>
> Nessa fase do final do século XIX e início do século XX surgiram as construções teóricas de "periculosidade" e de "defesa social", citadas e pugnadas pelo legislador de 1940, quando da elaboração de nosso (ainda) vigente Código de Processo Penal. O surgimento dessa legislação nacional, portanto, trouxe em seu âmago todas essas linhas teóricas e criminológicas inconciliáveis com a presunção de inocência. (ZANOIDE, 2010, p. 532)

A Escola Técnico-Positivista Italiana passou reinterpretar a presunção de inocência incluída em diversas cartas europeias. A partir da fundamentação desta escola, tem-se que a tese da presunção de não culpabilidade objetivava enfraquecer a presunção de inocência, notadamente porque expressava que o réu jamais poderia ser considerado inocente, uma vez que, diante de uma acusação o mesmo somente poderia ser considerado culpado ou não do fato imputado, pois sua culpa poderia apenas não ter sido provada, o que impossibilita o estado de inocência como característica inata do ser humano.

Segundo Zanoide, há diferença do momento constituinte Italiano em comparação a Carta de 1988. Na Assembleia Constituinte de 1988, nenhuma das emendas legislativas relacionadas a alteração da presunção de inocência por presunção de não-culpabilidade deixou de se justificar na sinonímia entre os conceitos:

> diferentemente do ocorrido na Itália de 1948, cujo texto constitucional foi uma solução de compromisso entre duas ideologias (humanitária e fascista) que ainda se digladiavam doutrinária e politicamente, no Brasil de 1988 a proposta de emenda que originou o texto constante da atual Constituição tinha como justificativa e razão uma maior garantia e a reafirmação dos valores político-ideológicos da igualdade, do respeito à dignidade da pessoa humana e do devido processo legal, que inspiraram os clássicos-iluministas a conceberem a expressão "presunção de inocência". Em nenhum instante de nossos trabalhos constituintes foi sugerido ou sequer cogitado qualquer argumento técnico-fascista violador daquele direito fundamental (ZANOIDE, 2010, p.225)

Em que pese o discurso eficientista, pautado em meramente em dados empíricos, resgate a tese técnico jurídica, há de contrapô-lo ao Estado Democrático de Direito que inseriu a presunção de inocência entre os direitos fundamentais, o que evidencia o perfil jus-político da opção do poder constituinte originário. Por consequência, há, portanto, de se afastar a concepção meramente individualista dos direitos fundamentais, no sentido de que somente destinariam a tutela de um de seus cidadãos, a aquele imputado, como antítese do direito da sociedade

Nesse ponto, Zanoide é certeiro ao dissertar que

> Esse paradoxo é apenas aparente porquanto mesmo os direitos fundamentais penais e processuais penais não são direitos contrários aos interesses sociais, mas valores básicos, historicamente consagrados e relevantes para se evitar o retorno às barbáries estatais contra os cidadãos submetidos à persecução penal. Os direitos fundamentais dirigidos ao processo penal são uma conquista da humanidade e uma demonstração de que o ser humano é um valor supremo contra o qual o Estado não pode dirigir atos arbitrários e sem balizamentos, mas deve fazê-lo respeitando limites e formas legítimas e eficazes para: investigar sem desrespeitar, acusar sem humilhar e julgar com oportunidades. (ZANOIDE, 2010, p. 197)

Por tratar-se de um aparente paradoxo entre o direito individual e o direito da sociedade, o direito deve ser visto como inclusivo daquele cidadão na sociedade, seja ou não provado, ao final, que cometeu a infração penal, tendo em vista que o imputado não é o "outro" (inimigo, opositor político, excluído, religioso ou doente), mas pode ser qualquer um de nós, integrantes da comunidade, e as leis não são, ou não deveriam ser, feitas para "o outro", mas para todos e cada de nós.(ZANOIDE, 2010, p. 197)

Exsurge uma pergunta fundamental: a presunção de inocência é regra ou princípio?

Incialmente, segundo Dworkin (2010, p.39) e Alexy (2008, p.86) o que demarcava a distinção entre regras e princípios era o critério da generalidade, pois as regras continham elementos mais objetivos, enquanto os princípios eram mais abstratos, mas esse logo se mostrou insuficiente.

Define-se a presunção de inocência como uma garantia política ao cidadão – no sentido de compreender que a sociedade se constitui-se de uma maioria inocente –, na qual se encerra, para efeitos de processo penal, em regra probatória – na medida em que não se deve exigir que o imputado que prove sua inocência –; e, ainda, como regra de tratamento – na qual o imputado não deve ser tratado como culpado até definitivamente decisão, com a observância de todas garantias de um processo justo.

Não se trata de norma prescritiva de comportamento, ou com baixo grau de generalidade – caractere que sequer é exclusivo das regras – submetidas ao método de aplicação do "tudo ou nada", mas calibradas segundo as circunstâncias que se apresentam, sem a solução *a priori* de nenhuma colisão com outras normas fundamentais.

Filiamo-nos ao entendimento de que os princípios se diferenciam das regras em razão de três critérios (BARROSO e BARCELLOS, 2003, p.35-36) a estrutura normativa, o método de aplicação e o tipo de conteúdo normativo-axiológico.

Quanto ao valor normativo axiológico, a presunção de inocência é um valor a ser preservado e um objetivo a ser alcançado, por opção política do Estado, sem prescrição de qualquer conduta. Quanto à estrutura normativa, a presunção de inocência é um estado idealizado, um "dever ser" a ser cumprido. Quanto ao método de aplicação, tem-se que os princípios como mandamento de otimização, de modo que a norma será cumprida dentro da maior eficácia possível, mediante sopesamento em face de outros princípios fundamentais, de acordo com as condições fático-jurídicas que se apresentam – fatos concretos e colisões.

Nesse ponto, a presunção de inocência delineia-se como modelo ideal, no sentido de exigir o esgotamento de todo o caminho recursal, disponível genericamente a qualquer cidadão – seja ele afortunado ou não –, o que, por conseguinte, significa que as medidas antecipatórias da execução de pena possuem o caráter excepcional.

Quando se afirma que toda prisão deve ser executada em 2ª instância como modelo, tem-se a aniquilação da "presunção de inocência até o trânsito em julgado", estando, portanto, inserido num sistema de "tudo ou nada" – comum de regras.

Trata-se de uma inversão semântica tal qual a procedida pela doutrina técnico-positivista, uma vez que a ponderação deve ser realizada, em concreto, a par das condições fático jurídicas que se apresentam.

Assim, em sendo considerada princípio, obviamente seu conteúdo pode ser sopesado conforme o caso concreto, mas não se proceder em abstrato, como solução *a priori* para todos os casos. Deixaria de ser exceção ao evidenciar que o princípio da presunção de inocência deverá ceder sempre diante do princípio da eficiência administrativa.

A presunção de inocência é, em vista disso, instrumento de tutela da dignidade, igualdade e justiça, tendo em vista que a sanção penal de teor corporal uma vez aplicada não confere condições de resgate da situação originária, devido a afetação da liberdade e da dignidade, seja para efeitos de prisão sanção ou processual.

Antecipar o cumprimento da sanção penal diante de uma decisão sujeita à revisão, representa o grande dilema do processo penal na atualidade, o que prescinde de ponderação caso a caso.

Dessa forma, para efeitos da pesquisa, interessa-nos investigar a norma de tratamento durante o processo, em que se discute sobre a possibilidade de decretação da prisão cautelar sem a indicação concreta dos fundamentos de cautelaridade, previstos no art. 312 do CPP e se a proposta de modificação se escora em aspectos jurídicos ou com base na adesão majoritária em detrimento da preservação de direitos fundamentais individuais.

3.1 Populismo judicial penal

O populismo não elege ideologia partidária ou está adstrito apenas aos mandatários, mas representa uma estratégia de obtenção de apoio popular para chancela de algum ato, campanha ou decisão estatal. Trata-se de expediente frequentemente utilizado por agentes públicos, mas que se espraia nas mais variadas esferas em busca de legitimação, ou, ainda, como instrumento de pressão para influenciar terceiros na tomada de decisão.

O populismo no campo legislativo se escora, em regra, no campo penal. Se antes os crimes violentos fomentavam as principais notícias, hoje os crimes do colarinho-branco são pauta em qualquer publicação.

Na área penal, não só a proliferação legislativa para exasperação penal, mas também a espetacularização de operações policiais e do Ministério Público são as maiores ferramentas de legitimação de sua atuação, capturando a opinião pública, e uniformizando a manifestação leiga.

Muito embora a população em geral debata muito sobre política criminal, toda a estrutura adotada ao longo de anos não foi capaz de reduzir os índices de violência.

Gomes e Gazoto (2020, p. 17) afirmam que "[...] o princípio da realidade é a prova do fracasso da política penal praticada até a presente data". Estudando o período entre 1940 e 2019, perceberam que o legislador brasileiro editou cerca de 80% das leis penais com maior severidade e o Brasil alcançou o 3º país do mundo com maior população carcerária. A conclusão a que chegaram é que o Brasil prende muita gente não violenta, mas mantém a política populista nessa seara.

Quando discorre sobre populismo penal, Pratt (2007, p.8) constata que o senso-comum associa políticos com alta popularidade ao punitivismo e a estratégia populista representaria conferir vozes a diferentes segmentos ignorados – não especificamente a voz do público, mas a referência ao grupo –, e seu discurso pretende alcançar os marginalizados, para que se postem contra outro grupo que faz oposição aos seus supostos interesses (2007, p.9). Pretende aumentar a representatividade, em tese, de setores sem grande poder de influência decisória, em torno da figura de um inimigo comum através de soluções simplistas e imediatistas, sem base empírica, em todos os campos (2007, p.10-11).

Olvidam-se de estudos capazes de demonstrar a causa e efeito de suas propostas, e o discurso acaba por determinar que a política pública penal reflita mais a vontade popular – manipulada no imaginário – do que pressupostos da justiça criminal, incitando, num círculo vicioso, mais proliferação legislativa como instrumento de incremento da severidade do sistema penal, mais sofrimento e estigmatização dos indivíduos, ocultamento da complexidade social do problema.

Gomes e Gazoto associam a atividade legiferante no campo penal judicial ao sentimento de satisfação da consciência coletiva, permeada por geração de expectativas normativas de estabilidade e de ordem social, sobretudo porque a lei penal severa produz ganhos eleitorais, pois seria a representação política da sociedade para instrumentalizar o julgamento dos "pecadores", encarnando nossos momentos moralistas. Destaca-se:

> Onde houver pecador (criminoso) haverá moralista (...). Quanto mais regras, mais o pecado (crime) se dissemina. Quanto mais o crime se dissemina, mais regras queremos. É assim que nós purificados moralistas conquistamos a sensação de distantes dos malvados "pecadores". (GOMES E GAZOTO, 2020, p.16)

Muito embora o argumento invada a seara religiosa, é bem verdade que o moralismo passou a ditar as práticas sociais. O moralismo não é jurídico e mascara por expedientes como "sentimento de impunidade", "interesse público" os valores pessoais do julgador.

Abboud (2019, p.718-742) apresenta a conduta de lançar mão de bandeiras abstratas como cicatrizes ativistas[61], que constituiriam desvios discursivos, ao invocarem argumentos não jurídicos para superação da vigência legislativa, o que leva à politização do judiciário.

Em que pesem as diferenças apontadas, magistrados impõem seu entendimento pessoal sem base empírica capaz de indicar a adequação da medida, valendo-se de expressões vagas, identificadas com o clamor da população, vontade esta quase que revelada pela sapiência ímpar daquele determinado julgador. Com todas as vênias, tal perspectiva restou clara no voto no Min Barroso, que será analisado a diante

Resumidamente, ressalte-se que, numa leitura com baixa de acuidade, leva-se a crer que o voto está amparado por pesquisa, pois enumera alguns dados. Ocorre que os dados não nos parecem tão consistentes para sustentação dos argumentos, destacando-se a divergência quanto ao recorte entre períodos comparados, bem como o desprezo por diversos outros elementos que poderiam ter interferido naquela conclusão.

Quando afirma, por exemplo, que a execução em 2ª instância reduziu o encarceramento, pois os juízes passaram a ter maior parcimônia na decretação de prisões, a conclusão está respaldada num único elemento objetivo, desprezando diversos outros. Trata-se, assim, de uma suposição que confirma

[61] Na obra o autor classifica esses viéses do ativismo em: a) perfomático; b) contra os limites do texto; c) messeânico; d) idelógico-moralista; e) populista; f) puramente consequencialista; g) por inação.

a opinião do magistrado, mas que se mostra insuficiente para atribuição daquele resultado especificamente à antecipação da execução provisória da pena, tendo em vista que a análise da série histórica permite a constatar que o decréscimo de prisões não é exclusivo do momento em que passou-se a permitir a execução provisória da sentença, como veremos mais adiante.

Assim sendo, a mecânica por trás do discurso populista, em busca da suposta demonstração de atendimento aos reclames das massas, não favorece ao profícuo debate, o que incentiva a que a questão jamais tenha um termo final, sendo certo que os ora derrotados utilizarão de novas oportunidades e outras instâncias para tentar fazer prevalecer seu entendimento pessoal, a despeito da tradição jurídica e política.

3.2 As cartas políticas brasileiras e a presunção de inocência

Compulsando-se os Anais da Constituinte[62], é possível verificar que o projeto originário de constituição, nominado de Projeto Afonso Arinos, não previa a referida redação no que tange à regra de tratamento processual, tendo se utilizado da tradicional moldura dos textos europeus que lhe deram base: art. 43,§ 7º – Presume-se inocente todo o acusado até que haja declaração judicial de culpa".

Explica Goes que a experiência autoritária acabou por justificar a constitucionalização de determinado catálogo de direitos ligados à matéria penal lançando mão de algumas experiências europeias[63]:

> Da mesma forma as Constituições de Portugal e Espanha, que ser de certa forma serviram de modelo à nacional, nas quais também existe rol de direitos fundamentais ligados à matéria penal muito próximo ao que passou a contar na carta brasileira. Em ambas, os enunciados também reduzem reação sintomática ao passado autoritário recente destes dois países. (GOES, 2011, p. 43)

[62] BRASIL. SENADO FEDERAL. ASSEMBLEIA NACIONAL CONSTITUINTE, atas de comissões. Disponível em: https://www.senado.leg.br/publicacoes/anais/constituinte/sistema.pdf. Acesso em: 04 de fevereiro de 2020.

[63] Segundo Gomes Filho (1991, p 22-34), a Constituição Italiana de 1948 (art. 27, §2º); Constituição Portuguesa de 1976 (art. 32) e a Constituição Espanhola de 1978 (art. 24, 2) estabeleciam o trânsito em julgado como marco para a configuração da culpa.

Por influência das recentes constituições europeias da época, por ocasião da compilação final levada ao plenário, a Comissão de Sistematização, entretanto, alterou a redação[64], adotando o critério da "presunção de inocência"[65] por intermédio da redação "ninguém será considerado culpado até o trânsito em julgado da sentença penal condenatória", tendo em vista que passou a exigir o trânsito em julgado como pressuposto da mudança de *status* jurídico do imputado.

A despeito disso, vale frisar que a exigência de trânsito em julgado para atribuição da condição de culpado como requisito para execução da condenação não é verdadeiramente inédita em 1988, pois foi prevista para os oficiais das forças armadas nas condenações superiores a 2 anos de privação de liberdade nas Constituições de 1891[66], 1934[67], 1937[68], 1946[69],

[64] Importante destacar que os debates na constituinte em matéria penal não se centraram na maioria dos direitos que restarão positivados no texto de 1988, pois ficaram adstritos à discussão acerca da adoção da pena de morte, a criminalização do aborto, a tortura, segurança pública e violência nas grandes cidades

[65] O "Projeto de Constituição", de setembro de 1987, fruto da incorporação de várias propostas de emenda, traz, no §17 do art. 5º do Capítulo I – Dos Direitos Individuais e Coletivos –, a exata redação proposta por José Ignacio Ferreira, na emenda n 1P11998-7. A mesma redação é mantida no §17 do art. 6º do "projeto de constituição (A, da Comissão de Sistematização, de dezembro de 1987, e no inciso LVIII do art. 5º do Projeto de Constituição (*)(B) – 2º Turno, de agosto de 1988. A mesma sugestão de José Ignácio Ferreira é mantida no inciso LVII do art 4º do "Projeto de Constituição (C) – Redação Final, de setembro de 1988, e no inciso LVII do art 5º do "Projeto de Constituição (D) – Redação Final, aprovado pela Comissão de Redação, em reuniões nos dias 19 e 20 de setembro de 1988. (MORAES, 2010. p. 219-220)

[66] Art. 76 – Os oficiais do Exército e da Armada só perderão suas patentes por condenação em mais de dois anos de prisão passada em julgado nos Tribunais competentes.

[67] Art. 165, § 1º – O oficial das forças armadas só perderá o seu posto e patente por condenação, passada em julgado a pena restritiva de liberdade por tempo superior a dois anos, ou quando, por Tribunal militar competente e de caráter permanente, for, nos casos especificados em lei, declarado indigno do oficialato ou com ele incompatível. No primeiro caso, poderá o Tribunal, atendendo à natureza e às circunstâncias do delito e à fé de ofício do acusado, decidir que seja ele reformado com as vantagens do seu posto.

[68] Art. 160 Parágrafo único – O oficial das forças armadas, salvo o disposto no art. 172, § 2º, só perderá o seu posto e patente por condenação passada em julgado, a pena restritiva da liberdade por tempo superior a dois anos, ou quando, por tribunal militar competente, for, nos casos definidos em lei, declarado indigno do oficialato ou com ele incompatível.

[69] Art. 182, § 2 º – O oficial das forças armadas só perderá o posto e a patente por sentença condenatória passada em julgado, cuja pena restritiva da liberdade individual ultrapasse dois anos; ou, nos casos previstos em lei, se for declarado indigno do oficialato ou com ele incompatível, conforme decisão de tribunal militar de caráter permanente em tempo de paz, ou de Tribunal especial em tempo de guerra externa ou civil.

1967[70] e 1969[71], muito embora as Constituições de 1824[72], 1891[73] e 1937[74] tenham elegido a formação da culpa como pressuposto da execução da pena.

Além disso, o legislador utilizou a fórmula do trânsito em julgado para diversas situações no texto de 1988[75], em oito dispositivos: arts. 5º, inciso XIX;

[70] Art. 94, § 2º – O oficial das forças armadas somente perderá o posto e a patente por sentença condenatória, passada em julgado, restritiva da liberdade individual por mais de dois anos; ou nos casos previstos em lei, se declarado indigno do oficialato, ou com ele incompatível, por decisão do Tribunal militar de caráter permanente, em tempo de paz, ou do Tribunal especial, em tempo de guerra.

[71] Art. 93, § 3º O militar condenado por tribunal civil ou militar a pena restritiva da liberdade individual superior a dois anos, por sentença condenatória passada em julgado, será submetido ao julgamento previsto no parágrafo anterior.

[72] Constituição de 1824, no art. 179, incisos VIII, IX e X: VIII. Ninguém poderá ser preso sem culpa formada, excepto nos casos declarados na Lei; e nestes dentro de vinte e quatro horas contadas da entrada na prisão, sendo em Cidades, Villas, ou outras Povoações próximas aos logares da residência do Juiz; e nos logares remotos dentro de um prazo razoável, que a Lei marcará, attenta a extensão do territorio, o Juiz por uma Nota, por elle assignada, fará constar ao Réo o motivo da prisão, os nomes do seu accusador, e os das testemunhas, havendo-as. IX. Ainda com culpa formada, ninguém será conduzido á prisão, ou nella conservado estando já preso, se prestar fiança idônea, nos casos, que a Lei a admitte: e em geral nos crimes, que não tiverem maior pena, do que a de seis mezes de prisão, ou desterro para fóra da Comarca, poderá o Réo livrar-se solto. X. A' excepção de flagrante delicto, a prisão não póde ser executada, senão por ordem escripta da Autoridade legitima. Se esta fôr arbitraria, o Juiz, que a deu, e quem a tiver requerido serão punidos com as penas, que a Lei determinar. O que fica disposto acerca da prisão antes de culpa formada, não comprehende as Ordenanças Militares, estabelecidas como necessarias á disciplina, e recrutamento do Exercito; nem os casos, que não são puramente criminaes, e em que a Lei determina todavia a prisão de alguma pessoa, por desobedecer aos mandados da justiça, ou não cumprir alguma obrigação dentro do determinado prazo.

[73] Constituição de 1891, no art. 72, §§ 13 e14: § 13. Á excepção do flagrante delicto, a prisão não poderá executar-se senão depois de pronuncia do indiciado, salvo os casos determinados em lei, e mediante ordem escripta da autoridade competente. § 14. Ninguém poderá ser conservado em prisão sem culpa formada, salvo as excepções especificadas em lei, nem levado a prisão, ou nella detido, si prestar fiança idônea, nos casos em que a lei a admittir. (Redação dada pela Emenda Constitucional de 3 de setembro de 1926)

[74] Constituição de 1937, na redação ordinal do art 122, §11: 11) à exceção do flagrante delito, a prisão não poderá efetuar-se senão depois de pronúncia do indiciado, salvo os casos determinados em lei e mediante ordem escrita da autoridade competente. Ninguém poderá ser conservado em prisão sem culpa formada, senão pela autoridade competente, em virtude de lei e na forma por ela regulada; a instrução criminal será contraditória, asseguradas antes e depois da formação da culpa as necessárias garantias de defesa;

[75] Art. 5º, inciso XIX – as associações só poderão ser compulsoriamente dissolvidas ou ter suas atividades suspensas por decisão judicial, exigindo-se, no primeiro caso, o trânsito em julgado; Art. 15. É vedada a cassação de direitos políticos, cuja perda ou suspensão só se dará nos casos de: I – cancelamento da naturalização por sentença transitada em julgado; III – condenação criminal transitada em julgado, enquanto durarem seus efeitos;

41; 95; 100,§1º; 128,§5º; 142§3º; arts. 86 e 109 dos Atos das Disposições Constitucionais Transitórias.

Tal constatação demonstra que o constituinte possuía familiaridade com o marco temporal do trânsito em julgado e também com a presunção de inocência, tendo conscientemente optado pela redação do dispositivo, de modo que fica assente que a execução provisória de pena é sem dúvidas uma modificação constitucional. Cabe, então, investigar a possibilidade de mudança.

art. 41; § 1º O servidor público estável só perderá o cargo: I – em virtude de sentença judicial transitada em julgado; Art. 55. Perderá o mandato o Deputado ou Senador: VI – que sofrer condenação criminal em sentença transitada em julgado.
Art. 95. Os juízes gozam das seguintes garantias: I – vitaliciedade, que, no primeiro grau, só será adquirida após dois anos de exercício, dependendo a perda do cargo, nesse período, de deliberação do tribunal a que o juiz estiver vinculado, e, nos demais casos, de sentença judicial transitada em julgado;
art 100, § 1º Os débitos de natureza alimentícia compreendem aqueles decorrentes de salários, vencimentos, proventos, pensões e suas complementações, benefícios previdenciários e indenizações por morte ou por invalidez, fundadas em responsabilidade civil, em virtude de sentença judicial transitada em julgado, e serão pagos com preferência sobre todos os demais débitos, exceto sobre aqueles referidos no § 2º deste artigo. § 3º O disposto no caput deste artigo relativamente à expedição de precatórios não se aplica aos pagamentos de obrigações definidas em leis como de pequeno valor que as Fazendas referidas devam fazer em virtude de sentença judicial transitada em julgado. § 5º É obrigatória a inclusão, no orçamento das entidades de direito público, de verba necessária ao pagamento de seus débitos, oriundos de sentenças transitadas em julgado, constantes de precatórios judiciários apresentados até 1º de julho, fazendo-se o pagamento até o final do exercício seguinte, quando terão seus valores atualizados monetariamente;
Art. 128, § 5º Leis complementares da União e dos Estados, cuja iniciativa é facultada aos respectivos Procuradores-Gerais, estabelecerão a organização, as atribuições e o estatuto de cada Ministério Público, observadas, relativamente a seus membros: I – as seguintes garantias:
a) vitaliciedade, após dois anos de exercício, não podendo perder o cargo senão por sentença judicial transitada em julgado;
Art. 142, § 3º Os membros das Forças Armadas são denominados militares, aplicando-se-lhes, além das que vierem a ser fixadas em lei, as seguintes disposições: VII – o oficial condenado na justiça comum ou militar a pena privativa de liberdade superior a dois anos, por sentença transitada em julgado, será submetido ao julgamento previsto no inciso anterior;
ADCT – Art. 86. Serão pagos conforme disposto no art. 100 da Constituição Federal, não se lhes aplicando a regra de parcelamento estabelecida no caput do art. 78 deste Ato das Disposições Constitucionais Transitórias, os débitos da Fazenda Federal, Estadual, Distrital ou Municipal oriundos de sentenças transitadas em julgado, que preencham, cumulativamente, as seguintes condições: ; ADCT – ADCT – Art. 109. No caso de descumprimento de limite individualizado, ...:
I – concessão, a qualquer título, de vantagem, aumento, reajuste ou adequação de remuneração de membros de Poder ou de órgão, de servidores e empregados públicos e militares, exceto dos derivados de sentença judicial transitada em julgado ou de determinação legal decorrente de atos anteriores à entrada em vigor desta Emenda Constitucional;

3.3 A linha do tempo e a jurisprudência do Supremo Tribunal Federal

O Supremo Tribunal Federal, após a nova constituinte, já havia decidido pela possibilidade de execução provisória da sentença condenatória antes do trânsito em julgado, em sede de processo subjetivo, em que pese a redação da Carta de 1988 declinar *"ninguém será considerado culpado até o trânsito em julgado de sentença penal condenatória"*.

A permissão de execução provisória era uníssona no curso das décadas de 1990 e dos anos 2000, conforme acórdão paradigma HC 68.726/DF. Segundo o relator da decisão paradigma Min. Neri da Silveira:

> De acordo com o §2º, do art. 27, da Lei 8.038/90, os recursos extraordinários e especial serão recebidos no efeito devolutivo. Mantida, por unanimidade, a sentença condenatória, contra a qual o réu apelara em liberdade, exauridas estão as instâncias ordinárias criminais. (...) Não considero, de outra parte, a ordem para que se expeça mandado de prisão do réu, – cuja condenação a pena privativa de liberdade se confirme, unanimemente, no julgamento de sua apelação contra a sentença desfavorável, – em conflito com a norma do art. 5º, LVII, da Constituição Federal, quando preceitua: "ninguém será considerado culpado até o trânsito em julgado da sentença penal condenatória". A ordem de prisão, em decorrência de decreto de custódia preventiva, de sentença de pronúncia ou de decisão de órgão julgador de segundo grau, é de natureza processual, concerne aos interesses da garantia de aplicação da lei penal ou da execução da pena imposta, após reconhecida a responsabilidade criminal do acusado, segundo o devido processo legal, com respeito aos princípios do contraditório e da ampla defesa, qual na espécie sucedeu".

Em matéria correlata, porém de caráter benéfico a tutela dos interesses dos réus, foram consolidados os enunciados[76] 715 e 716 do Supremo Tribunal Federal, formados a partir dos mesmos paradigmas[77], permitindo a execução

[76] Atribui-se ao Ministro Vitor Leal Maia a ideia de o Tribunal trabalhar com enunciados, de modo a sistematizar e facilitar o trabalho.

[77] BRASIL. SUPREMO TRIBUNAL FEDERAL. HC 72799. Publicações: DJ de 20/04/2001; HC 71907. Publicações: DJ de 07/03/1997. HC 74121. Publicação: DJ de 20/09/1996. HC 72565. Publicação: DJ de 30/08/1996. HC 73760. Publicação: DJ de 24/05/1996. HC 72162. Publicação: DJ de 05/05/1995. HC 68572. Publicação: DJ de 22/11/1991.

provisória em favor do réu, para efeito de obtenção dos direitos de execução, relativos ao indulto, a progressão de regime e à liberdade condicional.

A execução em favor do réu não está a indicar uma flexibilização da norma de tratamento proveniente do princípio da presunção de inocência, mas sim a garantir a compatibilidade do princípio da isonomia com o direito de revisão da condenação, por força da pretensão recursal. É bem verdade que há previsão legal na Lei de Execuções Penais[78], mas a execução da sentença em favor do réu está fazendo com que não se tenha projetado que réus, que estariam em condições semelhantes, sejam impedidos de gozar os direitos da execução, pois o seu processo transitou mais ou menos rápido do que o de outro – algumas vezes pelo própria alta taxa de congestionamento[79] de cada tribunal.

Por tutelarem valores totalmente diversos, sequer cabe alegar o paralelismo das situações com fundamento da permissão da antecipação dos efeitos da futura condenação, vez que, na execução favorável ao réu, tem-se decretada a prisão cautelar com fundamento no art. 312 do CPP.

Dessa forma, faz-se imprescindível distinguir a execução provisória da futura sentença penal definitivamente a ser julgada e a preservação da isonomia entre réus, para fins de obtenção do direito subjetivo à progressiva reintegração em sociedade.

Nesse ensejo, pode-se dizer que, após 20 anos da promulgação da Constituição, foi decidido pelo STF, no HC 84.078/MG, que a presunção de inocência e a ampla defesa seriam elementos impeditivos da execução provisória por força da exigência constitucional do trânsito em julgado da sentença condenatória. Segundo o relator do novo paradigma, Min. Eros Grau:

> A ampla defesa não se pode visualizar de modo restrito. Engloba todas as fases processuais, inclusive as recursais de natureza extraordinária. Por que haveria de ser assim? Se é ampla, abrange todas e não apenas algumas fases. Por isso, a execução da sentença após o recurso de apelação significa,

[78] Art. 2º A jurisdição penal dos Juízes ou Tribunais da Justiça ordinária, em todo o Território Nacional, será exercida, no processo de execução, na conformidade desta Lei e do Código de Processo Penal. Parágrafo único. Esta Lei aplicar-se-á igualmente ao preso provisório e ao condenado pela Justiça Eleitoral ou Militar, quando recolhido a estabelecimento sujeito à jurisdição ordinária. Brasil. Lei Nº 7.210, de 11 de julho de 1984.

[79] A taxa de congestionamento mede a efetividade do tribunal em um período, levando-se em conta o total de casos novos que ingressaram, os casos baixados e o estoque pendente ao final do período anterior ao período base. BRASIL. CNJ. Disponível em: https://www.cnj.jus.br/gestao-e-planejamento/missao-visao-e-valores-do-poder-judiciario/indicadores/03-taxa-de-congestionamento/. Acesso em: 04 de fevereiro de 2020.

> também, restrição ao direito de defesa, caracterizando desequilíbrio entre a pretensão estatal de aplicar a pena e o direito do acusado de ilidir essa pretensão. (...) A execução da sentença antes de transitada em julgado é incompatível com o texto do art. 5º, inciso LVII da Constituição do Brasil.

Dessa forma, restava consolidada – ou assim se imaginava – a vedação da execução provisória da pena, enquanto a sentença condenatória não transitasse em julgado[80] (ROIG, 2018, p.59). Anote-se que o julgamento foi feito com manifestação de todos os ministros, aprofundou-se o debate sobre os efeitos do recurso extraordinários na esfera penal, utilizou-se elementos do direito comparado, alguns dados sobre violência e prisões; razão pela qual evidenciava-se um verdadeiro precedente, vez que veiculava como razão necessária e suficiente: que a regra de tratamento da presunção de inocência deve ser compatibilizada com o princípio da ampla defesa, quando a prisão não estiver respaldada pela presença dos fundamentos de cautelaridade do art. 312 do CPP.

Passados apenas sete anos de aplicação do entendimento vedando a execução provisória antes do trânsito em julgado, o Supremo Tribunal Federal modificou o entendimento no bojo do HC 126.292, julgado em 17 de fevereiro de 2016.

Vale destacar que tal mudança foi efetivada após o Tribunal ter afastado as interpretações da norma constitucional no sentido de permitir a execução provisória, tendo manifestado a toda sociedade um fechamento semântico. Ou seja, independentemente do desiderato a ser alcançado ao longo dos anos, a decisão no mínimo foi surpreendente.

Em apurado, tem-se que ambas as decisões foram proferidas no âmbito do controle difuso de constitucionalidade, sendo certo que a corte constitucional foi provocada, nas duas oportunidades, por intermédio de Habeas

[80] Cabe observar que a doutrina sempre se posicionou pela possibilidade da execução provisória da sentença condenatória que impõe pena privativa de liberdade quando transitada em julgado para acusação, pois não poderia a ampla defesa ser prejudicial ao réu na obtenção de seus direitos de progressão, livramento, saídas temporárias, etc. Entretanto há consistente entendimento de que nem mesmo a pendência de recurso ministerial pode ser obstáculo à execução provisória em benefício do réu pelas seguintes razões: i) porque a lei de execuções penais se aplica igualmente aos presos provisórios; sendo certo que a manutenção da pessoa já condenada em estabelecimentos destinados a presos provisórios dificulta ou impede o exercício de direitos à detração penal, trabalho penitenciário e remição da pena; ii)por paralelismo à lógica da execução provisória quando da existência de recurso exclusivo do réu, de modo que, se é possível ao réu obter a absolvição, o sucesso no recurso ministerial no incremento da pena não poderia constituir obstáculo.

Corpus, o que motivou, logo após a decisão de 2016, o ajuizamento de três Ações Diretas de Constitucionalidade n. 43, 44 e 54 e o confronto dos partidários e contrários à execução provisória da sentença penal sujeita à recursos extraordinários.

3.4 Confronto de teses: vedação ou não à execução provisória de pena após esgotamento das instâncias ordinárias.

3.4.1 Campo teórico

No campo doutrinário, tem-se o enfrentamento do Garantismo de Ferrajoli, (2004, p. 891 e ss), que se fundamenta na proteção do mais débil; em contraposição ao Garantismo Penal de Calabrich; Fischer; Pelella (2013), que se apresenta como uma suposta "releitura" do autor clássico, na medida em que aquele primeiro estaria privilegiando a proteção dos indivíduos criminosos, sem levar em consideração o papel de proteção de outros direitos e interesses da sociedade em geral.

Ambas as posições fazem alusão a definição de presunção de inocência elaborado pela doutrina de Gomes Filho (1991), pois compreendem-na pelo desempenho de três funções: como garantia política, como regra de julgamento em caso de dúvida e como regra de tratamento do indivíduo no curso do processo.

A garantia da presunção de inocência assegura, dessa forma, em diferentes esferas do cotidiano, que o estado de inocência só pode ser afastado por decreto condenatório proferido por autoridade competente em decisão irrecorrível ou transitada em julgado.

Anote-se que o autor do "novel" garantismo é citado pelo relator do precedente do HC 126.292[81], entretanto a proposta não é inovadora, porquanto remete à tese da aplicação da proporcionalidade em matéria penal, como instrumento de vedação à insuficiência.

Sarlet (2005) importou as lições de Canaris, cunhando a pretensão de um garantismo verdadeiramente proporcional, sob a dupla perspectiva da proporcionalidade: *como proibição do excesso* e *de insuficiência*. Segundo o autor,

[81] BRASIL. SUPREMO TRIBUNAL FEDERAL. HC 126.292. Relator: Min. Teori Zavascki. Data da publicação: 17/02/2016. Disponível em: http://redir.stf.jus.br/paginadorpub/paginador.jsp?docTP=TP&docID=10964246. Acesso em: 04 de fevereiro de 2020.

o Tribunal Constitucional Federal da Alemanha, em 1993, quando decidiu sobre o aborto, considerou que o legislador, ao implementar um dever de prestação constitucional se encontra vinculado pela proibição da insuficiência, de tal sorte que os níveis de proteção deveriam ser suficientes para assegurar um padrão mínimo. Veja:

> A violação da proibição de insuficiência, portanto, encontra-se habitualmente representada por uma omissão (ainda que parcial) do poder público, no que diz com cumprimento de uma imperativo constitucional, no caso, um imperativo de tutela ou dever de proteção, mas não se esgota na dimensão dos direitos fundamentais em prol dos interesses da coletividade, aspecto quem por sua vez, guarda conexão com a discussão em torno de um princípio da supremacia do interesse público. (SARLET, 2005, p.10).

A partir da constatação acima, retornamos a estanque dicotomia entre interesse privado e público há muito superada. Inevitavelmente, expressões de imprecisos contornos, e que, na maioria das vezes, servem de mote para imposição de opiniões pessoais às decisões judiciais (ABBOUD, 2011, 1187-1188).

A antiga discussão entre interesse público e privado ganhou nova nomenclatura e adereço, para tentar novamente mitigar direitos fundamentais individuais. Em razão da referência expressa no voto do Min Teori Zavascki, apresentamos a síntese da tese repaginada do garantismo integral – ou não hiperbólico monocular:

> Em síntese, do garantismo (penal) integral decorre a necessidade de proteção de bens jurídicos (individuais e também coletivos) e de proteção ativa dos interesses da sociedade e dos investigados e/ou processados. Integral e equilibradamente aplicado, o garantismo (positivo e negativo) impõe que sejam observados rigidamente não só os direitos fundamentais (individuais e coletivos), mas também os deveres fundamentais (do Estado e dos cidadãos), previstos na Constituição. O Estado não pode agir desproporcionalmente: deve evitar excessos sem a devida justificativa e, ao mesmo tempo, não incorrer em deficiências na proteção de todos os bens jurídicos, princípios, valores e interesses que possuam dignidade constitucional, sempre acorrendo à proporcionalidade quando necessária a restrição de algum deles. Qualquer pretensão à prevalência indiscriminada apenas de direitos fundamentais individuais implica – ao menos para nós – uma teoria que denominamos de garantismo (penal)

> monocular: evidencia-se desproporcionalmente (hiperbólico) e de forma isolada (monocular) a necessidade de proteção apenas dos direitos fundamentais individuais dos cidadãos, o que, como visto, nunca foi e não é o propósito do garantismo (penal) integral. (CALABRICH; FISCER; PELELLA, 2013, p.92)

Trata-se, portanto, de uma visão utilitarista, que propugna reduzir a força dos direitos individuais em prol da proteção de direitos da coletividade, com fundamento na proteção de um ente abstrato, Estado, e de uma massa dita uniforme, cidadãos, como instrumento para prevenir novos crimes.

Trata-se, logo, de nova ilustração para antiga tese doutrinária que preza por ponderar direitos sociais com direitos individuais, sob a justificativa de reduzir a criminalidade, a corrupção, como se fossem problemas simples e ligados à mera vontade estatal.

Tal vertente da leitura utilitarista possui como norte a maior segurança possível para a maioria composta pelos não desviados, em detrimento daquela que equivale ao mínimo sofrimento necessário a ser impingido à minoria formada por derivantes. A orientação de Ferrajoli também possui um viés utilitarista, seu foco está na manutenção da segurança para a maioria não desviada, mas sem abrir mão do estabelecimento do mínimo suficiente sofrimento para a minoria desviada, como função dissuasória, afastada da função de pura retribuição e exclusão, observando uma relação de custo/benefício da intervenção penal como limite ao poder punitivo, advindo das garantias penais, apresentadas na forma de 10 axiomas:

> A1 Nulla poena sine crimine; A2 Nullum crimen sine lege;A 3 Nulla lex (poenalis) sine necessitate; A4 Nulla necessitas sine injuria; A5 Nulla injuria sine actione; A6 Nulla actio sine culpa; A7 Nulla culpa sine judicio; A 8 Nullum judieium sine accusatione; A9 Nulla accusatio sine probatione; A10 Nulla probatio sine defensione (FERRAJOLI, 2002, p.74-75)

Foram incorporados pela doutrina brasileira, como os princípios: da retributividade; estrita legalidade; intervenção mínima; lesividade; exterioridade da ação; da responsabilidade pessoal; da estrita jurisdicionalidade; acusatório; do ônus probatório para acusação; do contraditório.

Em suma, a intervenção penal está limitada pela necessidade de garantia deste núcleo duro de proteção aos direitos individuais, como necessário equilíbrio entre a proteção do mais débil e o restante da sociedade, não se podendo concluir que a antecipação do início da execução de pena colabora com a redução da criminalidade, em especial quando estamos a falar de reversão da jurisprudência e pretensão de aplicação imediata do novel entendimento.

3.4.2 Campo do senso comum

A politização partidária em torno de um dos possíveis beneficiados pela decisão do STF no sentido de vedar a execução provisória do acórdão penal condenatório, distorceu o debate, pois as expectativas políticas eram enunciadas como merecedoras da principal preocupação sobre a compatibilidade do ordenamento jurídico.

Para ilustrar, elenca-se algumas matérias lançadas no mês anterior ao julgamento sobre o tema à imprensa: Uol[82], CBN[83], Editora Abril[84], Portal G1[85]; Estadão[86]. Como se pode notar, os veículos de comunicação, embora adotando um texto que expunha as duas posições, utilizaram-se, na maioria das vezes, de manchetes no mínimo questionadoras da vedação à execução anterior ao trânsito em julgado.

Na maioria dos textos, relacionaram a impunidade e empecilhos ao combate à corrupção à vedação à execução provisória, como se fossem causa e efeito.

Lapidares foram as manchetes de que 190 mil presos seriam beneficiados pela reversão da decisão que autorizava a execução antecipada do acórdão condenatório de 2ª instancia, bem como a equivocada afirmação de respeitável jurista da área de direito comercial sobre o tema, declinando que latrocidas e homicidas seriam necessariamente soltos, em eventual decisão vedatória da execução automática em 2ª instância.

[82] UOL. Disponível em: https://noticias.uol.com.br/politica/ultimas-noticias/2019/10/30/carvalhosa-diz-que-prisao-em-2-instancia-pode-constitucionalizar-corrupcao.htm. Acesso em: 04 de fevereiro de 2020.

[83] CBN. Disponível em: http://cbn.globoradio.globo.com/media/audio/279270/sergio-moro-defende-prisao-apos-julgamento-em-segu.htm. Acesso em 04 de fevereiro de 2020.

[84] REVISTA EXAME. EDITORA ABRIL. Disponível em: https://exame.abril.com.br/brasil/dallagnol-sobre-2a-instancia-nenhum-principio-da-constituicao-e-absoluto/. Acesso em: 04 de fevereiro de 2020.

[85] G1. GLOBO. Disponível em: https://g1.globo.com/politica/noticia/2019/10/16/cnj-diz-que-decisao-do-stf-sobre-segunda-instancia-beneficiaria-48-mil-e-nao-190-mil-presos.ghtml. Acesso em: 04 de fevereiro de 2020.

[86] ESTADÃO. Disponível em: https://politica.estadao.com.br/blogs/fausto-macedo/os-fins-e-os-meios-execucao-provisoria-da-pena-em-segunda-instancia/. Acesso em: 04 de fevereiro de 2020.

As matérias trouxeram um prognóstico numérico, confundindo o número de presos provisórios com o número de beneficiados com eventual decisão impeditiva da execução provisória, visto que nem todo preso que aguarda o trânsito em julgado teve decretada contra si a prisão preventiva. Cabe anotar, ainda, que, em regra, o número de presos provisórios abrange aqueles que sequer foram julgados em 1ª ou 2ª instância– crítica exposta por Santos[87] em revista especializada.

Quanto aos autores de crimes graves – homicídio e estupro –, em que pese não haver vedação ao julgamento dos acusados pela prática dessa espécie em liberdade, figuram dentre os exemplos de presos que majoritariamente possuem contra si uma ordem de prisão preventiva.

A despeito das equivocadas manifestações acima, as referidas matérias se amparam em argumentos de autoridade de operadores do direito que de algum modo participaram da condução dos processos do Ex-Presidente Lula, sendo certo que a imprensa, em vez de esclarecer – posto que apresentam números no mínimo contestáveis –, passou a estimular o ambiente de acirramento político, tendo elegido a execução provisória como garantia de continuidade da "Lava Jato", ou do combate à impunidade, ou, ainda, da única forma de avanço e credibilidade do país no cenário internacional.

O debate de mérito da constitucionalidade ou não da prisão em 2ª instância foi interditado por notícias e declarações não respaldadas em dados empíricos – ou que pelo menos omisso com relação aos outros fatores –, esteriotipando os que defendiam a literalidade da Constituição como interessados na manutenção da corrupção, ou por pertencerem a nicho da advocacia de ricos e abastados, sob o argumento de que pobres não teriam acesso aos Tribunais Superiores.

Em que pese a estratégia da imprensa, pesquisas divulgadas demonstraram que a Defensoria Pública[88] consegue obter mais êxito nos Tribunais Superiores

[87] CONJUR. Disponível em: https://www.conjur.com.br/2019-out-15/queda-execucao-provisoria-nao-beneficia-quem-poe-ordem-risco. Acesso em: 04 de fevereiro de 2020.

[88] Art. 2º A Defensoria Pública abrange: I – a Defensoria Pública da União; II – a Defensoria Pública do Distrito Federal e dos Territórios; III – as Defensorias Públicas dos Estados. Art. 3º São princípios institucionais da Defensoria Pública a unidade, a indivisibilidade e a independência funcional. BRASIL Lei Complementar nº 80, de 12 de janeiro de 1994. Organiza a Defensoria Pública da União, do Distrito Federal e dos Territórios e prescreve normas gerais para sua organização nos Estados, e dá outras providências. Disponível em: http://www.planalto.gov.br/ccivil_03/leis/lcp/lcp80.htm. Acesso em: 04 de fevereiro de 2020.

do que a advocacia privada[89], rompendo a narrativa de que os recursos extraordinários são instrumentos apenas dos mais abastados.

Nesse ponto, como perspectiva de uma pesquisa futura seria fundamental colher dados para testar o argumento de que a impossibilidade da execução da prisão a partir do 2º grau representa o maior fator de impunidade, devido à prescrição dos casos durante a tramitação nos Tribunais Superiores.

Como cediço, a modalidade de prescrição vocacionada a ocorrer durante a tramitação dos recursos nos Tribunais Superiores é a prescrição da pretensão punitiva superveniente, mas, em geral, supõe-se que as prescrições de maior incidência são a em abstrato e retroativa. A demora na tramitação após o acórdão condenatório ou confirmatório – ato este que é causa de reinício do prazo prescricional – seria peculiar da modalidade superveniente; mas a sua ocorrência se constitui, primordialmente nos períodos anteriores ao acórdão condenatório, nas modalidades em abstrato e retroativa.

Vale informar que a afirmação acima é apenas uma hipótese a ser verificada, entretanto os Tribunais[90] e o Conselho Nacional de Justiça[91] não possuem a catalogação do número: i) de processos criminais; ii) com interposição de recursos extraordinários; iii) que prescreveram nas modalidades abstrata, retroativa e superveniente. Não há adequada classificação das sentenças que permita trabalhar, em curto período de pesquisa, com o quantitativo de sentenças prolatadas, até porque, à falta de banco de dados, a investigação teria que ser manual, cuja amostra seria muito elevada, pois as prescrições das condenações podem variar de 3[92] a 20 anos no Código Penal.

A quantidade de processos e o argumento de que as prescrições ocorrem de forma expressiva durante a tramitação dos recursos extraordinários não são o ponto fulcral da pesquisa, mas apenas pretendem demonstrar a contaminação do debate por argumentos não empiricamente comprovados. Tema para outra pesquisa.

[89] FOLHA DE SÃO PAULO. Disponível em: https://www1.folha.uol.com.br/poder/2019/11/defensoria-publica-supera-advogados-particulares-em-casos-revistos-por-stj-e-stf.shtml. Acesso em: 04 de fevereiro de 2020.

[90] Refiro me ao Tribunal de Justiça do Estado do Paraná, em procedimento sob o n. SEI 0012939-72.2019.8.16.6000, de solicitação de acesso ao banco de dados.

[91] Refiro me a pedido de informações formulado por e-mail no Protocolo de nº 523906

[92] Até a Lei n 12.234/2010 o menor prazo prescricional do art. 109 do Código Penal era 2 anos.

3.4.3 Campo jurisdicional

De modo sintético, buscar-se-á indicar os principais fundamentos de cada posição nos paradigmas do HC 84.079 e do HC 126.292.

Observe-se que o HC 68.726/DF foi julgado em época em que sequer se cogitava a aceitação da tese da abstrativização do controle difuso[93], para efeito de tornar a decisão no bojo do controle difuso *erga omnes* sem a intervenção do Senado Federal. Nessa época, também não havia sido estabelecido o regime de repercussão geral dos recursos extraordinários[94], o que representou o extravasamento do interesse para além das partes envolvidas no processo, razão pela qual optou-se por excluir essa decisão da comparação.

Ressalte-se que os fundamentos foram justapostos por critério de afinidade, muito embora proferidos por 17 magistrados, sendo 11 membros da composição atual da Corte e outros 6 que se desligaram.

O posicionamento pela inadmissão da execução provisória sustenta:

> i) a literalidade do art. 5º, LVII, da Constituição estabeleceu um primado básico, comum a todas as pessoas, de que ninguém pode ser presumido culpado em suas relações com Estado, exceto quando do advento da sentença condenatória transitada em julgado[95]. Mais do que uma garantia, trata-se de um direito substantivo dada a robustez conferida à presunção de inocência, pois tal status permanece até que a prova validamente produzida sob a moldura do devido processo legal, a incorporar as garantias do contraditório e ampla defesa, modifique esse status e alcance a fase última do trânsito em julgado[96];
>
> ii) a única previsão capaz de excepcionar a necessidade do trânsito em julgado se deu na prisão em flagrante ou por ordem escrita e fundamentada, de modo que a liberdade é a regra e a prisão anterior ao trânsito não se submete ao arbítrio de magistrados[97], que somente pode ser

[93] ADI 3406. A referida ADI é precedente quanto à admissão da tese da mutação constitucional do art. 52, X da CF, tornando prescindível a atuação do senado para efeitos de tornar vinculantes os fundamentos da decisão de controle de inconstitucionalidade incidental. Vale frisar que a participação do Senado não era capaz de se compatibilizar com a declaração de inconstitucionalidade em que houvesse a utilização das técnicas de calibragem como a declaração de inconstitucionalidade parcial nulidade sem redução do texto, interpretação conforme; além de tornar mais lento e político

[94] Emenda Constitucional 45/2004

[95] Voto do Min. Celso de Melo HC 84.078, p.1122

[96] Voto do Min. Ayres Brito Hc 84.078, p.1151

[97] Voto do Min. Celso de Melo, Hc 84.078, p.1108

decretada a título cautelar, em que se faz necessária a indicação concreta dos fundamentos do art. 312 do CPP para tornar legítima a medida[98], em especial pela inexistência de previsão constitucional de automática prisão diante da necessidade do trânsito em julgado[99];

iii) no estado democrático de direito, os criminosos também são sujeitos de direitos, e a repulsa à presunção de inocência mergulha o país em uma visão incompatível com a Constituição[100], pois a prisão não se destina a infligir punição, mas deve atuar em benefício da atividade desenvolvida no processo penal[101], sendo que a prisão antecipada possui função estritamente processual, não se conciliando com argumentos retóricos de combate à criminalidade, prevenção geral ou crença na justiça. Além disso, independentemente da apuração estatística, o sistema deve ser preservado em prol de um único inocente, particularmente diante da grave crise carcerária, em que o CNJ chega a apontar que 40% da massa carcerária é formada por presos provisórios, de modo que qualificá-los como presos definitivos em nada altera as condições do cárcere[102];

iv) justiça penal eficaz não se alcança com sacrifício do devido processo legal[103], tendo em mente que a ampla defesa não pode ser visualizada de modo restrito, mas capaz de alcançar todas as fases do processo, inclusive os recursos extraordinários[104]. Nesse ponto, qualquer crítica à cadeia recursal deve ser separada do mérito da presunção de inocência, pois aquela deve-se corrigir em sede própria, atividade rechaçada pelo Legislativo na proposta de Emenda Constitucional de iniciativa do ex-Ministro Cezar Peluso, devendo o Judiciário valer-se de sua característica de autocontenção[105]. Em que pese a cadeia recursal seja longa, a própria jurisprudência do STF criou balizas para contornar o abuso no direito de recorrer, quando, por exemplo, determina a imediata baixa do processo em que os segundos embargos de declaratórios são desprovidos, por considerá-los protelatórios[106];

[98] Voto do Min Eros Graus, HC 84.078,p. 1083
[99] Voto do Min. Ayres Brito Hc 84.078, p.1153
[100] Voto do Min Eros Graus, HC 84.078, p. 1090
[101] Voto do Min. Celso de Melo, Hc 84.078, p.1108
[102] Voto do Min Ricardo Lewandowsky, Hc 126.292, p. 101(acórdão)
[103] Voto do Min. Ayres Brito. Hc 84.078, p.1156
[104] Voto do Min Eros Graus, HC 84.078, p. 1058.
[105] Voto do Min. Marco Aurelio, HC 126.292, p. 78 (acórdão)
[106] Voto do Min. Cezar Peluso, HC 84.078, p.1078

v) a lógica da decisão aqui perseguida é a mesma encontrada na decisão que vedou a redução antecipada de vencimentos dos servidores públicos respondem ação penal, sopesando-se a proteção do bem de conteúdo eminentemente patrimonial e a liberdade para os casos de execução provisória, que, pela própria seletividade do direito penal, afeta com maior frequência as classes menos abastadas[107]. De outro giro, a decisão relativizando a necessidade de se aguardar a decisão final no âmbito eleitoral não serve de fundamento, pois trata de liberdade, e não do reino da representação popular[108];

vi) é pressuposto, no campo patrimonial, para a execução provisória do título, a possibilidade de retorno ao estado anterior[109]. No campo das liberdades, não há nada que seja capaz de repor a integridade pessoal da pessoa privada de liberdade ao estado anterior, o que afeta sobremaneira as detentas do sexo feminino. Em acréscimo, é de se destacar que o STF firmou entendimento no sentido de não ser cabível indenização à pessoa sob custódia cautelar posteriormente absolvida, porque a construção teria sido legal, baseada nos fundamentos de cautelaridade do art. 312 do CPP[110];

vii) não se mostra razoável antecipar a pena de alguém que já permaneceu todo o processo solto, quando a prisão deve ser decretada com fundamento na absoluta necessidade[111]. Não se evidencia adequação na completa restrição da liberdade mediante adoção de fórmulas genéricas, na medida que a saciedade prisional afeta a dignidade humana sem qualquer justificativa concreta[112];

viii) destaque-se que ao vedar a execução provisória da pena, o STF não está proibindo a decretação da prisão cautelar com fundamento no art. 312 do CPP. A exigência do trânsito em julgado par as penas restritivas de direito e para a pena de multa, específicas da lei de execuções penais (arts. 105, 147 e 164), sobrepõe-se as normas de caráter genérico indicativas da inexistência de efeito suspensivos dos recursos extraordinários[113].

[107] Voto do Min Eros Grau, HC 84.078, p. 1065
[108] Voto do Min Ayres Brito, Hc 84.078, p. 1156
[109] Voto do Min. Cesar Peluso, Hc 84.078, p. 1128
[110] Voto do Min. Marco Aurelio, Hc 126.292, p. 100(acórdão)
[111] Voto do Min. Celso de Melo, Hc 84.078, p. 1115
[112] Voto do Min. Gilmar Mendes, HC 84.078, p.1200
[113] Voto do Min. Eros Grau. Hc 84.078, p. 1080

De outro giro, o posicionamento que autoriza a execução provisória se pauta não só no acórdão da virada jurisprudencial de 2016, mas também nos votos – à época – minoritários da decisão paradigma de cunho proibitivo:

> i) o preceito de que ninguém será considerado culpado antes do trânsito em julgado da sentença penal condenatória não pode ser considerado vedação da prisão antecipada. Se a prisão pode ser decretada em juízo de cognição sumária[114], com mais razão pode existir a ordem de prisão após esgotamento das instâncias ordinárias, por escrito, proferida pela autoridade judiciária que realizou o aprofundamento das provas[115]. A garantia da presunção de inocência se restringe à instrução criminal, especificamente a disciplina jurídica da prova, de modo que o julgamento da apelação opera preclusão da matéria envolvendo fatos da causa[116]. A súmula 279 do STF proíbe a revisão fático-probatória, sendo certo que coisa julgada tem a ver com imutabilidade da decisão ou de capítulos, justamente o que ocorre com o esgotamento das instâncias ordinárias[117]. Não há qualquer distinção na natureza jurídica da prisão decretada após esgotamento das instâncias ordinárias e na da prisão para garantia da lei penal[118];
>
> ii) o distanciamento temporal entre a prática de delito e a punição definitiva denota a necessidade de se resguardar a credibilidade das instituições[119], em especial diante do baixíssimo índice de provimento, o que atende o fundamento da ordem pública[120]. Tratar a presunção de inocência de modo absoluto acaba por incentivar a interposição sucessiva de recursos[121], tendo em vista que o trânsito em julgado depende da inércia da parte sucumbente de se conformar com a própria sorte[122];
>
> iii) deve-se ressaltar o papel das instâncias ordinárias, no sentido de darem resposta tempestiva à grave violação das regras de direito, que atingem a sociedade por inteiro, sob pena de impunidade. Além disso, as instâncias extraordinárias também não estão imunes a equívocos, sendo

[114] Voto do Min. Teori Zavaski, Hc 126.292, p.6-7.
[115] Voto do Min. Menezes Direito, p. 1102
[116] Voto da Min. Ellen Grace, Hc 84.078, p 1171
[117] Voto da Min. Carmen Lucia, HC 126.292, p. 82 (acordão)
[118] Voto do Min. Menezes Direito, Hc 84.078, p. 1102.
[119] Voto do Min. Luis Roberto Barroso, Hc 126.292, p. 34 (acórdão)
[120] Voto do Min. Luis Barroso, Hc 126.292, p. 45 (acórdão)
[121] Voto do Min. Teoria Zavaski, Hc 126.292, p. 17(Acórdão)
[122] Voto do Min Edson Fachin, Hc 126.292, p. 24 (Acórdão)

certo que as medidas cautelares são elementos eficazes para controlar injustiças ou excessos em juízos condenatórios recorridos formados por, ao menos, 4 magistrados. Portanto, não se pode assumir posição de desconfiança com relação as instâncias ordinárias, pois as decisões teratológicas são realmente excepcionais e podem ser até corrigidas de ofício no bojo de habeas corpus, que conta com enorme generosidade no Brasil;

iv) os direitos ou garantias constitucionais não são absolutos, admitindo o exercício ilimitado das prerrogativas que lhes são inerentes, principalmente veiculadas sob a forma de princípios, cuja colisão se resolve pela técnica da ponderação. Em se tratando de princípios, seu regime de interpretação não se enquadraria na ideia de Dworkin de "tudo ou nada"[123]. Deve o intérprete não só afastar interpretações que gerem excessos em detrimento dos direitos fundamentais, mas também as que gerem inoperância do sistema, pois cria-se um sistema de faz de contas que nunca chega ao fim[124]. A execução provisória não compromete o núcleo essencial da não culpabilidade, conforme consignado no julgamento da lei da ficha limpa;

v) a mutação constitucional é o instrumento de transformação de sentido e alcance das normas constitucionais diante da mudança da realidade fática ou percepção do direito, pois o direito não existe abstratamente, fora da realidade na qual incide[125]. Nesse sentido, pode-se perceber que houve uma mutação constitucional em 2009 e hoje encaminha-se para uma nova mutação diante do impacto traumático da própria realidade que se criou com o infindável quadro recursal com gasto de tempo e recursos escassos, sem real proveito para efetivação da justiça, bem como pelo reforço da seletividade, tendo em vista que os mais pobres não têm dinheiro para bancar a procrastinação (os pobres não têm dinheiro e nem a defensoria estruturada)[126];

vi) a Constituição repele o acesso às Cortes Superiores com o propósito de resolver uma injustiça individual, que deve ser feito apenas reflexamente[127]. A reforma da EC 45/04 buscou racionalizar a atividade jurisdicional em que a concretização de razoável duração do processo se fez pelo condicionamento da admissibilidade do recurso extraordinário à repercussão geral, ou seja, matérias eminentemente jurídicas. Assim,

[123] Voto do Min. Luis Barroso, Hc 126.292, p. 38 (Acórdão)

[124] Voto do Min. Menezes Direito, Hc 126.292, p. 1106

[125] Voto do Min. Luiz Barroso, Hc 126,292, p.35 (Acórdão)

[126] Voto do Min. Luis Barroso, Hc 126.292, p. 34 (Acórdão

[127] Voto do Min. Edson Fachin, Hc 126.292, p. 24 (acórdão)

os recursos extraordinários não têm por finalidade discutir a justiça ou injustiça da decisão e sim a preservação da higidez do sistema[128];

vii) o princípio do duplo grau de jurisdição não está consagrado constitucionalmente, cabendo ao legislador ordinário a sua disciplina[129]. A constituição utilizou a fórmula de que ninguém será considerado culpado até o trânsito em julgado, mas ficou longe de precisar o vocábulo culpado, de modo que o espaço para conformação é lato, não obstando que o implicado seja tratado de forma progressivamente mais gravosa, segundo as contingências da prova e estado da causa[130]. Não há sequer garantia geral e irrestrita ao duplo grau de jurisdição, como nos casos de foro por prerrogativa, tampouco de um terceiro grau. A existência da 3ª ou 4ª oportunidade de revisão não se coaduna como papel estabilizador, uniformizador e pacificador das normas constitucionais e infraconstitucionais das Corte Superiores[131];

viii) impedir a execução de recursos que não detém efeito suspensivo – sendo que seria possível a antecipação dos efeitos da tutela recursal – seria transformá-los em recursos ordinários;

ix) admite-se a coisa julgada em capítulos. Então, essa parte relativa ao mérito da acusação e às provas, essa parte se torna indiscutível, imutável, de sorte que nada impede, ainda, aqueles que interpretam que a presunção de inocência vai até o trânsito julgado, e se entreveja o trânsito em julgado exatamente nesse momento[132];

x) a constituição autoriza prisões processuais típicas, preventiva e temporária, bem como outras prisões para extradição, expulsão e deportação[133]. O pressuposto da prisão não é o trânsito em julgado, mas a ordem escrita e fundamentada da autoridade judiciária competente;

xi) não se trata de prisão arbitrária, pois a execução antecipada ocorre em países como EUA, Canadá e França, que são nações civilizadas. Segundo estudos, nenhum pais no mundo aguarda recursos de revisão, incluindo Portugal, Espanha e Alemanha, orientação que evita manobras

[128] Voto do Min. Luis Barroso, Hc 126.292, p. 41 (acórdão)
[129] Voto da Min. Ellen Grace, Hc 84.078, p. 1173
[130] Voto do Min. Gilmar Mendes, Hc. 126.292, p. 67 (Acórdão)
[131] Voto do Min. Edson Fachin, Hc. 126.292, p. 23
[132] Voto do Min. Luiz Fux, Hc 126.292, p. 59 (acórdão)
[133] Voto do Min. Luis Barroso, Hc 126.292, p. 36 (acórdão)

procrastinatórias[134]. A declaração universal dos direitos humanos prevê como marco da cessação de presunção de inocência a declaração de culpa;

xii) a orientação mantém o agigantamento de afazeres do STF, afastando- se cada vez mais do conceito de típica corte constitucional;[135]

Diante da leitura atenta dos argumentos das duas orientações, verifica-se que, em ambos os posicionamentos, há notório exagero retórico, estatísticas desacompanhadas de detalhada base empírica, e em especial as que identifique a quantidade de prescrições típicas por força da tramitação nos Tribunais Superiores – prescrição da pretensão punitiva superveniente ou da retroativa em razão da redução da pena –, provando, assim, a tese de que os processos realmente prescrevem por conta da interposição extraordinária.

Há de se distinguir ainda os casos cotidianos e os relacionados a políticos, em especial, porque antigamente, a tramitação dos processos-crimes dependia de autorização da casa legislativa[136].

Por oportuno, cabe acrescer mais seis argumentos.

O primeiro deles é acerca da necessidade de compatibilização entre as medidas cautelares diversas da prisão e a decretação da prisão automática após julgamento de 2ª instância como fator a ser considerado no debate. Em se considerando que, até as medidas menos gravosas, diversas da prisão, exigem fundamentação, nos termos do art. 315 CPP, seria possível exigir menor rigor da prisão decorrente do mero esgotamento das instâncias ordinárias?

Em se cogitando, num segundo exemplo, o excesso de prazo na prisão decretada com fundamento no acórdão condenatório, a orientação impediria a declaração de ilegalidade da prisão prolongada já que a mesma é automática?

Vale destacar que países como Portugal[137] e Itália[138] exigem no texto constitucional o trânsito em julgado para execução da sentença condenatória;

[134] Voto do Min. Luis Barroso, Hc 126.292, p. 48 (acórdão)

[135] Voto do Min. Edson Fachin, HC 126.292, p.21 (acórdão)

[136] A Emenda Constitucional (EC) 35/2001 alterou a redação do art. 53, § 1º, da CF e aboliu a exigência de autorização prévia das casas legislativas para o processamento e julgamento de deputados federais e estaduais; e as ADIs 4798, 4764 e 4797, julgadas pelo Supremo em 2017 considerou inconstitucional qualquer norma que submeta o processo e julgamento de Governadores ao crivo da Assembleia Legislativa.

[137] Artigo 32º, item 2 da Constituição da República Portuguesa. Redação de Texto originário da Constituição, aprovada em 2 de Abril de 1976. Disponível em: https://www.parlamento.pt/Legislacao/Paginas/ConstituicaoRepublicaPortuguesa.aspx. Acesso em: 04 de fevereiro de 2020.

[138] Art 27 da Constituição da República Italiana. Disponível em: https://www.senato.it/application/xmanager/projects/leg18/file/repository/relazioni/libreria/novita/XVII/C OST_PORTOGHESE.pdf. Acesso em : 04 de fevereiro de 2020.

merecendo, portanto, distinguir o instrumento recursal da instauração de nova relação processual com a pretensão revisional; revisão essa que, no Brasil, igualmente não possui efeito suspensivo.

Em quarto lugar, merece destaque o fato de que o processo civil exige contracautelas para o deferimento da execução provisória da sentença, que somente são dispensadas ante ao risco de dano irreparável (ex. existindo risco de vida)[139] e, no processo penal, além de naturalmente inexistir contracautela capaz de resguardar a perda da liberdade, o sistema sequer possui o mesmo rigor que o processo civil em matéria de antecipação da execução, ainda que amparada em risco previsto no art. 312 do CPP.

[139] Art. 520. O cumprimento provisório da sentença impugnada por recurso desprovido de efeito suspensivo será realizado da mesma forma que o cumprimento definitivo, sujeitando-se ao seguinte regime:
I – corre por iniciativa e responsabilidade do exequente, que se obriga, se a sentença for reformada, a reparar os danos que o executado haja sofrido;
II – fica sem efeito, sobrevindo decisão que modifique ou anule a sentença objeto da execução, restituindo-se as partes ao estado anterior e liquidando-se eventuais prejuízos nos mesmos autos;
III – se a sentença objeto de cumprimento provisório for modificada ou anulada apenas em parte, somente nesta ficará sem efeito a execução;
IV – o levantamento de depósito em dinheiro e a prática de atos que importem transferência de posse ou alienação de propriedade ou de outro direito real, ou dos quais possa resultar grave dano ao executado, dependem de caução suficiente e idônea, arbitrada de plano pelo juiz e prestada nos próprios autos.
§ 1º No cumprimento provisório da sentença, o executado poderá apresentar impugnação, se quiser, nos termos do art. 525 .
§ 2º A multa e os honorários a que se refere o § 1º do art. 523 são devidos no cumprimento provisório de sentença condenatória ao pagamento de quantia certa.
§ 3º Se o executado comparecer tempestivamente e depositar o valor, com a finalidade de isentar-se da multa, o ato não será havido como incompatível com o recurso por ele interposto.
§ 4º A restituição ao estado anterior a que se refere o inciso II não implica o desfazimento da transferência de posse ou da alienação de propriedade ou de outro direito real eventualmente já realizada, ressalvado, sempre, o direito à reparação dos prejuízos causados ao executado.
§ 5º Ao cumprimento provisório de sentença que reconheça obrigação de fazer, de não fazer ou de dar coisa aplica-se, no que couber, o disposto neste Capítulo.
Art. 521. A caução prevista no inciso IV do art. 520 poderá ser dispensada nos casos em que:
I – o crédito for de natureza alimentar, independentemente de sua origem;
II – o credor demonstrar situação de necessidade;
III – pender o agravo do art. 1.042; (Redação dada pela Lei nº 13.256, de 2016) (Vigência)
IV – a sentença a ser provisoriamente cumprida estiver em consonância com súmula da jurisprudência do Supremo Tribunal Federal ou do Superior Tribunal de Justiça ou em conformidade com acórdão proferido no julgamento de casos repetitivos.
Parágrafo único. A exigência de caução será mantida quando da dispensa possa resultar manifesto risco de grave dano de difícil ou incerta reparação.

Outro argumento é a inexistência de lógica entre a admissão da execução provisória da pena em 2ª instância e a proibição da execução provisória da pena restritiva de direitos, com fundamento na necessidade de aguardar o trânsito em julgado. Muito embora não seja o foco do trabalho, certo é que o STJ, mesmo após a decisão do HC 126.282, de 17 de fevereiro de 2016, continuou a decidir pela impossibilidade de execução provisória das penas restritivas de direito, tendo reafirmado o precedente na 3º Seção[140], pois o STF não teria debatido tal questão no precedente de 2016. Certo é que há patente incongruência na vedação à execução provisória das penas que não importam em prisão[141] e da pena prisional, essa muito mais gravosa e que não permite retorno ao status quo, muito embora o STJ tenha realizado uma distinção, preservando a integridade do precedente, tendo em vista que não houve deliberação do Supremo Tribunal Federal acerca da questão.

Ou, por fim, será que a demora e o cumprimento provisório da pena inviabilizaria o julgamento do mérito recursal em razão da perda do objeto, agindo o STF para reduzir julgamentos por uma estratégia de "não-decisão"[142]?

[140] EMBARGOS DE DIVERGÊNCIA EM RECURSO ESPECIAL. PENA PRIVATIVA DE LIBERDADE SUBSTITUÍDA POR RESTRITIVAS DE DIREITOS. EXECUÇÃO PROVISÓRIA. IMPOSSIBILIDADE. ART. 147 DA LEI DE EXECUÇÃO PENAL. PROIBIÇÃO EXPRESSA. AUSÊNCIA DE MANIFESTAÇÃO DO STF. EMBARGOS REJEITADOS.1. Embora o Supremo Tribunal Federal tenha decidido pela viabilidade da imediata execução da pena imposta ou confirmada pelos tribunais locais após esgotadas as respectivas jurisdições, não analisou tal possibilidade quanto às reprimendas restritivas de direitos. 2. Considerando a ausência de manifestação expressa da Corte Suprema e o teor do art. 147 da LEP, não se afigura possível a execução da pena restritiva de direitos antes do trânsito em julgado da condenação. 3. Embargos de divergência rejeitados. (BRASIL.STJ. Embargos de Divergência em Recurso Especial n. 1619087. Julgamento em 14/06/2017. Disponível em:. https://scon.stj.jus.br/SCON/jurisprudencia/toc.jsp?processo=16 19087&b=ACOR&thesaurus=JURIDIC O&p=true. Acesso em: 10-04-2020)

[141] Penas restritivas de direitos

Art. 43. As penas restritivas de direitos são: (Redação dada pela Lei nº 9.714, de 1998)

I – prestação pecuniária; (Incluído pela Lei nº 9.714, de 1998);

II – perda de bens e valores; (Incluído pela Lei nº 9.714, de 1998);

III – limitação de fim de semana. (Incluído pela Lei nº 7.209, de 1984);

II – prestação de serviço à comunidade ou a entidades públicas; (Incluído pela Lei nº 9.714, de 25.11.1998);

III – interdição temporária de direitos; (Incluído pela Lei nº 9.714, de 25.11.1998); VI – limitação de fim de semana. (Incluído pela Lei nº 9.714, de 25.11.1998);

[142] O controle da pauta também um estratégia decisória, que efetiva pela omissão ou prolongamento da prolação da decisão. BACHRACH, P.; BARATZ, M. S. Decisions and nondecisions: An analytical framework. American political science review, v. 57, n. 03, p. 632-642, 1963. Disponível em: http://gestionyestrategia.azc.uam.mx/index.php/rge. Acesso em: 04 de fevereiro de 2020.

Vale lembrar que diversos Habeas corpus que sustentam a ilegalidade da prisão perdem o objeto por conta da conversão do título prisional por ocasião da pronúncia, da sentença condenatória, ou ainda, do acórdão condenatório.

São argumentos a serem enfrentados caso haja nova tentativa de reversão do precedente pra estabelecido pelas ADCs 43,44 e 54 em 2019.

3.4.3.1 Prospecto da execução provisória da pena em 2019

Aos já conhecidos argumentos acima destacados, somaram-se alguns dados e introduziu-se a discussão quanto aos supostos destinatários da decisão – se era uma espécie de tutela contra poderosos e corruptos ou o agravamento da situação dos mais pobres. Feliz expressão cunhada por ABBOUD[143] foi a "fulanização do controle objetivo de constitucionalidade", pois o debate se pautou intensamente pela menção específica de eventuais beneficiados, reintroduzindo a militância política na seara do debate jurídico constitucional.

Após o julgamento do Habeas Corpus do caso Lula em outubro de 2019, as ADCs 43, 44 e 54 foram julgadas[144]. O julgamento prolongou-se por cerca de 20 dias e foi concluído no dia 07 de novembro de 2019.

Vale destacar que o debate sobre o conteúdo da constitucionalidade ou não da prisão em 2ª instância foi interditado e desqualificado com a "Lava Jato" e o combate a corrupção, como se os rumos das operações estivessem intimamente ligados à decisão acerca da antecipação da execução da pena.

A fim de ilustrar todos os apontamentos acima, valemos-nos do voto do Ministro Luís Roberto Barroso[145] – que se alinha à teoria sobre Populismo Penal apontada linhas acima – oportunidade que se destacam alguns trechos:

> De acordo com os dados do Departamento Penitenciário Nacional – DEPEN, em 2010 – primeiro ano após se haver proibido a execução da pena após a condenação em 2ºgrau – havia 496.000 presos no sistema penitenciário, 4,79% a mais do que em 2009. No ano seguinte, em 2011, havia 514.600 presos, 3,68% a mais. Em 2012, 549.800, 6,84% a mais.

[143] CONJUR. Disponível em: https://www.conjur.com.br/2019-nov-14/georges-abboud-julgamento-adcs-43-44-54-absurdo. Acesso em: 04 de fevereiro de 2020.

[144] BRASIL. SUPREMO TRIBUNAL FEDERAL. AÇÃO DECLARATÓRIA DE CONSTITUCIONALIDADE 43, 44 E 54. Min. Marco Aurelio Mello. Plenário.Publicado em 12/11/2020. Disponível em: < http://redir.stf.jus.br/paginadorpub/paginador.jsp?docTP=TP&docID=754357342&prcID=4986065#> Acesso em: 09 de maio de 2021.

[145] BRASIL. STF.ADC 43,44 e 54. Publicada em 12/11/2020.

Em 2013, 581.500, 5,76% a mais. Em 2014, 622.200, 6,99% a mais. Em 2015, 698.600, 12,27% a mais! Em 2016, 722.923, 3,48% a mais.

Pois bem, em 17 de fevereiro de 2016, o STF muda a jurisprudência e passa a permitir a execução da pena após a condenação em 2º grau. Ao final de 2017, já com o impacto da nova orientação, o número de presos no sistema penitenciário é de 726.354. Opa! Aumento de apenas 0,47%, o menor desde 2010. Aí vamos aos números do DEPEN para 2018: são 744.216 presos. Um aumento de 2,45%, o segundo menor desde 2010.

Note-se bem: entre 2009 e 2016 – período em que vigorou a proibição da execução após o 2º grau –, a média de aumento anual do nível de encarceramento foi de 6,25%. Após 2016, quando volta a possibilidade de execução após o 2º grau, essa média caiu para menos de 1/3 (um terço): 1,46%.

Vale dizer: com a mudança de jurisprudência, DIMINUIU expressivamente o índice percentual de aumento do encarceramento. Eu não gostaria de extrair consequências apressadas desses números. Considero, no entanto, duas possibilidades iniciais: (i) diante da inexorabilidade do encarceramento, tribunais passaram a ser mais parcimoniosos nas condenações, vale dizer, uma consequência que favoreceu os réus; e (ii) diante da inexorabilidade do cumprimento da pena, criminosos potenciais refrearam seus instintos.

Sejam essas as causas ou não, há um inexorável e demonstrável fato objetivo: os índices de encarceramento diminuíram após a mudança de entendimento do STF que permitiu a execução após o esgotamento das instâncias ordinárias.(Voto de Barroso, p.5-6)

Esse é um ponto importante: aplicar as normas penais com devido processo legal e proporcionalidade não é punitivismo, não é vingança privada, mas instrumento de proteção dos direitos fundamentais de todos contra o abuso praticado por alguns. Vítimas também têm direitos humanos, lembrou da tribuna, em sustentação memorável, o Advogado-Geral da União, Dr. André Mendonça (Voto de Barroso, p.19).

Neste cenário, retardar infundadamente a prisão do réu condenado estaria em inerente contraste com a preservação da ordem pública, aqui entendida como a eficácia do direito penal exigida para a proteção da vida, da segurança e da integridade das pessoas e de todos os demais fins que justificam o próprio sistema criminal. (Voto do Min. Barroso, p. 20)

Está em jogo aqui a credibilidade do Judiciário – inevitavelmente abalada com a demora da repreensão eficaz do delito –, sem mencionar

> os deveres de proteção por parte do Estado e o papel preventivo do direito penal. A afronta à ordem pública torna-se ainda mais patente ao se considerar o baixíssimo índice de provimento de recursos especiais e extraordinários, como se verá adiante.(...)
>
> Pois também me preocupa a percepção que o mundo desenvolvido tem do Brasil. Essa não é uma questão supérflua. As sociedades capitalistas vivem da segurança jurídica, da confiança nas instituições e nos atores públicos e privados. É isso que determina o nível de investimento e o volume de negócios de um país. E, consequentemente, seu nível de emprego e perspectivas de desenvolvimento. Pois a percepção internacional do Brasil pela OCDE, que, como disse, representa os países desenvolvidos e em cujos quadros o Brasil deseja ingressar, não é boa.
>
> Ninguém respeita país que blinda corruptos. Voltar atrás nessa matéria representará um retrocesso capaz de afetar o ritmo de desenvolvimento do Brasil. Evidentemente, nem eu nem ninguém nesse tribunal é pautado por qualquer pessoa ou organização, seja do Brasil ou do exterior. Mas no mundo globalizado, nenhum país pode ser uma ilha. Menos ainda uma ilha de impunidade. Na frase inspirada de Vinicius de Moraes, "bastar-se a si mesmo é a maior solidão" (Voto Min.Barrroso, p. 27-28)

O primeiro ponto de destaque é a estatística colacionada. Embora revele um decréscimo no montante de encarceramento, encontra-se isolado no confronto com outros estudos que busquem justificar a variação ocorrida entre o período amostral de oito anos (2000/2008) em relação ao período de três anos (2016/2019). Somente para fins de ilustração, na série histórica, o ano de 2003 – quando ainda era possível a execução provisória do acórdão condenatório – o crescimento da população carcerária em relação ao ano anterior foi de 28,83%[146]. Houve incremento prisional de quase 69 mil pessoas; o que demonstra que a redução anotada no período entre 2016 e 2019 foi efêmera, não tendo relação direta com a forma de execução provisória da pena.

Assim, em que pese, realmente seja cedo para infirmar as conclusões do Min. Barroso, estas, por estarem destituídas de melhor recorte, ou desatentas à influência de outras justificativas, não poderiam servir para consolidação

[146] DEPEN. Disponível em: http://depen.gov.br/DEPEN/noticias-1/noticias/infopen-levantamento-nacional-de-informacoes-penitenciarias-2016/relatorio_2016_22111.pdf (gráfico p. 14). Acesso em: 04 de fevereiro de 2020.

de uma mudança jurisprudencial, sobretudo porque o referido julgador pronunciou-se com base em dados contraintuitivos, ou seja, não cientificamente comprovados, servindo apenas para reforço de sua opinião.

O segundo ponto do voto é justamente do reforço da dicotomia vítimas em oposição a acusados, fazendo crer que o caderno constitucional de proteção ao acusado teria contorno preponderantemente privado em oposição ao interesse da sociedade como um todo, que seria vítima das barbáries de alguns, o que denotaria uma espécie de interesse público na segurança, em especial para credibilidade do judiciário.

Muito embora seja elevada a incidência da expressão "interesse público" nas decisões judiciais, este é um álibi retórico para introduzir valores pessoais dos julgadores de modo escamoteado, tendo em vista que não é de tranquila a definição de interesse público – pois tal exteriorização emana de massa heterogênea com déficit de representatividade ou desinteressada em participar do processo deliberativo (SMITH, 2009, p 88) –, sobretudo porque zelar por direitos fundamentais também representa tutela do interesse público, caracterizada premissa fundamental do Estado Constitucional.

Abboud leciona que a restrição dos direitos fundamentais escorados meramente no interesse público evidencia decisões absolutamente arbitrárias com fundamento em enunciado performático:

> Portanto, caso fosse admitida a restrição de direito fundamental com fundamento na suposta primazia do interesse público, de uma única vez, seriam retiradas as duas principais funções dos direitos fundamentais: (a) oponibilidade contra o Poder Público; e (b) proteção do cidadão contra formação de eventuais maiorias, ou da atuação governamental supostamente embasada na vontade da maioria. (ABBOUD, 2011, p.61)

De semelhante forma, fundamentar a decisão com base na credibilidade do judiciário – ou na credibilidade do Brasil no exterior – enuncia-se um vazio semântico, pois a crença no sistema se concretiza não só com a imposição de pena, mas também quando se previnem injustiças contra réus, não servindo o propósito de tutela das vítimas como justificativa para a execução provisória que sequer possui condições de restituir o *status quo* como se exige na demanda de natureza cível por intermédio de contracautelas, pois afeta o bem da vida liberdade e não o patrimônio.

O voto, portanto, utiliza-se de expedientes capazes de ofuscar a essência do debate, trazendo a invocação das massas e argumentos que escamoteiam uma opinião pessoal em expressões abstratas e de difícil definição, com estratégias de legitimar uma tomada de decisão: não é apenas efêmera coincidência com o populismo penal.

3.5 Da repercussão da decisão no controle objetivo de constitucionalidade

Poderíamos dizer que, após a decisão do STF nas ADC 43, 44 e 54 (2019), formou-se um precedente que superou outro precedente exposto no HC 126.282, que teria superado um terceiro, do HC 84.078.

À vista do que se pretende com a adoção do modelo de *stare decisis*, embora todos esses tenham formado uma *ratio decidendi*, coincidentemente a ausência de base empírica para os fundamentos apontados é uma constante e também o fator de maior fragilidade dos precedentes, quando da análise qualitativa da decisão judicial.

Sob o aspecto formal da constituição do precedente, não restariam dúvidas para afirmar que os precedentes devessem ser observados por todos os juízes e Tribunais, incluindo a eficácia horizontal do próprio STF, bem como todos os operadores do direito – o que se estende à prática dos advogados, promotores e defensores públicos.

Atualmente, no campo jurídico, relativamente à matéria, tem-se estabelecida a seguinte *ratio decidendi*, que pode ser resumida no entendimento de que: não cabe a prisão cautelar sem que estejam comprovados os fundamentos de risco à ordem pública ou econômica, à instrução criminal, ou à aplicação da lei penal.

Como visto, a prisão cautelar, embora tida como instrumental ao processo, é considerada cumprimento antecipado de futura sentença penal condenatória, razão pela qual os arts. 42 do Código Penal e art. 387, §2º do Código de Processo Penal preveem a detração da pena já cumprida, bem como a contagem material da quantidade de pena, na forma do art. 10 do Código Penal.

Logo, não restaria espaço para descrédito quanto ao caráter material das normas que cuidam dos fundamentos de autorização da prisão preventiva, pois repercutem em especial na afetação ao patrimônio físico e mental do suposto autor do fato.

Frise-se que, por se tratar de bem jurídico liberdade, ninguém restituirá o tempo de vida preso – ou, como se diz na seara consumerista, o *tempo de desvio produtivo* (DESSAUNE *apud* SOUSA, 2018, p. 345) – que poderia estar sendo utilizado para geração de riqueza, lazer, convívio social, ou, até mesmo, para o ócio.

Por se tratar de norma mais benéfica, a vedação à execução provisória da sentença penal deve ser aplicada a todos os casos. Vale notar que o caráter provisório da prisão cautelar elimina a possibilidade de efeitos positivos sobre os casos que já chegaram ao trânsito em julgado, tendo em vista a concessão do título em definitivo.

Hipoteticamente, em se cogitando uma futura concretização da reversão jurisprudencial de 2016 – ainda que avessa à Constituição –, diante da formação do "precedente revogador em sentido surpreendente" (ATAÍDE JÚNIOR, 2012. p.172), por força da inovação, – considerando que a decisão de 2019 excluiu qualquer interpretação que modificasse o momento do trânsito em julgado, impossibilitando que a culpa fosse integralmente provada antes do momento constitucional adequado – o novel entendimento admitindo a execução antecipada não poderia ser aplicado de imediato, pois, além de não configurar previsão de natureza meramente processual, acabaria por violar a legitima confiança, a legalidade e a boa-fé, na medida em que inverteu a lógica da cognição, presente na dimensão estática da segurança jurídica.

A legítima confiança não sofreria ataque se a prisão cautelar sem fundamentação no art. 312 do CPP, por força do acórdão condenatório, se efetivasse nos fatos corridos após a reversão da jurisprudencial.

Poder-se-ia dizer que a decisão de 2016 representaria uma sinalização da possibilidade de modificação do entendimento da Corte. No entanto, diante da ausência de um consenso no campo doutrinário e empírico capaz de respaldar uma consolidação, aquela sinalização não teria condão de obstar o estado de surpresa, enquanto pendente o julgamento do processo no campo do controle objetivo de constitucionalidade.

No que diz respeito ao precedente de 2019 – que reestabeleceu a vedação à execução provisória do acórdão condenatório, este deve ser aplicado a todos os processos em curso, vez que diz respeito a norma mista – no mínimo –, e é mais benéfica.

Cabe questionar se a decisão do STF impõe a aplicação automática da decisão aos processos. A resposta é negativa, mas os juízes e tribunais deverão rever seu posicionamento, sendo certo que tal providência prescinde de pedido, especialmente após introdução do parágrafo único no art. 316 do CPP[147] pelo Pacote Anticrime. A decisão destituída de fundamento no art. 312

[147] Art. 316. (...) Parágrafo único. Decretada a prisão preventiva, deverá o órgão emissor da decisão revisar a necessidade de sua manutenção a cada 90 (noventa) dias, mediante decisão fundamentada, de ofício, sob pena de tornar a prisão ilegal. (Incluído pela Lei nº 13.964, de 2019) (Vigência)

do CPP, e carente de respaldo na preclusão do acórdão condenatório, se afigura ilegal, sendo hipótese de cabimento de relaxamento de prisão, por força do art. 5º, LXV da Constituição Federal.

Nesse ponto, caso a prisão esteja destituída dos fundamentos do art. 312 do CPP, e a autoridade judiciária deixe de atender ao pedido, a preservação do entendimento do Supremo Tribunal Federal pode se concretizar pelo ajuizamento da Reclamação Constitucional no STF; ou Habeas Corpus à instância revisora do ato coator.

Diante da decisão das ADCs 43, 44 e 54, a solução no campo jurídico apresenta-se formatada e apta a gerar efeitos na prática judicial, contudo enfrenta (e ainda enfrentará por diversas vezes) reações no bojo da sociedade, como se houvesse a necessidade de um escrutínio popular da decisão do Supremo Tribunal Federal.

3.6 Campo político: a "quinta" instância decisória

Vale dizer que, tão logo pacificados os ânimos no campo dos Tribunais, tendo a norma inserta no art. 5º, LVII da Constituição Federal sido interpretada de modo restrito e literal, a Câmara dos Deputados e o Senado Federal passaram a discutir a possibilidade de afastamento da decisão do Supremo Tribunal Federal.

Tal discussão – e não apenas essa, mas também a relativa à execução provisória da sentença condenatório em 1ª instância proferidas pelo Tribunal do Júri –, na realidade, foi estimulada pelo voto do Presidente do STF, Min. Dias Toffoli, nas ADCs 43,44 e 54, que apontou, em manifestação pessoal, fora do tema central dos autos, sem que o ponto fosse efetivamente debatido e enfrentado pelos demais membros da corte. Insta ressaltar que a referida manifestação assume a qualidade de *obiter ditcum*, ou seja, sem o poder de vincular, ainda que exarada durante a função representativa de presidente da corte.

Há de se afirmar, em vista disso, que a manifestação vai na contramão de tudo que se prega para qualificação da decisão como precedente, e estabelecimento da *ratio decidendi*, pois o posicionamento sequer foi colocado a escrutínio, votação majoritária ou debate sobre a possibilidade ou não de reversão entendimento ou ocorrência da distinção, apta a autorizar a execução provisória da pena diante da mera existência de sentença condenatória que determine pena superior a 15 anos no âmbito do procedimento para julgamento dos crimes dolosos contra vida.

A renovação do debate, embore inexista qualquer grau de dependência entre as decisões do Supremo Tribunal Federal e do Legislativo, torna justificável a expressão "quinta instância", asumindo o sentido conotativo, em acepção inversa de definitividade, característica ínsita ao poder judiciário, dada a impotência no que tange ao encerramento da questão.

A despeito da realidade social, é fundamental, para garantia do sistema democrático, que todas as funções do Estado devam obediência à Constituição e aos direitos fundamentais.

Nesse ensejo, e considerando ainda que o Poder Constituinte conferiu especial proteção aos direitos fundamentais, qualificando-os como cláusulas pétreas, não está autorizado sequer ao legislativo, no desempenho de poder constituinte derivado, deliberar sobre proposta de emenda constitucional tendente a abolir a forma federativa de Estado; o voto direto, secreto, universal e periódico; a separação dos Poderes; e, especialmente, os direitos e garantias individuais.

Na Constituição, os direitos fundamentais estão concentrados no art. 5º, mas também estão previstos em normas esparsas pelo texto constitucional. Em razão das disposições dos §§ 2º e 3º do art. 5º, os direitos fundamentais também podem estar em documentos internacionais.

Os direitos fundamentais estão protegidos por constituírem núcleo essencial do desenho constitucional brasileiro, razão pela qual, inclusive, possuem aplicação imediata, de modo a conferir força normativa e máxima efetividade aos direitos abstratamente previstos para que as disposições não se restrinjam a uma carta de boas intenções. Note que, a fim de garantir a máxima efetividade de tais disposições, quando da omissão das funções executiva e legislativa, o Poder Constituinte Originário elegeu o Judiciário como seu delegatário para defesa da integridade constitucional, mas dependendo sempre a tutela jurisdicional da iniciativa das Provedorias de Justiça, que, segundo Moreira Neto (1995, p.22-25), servem a preservação da imparcialidade.

Assim, verifica-se que o sistema foi formatado de modo a vedar que qualquer função estatal venha a violar os direitos e garantias individuais, o que inclui o legislador que não possui poderes ilimitados. E, vale repisar, o Poder Constituinte Originário tinha total domínio da expressão trânsito em julgado e aquela redação conferida ao art. 5, LXVII CF, que já era utilizada desde a Primeira Constituição Republicana.

Nessa feita, o Supremo interpretou a previsão constitucional por interpretação literal e denotativa dos vocábulos da norma acima indicada, sendo certo que a reação se deu em maior extensão no campo político – e midiático –, já que não se percebeu tanta movimentação no seio social após a decisão das ADCs através de comícios e passeatas. Configurado, portanto, um *backlash* predominantemente de caráter legislativo.

Sem a pretensão de esgotar o assunto, o "*backlash*" é conceituado por Marmelstein (2016, p 3-7) como contra-ataque político ao resultado de uma deliberação judicial.

Decisões de especial destaque do fenômeno são as reações motivadas pelo caso *Brown vs Board of Education*[148] e *Roe v. Wade*[149]. No primeiro caso, a Suprema Corte dos Estados Unidos decidiu pela inconstitucionalidade da divisão racial entre estudantes brancos e negros em escolas públicas do país. No segundo, a Corte Suprema decidiu, com amparo no direito à privacidade e ao devido processo legal, que cabe a mulher decidir, por si só, sobre a interrupção de sua gravidez.

Nesses casos, houve uma alteração brusca do *status quo*, o que trouxe reação por parte da sociedade americana à época marcada por um contexto extremamente racista e machista.

Nos casos Lochner v New York[150], *Hammer v. Dagenhart* (1918) e *Adkins v, Children's Hospital,* a postura conservadora foi por parte da Suprema Corte que considerou inconstitucional, no primeiro caso, a lei do Estado de Nova Iorque que conferia proteção aos trabalhadores, com a limitação de jornada de trabalho; no segundo, a lei que proibia o trabalho de menores de 14 anos em fábricas; e, no terceiro caso, a fixação de pisos salariais para mulheres e crianças. Todas as decisões estavam pautadas no princípio da relatividade dos contratos. A reação social às decisões, mais tarde, acabou por promover a alteração de entendimento da corte.

No Brasil, a decisão acerca da prática da "vaquejada"[151], em que o Supremo Tribunal Federal considerou tratar-se de maus tratos aos animais foi notoriamente um caso de *backlash* de efeitos negativos. O parlamento, ato contínuo à decisão, aprovou a Lei 13.364/2016 prevendo que a "vaquejada" é manifestação cultural e patrimônio imaterial; e a proposta de Emenda Constitucional 50/2016, que dispõe não serem cruéis as práticas culturais definidas na Constituição e registradas como de natureza imaterial.

[148] 347 U.S. 483 (1954)

[149] 410 U.S. 113 (1973)

[150] 198 US 45, 1905

[151] "Vaquejada" é uma festa típica do nordeste, que reúne grande número de espectadores, na qual dois vaqueiros montados a cavalo têm de derrubar um boi, puxando-o pelo rabo, entre duas faixas de cal do parque de vaquejada. Discute-se se deve ser identificada como manifestação cultural ou situação de maus-tratos a animais.

Por outro lado, quando tratamos da decisão do STF acerca do casamento de pessoas do mesmo sexo, em que pese a reação de uma ala do Congresso, que aprovou o Estatuto da Família, afirmando a necessidade de proteção da "família tradicional", a decisão do Supremo amadureceu a sociedade, fazendo com que essas minorias viessem a debate, invertendo o ônus argumentativo que antes favorecia os mais conservadores.

O "*backlash*", *a priori*, não é um fenômeno negativo, embora concretamente possa estimular uma tentativa de retaliação ou interferência na independência judicial. O maior sinal disso são as manifestações parlamentares expressando a iniciativa de modificar a forma de acesso aos Tribunais Superiores, a implementação da limitação temporal de exercício de cargo na Suprema Corte, pedidos de impeachment dos Ministros, a criação de "CPI da Toga".

Tais modalidade de reação são odiosas, pois denotam a pura tentativa de pressionar os julgadores, mas a doutrina se consolidou no sentido de entender que a reação adstrita ao tema é natural e salutar para o regime democrático.

3.7 Prognóstico de reversão da decisão acerca da prisão em 2ª instância pelo parlamento: projetos de Lei, Propostas de Emenda Constitucional e o Pacote Anticrime

A despeito de um *obiter dictum* jamais ser juridicamente aceito como um aspecto vinculante, pois não foi fruto de decisão majoritária, não tendo sido submetido ao contraditório relativamente ao ponto, articulado como mera opinião pessoal, não há de ser desconsiderado na teoria de formação dos precedentes. Como já foi afirmado, uma eventual reversão da decisão acerca da prisão em 2ª instância deverá passar por modulação, de modo que, em se tratando da prisão de norma processual material, não deverá ser aplicada aos fatos ocorridos antes da reversão legislativa.

No cenário de hoje, em sede de proposta, há vários projetos de lei ordinária sobre a questão tramitando no Senado Federal, PLS 5954/2019, PLS 5956/2019 e PLS 5958/2019; e na Câmara dos Deputados, PL 5932/2019; PL 133/2020; PL 5951/2019; PL 6313/2019; PL 5973/2019; PL 6061/2019, de semelhante conteúdo.

Destaca-se o Projeto de Lei do Senado Federal, n. 166/2018, anterior à decisão do STF, porém que compila as pretensões dos demais projetos acima destacados, em que foram realizadas Audiências Públicas, já foi aprovada na Comissão de Constituição e Justiça e encontra-se pronta para inclusão na ordem do dia no Senado Federal. A proposta pretende alterar o Código de Processo Penal para fazer constar que a prisão poderá se dar a partir da condenação em 2º grau.

Por se tratar de proposta de lei ordinária (tal qual as demais propostas mencionadas acima), o direito substancial de preservação da liberdade até o trânsito em julgado conduz a que toda norma infraconstitucional em sentido oposto deva ser declarada inconstitucional, pois afrontam o art. 5º, LVII da CF e a interpretação constitucional conferida pelo STF nas ADC 43, 44 e 54, de modo que o projeto não passa pelo filtro constitucional.

O Congresso registra, ainda, dois projetos de emenda constitucional, n 5/2019 e 199/2019, que são reproduções de projetos de emenda constitucional já arquivados por conta do encerramento da legislatura anterior, PEC 196/2016 252/2016; 237/2016

A primeira proposta de 2019 encontra-se pendente de votação na Comissão de Constituição e Justiça[152], e pretende incluir no art. 93 da Constituição um dispositivo que possibilitaria a execução imediata da decisão condenatória proferida por órgãos colegiados, independentemente do cabimento de recursos.

De plano, causa perplexidade a inclusão de um inciso em dispositivo que trata exclusivamente do regime jurídico da magistratura e de seu desenho constitucional. Quanto ao conteúdo, não inova no que concerne à compreensão de antecipar a pretensão de cumprimento da pena.

A segunda proposta, que é reprodução das PEC 410 e 411/2018 já arquivadas, aguarda a realização de Audiências Públicas[153], e pretende modificar os artigos 102 e 105 da Constituição, dispositivos esses que tratam de recursos aos Tribunais Superiores, de modo que a técnica legislativa parece mais congruente. No entanto pretende antecipar o trânsito em julgado para todas as demandas, tenham elas caráter cível, penal, trabalhista, etc., transformando todo e qualquer impugnação da decisão em ação revisional.

A primeira crítica que se faz é a interferência em diversas searas distintas da criminal e a justificativa do projeto se pautar na necessidade de coibir a prescrição de crimes, em especial os notórios casos de corrupção do mensalão e da operação "Lava Jato".

152 BRASIL. SENADO FEDERAL. Disponível em: https://www25.senado.leg.br/web/atividade/materias/-/materia/135253. Acesso em 03 de abril de 2020.

153 BRASIL. Câmara dos Deputados. Disponível em: https://www.camara.leg.br/proposicoesWeb/fichadetramitacao?idProposicao=2229938. Acesso em: 03 de abril de 2020;

Além da justificativa não se compatibilizar com a alteração da sistemática de outras áreas, certo é que o número de processos não deverá ter grande redução, considerando que os mais abastados se utilizarão de bons advogados, e pagarão as custas – o que inclui o depósito recursal – e terão acesso ao juízo. Na outra ponta, os menos abastados, contarão com a concessão da gratuidade de justiça e com o auxílio da Defensoria Pública, e também terão acesso aos tribunais superiores. Repercussão, em tese, será na classe média, que, via de regra, faz o cálculo do custo/benefício da demanda, tendo em vista a necessidade de contratar advogado, arcar com as custas e se submeter a eventual sucumbência.

Cumpre ressaltar que, atualmente, os recursos extraordinários contam com o juízo de admissibilidade na 2ª instância, fator que, embora não enseje desestímulo à atividade recursal, acaba represando muitas demandas que não cumprem o requisitos formal de admissibilidade, havendo maior descentralização, já que existem, pelo menos, 27 Tribunais de Justiça (e outros 5 TRFs), enquanto os Ministros do STJ são 33 e do STF são apenas 11.

Não se evidencia, portanto, que a retirada de um filtro de 27 Tribunais de Justiça (além de 5 TRFs), na qualidade de juízo competente para as ações rescisórias, poderá cooperar com a tramitação mais rápida de demanda nos Tribunais Superiores. Muito pelo contrário, entende-se que eventual modificação poderá representar o incremento do número de prescrições[154], e, portanto, o exaurimento do objeto da pretensão revisional por força da execução antecipada antes de uma análise definitiva do caso nas Cortes Superiores. Isto é, no campo penal, os Tribunais Superiores não terão condições de decidir a questão antes do advento da data-base para progressão de regime ou do própria extinção da punibilidade pelo cumprimento da pena.

Por fim, tem-se a impressão de que o argumento de que as demandas prescrevem durante a tramitação nos Tribunais Superiores não guarda muita pertinência, pois, em geral, as declarações de prescrições mais frequentes parecem ser as da modalidade da prescrição da pretensão punitiva em abstrato e retroativa, sobretudo porque o acórdão condenatório ou confirmatório interrompe o fluxo da prescrição. E, mesmo após reforma processual que afastou a prescrição superveniente em alguns casos, tais prescrições continuarão a ocorrer.

[154] O Pacote Anticrimes ao acrescer o inciso III no art 116 do Código Penal previu hipótese de suspensão da prescrição apenas para os casos em que o recurso extraordinário ou embargos de declaração forem inadmíssveis.

Superados os vícios formais e materiais das propostas de alterações legislativa e constitucional, reforça-se que a decisão não poderá ser aplicada aos casos pendentes por força do caráter material da norma sobre prisão, bem como pela violação do princípio da confiança e da segurança jurídica, pois a inovação não respeitaria o primado da cognição normativa anterior à ocorrência fática, em especial pelo fechamento semântico realizado pelo STF no julgamento das ADCs 43,44 e 54.

Muito embora, compreenda-se que as propostas do parlamento representem violação à cláusula pétrea por não reconhecimento de culpa antes do trânsito em julgado da sentença condenatória, que, por seu histórico desde a constituição de 1891, significa esgotamento da cadeia recursal, uma decisão do Supremo deverá discutir se o Poder Constituinte Derivado está submetido às amarras do Poder Constituinte Originário, tal como procedeu com a Emenda 3/1993.

Além das propostas legislativas e constituicionais, no campo das reformas concretizadas sobte o tema, apresenta-se a Lei 13.964/2019, o chamado "Pacote Anticrime".

O "Pacote Anticrime", projeto apresentado em 31 de janeiro de 2019 à Câmara de Deputados, tombado sob o n. PL 882/2019[155], tinha o propósito de estabelecer medidas eficazes ao combate a corrupção, dentre elas a execução provisória da pena antes do trânsito em julgado. Afora a discussão sob a constitucionalidade da proposta, resta evidente o apelo conferido pelo nome do projeto, passando a impressão de que uma legislação teria a capacidade de impedir crimes do "colarinho-branco", além de estar subscrito pelo então Ministro da Justiça Sergio Fernandes Moro, que foi o 1º juiz a condenar um ex-Presidente da República. Como visto, uma exuberante publicidade e apoio em todos os setores da sociedade.

A medida flagrantemnte populista, contudo, somente terminou sua tramitação no do Congresso Nacional em 11/12/2019, cerca de um mês após a decisão do Supremo Tribunal Federal nas ADCs 43 ,44 e 54, e, em razão disso, foi aprovada em deferência ao precedente criado, vedando expressamente a execução provisória de pena na nova redação do art 283 e do art 313, §2º do CPP. No entanto a mesma reforma previu a possibilidade de antecipação do cumprimento de pena dentro do procedimento do Júri para as condenações

[155] Esse projeto acabou sendo apensado a duas três outras propostas de reforma processual penal, o PL 10.372/18 da Câmara dos Deputados; o PL n. 6.341/19 e o Projeto de Lei 8.045 do Senado.

iguais ou superiores a 15 anos, especialmente por conta *obter dictum* manifestado pelo Min. Dias Toffoli.

Infelizmente, há um sentimento dúbio quanto à recém sancionada Lei n. 13.964/2019. Se, por um lado, o legislativo federal reforçou a norma que vedava a execução provisória sem decretação da prisão preventiva, destacando expressamente a necessidade de advento do trânsito em julgado para cumprimento de pena, referendando, com isso, a decisão da Corte Constitucional, velando pela vigência da norma constitucional que prevê esse marco temporal, bem como reconhecendo o STF como intérprete final da constituição; por outro lado, ousou flertar com o discurso da antecipação do cumprimento da pena, com uma previsão ainda mais gravosa do que a que se discutia, de execução provisória em 1ª instância após decisão do orgão que não necessita fundamentar sua decisão, o Tribunal do Júri.

Verifica-se clara contradição dentro da própria reforma implementada, na medida em que criou uma execução provisória da pena, agora, em 1ª instância, ao inserir o §4º[156] ao art. 492, suprimindo o efeito suspensivo para apelações contra decisões condenatórias oriundas do Tribunal do Júri, cuja pena fixada seja igual ou superior a 15 anos, antecipando o cumprimento de pena para o momento da leitura da decisão em plenário – em descompasso com a mesma decisão do Supremo Tribunal Federal que serve de fundamento para reafirmação da vedação à execução provisória de pena, sem que sequer seja necessária a manifestação do órgão colegiado de 2ª instância, que possui o dever de motivar sua manifestação, ou da presença dos fundamentos da prisão preventiva.

Criou-se, assim, dentro do rito do Júri, duas classes de sentenciados: uma com a garantia constitucional de somente sofrer as consequências do cumprimento de pena após certeza jurídica da condenação; e, outro, que deve sofrer a sanção corporal antes do trânsito em julgado, consignando que, em sede de julgamento criminal comum, existe a figura do latrocínio, que não está sujeito ao Tribunal do Júri, mas que possui pena superior ao parâmetro consignado para efeito de distinção.

Sem aprofundar muito a questão, vale ressaltar que o julgamento perante o Tribunal do Júri e a soberania dos vereditos estão previstos no art 5º, inciso XXXVIII, da Constituição, com a nominata do título II, *dos direitos e garantias*

[156] § 4º A apelação interposta contra decisão condenatória do Tribunal do Júri a uma pena igual ou superior a 15 (quinze) anos de reclusão não terá efeito suspensivo. (Incluído pela Lei nº 13.964, de 2019)

fundamentais. A soberania dos vereditos tem por fundamento, portanto, a garantia do cidadão e não o agravamento de seu regime jurídico.

Repise-se que a decisão dos jurados é realizada em escrutínio secreto e, sendo certo que evita-se, ao máximo, a revelação do votos dos jurados, pois, uma vez alcançada a maioria, a lei sequer permite a abertura dos demais votos, nos termos do art. 489 do Código de Processo Penal.

Insta frisar, ainda, que a sentença condenatória, superior ou inferior a 15 anos, tem natureza jurídica de causa interruptiva da prescrição, e, tal como a pronúncia, renova o prazo prescricional.

No que concerne à proporcionalidade, fazendo um paralelo com a legislação processual civil, a regra é a vedação à execução antecipada da sentença cível por força de lei – salvo pouquísismas exceções. Mesmo que o processo civil não tenha por escopo precípuo a tutela da liberdade, a exigência da medida contracautelar de caução e a responsabilização objetiva do exequente em caso de reversão da decisão são instrumentos aptos impedir a impedir os efeitos da execução precipitada, nos termos do arts. 520 e 521[157] do Código

[157] Art. 520. O cumprimento provisório da sentença impugnada por recurso desprovido de efeito suspensivo será realizado da mesma forma que o cumprimento definitivo, sujeitando-se ao seguinte regime:
I – corre por iniciativa e responsabilidade do exequente, que se obriga, se a sentença for reformada, a reparar os danos que o executado haja sofrido;
II – fica sem efeito, sobrevindo decisão que modifique ou anule a sentença objeto da execução, restituindo-se as partes ao estado anterior e liquidando-se eventuais prejuízos nos mesmos autos;
III – se a sentença objeto de cumprimento provisório for modificada ou anulada apenas em parte, somente nesta ficará sem efeito a execução;
IV – o levantamento de depósito em dinheiro e a prática de atos que importem transferência de posse ou alienação de propriedade ou de outro direito real, ou dos quais possa resultar grave dano ao executado, dependem de caução suficiente e idônea, arbitrada de plano pelo juiz e prestada nos próprios autos.
(...)
Art. 521. A caução prevista no inciso IV do art. 520 poderá ser dispensada nos casos em que:
I – o crédito for de natureza alimentar, independentemente de sua origem;
II – o credor demonstrar situação de necessidade;
III – pender o agravo fundado nos incisos II e III do art. 1.042 ;
III – pender o agravo do art. 1.042; (Redação dada pela Lei nº 13.256, de 2016) (Vigência)
IV – a sentença a ser provisoriamente cumprida estiver em consonância com súmula da jurisprudência do Supremo Tribunal Federal ou do Superior Tribunal de Justiça ou em conformidade com acórdão proferido no julgamento de casos repetitivos.
Parágrafo único. A exigência de caução será mantida quando da dispensa possa resultar manifesto risco de grave dano de difícil ou incerta reparação.

de Processo Civil; sendo que a preocupação quanto à irreversibilidade da medida é ausente, como visto, no âmbito processual penal.

A despeito da inconstitucionalidade da norma processual penal que interfere no próprio cumprimento de pena sem que se afigurem presentes os fundamentos da preventiva, vislumbramos algumas consequências de ordem prática.

De plano, é possível antecipar o desistímulo à prensença do réu "solto" em plenário, em prejuízo a sua autodefesa, pois seu exercício poderá prejudicar sua condição de liberdade e criará empecilho ao manejo dos recursos odinários e extraordinários.

Outra consequência afigura-se relacionada ao caráter híbrido da norma processual penal que prevê a execução provisória em 1ª instância.

Por estar intimamente ligada ao cumprimento material de pena, pois corresponde a uma antecipação de pena sem os fundamentos da preventiva, particularmente, por força dos efeitos da detração penal, é manifesta a impossibilidade da aplicação imediata a todos os casos pendentes, tendo em vista que a inovação traduz-se em interferência em uma prerrogativa ralacionada ao *status liberdade*, além da amplitude do direito de defesa, na medida em que desistimula a presença do réu solto na sessão plenária.

A execução provisória em 1ª instâncias nas decisões condenatórias superiores a 15 anos do Júri é uma norma legislativa prejudicial ao réu, de aspecto eminentemente penal, sendo certo que, no momento da ocorrência do fato delitivo – ainda pendente de acertamento judicial –, não existiam os fatores da cognoscibilidade e da confiabilidade normativa, capazes de acionar o sistema de proteção constitucional, conferido pela garantia de irretroatividade da lei penal mais gravosa.

Dessa forma, a inovação legislativa, para cumprir seu compromisso com a segurança jurídica (para além da discussão acerca da inconstitucionalidade material), somente pode ser aplicada para os crimes em tese cometidos após o final da *vacatio legis,* fixada em 30 dias contados da publicação da Lei 13.964/2019, nos termos de seu art. 20.

Em vista disso, podemos constatar que o debate ainda não se extinguiu, e apresenta-se, mais uma vez, estimulado não somente por plataformas políticas populistas, mas pelo próprio judiciário, quando emprega os precedentes em desarcordo com a Teoria dos Precedentes, tal como lançado pelo Ministro Dias Toffoli, ao suscitar supostas peculiaridades entre os julgamento criminais comuns e os do Tribunal Júri, em razão das altas de homicídio no país, sem que se tenha ampliado o debate sobre esse específico aspecto por ocasião do julgamento das Ações Declaratórias de Constitucionalidade 43, 44 e 54[158].

Muito embora formalmente fosse possível haver um destacamento da questão lançada em *obiter dictum*, carente de um enfrentamento específico por todos os ministros, acaba-se por estabelecer uma propositada "janela" para a não estabilização do precedente, possibilitando, em futuro próximo, novo enfrentamento não somente desse ponto específico, mas para buscarem superar a orientação que se consolidou acerca da vedação à execução provisória.

Não obstante, cabe informar que a questão sobre a execução provisória em 1ª instância já se encontra com a repercussão geral – tema 1068 – reconhecida no Supremo Tribunal Federal, no bojo no Recurso Extraordinário n 1.235.340[159] e, também, por força da Ação Direta de Inconstitucionalidade n. 6783, ajuizada pelo Conselho Federal da Ordem dos Advogados do Brasil, capaz de resgatar todo o debate sobre o marco constitucional do trânsito em julgado.

Por oportuno, o *leading-case* objeto da Repercussão Geral – Tema 1068 – se refere à imputação de homicídio ocorrido em data anterior a própria decisão das ADCs 43, 44 e 54 e, caso prevaleça, deve ser temperado para que sua aplicação se dê apenas para os fatos posteriores ao precedente, por se tratar de criação de norma judicial modificadora de anterior orientação judicial, que vedava a execução provisória para qualquer condenação antes do trânsito em julgado, sem os fundamentos da preventiva. O estabelecimento de um novo precedente através do *distinguishing* deve ser modulado em socorro à cognoscibilidade e à não surpresa já que é norma que representa efetivo cumprimento antecipado de pena.

A principal lamentação não se constitui pelo esforço de superar uma determinada orientação; lastima-se porque as suposições relacionadas ao combate aos corruptos ou a diminuição da violência, temas aos quais ninguém se opõe, reforçadas pela polarização política, pelo apelo populista, tal qual vivenciado nos últimos anos e estimulado pela imprensa e pelo próprio judiciário, continuarão a ser o centro motriz da deliberação. Insiste-se que a modificação

[158] BRASIL. STF. AÇÃO DECLARATÓRIA DE CONSTITUCIONALIDADE 43, 44 E 54. Min. Marco Aurelio Mello. Plenário.Publicado em 12/11/2020. Disponível em: < http://redir.stf.jus.br/paginadorpub/paginador.jsp?docTP=TP&docID=754357342&prcID=4986065#> Acesso em: 09 de maio de 2021

[159] BRASIL. SUPREMO TRIBUNAL FEDERAL. RECURSO EXTRAORDINÀRIO N. 1.235.340. MIN LUIS ROBERTO BARROSO. Acesso em 09 de maio de 2021.
BRASIL. SUPREMO TRIBUNAL FEDERAL. ADI 6783. Min Luiz Fux. Acesso em 09 de maio de 2021.

de uma política pública dessa envergadura constitucional, contextualizada à formação histórica do nosso sistema, não pode ser levada a efeito por recursos de oratória, apelo ao senso comum, ou, ainda, da simples mudança de composição de um tribunal, e sim efetivada após verdadeiro estudo empírico que seja capaz de alinhavar que a antecipação do cumprimento é causa de melhoria dos índices de criminalidade; causa essa que jamais foi comprovada.

CONCLUSÃO

Conforme ficou assentado na introdução deste trabalho, nosso objetivo não era a formulação de conclusões definitivas sobre a execução provisória da pena, mas, em razão da introdução da teoria dos precedentes na seara penal, além da tutela da isonomia, adentrarmos nas discussões acerca da necessidade proteção da segurança jurídica.

Partindo dessa premissa, o percurso da pesquisa, dividida em três capítulos, permitiu extrair as seguintes conclusões:

No capítulo 1, formatamos a teoria dos precedente judiciais, traçando as características da *civil* e *common law,* apresentamos o conceito de *ratio decidendi, obiter dicta* e *stare decisis,* além de estabelecer a distinção entre o precedente e demais institutos.

Identificamos que a derivação entre os sistemas jurídicos ocidentais se constituiu a partir das diferenças relacionadas ao processo de formação do Estado Francês e Inglês, em que o primeiro adotou como fonte primária a lei, e, o segundo, os costumes. Entretanto, em razão do desmonte do mito da completude legislativa como símbolo da segurança jurídica, por influência das técnicas legislativas implementadas a partir do neoconstitucionalismo e pós-positivismo, os sistemas se aproximaram, em especial, em razão da necessidade de garantia da isonomia e eficiência para as relações contemporâneas.

A teoria dos precedentes – e seus institutos correlatos – pode ser introduzida no ordenamento brasileiro, mas não tornará a atividade do magistrado menos complexa ou literal, vez que a aplicação dos precedentes não deve ser concretizada de forma mecânica, com base em ementas, teses sumarizadas, ou em substituição à investigação da similitude entre o fato em julgamento e os fatos necessários e suficientes que respaldaram a consolidação da *ratio decidendi.*

Sem prejuízo da adoção do sistema de precedentes, há de se estabelecer mecanismos que permitam a oxigenação do Direito, particularmente pelo apontamento da opinião divergente nas decisões e pela intensificação do papel dos Presidentes das Cortes de Justiça, como ferramenta para estabelecimento do correto momento da (re)submissão do precedente à possibilidade superação pelas Cortes Supremas.

Assentamos que a aplicabilidade da teoria dos precedentes ao processo penal deriva da impossibilidade de adoção de uma postura isolacionista. Muito embora não exista uma teoria geral do processo capaz de abranger o processo civil e penal, quando da aplicação dos institutos originários da seara cível, é imprescindível uma filtragem para sua aplicação, com olhos voltados aos bens jurídicos tutelados e afetados pela censura penal.

No capítulo 2, estabelecemos que o escopo da previsão normativa é regular comportamentos futuros e preservar as situações jurídicas já consolidadas, razão pela qual a autoridade criadora da norma deve estar atenta tanto a cognoscibilidade como à confiabilidade e calculabilidade da norma. A norma jurídica, para fins da pesquisa, aborda duas espécies, variantes segundo a autoridade emanadora da norma: a norma legislativa, fruto do processo legislativo; e a norma judicial, fruto de decisões judiciais. A norma legislativa adota a *vacatio legis* e a técnica da adoção de disposições transitórias como instrumentos para efetivação da garantia da dimensão estática e dinâmica da segurança jurídica. A norma judicial, que conta com semelhante complexidade interpretativa, demanda, igualmente, calibragem quanto aos efeitos temporais da sucessão da *ratio decidendi*.

A partir do resgate histórico da sucessão de normas processuais penais, verificamos o enredo da centralização da competência legislativa para matéria processual na União Federal. Nesse ponto, foi importante distinguir o caráter meramente instrumental da norma jurídica (legislativa ou judicial) do caráter híbrido ou com caracteres de prevalentes materiais – inclusas nessas últimas a disciplina sobre a autorização para antecipação dos efeitos do acórdão condenatório – para ajustar às garantias constitucionais da retroatividade da norma penal benigna e da vedação à retroatividade *in malam partem*, que resguardam o valor segurança jurídica, no aspecto da proteção da confiança. Somente assim, é possível consentir com a recepção da disposição do código de processo penal referente à aplicação imediata da legislação processual, quando evidenciado o caráter meramente instrumental.

Dialogando com a tutela da não surpresa, a classificação da norma jurídica quanto à inovação, apresentada por Ataíde Junior, que vai aquietar a angustia relacionada ao efeito imediato da superação do precedente, sistematizando a eficácia temporal e orientando o operador do direito a modular os efeitos do precedente recém estabelecido, pois, no momento da formação daquela *ratio decidendi* superada, havia ocorrido um fechamento semântico das possibilidades, ao afastar os demais significados possíveis.

No último bloco da pesquisa, associamos as premissas anteriormente fixadas ao cenário brasileiro, bem como investigamos o histórico e o conteúdo da presunção de inocência e constatamos a familiariadade do constituinte originário com o marco constitucional do trânsito em julgado. Ao traçarmos a linha do tempo relacionada à formatação do entendimento que autorizou a prisão após julgamento na 2ª instância, realizamos uma imersão nos fatores sociais, políticos e jurídicos que motivaram a volatilidade e sucessão de entendimentos. Procedemos, então, um exame do contexto e dos argumentos com o fenômeno do "populismo penal" e inferimos a ocorrência do "*backlash*" quando sustentamos o enfrentamento do tema da antecipação dos efeitos da condenação perante a "quinta instância decisória".

E, por fim, traçamos o prognóstico de comportamento do operador do direito no caso de uma nova reversão do entendimento, sugerindo a modulação dos efeitos da novel norma jurídica caso contenha algum caractere material-penal, trazendo a perspectiva dos projetos de reforma processual e constitucional pendentes à respeito do tema, sem olvidar das considerações aos desdobramentos do Pacote Anticrime.

Em suma, propomos a aplicação da teoria dos precedentes no processo penal, refinada segundo o conteúdo do processo penal, para melhor administração da justiça criminal. De outro giro, pugnamos por um debate que possa ser levado a efeito, afastando os argumentos meramente retóricos e expressões dotadas "vazio semântico", em que são desmitificadas bandeiras do imaginário do senso comum (ex. sem a execução em 2ª instância não haverá mais combate à corrupção no país; as Cortes Superiores somente são acessíveis aos abastados, etc.), e aprofundando o tema através do compromisso científico, basendo-se na análise empírica, impedindo, assim, que uma predileção partidária, um *obiter ditcum* ou um mero sentimento pessoal prevaleçam escamoteados de decisão sobre os temas criminais.

REFERÊNCIAS

ABBOUD, G. **Processo Constitucional Brasileiro**. 3 ed. São Paulo: Editora Saraiva, 2019.

ABBOUD, G. **O mito da supremacia do interesse público sobre o privado a dimensão constitucional dos direitos fundamentais e os requisitos necessários para se autorizar restrição a direitos fundamentais**. Revista dos Tribunais. vol. 907 p. 61 mai / 2011.

ALEXY, R. **Teoria dos Direitos Fundamentais.** Trad. Virgílio Afonso da Silva. São Paulo. Editora Malheiros, 2008.

ATAÍDE JÚNIOR, J. R. **Precedentes Vinculantes e irretroatividade do direito no sistema processual brasileiro**: os precedentes dos tribunais superiores e sua eficácia temporal. Curitiba: Editora Juruá, 2012.

AUSTIN, John. **Lectures on jurisprudence**: the philosophy of positive law.

ÁVILA, H. **Segurança Jurídica**: Entre permanência, mudança e realização no direito tributário. São Paulo. Editora Malheiros, 2011.

BACHRACH, Peter; BARATZ, Morton S. Decisions and nondecisions: An analytical framework. American political science review, v. 57, n. 03, p. 632-642, 1963.

BADARÓ, G. **Curso de Processo Penal**. 5ed. São Paulo: Editora Revista dos Tribunais, 2017.

BARBOZA, E.M.Q. **Precedentes judiciais e segurança jurídica**: fundamentos e possibilidades para a jurisdição constitucional. Curitiba: Editora Saraiva, 2014.

BARROSO, L.R; BARCELLOS, A.P. **O começo da História. A nova interpretação Constitucional e o papel dos princípios no Direito Brasileiro**. Revista da EMERJ, Rio de Janeiro, v.6, n.23, 2003, Disponível em <https://www.emerj.tjrj.jus.br/revistaemerj_online/edicoes/revista23/revista23_25.pdf>. Acesso em 03 de maio de 2020.

BARROSO, L. R., **Nova Hermenêutica e da Teoria dos Direitos Fundamentais.** Rio de Janeiro:Renovar, 2002.

BARROSO, L.R. **Judicialização, Ativismo Judicial E Legitimidade Democrática**. Disponível em: <https://www.direitofranca.br/direitonovo/FKCEimagens/file/Artigo Barroso_para_Sele cao.pdf>. Acesso em 04 de fevereiro de 2020.

BARROSO. L. R. **Temas de Direito Constitucional**. Rio de Janeiro: Editora Renovar, 2002.

BECKER, G. S. **Crime and Punishment: an Economic Approach**: The University of Chicago Press. v.76, 1968. Disponível em: <http://www.jstor.org/stable/1830482>. Acesso em: 13 de fevereiro de 2020.

BLACKSTONE, Sir William KT. **Commentaries on the laws of England**. v. I. San Francisco: Bancroft-Whitney Company, 1915.

BOBBIO, N. **Teoria da Norma Jurídica**. Tradução.: Ariani Bueno Sudatti, Fernando Pavan Batista. São Paulo: Editora Edipro, 2003.

BRASIL. CNJ. Disponível em: <https://www.cnj.jus.br/gestao-e-planejamento/missao-visao-e-valores-do-poder-judiciario/indicadores/03-taxa-de-congestionamento/>. Acesso em: 04 de fevereiro de 2020

BRASIL. Decreto-Lei n 3689 de 03 de outubro de 1941. Código de Processo Penal. Rio de Janeiro, 03 de outubro de 1941. Disponível em <https://www.planalto.gov.br/ccivil_03/decreto-lei/Del3689.htm>. Acesso em 04 de fevereiro de 2020.

BRASIL. Lei de 29 de novembro de 1832. Promulga o Código de Processo Criminal de primeira instância com disposição provisória acerca da administração da justiça civil. Rio de Janeiro, 5 de dezembro de 1832. Disponível em: <http://www.planalto.gov.br/ccivil_03/leis/lim/lim-29-11-1832.htm>. Acesso em 04 de fevereiro de 2020.

BRASIL. Lei n 261 de 3 de dezembro de 1841. Reformado o Código de Processo Criminal. Rio de Janeiro, 10 de dezembro de 19841. Disponível em: <http://www.planalto.gov.br/ccivil_03/leis/lim/LIM261.htm>. Acesso em 04 de fevereiro de 2020.

BRASIL. SENADO FEDERAL. Anteprojeto de Código de Processo Penal, Brasília, 2009. Disponível em: <https://www2.senado.leg.br/bdsf/bitstream/handle/id/182956/000182956.pdf?seque nce=10&isAllowed=y>. Acesso em: 04 de fevereiro de 2020.

BRASIL. SENADO FEDERAL. Assembleia Nacional Constituinte, atas de comissões. Disponível em: <https://www.senado.leg.br/publicacoes/anais/constituinte/sistema.pdf>. Acesso em: 04 de fevereiro de 2020.

BRASIL. SUPREMO TRIBUNAL FEDERAL. AÇÃO DECLARATÓRIA DE CONSTITUCIONALIDADE 43, 44 E 54. Min. Marco Aurelio Mello. **Pesquisa de Jurisprudência**. Publicado em 12/11/2020. Disponível em: <http://redir.stf.jus.br/paginadorpub/paginador.jsp?docTP=TP&docID=754357342&prcID=4986065#> Acesso em: 09 de maio de 2021.

BRASIL.SUPREMO TRIBUNAL FEDERAL. AÇÃO DIRETA DE INCONSTITUCIONALIDADE N. 6783. Min. Luiz Fuz. **Pesquisa de Jurisprudência**. Disponível em:

<https://sistemas.stf.jus.br/peticionamento/api/peca/recuperarpdf/15346062088>. Acesso em 09 de maio de 2021.

BRASIL. SUPREMO TRIBUNAL FEDERAL. Extraordinário com Agravo n 709.212/DF – Distrito Federal. Relator Min Gilmar Mendes. **Pesquisa de Jurisprudência**, Acórdão, data 19/02/2015. Disponível em: <http://portal.stf.jus.br/processos/detalhe.asp?incidente=4294417>. Acesso em: 4 de fevereiro de 2020.

BRASIL. SUPREMO TRIBUNAL FEDERAL. RECURSO EXTRAORDINÁRIO N 1.235.340/SC. Min. Roberto Barroso. Disponível em: https://portal.stf.jus.br/processos/detalhe.asp?incidente=5776893. Acesso em: 09 de maio de 2021.

BRASIL. SUPREMO TRIBUNAL FEDERAL. HC 126.292. Relator: Min. Teori Zavascki. Data da publicação: 17/02/2016. Disponível em: <http://redir.stf.jus.br/paginadorpub/paginador.jsp?docTP=TP&docID=10964246>. Acesso em: 04 de fevereiro de 2020./;

BRASIL. SUPREMO TRIBUNAL FEDERAL. HC 72799. Publicações: DJ de 20/04/2001; HC 71907. Publicações: DJ de 07/03/1997. HC 74121. Publicação: DJ de 20/09/1996. HC 72565. Publicação: DJ de 30/08/1996. HC 73760. Publicação: DJ de 24/05/1996. HC 72162. Publicação: DJ de 05/05/1995. HC 68572. Publicação: DJ de 22/11/1991

BRASIL. SUPREMO TRIBUNAL FEDERAL. Recurso Extraordinário 844252/AL. Relator: Min. Teori Zavaski. **Pesquisa de Jurisprudência**, Acórdão Data da publicação 29/04/2016.

BRASIL. SUPERIOR TRIBUNAL DE JUSTIÇA. Agravo Regimental n. Recurso Especial. 1288971 SP. Relatora Ministra Laurita Vaz. Data de publicação: 17/04/2013. **Pesquisa de Jurisprudência** Disponível em: <https://ww2.stj.jus.br/processo/revista/documento/mediado/?componente=ITA&seq uencial=1222949&num_registro=201102562619&data=20130417&formato=HTML>. Acesso em 04 de fevereiro de 2020.

BUSATO, P.C. **Fundamentos para um Direito Penal Democráticos**. 5 ed. São Paulo: Editora Atlas, 2015.

CALABRICH, Bruno; FISCHER, Douglas e PELELLA, Eduardo (org.). **Garantismo Penal Integral**: questões penais e processuais, criminalidade moderna e a aplicação do modelo garantista no Brasil. 2a edição. Salvador: editora JusPodivum, 2013.

CANOTILHO, José Joaquim Gomes. **Direito Constitucional e Teoria da Constituição**. 7 ed, Coimbra, Editora Almedina, 2017.

CAPPELLETTI, M. **O Controle Judicial de Constitucionalidade das Leis no Direito Comparado**. 2. ed. Porto Alegre: Sérgio Antônio Fabris, 1999.

CBN. Disponível em: <http://cbn.globoradio.globo.com/media/audio/279270/sergio-moro-defende-prisao-apos-julgamento-em-segu.htm>. Acesso em 04 de fevereiro de 2020.

CINTRA, A.C.A; GRINOVER, A.P; DINAMARCO, C.R. **Teoria geral do processo**. 31 ed. São Paulo: Editora Malheiros, 2015.

CONJUR. Disponível em: <https://www.conjur.com.br/2019-nov-14/georges-abboud-julgamento-adcs-43-44-54-absurdo>. Acesso em: 04 de fevereiro de 2020.

CONJUR. Disponível em: <https://www.conjur.com.br/2019-out-15/queda-execucao-provisoria-nao-beneficia-quem-poe-ordem-risco>. Acesso em: 04 de fevereiro de 2020.

COUTINHO, Jacinto Nelson de Miranda. A Lide e o Conteúdo do Processo Penal. Curitiba: Juruá, 1989.

COUTINHO, J.N.M. **Crítica à teoria geral do direito processual penal**. Rio de Janeiro: Editora Renovar, 2001.

CRAMER, Ronaldo. **Precedentes judiciais: teoria e dinâmica.** 1 ed. Rio de Janeiro: Forense, 2016.

CROSS, R; HARRIS, J.W. **Precedent in English Law**. 4 ed. New York: Oxford university press, 2004

CRUZ, R.S. **Os recursos cíveis no direito brasileiro antes do código de 1973**. Trabalho de conclusão no curso de doutorado. Faculdade de Direito da Universidade de São Paulo. São Paulo, 2003.

DAVID, René. **Os grandes sistemas do direito contemporâneo**. Trad.: Hermínio A. Carvalho, 5 ed. São Paulo: Martins Fontes, 2014.

DEPEN. Disponível em: <http://depen.gov.br/DEPEN/noticias-1/noticias/infopen-levantamento-nacional-de-informacoes-penitenciarias-2016/relatorio_2016_22111.pdf> (gráfico p. 14). Acesso em: 04 de fevereiro de 2020.

DERZI, M.A.M. **Modificações da jurisprudência do direito tributário**: proteção da confiança, boa-fé objetiva e irretroatividade como limitações constitucionais ao poder de tributar: São Paulo: Editora Noeses, 2009.

DIAS, J.F. **Clássicos Jurídicos: Direito Processual Penal**, Coimbra: Editora Coimbra, 2004.

DICKSON, Brice. Judicial Activism in the House of Lords 1995-2007. In: DICKISON, Brice. **Judicial Activism in Common Law Supreme Courts.** Oxford University Press, New York, 2007.

DIDIER JUNIOR, F. **Teoria Geral do Processo, essa desconhecida**. 5 ed. Salvador: Editora Juspodivm, 2018.

DOTTI, R.A. **Curso de Direito Penal**, Rio de Janeiro: Editora Forense 2001.

DWORKIN, R. **Levando o direito a sério**: Trad. Nelson Boeira. São Paulo: Martins Fontes, 2002.

EMPÓRIO DO DIREITO. **A ratio da exposição de motivos "Francisco Campos" do novo CPP**. Empório do Direito. ROSA, Alexandre Moraes da. Disponível em: <https://emporiododireito.com.br/leitura/dica-amr-a-ratio-da-exposicao-de-motivos-francisco-campos-do-novo-cpp>. Acesso em: 04 de fevereiro de 2020

ESTADÃO. Disponível em: <https://politica.estadao.com.br/blogs/fausto-macedo/os-fins-e-os-meios-execucao-provisoria-da-pena-em-segunda-instancia/>. Acesso em: 04 de fevereiro de 2020.

FERRAJOLI, L. **Diritto e Ragione**. Teoria del Garantismo Penale. Roma-Bari: Laterza, 2004.

FOLHA DE SÃO PAULO. Disponível em: <https://www1.folha.uol.com.br/poder/2019/11/defensoria-publica-supera-advogados-particulares-em-casos-revistos-pcr-stj-e-stf.shtml>. Acesso em: 04 de fevereiro de 2020.

FRAGOSO, H. A reforma da legislação penal, in Rev. Bras. Crim., vol. 2.0.

G1. GLOBO. Disponível em: <https://g1.globo.com/politica/noticia/2019/10/16/cnj-diz-que-decisao-do-stf-sobre-segunda-instancia-beneficiaria-48-mil-e-nao-190-mil-presos.ghtml>. Acesso em: 04 de fevereiro de 2020.

GIAMBERARDINO, A. **Um Modelo Restaurativo De Censura Como Limite Ao Discurso Punitivo**. Tese do título de Doutor (Pós-Graduação em Direito) – Universidade Federal do Paraná, Curitiba, 2014.

GOES, S. B. C. **Política Criminal no Brasil democratizado**: visões de uma crise. Tese de doutorado (pós-graduação em direito) – Pontifícia Universidade Católica do Rio de Janeiro. Rio de Janeiro, 2011.

GOMES FILHO, A.M. **Presunção de inocência e prisão cautelar**. São Paulo: Editora Saraiva, 1991.

GOMES, L.F; GAZOTO, L.W. **Populismo Penal Legislativo**: a tragédia que não assusta as sociedades de massas. 2 ed. Salvador: Editora Juspodvm, 2020.

GONÇALVES, Henrique de Almeida Freire. **Ativismo Judicial e Autocontenção no Controle de Constitucionalidade do Brasil: Possibilidades e Perspectivas Diante das Normas da Constituição de 1988.** Dissertação (Mestrado em Direito) – Programa de Pós-Graduação em Direito do Centro Universitário Autônomo do Brasil – UniBrasil. Curitiba, p. 235. 2020.

GROSSI, P. **Primeira lição sobre o direito**. Trad.: Ricardo Marcelo Fonseca. Rio de Janeiro: Forense, 2006.

HESSE, K. **A Força Normativa da constituição**. Tradução de Gilmar Ferreira Mendes. Porto Alegre: Sergio Antônio Fabris Editor, 1991.

KIRCHER, L.F.S. Uma teoria dos precedentes vinculantes no processo penal. Salvador: Editora Juspodivm, 2018

LARENZ, K. **Metodologia da Ciência do Direito**. 3 ed. Tradução José Lamego. Lisboa: Fundação Calouste Gulbenkian, 1991.

LOPES JUNIOR, A. **Direito Processual Penal**. Porto Alegre: Editora Saraiva, 2018.

MACCORMICK, N. **Rhetoric and the rule of law**: a theory of legal reasoning. Oxford. Oxford university press, 2010.

MANCUSO, R.C. **Sistema Brasileiro de Precedentes**. 3 ed. Salvador: Editora Juspodivm, 2019.

MARINONI, L. G. **A ética dos precedentes**: justificativa do novo CPC. São Paulo: Editora Revista dos Tribunais, 2018.

MARINONI, L. G. **Precedentes Obrigatórios**, 5 ed. São Paulo. Editora Revista dos Tribunais, 2016.

MARMELSTEIN, G. **Efeito Backlash da Jurisdição Constitucional**. Texto base da palestra proferida durante o Terceiro Seminário Italo-Brasileiro proferido em outubro de 2016 em Bolonha, Itália.

MARQUES, J.F. **Elementos de Direito Processual Penal**. v. 1. Campinas: Bookseller, 1997.

MELLO, P. P. C. **Precedentes**: O desenvolvimento judicial do direito no constitucionalismo contemporâneo, Rio de Janeiro: Renovar, 2008.

MIGALHAS. **A execução provisória em condenações no Tribunal do Júri.** Migalhas. PEREIRA E SILVA, Rodrigo Faucz. Disponível em: <https://www.migalhas.com.br/depeso/318617/a-execucao-provisoria-em-condenacoes-no-tribunal-do-juri#comentario>. Acesso em: 09 de maio de 2021.

MIRABETE, J.F. **Processo Penal.** 18 ed. São Paulo: Editora Atlas, 2006.

MITIDIERO, D. **Precedentes**: da persuasão à vinculação. 3 ed. São Paulo: Editora RT, 2018.

MORAES, M. **Presunção de inocência no Processo Penal Brasileiro:** análise de sua estrutura normativa para elaboração legislativa e para decisão judicial Rio de Janeiro: Lumen Juris, 2010.

MOREIRA NETO, Diogo de Figueiredo. **A Responsabilidade Do Advogado De Estado**. ABRAP. Disponível em: <http://www.abrap.org.br/?p=927>. Acesso em: 04 de fevereiro de 2020.

MOREIRA NETO. D. F. **A Defensoria Pública Na Construção do Estado de Justiça**. Revista de direito da defensoria Pública: Rio de Janeiro, 1995. New York: Henry Holt and Company, 1875.

NUCCI, G.S. **Código de Processo Penal Comentado**. 10 ed. São Paulo: Editora Revista dos Tribunais, 2011

OLIVEIRA, E.P. **Curso de Processo Penal**. 18 ed. São Paulo: Editora Atlas, 2014.

PINTO, F.M (coord). Presunção de Inocência: estudos em homenagem ao Professor Eros Grau: Belo Horizonte, Editora Instituto dos Advogados de Minas Gerais, 2020.

PODER 360. Disponível em: <https://www.poder360.com.br/justica/leia-o-voto-de-cada-ministro-no-julgamento-da-2a-instancia-e-assista-aos-videos/>. Acesso em: 04 de fevereiro de 2020.

PRATT, J. **Penal Populism**. London: Routledge, 2007.

QUEIROZ, P; VIEIRA, A. **Retroatividade de lei processual penal e garantismo**. Boletim IBCCRIM, ano 12, n 143, 2004.

RAMOS, A. C. **Processo internacional de direitos humanos**. São Paulo: Editora Saraiva, 2012.

RAMOS, João Gualberto Garcez. **Curso de Processo Penal norte-americano**. São Paulo: Editora Revista dos Tribunais, 2006.

REALE, Miguel. **Lições Preliminares de Direito.** São Paulo: Saraiva, 2002.

REVISTA EXAME. EDITORA ABRIL. Disponível em: <https://exame.abril.com.br/brasil/dallagnol-sobre-2a-instancia-nenhum-principio-da-constituicao-e-absoluto/>. Acesso em: 04 de fevereiro de 2020.

ROIG, R.D.E. **Execução penal: teoria e prática**. 4 ed. São Paulo: Editora Saraiva, 2018.

SANTOS, J.C. **Direito Penal: Parte Geral**. 4 ed. Florianópolis: Conceito Editorial, 2010.

SARLET, I. W. **Constituição e Proporcionalidade:** o direito penal e os direitos fundamentais entre proibição de excesso e de insuficiência.2005. Disponível na Internet: http://www.mundojuridico.adv.br. Acesso em 04 de fevereiro de 2020.

SMITH, GRAHAM. **Democratic Innovations: Designing Institutions For Citizen Participation**. Editora Cambridge University Press. 2009.

SOUSA, F. T. Preocupações acerca da aplicação do dano temporal nos juizados especiais. IN: **O Dano Temporal: o tempo como valor jurídico**. 2ed. Editora Tirant. 2018.

STRECK, L.L. **O dever de proteção do Estado (Schutzpflicht).** Disponível em: <https://jus.com.br/artigos/11493/o-dever-de-protecao-do-estado-schutzpflicht>. Acesso em: 15 de fevereiro de 2020.

STRECK, Lênio Luiz; LIMA, Martonio Mont'Alverne Barreto; OLIVEIRA, Marcelo Andrade Cattoni de. **A nova perspectiva do Supremo Tribunal Federal sobre o controle difuso**. Mutação constitucional e limites da legalidade da jurisdição constitucional. Revista do Programa de Mestrado em Ciência Jurídica da Fundinopi, Jacarezinho, 2008.

THE STANFORD ENCYCLOPEDIA OF PHILOSOPHY. Disponível em: <https://plato.stanford.edu/entries/equality/>. Acesso em: 04 de fevereiro de 2020.

TOURINHO FILHO, F.C. **Processo Penal**. 27 ed. São Paulo: Editora Saraiva, 2005.

TORNAGHI, H. Curso de Processo Penal. 10ed. São Paulo: Saraiva, 1997.

TUCCI, J.R.C. **Precedente judicial como fonte do direito**. São Paulo: Editora Revista dos Tribunais, 2004.

TUCCI, R.L. **Direito intertemporal e a nova codificação processual penal**: subsídios para a sistematização e aplicação do direito transitório no processo penal brasileiro. São Paulo: Bushatsky, 1975.

UOL. Disponível em:<https://noticias.uol.com.br/politica/ultimas-noticias/2019/10/30/carvalhosa-diz-que-prisao-em-2-instancia-pode-constitucionalizar-corrupcao.htm>. Acesso em: 04 de fevereiro de 2020.

ZAFFARONI, E. R; PIERANGELI, J. H. **Manual do Direito Penal Brasileiro**. Parte Geral. São Paulo: Editora Revista dos Tribunais, 2019.

ZANETI JUNIOR, H. **O valor vinculante dos precedentes**: teoria dos precedentes normativos formalmente vinculantes. 4 ed. Salvador: Editora Juspodivm, 2019.

ANEXO 1 – *HABEAS CORPUS* 126.292/SP

17/02/2016 **PLENÁRIO**

HABEAS CORPUS 126.292 SÃO PAULO

RELATOR : MIN. TEORI ZAVASCKI
PACTE.(S) : MARCIO RODRIGUES DANTAS
IMPTE.(S) : MARIA CLAUDIA DE SEIXAS
COATOR(A/S)(ES) : RELATOR DO HC Nº 313.021 DO SUPERIOR TRIBUNAL DE JUSTIÇA

EMENTA: CONSTITUCIONAL. *HABEAS CORPUS*. PRINCÍPIO CONSTITUCIONAL DA PRESUNÇÃO DE INOCÊNCIA (CF, ART. 5º, LVII). SENTENÇA PENAL CONDENATÓRIA CONFIRMADA POR TRIBUNAL DE SEGUNDO GRAU DE JURISDIÇÃO. EXECUÇÃO PROVISÓRIA. POSSIBILIDADE.

1. A execução provisória de acórdão penal condenatório proferido em grau de apelação, ainda que sujeito a recurso especial ou extraordinário, não compromete o princípio constitucional da presunção de inocência afirmado pelo artigo 5º, inciso LVII da Constituição Federal.

2. *Habeas corpus* denegado.

A C Ó R D Ã O

Vistos, relatados e discutidos estes autos, acordam os Ministros do Supremo Tribunal Federal, em Sessão Plenária, sob a Presidência do Ministro RICARDO LEWANDOWSKI, na conformidade da ata de julgamentos e das notas taquigráficas, por maioria, em denegar a ordem, com a consequente revogação da liminar, nos termos do voto do Relator. Vencidos os Ministros Rosa Weber, Marco Aurélio, Celso de Mello e Ricardo Lewandowski (Presidente). Falou, pelo Ministério Público Federal, o Dr. Rodrigo Janot Monteiro de Barros, Procurador-Geral da República.

Brasília, 17 de fevereiro de 2016.

Ministro TEORI ZAVASCKI
Relator

Documento assinado digitalmente conforme MP n° 2.200-2/2001 de 24/08/2001, que institui a Infraestrutura de Chaves Públicas Brasileira - ICP-Brasil. O documento pode ser acessado no endereço eletrônico http://www.stf.jus.br/portal/autenticacao/ sob o número 10460083.

17/02/2016 PLENÁRIO

HABEAS CORPUS 126.292 SÃO PAULO

RELATOR : MIN. TEORI ZAVASCKI
PACTE.(S) : MARCIO RODRIGUES DANTAS
IMPTE.(S) : MARIA CLAUDIA DE SEIXAS
COATOR(A/S)(ES) : RELATOR DO HC Nº 313.021 DO SUPERIOR TRIBUNAL DE JUSTIÇA

RELATÓRIO

O SENHOR MINISTRO TEORI ZAVASCKI (RELATOR):

Trata-se de *habeas corpus* impetrado contra decisão do Ministro Francisco Falcão, Presidente do Superior Tribunal de Justiça, que indeferiu o pedido de liminar no HC 313.021/SP. Consta dos autos, em síntese, que (a) o paciente foi condenado à pena de 5 anos e 4 meses de reclusão, em regime inicial fechado, pela prática do crime de roubo majorado (art. 157, 2º, I e II do CP), com direito de recorrer em liberdade; (b) inconformada, somente a defesa apelou para o Tribunal de Justiça do Estado de São Paulo, que negou provimento ao recurso e determinou a expedição de mandado de prisão contra o paciente; (c) contra a ordem de prisão, a defesa impetrou *habeas corpus* no Superior Tribunal de Justiça, ocasião em que o Ministro Presidente indeferiu o pedido de liminar, em decisão assim fundamentada:

> "As Quinta e Sexta Turmas do Superior Tribunal de Justiça firmaram o entendimento majoritário de que é inadequado o manejo de *habeas corpus* contra decisório do Tribunal *a quo* atacável pela via de recurso especial (v.g.: (HC 287.657/SP, Rel. Ministro NEFI CORDEIRO, SEXTA TURMA, DJe 04/12/2014; HC 289.508/SP, Rel. Ministra MARIA THEREZA DE ASSIS MOURA, SEXTA TURMA, DJe 03/12/2014; HC 293.916/RS, Rel. Ministro JORGE MUSSI, QUINTA TURMA, DJe 11/12/2014; HC 297.410/SP, Rel. Ministro FELIX FISCHER, QUINTA TURMA,

Documento assinado digitalmente conforme MP nº 2.200-2/2001 de 24/08/2001, que institui a Infraestrutura de Chaves Públicas Brasileira - ICP-Brasil. O documento pode ser acessado no endereço eletrônico http://www.stf.jus.br/portal/autenticacao/ sob o número 10461461.

> DJe 02/12/2014). Diante dessa nova orientação, não são mais cabíveis *habeas corpus* utilizados como substitutivos de recursos ordinários e de outros recursos no processo penal. Essa limitação, todavia, não impede que seja reconhecida, mesmo em sede de apreciação do pedido liminar, eventual flagrante ilegalidade passível de ser sanada pelo *writ* (HC 248757/SP, Sexta Turma, Relª. Minª. Assusete Magalhães, DJe de 26/09/12).
>
> Na hipótese em apreço, no entanto, não se evidencia a aventada excepcionalidade.
>
> Ante o exposto, INDEFIRO o pedido liminar, sem prejuízo de uma análise mais detida quando do julgamento do mérito pelo Ministro Relator".

Neste *habeas corpus*, a impetrante alega: (a) a ocorrência de flagrante constrangimento ilegal a ensejar a superação da Súmula 691/STF; (b) que o Tribunal de Justiça local determinou a imediata segregação do paciente, sem qualquer motivação acerca da necessidade de decretação da prisão preventiva; (c) que a prisão foi determinada "após um ano e meio da prolação da sentença condenatória e mais de três anos após o paciente ter sido posto em liberdade, sem que se verificasse qualquer fato novo" e, ainda, "sem que a decisão condenatória tenha transitado em julgado"; (d) a prisão do paciente não prescinde, nos termos da jurisprudência do Supremo Tribunal Federal, do trânsito em julgado da condenação. Requer, por fim, a concessão da ordem com o reconhecimento do direito do paciente de recorrer em liberdade.

Em 5.2.2015, deferi o pedido de liminar "para suspender a prisão preventiva decretada contra o paciente nos autos da Apelação Criminal 0009715-92.2010.8.26.0268, do TJ-SP".

A Procuradoria-Geral da República manifesta-se pela concessão da ordem.

É o relatório.

Documento assinado digitalmente conforme MP nº 2.200-2/2001 de 24/08/2001, que institui a Infraestrutura de Chaves Públicas Brasileira - ICP-Brasil. O documento pode ser acessado no endereço eletrônico http://www.stf.jus.br/portal/autenticacao/ sob o número 10461461.

17/02/2016 **PLENÁRIO**

HABEAS CORPUS 126.292 SÃO PAULO

VOTO

O SENHOR MINISTRO TEORI ZAVASCKI (RELATOR):

1. À vista da Súmula 691/STF, não cabe ao Supremo Tribunal Federal, de regra, conhecer de *habeas corpus* impetrado contra decisão do relator pela qual, em *habeas corpus* requerido a tribunal superior, não se obteve a liminar, sob pena de indevida – e, no caso, dupla – supressão de instância. Todavia, admite-se o conhecimento do pedido em casos excepcionais, quando a decisão impugnada se evidencie teratológica, manifestamente ilegal (*v.g.*, entre outros, HC 122670, Relator(a): Min. RICARDO LEWANDOWSKI, Segunda Turma, julgado em 5/8/2013, DJe de 15/8/2014; HC 121181, Relator(a): Min. LUIZ FUX, Primeira Turma, julgado em 22/4/2014, DJe de 13/5/2014). No caso específico do paciente, o Tribunal de Justiça do Estado de São Paulo, ao negar provimento ao recurso de apelação, determinou a imediata execução provisória da condenação, com a ordem: "Expeça-se mandado de prisão contra o acusado Márcio". Não se tratando de prisão cautelar, mas de execução provisória da pena, a decisão está em claro confronto com o entendimento deste Supremo Tribunal, consagrado no julgamento do HC 84.078/MG (Rel. Min. Eros Grau, Tribunal Pleno, DJe de 26/2/2010), segundo o qual a prisão decorrente de condenação pressupõe o trânsito em julgado da sentença. Essa circunstância autoriza o excepcional conhecimento da impetração, não obstante a referida Súmula 691/STF.

2. O tema relacionado com a execução provisória de sentenças penais condenatórias envolve reflexão sobre (a) o alcance do princípio da presunção da inocência aliado à (b) busca de um necessário equilíbrio entre esse princípio e a efetividade da função jurisdicional penal, que deve atender a valores caros não apenas aos acusados, mas também à sociedade, diante da realidade de nosso intricado e complexo sistema de

Documento assinado digitalmente conforme MP n° 2.200-2/2001 de 24/08/2001, que institui a Infraestrutura de Chaves Públicas Brasileira - ICP-Brasil. O documento pode ser acessado no endereço eletrônico http://www.stf.jus.br/portal/autenticacao/ sob o número 10461463.

justiça criminal.

3. A possibilidade da execução provisória da pena privativa de liberdade era orientação que prevalecia na jurisprudência do STF, mesmo na vigência da Constituição Federal de 1988. Nesse cenário jurisprudencial, em caso semelhante ao agora sob exame, esta Suprema Corte, no julgamento do HC 68.726 (Rel. Min. Néri da Silveira), realizado em 28/6/1991, assentou que a presunção de inocência não impede a prisão decorrente de acórdão que, em apelação, confirmou a sentença penal condenatória recorrível, em acórdão assim ementado:

> "*Habeas corpus*. Sentença condenatória mantida em segundo grau. Mandado de prisão do paciente. Invocação do art. 5º, inciso LVII, da Constituição. Código de Processo Penal, art. 669. A ordem de prisão, em decorrência de decreto de custódia preventiva, de sentença de pronúncia ou de decisão e órgão julgador de segundo grau, é de natureza processual e concernente aos interesses de garantia da aplicação da lei penal ou de execução da pena imposta, após o devido processo legal. Não conflita com o art. 5º, inciso LVII, da Constituição. De acordo com o § 2º do art. 27 da Lei nº 8.038/1990, os recursos extraordinário e especial são recebidos no efeito devolutivo. Mantida, por unanimidade, a sentença condenatória, contra a qual o réu apelara em liberdade, exauridas estão as instâncias ordinárias criminais, não sendo, assim, ilegal o mandado de prisão que órgão julgador de segundo grau determina se expeça contra o réu. *Habeas corpus* indeferido".

Ao reiterar esses fundamentos, o Pleno do STF asseverou que, "com a condenação do réu, fica superada a alegação de falta de fundamentação do decreto de prisão preventiva", de modo que "os recursos especial e extraordinário, que não têm efeito suspensivo, não impedem o cumprimento de mandado de prisão" (HC 74.983, Rel. Min. Carlos Velloso, julgado em 30/6/1997).

E, ao reconhecer que as restrições ao direito de apelar em liberdade

Documento assinado digitalmente conforme MP n° 2.200-2/2001 de 24/08/2001, que institui a Infraestrutura de Chaves Públicas Brasileira - ICP-Brasil. O documento pode ser acessado no endereço eletrônico http://www.stf.jus.br/portal/autenticacao/ sob o número 10461463.

determinadas pelo art. 594 do CPP (posteriormente revogado pela Lei 11.719/2008) haviam sido recepcionadas pela Constituição Federal de 1988, o Plenário desta Corte, nos autos do HC 72.366/SP (Rel. Min. Néri da Silveira, DJ 26/1/1999), mais uma vez invocou expressamente o princípio da presunção de inocência para concluir pela absoluta compatibilidade do dispositivo legal com a Carta Constitucional de 1988, destacando, em especial, que a superveniência da sentença penal condenatória recorrível imprimia acentuado "juízo de consistência da acusação", o que autorizaria, a partir daí, a prisão como consequência natural da condenação.

Em diversas oportunidades – antes e depois dos precedentes mencionados –, as Turmas do STF afirmaram e reafirmaram que princípio da presunção de inocência não inibia a execução provisória da pena imposta, ainda que pendente o julgamento de recurso especial ou extraordinário: HC 71.723, Rel. Min. Ilmar Galvão, Primeira Turma, DJ 16/6/1995; HC 79.814, Rel. Min. Nelson Jobim, Segunda Turma, DJ 13/10/2000; HC 80.174, Rel. Min. Maurício Corrêa, Segunda Turma, DJ 12/4/2002; RHC 84.846, Rel. Carlos Velloso, Segunda Turma, DJ 5/11/2004; RHC 85.024, Rel. Min. Ellen Gracie, Segunda Turma, DJ 10/12/2004; HC 91.675, Rel. Min. Cármen Lúcia, Primeira Turma, DJe de 7/12/2007; e HC 70.662, Rel. Min. Celso de Mello, Primeira Turma, DJ 4/11/1994; esses dois últimos assim ementados:

> "*HABEAS CORPUS*. CONSTITUCIONAL. PROCESSUAL PENAL. CONDENAÇÃO PELO CRIME DE ATENTADO VIOLENTO AO PUDOR. EXECUÇÃO PROVISÓRIA DA PENA: POSSIBILIDADE. PRECEDENTES. NÃO-CONFIGURAÇÃO DE *REFORMATIO IN PEJUS*. *HABEAS CORPUS* DENEGADO. 1. A jurisprudência deste Supremo Tribunal Federal é firme no sentido de ser possível a execução provisória da pena privativa de liberdade, quando os recursos pendentes de julgamento não têm efeito suspensivo. (...) 3. *Habeas corpus* denegado.

Documento assinado digitalmente conforme MP n° 2.200-2/2001 de 24/08/2001, que institui a Infraestrutura de Chaves Públicas Brasileira - ICP-Brasil. O documento pode ser acessado no endereço eletrônico http://www.stf.jus.br/portal/autenticacao/ sob o número 10461463.

"(...) - A INTERPOSIÇÃO DE RECURSO ESPECIAL NÃO IMPEDE - PRECISAMENTE POR SE TRATAR DE MODALIDADE DE IMPUGNAÇÃO RECURSAL DESVESTIDA DE EFEITO SUSPENSIVO - A IMEDIATA EXECUÇÃO DA SENTENÇA CONDENATÓRIA, INVIABILIZANDO, POR ISSO MESMO, A CONCESSÃO DE LIBERDADE PROVISÓRIA MEDIANTE FIANÇA".

Ilustram, ainda, essa orientação as Súmulas 716 e 717, aprovadas em sessão plenária realizada em 24/9/2003, cujos enunciados têm por pressupostos situações de execução provisória de sentenças penais condenatórias. Veja-se:

Súmula nº 716: Admite-se a progressão de regime de cumprimento da pena ou a aplicação imediata de regime menos severo nela determinada, antes do trânsito em julgado da sentença condenatória.

Súmula nº 717: Não impede a progressão de regime de execução da pena, fixada em sentença não transitada em julgado, o fato de o réu se encontrar em prisão especial.

A alteração dessa tradicional jurisprudência – que afirmava a legitimidade da execução da pena como efeito de decisão condenatória recorrível – veio de fato a ocorrer, após debates no âmbito das Turmas, no julgamento, pelo Plenário, do HC 84.078/MG, realizado em 5/2/2009, oportunidade em que, por sete votos a quatro, assentou-se que o princípio da presunção de inocência se mostra incompatível com a execução da sentença antes do trânsito em julgado da condenação.

4. Positivado no inciso LVII do art. 5º da Constituição Federal de 1988 (*"ninguém será considerado culpado até o trânsito em julgado de sentença penal condenatória"*), o princípio da presunção de inocência (ou de não-culpabilidade) ganhou destaque no ordenamento jurídico nacional no período de vigência da Constituição de 1946, com a adesão do País à Declaração Universal dos Direitos do Homem de 1948, cujo art. 11.1

Documento assinado digitalmente conforme MP nº 2.200-2/2001 de 24/08/2001, que institui a Infraestrutura de Chaves Públicas Brasileira - ICP-Brasil. O documento pode ser acessado no endereço eletrônico http://www.stf.jus.br/portal/autenticacao/ sob o número 10461463.

estabelece:

> "Toda pessoa acusada de delito tem direito a que se presuma sua inocência, enquanto não se prova sua culpabilidade, de acordo com a lei e em processo público no qual se assegurem todas as garantias necessárias para sua defesa".

O reconhecimento desse verdadeiro postulado civilizatório teve reflexos importantes na formulação das supervenientes normas processuais, especialmente das que vieram a tratar da produção das provas, da distribuição do ônus probatório, da legitimidade dos meios empregados para comprovar a materialidade e a autoria dos delitos. A implementação da nova ideologia no âmbito nacional agregou ao processo penal brasileiro parâmetros para a efetivação de modelo de justiça criminal racional, democrático e de cunho garantista, como o do devido processo legal, da ampla defesa, do contraditório, do juiz natural, da inadmissibilidade de obtenção de provas por meios ilícitos, da não auto-incriminação (*nemo tenetur se detegere*), com todos os seus desdobramentos de ordem prática, como o direito de igualdade entre as partes, o direito à defesa técnica plena e efetiva, o direito de presença, o direito ao silêncio, o direito ao prévio conhecimento da acusação e das provas produzidas, o da possibilidade de contraditá-las, com o consequente reconhecimento da ilegitimidade de condenação que não esteja devidamente fundamentada e assentada em provas produzidas sob o crivo do contraditório.

O plexo de regras e princípios garantidores da liberdade previsto em nossa legislação revela quão distante estamos, felizmente, da fórmula inversa em que ao acusado incumbia demonstrar sua inocência, fazendo prova negativa das faltas que lhe eram imputadas. Com inteira razão, portanto, a Ministra Ellen Gracie, ao afirmar que "*o domínio mais expressivo de incidência do princípio da não-culpabilidade é o da disciplina jurídica da prova. O acusado deve, necessariamente, ser considerado inocente durante a instrução criminal – mesmo que seja réu confesso de delito praticado*

Documento assinado digitalmente conforme MP nº 2.200-2/2001 de 24/08/2001, que institui a Infraestrutura de Chaves Públicas Brasileira - ICP-Brasil. O documento pode ser acessado no endereço eletrônico http://www.stf.jus.br/portal/autenticacao/ sob o número 10461463.

perante as câmeras de TV e presenciado por todo o país" (HC 84078, Relator(a): Min. EROS GRAU, Tribunal Pleno, DJe de 26/2/2010).

5. Realmente, antes de prolatada a sentença penal há de se manter reservas de dúvida acerca do comportamento contrário à ordem jurídica, o que leva a atribuir ao acusado, para todos os efeitos – mas, sobretudo, no que se refere ao ônus da prova da incriminação –, a presunção de inocência. A eventual condenação representa, por certo, um juízo de culpabilidade, que deve decorrer da logicidade extraída dos elementos de prova produzidos em regime de contraditório no curso da ação penal. Para o sentenciante de primeiro grau, fica superada a presunção de inocência por um juízo de culpa – pressuposto inafastável para condenação –, embora não definitivo, já que sujeito, se houver recurso, à revisão por Tribunal de hierarquia imediatamente superior. É nesse juízo de apelação que, de ordinário, fica definitivamente exaurido o exame sobre os fatos e provas da causa, com a fixação, se for o caso, da responsabilidade penal do acusado. É ali que se concretiza, em seu sentido genuíno, o duplo grau de jurisdição, destinado ao reexame de decisão judicial em sua inteireza, mediante ampla devolutividade da matéria deduzida na ação penal, tenha ela sido apreciada ou não pelo juízo *a quo*. Ao réu fica assegurado o direito de acesso, em liberdade, a esse juízo de segundo grau, respeitadas as prisões cautelares porventura decretadas.

Ressalvada a estreita via da revisão criminal, é, portanto, no âmbito das instâncias ordinárias que se exaure a possibilidade de exame de fatos e provas e, sob esse aspecto, a própria fixação da responsabilidade criminal do acusado. É dizer: os recursos de natureza extraordinária não configuram desdobramentos do duplo grau de jurisdição, porquanto não são recursos de ampla devolutividade, já que não se prestam ao debate da matéria fático-probatória. Noutras palavras, com o julgamento implementado pelo Tribunal de apelação, ocorre espécie de preclusão da matéria envolvendo os fatos da causa. Os recursos ainda cabíveis para instâncias extraordinárias do STJ e do STF – recurso especial e

Documento assinado digitalmente conforme MP n° 2.200-2/2001 de 24/08/2001, que institui a Infraestrutura de Chaves Públicas Brasileira - ICP-Brasil. O documento pode ser acessado no endereço eletrônico http://www.stf.jus.br/portal/autenticacao/ sob o número 10461463.

extraordinário – têm, como se sabe, âmbito de cognição estrito à matéria de direito. Nessas circunstâncias, tendo havido, em segundo grau, um juízo de incriminação do acusado, fundado em fatos e provas insuscetíveis de reexame pela instância extraordinária, parece inteiramente justificável a relativização e até mesmo a própria inversão, para o caso concreto, do princípio da presunção de inocência até então observado. Faz sentido, portanto, negar efeito suspensivo aos recursos extraordinários, como o fazem o art. 637 do Código de Processo Penal e o art. 27, § 2º, da Lei 8.038/1990.

6. O estabelecimento desses limites ao princípio da presunção de inocência tem merecido o respaldo de autorizados constitucionalistas, como é, reconhecidamente, nosso colega Ministro Gilmar Ferreira Mendes, que, a propósito, escreveu:

> "No que se refere à presunção de não culpabilidade, seu núcleo essencial impõe o ônus da prova do crime e sua autoria à acusação. Sob esse aspecto, não há maiores dúvidas de que estamos falando de um direito fundamental processual, de âmbito negativo.
>
> Para além disso, a garantia impede, de uma forma geral, o tratamento do réu como culpado até o trânsito em julgado da sentença. No entanto, a definição do que vem a se tratar como culpado depende de intermediação do legislador.
>
> Ou seja, a norma afirma que ninguém será considerado culpado até o trânsito em julgado da condenação, mas está longe de precisar o que vem a se considerar alguém culpado.
>
> O que se tem, é, por um lado, a importância de preservar o imputado contra juízos precipitados acerca de sua responsabilidade. Por outro, uma dificuldade de compatibilizar o respeito ao acusado com a progressiva demonstração de sua culpa.
>
> Disso se deflui que o espaço de conformação do legislador é lato. A cláusula não obsta que a lei regulamente os procedimentos, tratando o implicado de forma

Documento assinado digitalmente conforme MP nº 2.200-2/2001 de 24/08/2001, que institui a Infraestrutura de Chaves Públicas Brasileira - ICP-Brasil. O documento pode ser acessado no endereço eletrônico http://www.stf.jus.br/portal/autenticacao/ sob o número 10461463.

> progressivamente mais gravosa, conforme a imputação evolui. Por exemplo, para impor a uma busca domiciliar, bastam 'fundadas razões' - art. 240, § 1º, do CPP. Para tornar implicado o réu, já são necessários a prova da materialidade e indícios da autoria (art. 395, III, do CPP). Para condená-lo é imperiosa a prova além de dúvida razoável.
>
> Como observado por Eduardo Espínola Filho, 'a presunção de inocência é vária, segundo os indivíduos sujeitos passivos do processo, as contingências da prova e o estado da causa'.
>
> Ou seja, é natural à presunção de não culpabilidade evoluir de acordo com o estágio do procedimento. Desde que não se atinja o núcleo fundamental, o tratamento progressivamente mais gravoso é aceitável. (...)
>
> Esgotadas as instâncias ordinárias com a condenação à pena privativa de liberdade não substituída, tem-se uma declaração, com considerável força de que o réu é culpado e a sua prisão necessária.
>
> Nesse estágio, é compatível com a presunção de não culpabilidade determinar o cumprimento das penas, ainda que pendentes recursos" (*in:* Marco Aurélio Mello. Ciência e Consciência, vol. 2, 2015).

Realmente, a execução da pena na pendência de recursos de natureza extraordinária não compromete o núcleo essencial do pressuposto da não-culpabilidade, na medida em que o acusado foi tratado como inocente no curso de todo o processo ordinário criminal, observados os direitos e as garantias a ele inerentes, bem como respeitadas as regras probatórias e o modelo acusatório atual. Não é incompatível com a garantia constitucional autorizar, a partir daí, ainda que cabíveis ou pendentes de julgamento de recursos extraordinários, a produção dos efeitos próprios da responsabilização criminal reconhecida pelas instâncias ordinárias.

Nessa trilha, aliás, há o exemplo recente da Lei Complementar 135/2010 (Lei da Ficha Limpa), que, em seu art. 1º, I, expressamente

Documento assinado digitalmente conforme MP nº 2.200-2/2001 de 24/08/2001, que institui a Infraestrutura de Chaves Públicas Brasileira - ICP-Brasil. O documento pode ser acessado no endereço eletrônico http://www.stf.jus.br/portal/autenticacao/ sob o número 10461463.

consagra como causa de inelegibilidade a existência de sentença condenatória por crimes nela relacionados quando proferidas por órgão colegiado. É dizer, a presunção de inocência não impede que, mesmo antes do trânsito em julgado, o acórdão condenatório produza efeitos contra o acusado.

7. Não é diferente no cenário internacional. Como observou a Ministra Ellen Gracie quando do julgamento do HC 85.886 (DJ 28/10/2005), *"em país nenhum do mundo, depois de observado o duplo grau de jurisdição, a execução de uma condenação fica suspensa, aguardando referendo da Corte Suprema"*. A esse respeito, merece referência o abrangente estudo realizado por Luiza Cristina Fonseca Frischeisen, Mônica Nicida Garcia e Fábio Gusman, que reproduzo:

> "**a) Inglaterra.**
>
> Hoje, a legislação que trata da liberdade durante o trâmite de recursos contra a decisão condenatória é a Seção 81 do *Supreme Court Act 1981*. Por esse diploma é garantida ao recorrente a liberdade mediante pagamento de fiança enquanto a Corte examina o mérito do recurso. Tal direito, contudo, não é absoluto e não é garantido em todos os casos. (...)
>
> O Criminal Justice Act 2003 representou restrição substancial ao procedimento de liberdade provisória, abolindo a possibilidade de recursos à *High Court* versando sobre o mérito da possibilidade de liberação do condenado sob fiança até o julgamento de todos os recursos, deixando a matéria quase que exclusivamente sob competência da *Crown Court'*. (...)
>
> Hoje, tem-se que a regra é aguardar o julgamento dos recursos já cumprindo a pena, a menos que a lei garanta a liberdade pela fiança.
>
> (...)
>
> **b) Estados Unidos.**
>
> A presunção de inocência não aparece expressamente no texto constitucional americano, mas é vista como corolário da

Documento assinado digitalmente conforme MP n° 2.200-2/2001 de 24/08/2001, que institui a Infraestrutura de Chaves Públicas Brasileira - ICP-Brasil. O documento pode ser acessado no endereço eletrônico http://www.stf.jus.br/portal/autenticacao/ sob o número 10461463.

5ª, 6ª e 14ª Emendas. Um exemplo da importância da garantia para os norte-americanos foi o célebre *Caso 'Coffin versus Estados Unidos'* em 1895.

Mais além, o Código de Processo Penal americano (*Criminal Procedure Code*), vigente em todos os Estados, em seu art. 16 dispõe que 'se deve presumir inocente o acusado até que o oposto seja estabelecido em um veredicto efetivo'.

(...)

Contudo, não é contraditório o fato de que as decisões penais condenatórias são executadas imediatamente seguindo o mandamento expresso do Código dos Estados Unidos (*US Code*). A subseção sobre os efeitos da sentença dispõe que uma decisão condenatória constitui julgamento final para todos os propósitos, com raras exceções.

(...)

Segundo Relatório Oficial da Embaixada dos Estados Unidos da América em resposta a consulta da 2ª Câmara de Coordenação e Revisão do Ministério Público Federal, "nos Estados Unidos há um grande respeito pelo que se poderia comparar no sistema brasileiro com o 'juízo de primeiro grau', com cumprimento imediato das decisões proferidas pelos juízes". Prossegue informando que "o sistema legal norte-americano não se ofende com a imediata execução da pena imposta ainda que pendente sua revisão".

c) Canadá

(...)

O código criminal dispõe que uma corte deve, o mais rápido possível depois que o autor do fato for considerado culpado, conduzir os procedimentos para que a sentença seja imposta.

Na Suprema Corte, o julgamento do caso R. v. Pearson(1992) 3 S.C.R. 665, consignou que a presunção da inocência não significa, "é claro", a impossibilidade de prisão do acusado antes que seja estabelecida a culpa sem nenhuma dúvida. Após a sentença de primeiro grau, a pena é automaticamente executada, tendo como exceção a

Documento assinado digitalmente conforme MP n° 2.200-2/2001 de 24/08/2001, que institui a Infraestrutura de Chaves Públicas Brasileira - ICP-Brasil. O documento pode ser acessado no endereço eletrônico http://www.stf.jus.br/portal/autenticacao/ sob o número 10461463.

possibilidade de fiança, que deve preencher requisitos rígidos previstos no *Criminal Code,* válido em todo o território canadense.

d) Alemanha

(...)

Não obstante a relevância da presunção da inocência, diante de uma sentença penal condenatória, o Código de Processo Alemão (...) prevê efeito suspensivo apenas para alguns recursos. (...)

Não há dúvida, porém, e o Tribunal Constitucional assim tem decidido, que nenhum recurso aos Tribunais Superiores tem efeito suspensivo. Os alemães entendem que eficácia (...) é uma qualidade que as decisões judiciais possuem quando nenhum controle judicial é mais permitido, exceto os recursos especiais, como o recurso extraordinário (...). As decisões eficazes, mesmo aquelas contra as quais tramitam recursos especiais, são aquelas que existem nos aspectos pessoal, objetivo e temporal com efeito de obrigação em relação às consequências jurídicas.

e) França

A Constituição Francesa de 1958 adotou como carta de direitos fundamentais a Declaração dos Direitos do Homem e do Cidadão de 1789, um dos paradigmas de toda positivação de direitos fundamentais da história do mundo pós-Revolução Francesa. (...)

Apesar disso, o Código de Processo Penal Francês, que vem sendo reformado, traz no art. 465 as hipóteses em que o Tribunal pode expedir o mandado de prisão, mesmo pendentes outros recursos. (...)

f) Portugal

(...)

O Tribunal Constitucional Português interpreta o princípio da presunção de inocência com restrições. Admite que o mandamento constitucional que garante esse direito remeteu à legislação ordinária a forma de exercê-lo. As decisões dessa mais alta Corte portuguesa dispõem que tratar a presunção de

Documento assinado digitalmente conforme MP n° 2.200-2/2001 de 24/08/2001, que institui a Infraestrutura de Chaves Públicas Brasileira - ICP-Brasil. O documento pode ser acessado no endereço eletrônico http://www.stf.jus.br/portal/autenticacao/ sob o número 10461463.

> inocência de forma absoluta corresponderia a impedir a execução de qualquer medida privativa de liberdade, mesmo as cautelares.
>
> **g) Espanha**
>
> (...)
>
> A Espanha é outro dos países em que, muito embora seja a presunção de inocência um direito constitucionalmente garantido, vigora o princípio da efetividade das decisões condenatórias. (...)
>
> Ressalte-se, ainda, que o art. 983 do Código de Processo Penal espanhol admite até mesmo a possibilidade da continuação da prisão daquele que foi absolvido em instância inferior e contra o qual tramita recurso com efeito suspensivo em instância superior.
>
> **h) Argentina**
>
> O ordenamento jurídico argentino também contempla o princípio da presunção da inocência, como se extrai das disposições do art. 18 da Constituição Nacional.
>
> Isso não impede, porém, que a execução penal possa ser iniciada antes do trânsito em julgado da decisão condenatória. De fato, o Código de Processo Penal federal dispõe que a pena privativa de liberdade seja cumprida de imediato, nos termos do art. 494. A execução imediata da sentença é, aliás, expressamente prevista no art. 495 do CPP, e que esclarece que essa execução só poderá ser diferida quando tiver de ser executada contra mulher grávida ou que tenha filho menor de 6 meses no momento da sentença, ou se o condenado estiver gravemente enfermo e a execução puder colocar em risco sua vida" (Garantismo Penal Integral, 3ª edição, 'Execução Provisória da Pena. Um contraponto à decisão do Supremo Tribunal Federal no *Habeas Corpus* n. 84.078', p. 507).

8. Não custa insistir que os recursos de natureza extraordinária não têm por finalidade específica examinar a justiça ou injustiça de sentenças em casos concretos. Destinam-se, precipuamente, à preservação da higidez do sistema normativo. Isso ficou mais uma vez evidenciado, no

Documento assinado digitalmente conforme MP n° 2.200-2/2001 de 24/08/2001, que institui a Infraestrutura de Chaves Públicas Brasileira - ICP-Brasil. O documento pode ser acessado no endereço eletrônico http://www.stf.jus.br/portal/autenticacao/ sob o número 10461463.

que se refere ao recurso extraordinário, com a edição da EC 45/2004, ao inserir como requisito de admissibilidade desse recurso a existência de repercussão geral da matéria a ser julgada, impondo ao recorrente, assim, o ônus de demonstrar a relevância jurídica, política, social ou econômica da questão controvertida. Vale dizer, o Supremo Tribunal Federal somente está autorizado a conhecer daqueles recursos que tratem de questões constitucionais que transcendam o interesse subjetivo da parte, sendo irrelevante, para esse efeito, as circunstâncias do caso concreto. E, mesmo diante das restritas hipóteses de admissibilidade dos recursos extraordinários, tem se mostrado infrequentes as hipóteses de êxito do recorrente. Afinal, os julgamentos realizados pelos Tribunais Superiores não se vocacionam a permear a discussão acerca da culpa, e, por isso, apenas excepcionalmente teriam, sob o aspecto fático, aptidão para modificar a situação do sentenciado. Daí a constatação do Ministro Joaquim Barbosa, no HC 84078:

> "Aliás, na maioria **esmagadora** das questões que nos chegam para julgamento em recurso extraordinário de natureza criminal, **não é possível vislumbrar o preenchimento dos novos requisitos traçados pela EC 45**, isto é, não **se revestem** **<u>expressivamente</u>** de repercussão geral de ordem econômica, jurídica, social e política.
>
> Mais do que isso: fiz um levantamento da quantidade de Recursos Extraordinários dos quais fui relator e que foram providos nos últimos dois anos e cheguei a um **dado relevante**: de um total de **167 RE's julgados,** 36 foram **providos**, sendo que, destes últimos, **<u>30 tratavam do caso da progressão de regime em crime hediondo</u>**. Ou seja, excluídos estes, que poderiam ser **<u>facilmente resolvidos por *habeas corpus*</u>, foram providos menos de 4% dos casos"**.

Interessante notar que os dados obtidos não compreenderam os recursos interpostos contra recursos extraordinários inadmitidos na origem (AI/ARE), os quais poderiam incrementar, ainda mais, os casos fadados ao insucesso. E não se pode desconhecer que a jurisprudência

Documento assinado digitalmente conforme MP n° 2.200-2/2001 de 24/08/2001, que institui a Infraestrutura de Chaves Públicas Brasileira - ICP-Brasil. O documento pode ser acessado no endereço eletrônico http://www.stf.jus.br/portal/autenticacao/ sob o número 10461463.

que assegura, em grau absoluto, o princípio da presunção da inocência – a ponto de negar executividade a qualquer condenação enquanto não esgotado definitivamente o julgamento de todos os recursos, ordinários e extraordinários – tem permitido e incentivado, em boa medida, a indevida e sucessiva interposição de recursos das mais variadas espécies, com indisfarçados propósitos protelatórios visando, não raro, à configuração da prescrição da pretensão punitiva ou executória.

9. Esse fenômeno, infelizmente frequente no STF, como sabemos, se reproduz também no STJ. Interessante lembrar, quanto a isso, os registros de Fernando Brandini Barbagalo sobre o ocorrido na ação penal subjacente ao já mencionado HC 84.078 (Relator(a): Min. EROS GRAU, Tribunal Pleno, DJe de 26/2/2010), que resultou na extinção da punibilidade em decorrência da prescrição da pretensão punitiva, impulsionada pelos sucessivos recursos protelatórios manejados pela defesa. Veja-se:

> "Movido pela curiosidade, verifiquei no sítio do Superior Tribunal de Justiça a quantas andava a tramitação do recurso especial do Sr. Omar. Em resumo, o recurso especial não foi recebido pelo Tribunal de Justiça de Minas Gerais, sendo impetrado agravo para o STJ, quando o recurso especial foi, então, rejeitado monocraticamente (RESP n. 403.551/MG) pela ministra Maria Thereza de Assis. Como previsto, foi interposto agravo regimental, o qual, negado, foi combatido por embargos de declaração, o qual, conhecido, mas improvido. Então, fora interposto novo recurso de embargos de declaração, este rejeitado *in limine*. Contra essa decisão, agora vieram embargos de divergência que, como os outros recursos anteriores, foi indeferido. Nova decisão e novo recurso. Desta feita, um agravo regimental, o qual teve o mesmo desfecho dos demais recursos: a rejeição. Irresignada, a combativa defesa apresentou mais um recurso de embargos de declaração e contra essa última decisão que também foi de rejeição, foi interposto outro recurso (embargos de declaração). Contudo, antes que fosse julgado

Documento assinado digitalmente conforme MP n° 2.200-2/2001 de 24/08/2001, que institui a Infraestrutura de Chaves Públicas Brasileira - ICP-Brasil. O documento pode ser acessado no endereço eletrônico http://www.stf.jus.br/portal/autenticacao/ sob o número 10461463.

> este que seria o oitavo recurso da defesa, foi apresentada petição à presidente da terceira Seção. Cuidava-se de pedido da defesa para – surpresa – reconhecimento da prescrição da pretensão punitiva. No dia 24 de fevereiro de 2014, o eminente Ministro Moura Ribeiro, proferiu decisão, cujo dispositivo foi o seguinte: 'Ante o exposto, declaro de ofício a extinção da punibilidade do condenado, em virtude da prescrição da pretensão punitiva da sanção a ele imposta, e julgo prejudicado os embargos de declaração de fls. 2090/2105 e o agravo regimental de fls. 2205/2213'" (Presunção de inocência e recursos criminais excepcionais, 2015).

Nesse ponto, é relevante anotar que o último marco interruptivo do prazo prescricional antes do início do cumprimento da pena é a publicação da sentença ou do acórdão recorríveis (art. 117, IV, do CP). Isso significa que os apelos extremos, além de não serem vocacionados à resolução de questões relacionadas a fatos e provas, não acarretam a interrupção da contagem do prazo prescricional. Assim, ao invés de constituírem um instrumento de garantia da presunção de não culpabilidade do apenado, acabam representando um mecanismo inibidor da efetividade da jurisdição penal.

10. Nesse quadro, cumpre ao Poder Judiciário e, sobretudo, ao Supremo Tribunal Federal, garantir que o processo - único meio de efetivação do *jus puniendi* estatal -, resgate essa sua inafastável função institucional. A retomada da tradicional jurisprudência, de atribuir efeito apenas devolutivo aos recursos especial e extraordinário (como, aliás, está previsto em textos normativos) é, sob esse aspecto, mecanismo legítimo de harmonizar o princípio da presunção de inocência com o da efetividade da função jurisdicional do Estado. Não se mostra arbitrária, mas inteiramente justificável, a possibilidade de o julgador determinar o imediato início do cumprimento da pena, inclusive com restrição da liberdade do condenado, após firmada a responsabilidade criminal pelas instâncias ordinárias.

Documento assinado digitalmente conforme MP n° 2.200-2/2001 de 24/08/2001, que institui a Infraestrutura de Chaves Públicas Brasileira - ICP-Brasil. O documento pode ser acessado no endereço eletrônico http://www.stf.jus.br/portal/autenticacao/ sob o número 10461463.

11. Sustenta-se, com razão, que podem ocorrer equívocos nos juízos condenatórios proferidos pelas instâncias ordinárias. Isso é inegável: equívocos ocorrem também nas instâncias extraordinárias. Todavia, para essas eventualidades, sempre haverá outros mecanismos aptos a inibir consequências danosas para o condenado, suspendendo, se necessário, a execução provisória da pena. Medidas cautelares de outorga de efeito suspensivo ao recurso extraordinário ou especial são instrumentos inteiramente adequados e eficazes para controlar situações de injustiças ou excessos em juízos condenatórios recorridos. Ou seja: havendo plausibilidade jurídica do recurso, poderá o tribunal superior atribuir-lhe efeito suspensivo, inibindo o cumprimento de pena. Mais ainda: a ação constitucional do *habeas corpus* igualmente compõe o conjunto de vias processuais com inegável aptidão para controlar eventuais atentados aos direitos fundamentais decorrentes da condenação do acusado. Portanto, mesmo que exequível provisoriamente a sentença penal contra si proferida, o acusado não estará desamparado da tutela jurisdicional em casos de flagrante violação de direitos.

12. Essas são razões suficientes para justificar a proposta de orientação, que ora apresento, restaurando o tradicional entendimento desta Suprema Corte, no seguinte sentido: *a execução provisória de acórdão penal condenatório proferido em grau de apelação, ainda que sujeito a recurso especial ou extraordinário, não compromete o princípio constitucional da presunção de inocência.*

13. Na linha da tese proposta, voto no sentido de denegar a ordem de *habeas corpus*, com a consequente revogação da liminar concedida. É o voto.

Documento assinado digitalmente conforme MP n° 2.200-2/2001 de 24/08/2001, que institui a Infraestrutura de Chaves Públicas Brasileira - ICP-Brasil. O documento pode ser acessado no endereço eletrônico http://www.stf.jus.br/portal/autenticacao/ sob o número 10461463.

17/02/2016 **PLENÁRIO**

HABEAS CORPUS 126.292 SÃO PAULO

VOTO

O SENHOR MINISTRO EDSON FACHIN: Senhor Presidente, antes de tudo louvo o voto do eminente Relator, que traz à discussão e enfrenta com a propriedade e minudência, peculiar a Sua Excelência, os temas que envolvem essa importante questão que é o alcance do princípio da presunção de não culpabilidade relacionado à possibilidade de execução penal após esgotadas as instâncias ordinárias. Subscrevo as conclusões de Sua Excelência em relação aos temas enfrentados pedindo vênia para, brevemente, destacar os aspectos que se me afiguram determinantes, aproveitando o ensejo, ainda, para breve reflexão sobre a vocação constitucional deste Supremo Tribunal Federal.

Senhor Presidente, eminentes pares, "*não há dúvida de que se houvesse uma super Suprema Corte, uma porção substancial dos nossos julgados também seria reformada. Nós não temos a última palavra por sermos infalíveis; somos infalíveis por termos a última palavra*".

Essas palavras de Robert Jackson, Juiz da Suprema Corte norte-americana de 1941 a 1954, as quais cito em tradução livre, de certa forma expressam a concepção que tenho do papel que a Constituição reservou a este Supremo Tribunal Federal enquanto Órgão de cúpula do Poder Judiciário nacional.

Creio que a esta Corte, pela Constituição, foi atribuído o elevado e **precípuo** papel de guardiã da Constituição, cujo exercício se dá por meio da formulação de teses jurídicas, orientando e conferindo segurança jurídica na aplicação da normas constitucionais pelas instâncias jurisdicionais que a precedem. Da mesma forma, ao Superior Tribunal de Justiça foi atribuído pela Constituição o elevado mister de unificar a interpretação do direito federal infraconstitucional.

Não desconheço que esta não é exatamente uma Corte Constitucional, nos moldes do sistema europeu continental, já que, pelo desenho que lhe deu a Constituição da República, há competências que

Documento assinado digitalmente conforme MP n° 2.200-2/2001 de 24/08/2001, que institui a Infraestrutura de Chaves Públicas Brasileira - ICP-Brasil. O documento pode ser acessado no endereço eletrônico http://www.stf.jus.br/portal/autenticacao/ sob o número 10470945.

desbordam dessa noção. Cito, dentre outros exemplos, a competência originária decorrente do foro por prerrogativa de função, que nos incumbe de processar e julgar determinadas autoridades da República.

Essa competência, por certo, não se insere no rol daquelas que fazem deste Tribunal, primordialmente, uma Corte de Teses Constitucionais. É uma exceção que demandaria vontade política do Poder Constituinte Reformador para eliminar de nossa Carta Constitucional essa, a meu sentir, injustificável exceção ao princípio republicano.

Há, todavia, com a devida vênia de quem eventualmente conceba de forma diversa, um agigantamento dos afazeres deste Supremo Tribunal Federal, que decorre da própria forma como esta Corte interpreta determinadas regras constitucionais. Não faço aqui apologia daquilo que se costuma denominar de jurisprudência defensiva. Quero, todavia, dizer que, dentro daquele espaço que a Constituição outorga ao intérprete uma margem de conformação que não extrapola os limites da moldura textual, as melhores alternativas hermenêuticas quiçá são, em princípio, as que conduzem a reservar a esta Suprema Corte primordialmente a tutela da ordem jurídica constitucional, em detrimento de uma inalcançável missão de fazer justiça nos casos concretos.

Por essa razão, na linha do que muito bem sustentou o eminente Ministro Teori Zavascki, interpreto a regra do art. 5º, LVII, da Constituição da República, segundo a qual *"ninguém será considerado culpado até o trânsito em julgado de sentença penal condenatória"* sem o apego à literalidade com a qual se afeiçoam os que defendem ser impossível iniciar-se a execução penal antes que os Tribunais Superiores deem a última palavra sobre a culpabilidade do réu.

Sempre pedindo redobradas vênias àqueles que de outra forma veem esse tema, considero que não se pode dar a essa regra constitucional caráter absoluto, desconsiderando-se sua necessária conexão a outros princípios e regras constitucionais que, levados em consideração com igual ênfase, não permitem a conclusão segundo a qual apenas após esgotadas as instâncias extraordinárias é que se pode iniciar

Documento assinado digitalmente conforme MP n° 2.200-2/2001 de 24/08/2001, que institui a Infraestrutura de Chaves Públicas Brasileira - ICP-Brasil. O documento pode ser acessado no endereço eletrônico http://www.stf.jus.br/portal/autenticacao/ sob o número 10470945.

a execução da pena privativa de liberdade.

Despiciendo dizer que nenhuma norma, especialmente as de caráter principiológico, pode ser descontextualizada das demais normas constitucionais para adquirir foros de verdadeiro super princípio, a ofuscar a eficácia de outras normas igualmente sediadas no topo da pirâmide normativa que é a Constituição.

Assim, tenho por indispensável compreender o princípio da presunção de não culpabilidade, insculpido no art. 5º, LVII, da Constituição Federal, em harmonia com outras normas constitucionais que impõem ao intérprete a consideração do sistema constitucional como um todo.

Não me refiro apenas ao princípio da duração razoável do processo, hoje direito fundamental inscrito no art. 5º, LXXVIII, da CF, que certamente vai de encontro a uma interpretação que sugira ter o princípio da presunção de inocência o alcance de exigir manifestação definitiva dos Tribunais Superiores, deles fazendo as vezes de terceira ou quarta instâncias, para que a sanção criminal assentada nas instâncias ordinárias possa ter eficácia.

Também não me refiro ao caso específico dos crimes dolosos contra a vida e à constitucionalmente proclamada soberania dos veredictos do Tribunal do Júri (art. 5º, XXXVIII, "c", da CF) que, a meu ver, opõe-se frontalmente à concepção segundo a qual as decisões condenatórias dos jurados – adjetivadas pela Constituição de soberanas - só adquirem eficácia após o julgamento dos segundos embargos de declaração, tirados de um agravo regimental, interposto contra uma decisão monocrática proferida no âmbito de um agravo em recurso extraordinário, interposto contra a decisão que não o recebeu na origem, por sua vez interposto contra uma apelação a que se negou provimento. Tudo, desconsiderados eventuais embargos infringentes e embargos de declaração opostos nas instâncias ordinárias, ou eventual recurso especial, com todos os incidentes que lhes são próprios.

Refiro-me, principalmente, secundando as conclusões do eminente Relator, ao arcabouço recursal desenhado pela Constituição

Documento assinado digitalmente conforme MP n° 2.200-2/2001 de 24/08/2001, que institui a Infraestrutura de Chaves Públicas Brasileira - ICP-Brasil. O documento pode ser acessado no endereço eletrônico http://www.stf.jus.br/portal/autenticacao/ sob o número 10470945.

Federal e ao *locus* nele ocupado pelo Supremo Tribunal Federal e Superior Tribunal de Justiça.

Da leitura que faço dos artigos 102 e 105 da Constituição da República, igualmente não depreendo, o Supremo Tribunal Federal e o Superior Tribunal de Justiça, terem sido concebidos, na estrutura recursal ali prevista, para revisar *"injustiças do caso concreto"*. O caso concreto tem, para sua escorreita solução, um Juízo monocrático e um Colegiado, este formado por pelo menos três magistrados em estágio adiantado de suas carreiras, os quais, em grau de recurso, devem reexaminar juízos equivocados e sanar injustiças.

O revolvimento da matéria fática, firmada nas instâncias ordinárias, não deve estar ao alcance das Cortes Superiores, que podem apenas dar aos fatos afirmados nos acórdãos recorridos nova definição jurídica, mas não nova versão. As instâncias ordinárias, portanto, são soberanas no que diz respeito à avaliação das provas e à definição das versões fáticas apresentadas pelas partes.

Ainda, o acesso via recurso ao Supremo Tribunal Federal e ao Superior Tribunal de Justiça se dá em caráter de absoluta excepcionalidade. A própria definição constitucional da quantidade de magistrados com assento nessas Cortes repele qualquer interpretação que queria delas fazer instâncias revisoras universais.

A finalidade que a Constituição persegue não é outorgar uma **terceira** ou **quarta** chance para a revisão de um pronunciamento jurisdicional com o qual o sucumbente não se conforma e considera injusto.

O acesso individual às instâncias extraordinárias visa a oportunizar a esta Suprema Corte e ao Superior Tribunal de Justiça exercerem seus papéis de estabilizadores, uniformizadores e pacificadores da interpretação das normas constitucionais e do direito infraconstitucional.

Tanto é assim que o art. 102, § 3º, da Constituição Federal exige demonstração de repercussão geral das questões constitucionais debatidas no recurso extraordinário. Ou seja, não basta ao recorrente

Documento assinado digitalmente conforme MP n° 2.200-2/2001 de 24/08/2001, que institui a Infraestrutura de Chaves Públicas Brasileira - ICP-Brasil. O documento pode ser acessado no endereço eletrônico http://www.stf.jus.br/portal/autenticacao/ sob o número 10470945.

demonstrar que no julgamento de seu caso concreto malferiu-se um preceito constitucional. Necessário que demonstre, além disso, no mínimo, a **transcendência** e relevância da tese jurídica a ser afirmada pelo Supremo Tribunal Federal.

A própria Constituição é que põe o Supremo Tribunal Federal primordialmente a serviço da ordem jurídica e apenas reflexamente a operar para apreciar situações de injustiças individuais.

Se a própria Constituição repele o acesso às Cortes Superiores com o singular propósito de resolver uma alegada injustiça individual, decorrente do erro de julgamento por parte das instâncias ordinárias, não depreendo inconstitucionalidade no art. 27, § 2º, da Lei nº 8.038/90 ao estabelecer que os recursos extraordinário e especial serão recebidos no efeito meramente devolutivo.

No plano infraconstitucional, as regras da Lei 7.210/84 (Lei de Execução Penal, *verbi gratia*, os arts. 147 e 164) que porventura possam ser interpretadas como a exigir a derradeira manifestação dos Tribunais Superiores sobre a sentença penal condenatória para a execução penal iniciar-se, deixam de ser, a meu ver, argumento suficiente a impedir a execução penal depois de esgotadas as instâncias ordinárias, porque anteriores à Lei nº 8.038/90.

A opção legislativa de dar eficácia à sentença condenatória tão logo confirmada em segundo grau de jurisdição está consentânea com a razão constitucional da própria existência dos recursos às instâncias extraordinárias.

Sabem todos que o trânsito em julgado, no sistema recursal brasileiro, depende em algum momento da inércia da parte sucumbente. Há sempre um recurso oponível a uma decisão, por mais incabível que seja, por mais estapafúrdias que sejam as razões recursais invocadas. Os mecanismos legais destinados a repelir recursos meramente protelatórios são ainda muito incipientes.

Se pudéssemos dar à regra do art. 5º, LVII, da CF caráter absoluto, teríamos de admitir, no limite, que a execução da pena privativa de liberdade só poderia operar-se quando o réu se conformasse com sua

Documento assinado digitalmente conforme MP nº 2.200-2/2001 de 24/08/2001, que institui a Infraestrutura de Chaves Públicas Brasileira - ICP-Brasil. O documento pode ser acessado no endereço eletrônico http://www.stf.jus.br/portal/autenticacao/ sob o número 10470945.

sorte e deixasse de opor novos embargos declaratórios. Isso significaria dizer que a execução da pena privativa de liberdade estaria condicionada à concordância do apenado.

É certo que a jurisprudência desta Suprema Corte, em recursos criminais, firmou-se no sentido de determinar a certificação do trânsito em julgado com baixa imediata dos autos, independentemente de publicação do acórdão, sempre que os segundos embargos de declaração forem desprovidos, por considerá-los protelatórios.

Essa jurisprudência já configura um limite imposto por essa Corte à estrita literalidade da regra do art. 5º, LVII, da CF. Defendo, na linha das razões muito bem articuladas pelo eminente Relator, que o limite deva ser maior.

Não depreendo da regra do art. 5º, LVII, da CF o caráter de presunção absoluta de inépcia das instâncias ordinárias.

Porque, *data venia*, no limite, é disso que se trata!

Se afirmamos que a presunção de inocência não cede nem mesmo depois de um Juízo monocrático ter afirmado a culpa de um acusado, com a subsequente confirmação por parte de experientes julgadores de segundo grau, soberanos na avaliação dos fatos e integrantes de instância à qual não se opõem limites à devolutividade recursal, reflexamente estaríamos a afirmar que a Constituição erigiu uma presunção absoluta de desconfiança às decisões provenientes das instâncias ordinárias.

Não desconsidero, por fim, embora em homenagem à grande maioria da magistratura brasileira deva ressaltar que isto é excepcional, a existência de teratológicas decisões jurisdicionais, mesmo em segundo grau de jurisdição. Isso, todavia, não serve de argumento a conferir efeito paralisante à eficácia de absolutamente todas as condenações criminais assentadas em segundo grau.

Para sanar essas situações, como bem ressaltado no voto do eminente Relator, há instrumentos processuais eficazes, tais como as medidas cautelares para conferir efeito suspensivo a recursos especiais e extraordinários, bem como o *habeas corpus*, que a despeito de

Documento assinado digitalmente conforme MP nº 2.200-2/2001 de 24/08/2001, que institui a Infraestrutura de Chaves Públicas Brasileira - ICP-Brasil. O documento pode ser acessado no endereço eletrônico http://www.stf.jus.br/portal/autenticacao/ sob o número 10470945.

interpretação mais restritiva sobre seu cabimento, em casos de teratologia, são concedidos de ofício por esta Suprema Corte.

Sendo assim, tenho a honra de acompanhar o voto do eminente relator.

É como voto.

Documento assinado digitalmente conforme MP nº 2.200-2/2001 de 24/08/2001, que institui a Infraestrutura de Chaves Públicas Brasileira - ICP-Brasil. O documento pode ser acessado no endereço eletrônico http://www.stf.jus.br/portal/autenticacao/ sob o número 10470945.

17/02/2016 PLENÁRIO

HABEAS CORPUS 126.292 SÃO PAULO

O SENHOR MINISTRO LUÍS ROBERTO BARROSO:

Ementa: DIREITO CONSTITUCIONAL E PENAL. PRINCÍPIO DA PRESUNÇÃO DE INOCÊNCIA OU DA NÃO CULPABILIDADE. POSSIBILIDADE DE EXECUÇÃO DA PENA APÓS JULGAMENTO DE SEGUNDO GRAU.

1. A execução da pena após a decisão condenatória em segundo grau de jurisdição não ofende o princípio da presunção de inocência ou da não culpabilidade (CF/1988, art. 5º, LVII).

2. A prisão, neste caso, justifica-se pela conjugação de três fundamentos jurídicos:

(i) a Constituição brasileira não condiciona a prisão – mas sim a culpabilidade – ao trânsito em julgado da sentença penal condenatória. O pressuposto para a privação de liberdade é a ordem escrita e fundamentada da autoridade judiciária competente, e não sua irrecorribilidade. Leitura sistemática dos incisos LVII e LXI do art. 5º da Carta de 1988;

(ii) a presunção de inocência é princípio (e não regra) e, como tal, pode ser aplicada com maior ou menor intensidade, quando ponderada com outros princípios ou bens jurídicos constitucionais colidentes. No caso específico da condenação em segundo grau de jurisdição, na medida em que já houve demonstração segura da responsabilidade penal do réu e finalizou-se a apreciação de fatos e provas, o princípio da presunção de inocência adquire menor peso ao ser ponderado com o interesse constitucional na efetividade da lei penal (CF/1988, arts. 5º, *caput* e LXXVIII e 144);

(iii) com o acórdão penal condenatório proferido em grau de apelação esgotam-se as instâncias ordinárias e a execução da pena passa a constituir, em regra, exigência de ordem pública, necessária para assegurar a credibilidade do Poder Judiciário e

Documento assinado digitalmente conforme MP nº 2.200-2/2001 de 24/08/2001, que institui a Infraestrutura de Chaves Públicas Brasileira - ICP-Brasil. O documento pode ser acessado no endereço eletrônico http://www.stf.jus.br/portal/autenticacao/ sob o número 10940219.

do sistema penal. A mesma lógica se aplica ao julgamento por órgão colegiado, nos casos de foro por prerrogativa.

3. Há, ainda, três fundamentos pragmáticos que reforçam a opção pela linha interpretativa aqui adotada. De fato, a possibilidade de execução da pena após a condenação em segundo grau:

(i) permite tornar o sistema de justiça criminal mais funcional e equilibrado, na medida em que coíbe a infindável interposição de recursos protelatórios e favorece a valorização da jurisdição criminal ordinária;

(ii) diminui o grau de seletividade do sistema punitivo brasileiro, tornando-o mais republicano e igualitário, bem como reduz os incentivos à criminalidade de colarinho branco, decorrente do mínimo risco de cumprimento efetivo da pena; e

(iii) promove a quebra do paradigma da impunidade do sistema criminal, ao evitar que a necessidade de aguardar o trânsito em julgado do recurso extraordinário e do recurso especial impeça a aplicação da pena (pela prescrição) ou cause enorme distanciamento temporal entre a prática do delito e a punição, sendo certo que tais recursos têm ínfimo índice de acolhimento.

4. Denegação da ordem. Fixação da seguinte tese: *"A execução de decisão penal condenatória proferida em segundo grau de jurisdição, ainda que sujeita a recurso especial ou extraordinário, não viola o princípio constitucional da presunção de inocência ou não-culpabilidade."*

VOTO

1. O voto que se segue está estruturado em três partes. A Parte I cuida do *delineamento da controvérsia*. A Parte II é dedicada à apresentação dos *fundamentos jurídicos para a possibilidade de execução da condenação penal após a decisão de segundo grau*. Por fim, a Parte III expõe os *fundamentos pragmáticos para o novo entendimento*, preconizado no voto.

Documento assinado digitalmente conforme MP n° 2.200-2/2001 de 24/08/2001, que institui a Infraestrutura de Chaves Públicas Brasileira - ICP-Brasil. O documento pode ser acessado no endereço eletrônico http://www.stf.jus.br/portal/autenticacao/ sob o número 10940219.

Parte I

Delineamento da controvérsia

I. A Hipótese

2. Trata-se de *habeas corpus* impetrado em favor de indivíduo condenado pelo crime de *roubo majorado pelo emprego de arma de fogo e concurso de pessoas* (Código Penal, art. 157, § 2º, I e II). De acordo com a acusação, o paciente, em 28.06.2003, juntamente com um cúmplice, teria subtraído da vítima, sob a mira de um revólver, a quantia de R$ 2.600,00. Em primeiro grau, o réu foi condenado a uma pena de 5 anos e 4 meses de reclusão. A decisão foi mantida pelo Tribunal de Justiça do Estado de São Paulo, em recurso de apelação, tendo sido determinada a expedição de mandado de prisão.

3. Em *habeas corpus* sucessivos, o paciente questionou, primeiro perante o Superior Tribunal de Justiça e, agora, perante o Supremo Tribunal Federal, a legitimidade de tal determinação. Em síntese, a discussão aqui travada consiste em saber se a Constituição admite ou não a prisão do condenado após a decisão em segundo grau – vale dizer, após a condenação por Tribunal de Justiça ou por Tribunal Regional Federal –, independentemente do trânsito em julgado da decisão, isto é, enquanto ainda cabíveis recursos especial e extraordinário.

II. A oscilação da jurisprudência do STF na matéria

4. A Constituição Federal proclama, em seu art. 5º, LVII, que "*ninguém será considerado culpado até o trânsito em julgado de sentença penal condenatória*". O dispositivo consagra o princípio da presunção de inocência, ou – no termo mais técnico – o princípio da presunção de não culpabilidade[1]. Desde a promulgação da Carta de 1988 até 2009, vigeu

1 Sobre o tema, v. Anthair Edgard de Azevedo Valente e Gonçalvez, Inciso LVII do art. 5º da CF: uma presunção à brasileira, mimeografado, 2009.

Documento assinado digitalmente conforme MP nº 2.200-2/2001 de 24/08/2001, que institui a Infraestrutura de Chaves Públicas Brasileira - ICP-Brasil. O documento pode ser acessado no endereço eletrônico http://www.stf.jus.br/portal/autenticacao/ sob o número 10940219.

nesta Corte o entendimento de que essa norma não impedia a execução da pena após a confirmação da sentença condenatória em segundo grau de jurisdição, ainda que pendentes de julgamento os recursos extraordinário (RE) e especial (REsp)[2]. Em linhas gerais, isso se dava pelo fato de que tais recursos não desfrutam de efeito suspensivo nem se prestam a rever condenações (a realizar a justiça do caso concreto), mas tão somente a reconhecer eventual inconstitucionalidade ou ilegalidade dos julgados de instâncias inferiores, sem qualquer reexame de fatos e provas.

5. Em julgamento realizado em 5.02.2009, porém, este entendimento foi alterado em favor de uma leitura mais literal do art. 5º, LVII. De fato, ao apreciar o HC 84.078, sob a relatoria do Ministro Eros Grau, o Supremo Tribunal Federal, por 7 votos a 4, passou a interpretar tal dispositivo como uma regra de caráter absoluto, que impedia a execução provisória da pena com o objetivo proclamado de efetivar as garantias processuais dos réus. Conforme a ementa do julgado, a ampla defesa "*engloba todas as fases processuais, inclusive as recursais de natureza extraordinária*", de modo que "*a execução da sentença após o julgamento do recurso de apelação significa, também, restrição do direito de defesa*"[3]. Esta é a orientação que tem vigorado até a presente data e cuja revisão aqui se

2 Veja-se, nesse sentido, os seguintes julgados: (i) no Plenário: HC 68.726, Rel. Min. Néri da Silveira, HC 72.061, Rel. Min. Carlos Velloso; (ii) na Primeira Turma: HC 71.723, Rel. Min. Ilmar Galvão; HC 91.675, Rel. Min. Carmen Lúcia; HC 70.662, Rel. Min. Celso de Mello; e (iii) na Segunda Turma: HC 79.814, Rel. Min. Nelson Jobim; HC 80.174, Rel. Min. Maurício Corrêa; RHC 84.846, Rel. Min. Carlos Veloso e RHC 85.024, Rel. Min. Ellen Gracie. Confiram-se, ainda, as Súmulas 716 e 717: Súmula 716 "Admite-se a progressão de regime de cumprimento da pena ou a aplicação imediata de regime menos severo nela determinada, antes do trânsito em julgado da sentença condenatória. Súmula 717: "Não impede a progressão de regime de execução da pena, fixada em sentença não transitada em julgado, o fato de o réu se encontrar em prisão especial".

3 Votaram com a maioria os Ministros Eros Grau, Celso de Mello, Marco Aurélio, Cezar Peluso, Ayres Britto, Ricardo Lewandowski e Gilmar Mendes. Votaram vencidos, pela manutenção da orientação anterior, Menezes Direito, Joaquim Barbosa, Cármen Lúcia e Ellen Gracie.

Documento assinado digitalmente conforme MP n° 2.200-2/2001 de 24/08/2001, que institui a Infraestrutura de Chaves Públicas Brasileira - ICP-Brasil. O documento pode ser acessado no endereço eletrônico http://www.stf.jus.br/portal/autenticacao/ sob o número 10940219.

defende.

III. A OCORRÊNCIA DE MUTAÇÃO CONSTITUCIONAL

6. É pertinente aqui uma brevíssima digressão doutrinária acerca do tema da mutação constitucional. Trata-se de mecanismo informal que permite a transformação do sentido e do alcance de normas da Constituição, sem que se opere qualquer modificação do seu texto. A mutação está associada à plasticidade de que devem ser dotadas as normas constitucionais. Este novo sentido ou alcance do mandamento constitucional pode decorrer de uma mudança na realidade fática ou de uma nova percepção do Direito, uma releitura do que deve ser considerado ético ou justo. A tensão entre normatividade e facticidade, assim como a incorporação de valores à hermenêutica jurídica, produziu modificações profundas no modo como o Direito contemporâneo é pensado e praticado.

7. O Direito não existe abstratamente, fora da realidade sobre a qual incide. As teorias concretistas da interpretação constitucional enfrentaram e equacionaram este condicionamento recíproco que existe entre norma e realidade[4]. Na linha do que escrevi em trabalho doutrinário[5]:

---

4 Sobre o tema, v. o trabalho seminal de Konrad Hesse, A força normativa da Constituição. In: Escritos de derecho constitucional, 1983. Um desenvolvimento específico dessa questão foi dado por Friedrich Muller, para quem a norma jurídica deve ser percebida como o produto da fusão entre o programa normativo e o âmbito normativo. O programa normativo corresponde ao sentido extraído do texto do dispositivo constitucional pela utilização dos critérios tradicionais de interpretação, que incluem o gramatical, o sistemático, o histórico e o teleológico. O âmbito normativo, por sua vez, identifica-se com a porção da realidade social sobre a qual incide o programa normativo, que tanto condiciona a capacidade de a norma produzir efeitos como é o alvo de sua pretensão de efetividade. V. Friedrich Müller, Métodos de trabalho do direito constitucional, 2005. Sobre a relevância dos fatos para a interpretação constitucional, v. Jean-Jacques Pardini, Le juge constitutionnel et le 'fait' en Italie et en France, 2001.

5 Luís Roberto Barroso, Curso de direito constitucional contemporâneo, 2015.

Documento assinado digitalmente conforme MP nº 2.200-2/2001 de 24/08/2001, que institui a Infraestrutura de Chaves Públicas Brasileira - ICP-Brasil. O documento pode ser acessado no endereço eletrônico http://www.stf.jus.br/portal/autenticacao/ sob o número 10940219.

> "A mutação constitucional por via de interpretação, por sua vez, consiste na mudança de sentido da norma, em contraste com entendimento pré-existente. Como só existe norma interpretada, a mutação constitucional ocorrerá quando se estiver diante da alteração de uma interpretação previamente dada. No caso da interpretação judicial, haverá mutação constitucional quando, por exemplo, o Supremo Tribunal Federal vier a atribuir a determinada norma constitucional sentido diverso do que fixara anteriormente.
>
> (...) A mutação constitucional em razão de uma nova percepção do Direito ocorrerá quando se alterarem os valores de uma determinada sociedade. A ideia do bem, do justo, do ético varia com o tempo. Um exemplo: a discriminação em razão da idade, que antes era tolerada, deixou de ser.
>
> (...) A mutação constitucional se dará, também, em razão do impacto de alterações da realidade sobre o sentido, o alcance ou a validade de uma norma. O que antes era legítimo pode deixar de ser. E vice-versa. Um exemplo: a ação afirmativa em favor de determinado grupo social poderá justificar-se em um determinado momento histórico e perder o seu fundamento de validade em outro".

8. Aplicando-se, então, a teoria à realidade. Na matéria aqui versada, houve uma primeira mutação constitucional em 2009, quando o STF alterou seu entendimento original sobre o momento a partir do qual era legítimo o início da execução da pena. Já agora encaminha-se para nova mudança, sob o impacto traumático da própria realidade que se criou após a primeira mudança de orientação.

9. Com efeito, a impossibilidade de execução da pena após o julgamento final pelas instâncias ordinárias produziu três consequências muito negativas para o sistema de justiça criminal. Em *primeiro lugar*, funcionou como um poderoso incentivo à infindável interposição de recursos protelatórios. Tais impugnações movimentam a máquina do Poder Judiciário, com considerável gasto de tempo e de recursos escassos,

Documento assinado digitalmente conforme MP n° 2.200-2/2001 de 24/08/2001, que institui a Infraestrutura de Chaves Públicas Brasileira - ICP-Brasil. O documento pode ser acessado no endereço eletrônico http://www.stf.jus.br/portal/autenticacao/ sob o número 10940219.

sem real proveito para a efetivação da justiça ou para o respeito às garantias processuais penais dos réus. No mundo real, o percentual de recursos extraordinários providos em favor do réu é irrisório, inferior a 1,5%[6]. Mais relevante ainda: de 1.01.2009 a 19.04.2016, em 25.707 decisões de mérito proferidas em recursos criminais pelo STF (REs e agravos), as decisões absolutórias não chegam a representar 0,1% do total de decisões[7].

10. Em *segundo lugar*, reforçou a seletividade do sistema penal. A ampla (e quase irrestrita) possibilidade de recorrer em liberdade aproveita sobretudo aos réus abastados, com condições de contratar os melhores advogados para defendê-los em sucessivos recursos[8]. Em regra,

6 Segundo dados oficiais da assessoria de gestão estratégica do STF, referentes ao período de 01.01.2009 até 19.04.2016, o percentual médio de recursos criminais providos (tanto em favor do réu, quanto do MP) é de 2,93%. Já a estimativa dos recursos providos apenas em favor do réu aponta um percentual menor, de 1,12%. Como explicitado no texto, os casos de absolvição são raríssimos. No geral, as decisões favoráveis ao réu consistiram em: provimento dos recursos para remover o óbice à progressão de regime, remover o óbice à substituição da pena privativa de liberdade por restritiva de direitos, remover o óbice à concessão de regime menos severo que o fechado no caso de tráfico, reconhecimento de prescrição e refazimento de dosimetria.

7 Em verdade, foram identificadas apenas nove decisões absolutórias, representando 0,035% do total de decisões (ARE 857130, ARE 857.130, ARE 675.223, RE 602.561, RE 583.523, RE 755.565, RE 924.885, RE 878.671, RE 607.173, AI 580.458). Deve-se considerar a possibilidade de alguma margem de erro, por se tratar de pesquisa artesanal. Ainda assim, não há risco de impacto relevante quer sobre os números absolutos quer sobre o percentual de absolvições.

8 Transcrevo aqui observação feita durante o meu voto oral no julgamento: "E aqui eu gostaria de dizer uma coisa que considero muito importante. Eu fui advogado mais de 30 anos. Eu não era advogado criminal, mas sempre tive admiração pela advocacia criminal. E me lembro como se fosse hoje de um comentário feito por um dos maiores advogados criminalistas do país, que era meu amigo e colega na UERJ, o Professor Evaristo de Morais. Ele me disse: 'As pessoas têm imenso preconceito contra os advogados criminais. Elas acham que nunca vão precisar da gente. Mas, no dia em que precisam – porque todo mundo está sujeito a um infortúnio e a um dia precisar – elas nos procuram humildes e devastadas. Aí seria a hora de lembrar a elas o preconceito que tinham contra nós'.

Documento assinado digitalmente conforme MP n° 2.200-2/2001 de 24/08/2001, que institui a Infraestrutura de Chaves Públicas Brasileira - ICP-Brasil. O documento pode ser acessado no endereço eletrônico http://www.stf.jus.br/portal/autenticacao/ sob o número 10940219.

os réus mais pobres não têm dinheiro (nem a Defensoria Pública tem estrutura) para bancar a procrastinação. Não por acaso, na prática, torna-se mais fácil prender um jovem de periferia que porta 100g de maconha do que um agente político ou empresário que comete uma fraude milionária.

11. Em *terceiro lugar*, c novo entendimento contribuiu significativamente para agravar o descrédito do sistema de justiça penal junto à sociedade. A necessidade de aguardar o trânsito em julgado do REsp e do RE para iniciar a execução da pena tem conduzido massivamente à prescrição da pretensão punitiva[9] ou ao enorme distanciamento temporal entre a prática do delito e a punição definitiva. Em ambos os casos, produz-se deletéria sensação de impunidade, o que compromete, ainda, os objetivos da pena, de prevenção especial e geral. Um sistema de justiça desmoralizado não serve ao Judiciário, à sociedade, aos réus e tampouco aos advogados.

12. A partir desses três fatores, tornou-se evidente que não se justifica no cenário atual a leitura mais conservadora e extremada do princípio da presunção de inocência, que impede a execução (ainda que provisória) da pena quando já existe pronunciamento jurisdicional de segundo grau (ou de órgão colegiado, no caso de foro por prerrogativa de

---

Portanto, eu acho que a advocacia criminal merece apreço, merece respeito e desempenha um papel fundamental para a realização da justiça. Mas os advogados criminais não podem ser condenados a, por dever de ofício, interporem um recurso descabido atrás de outro recurso descabido para, ao final, colherem uma prescrição e a eventual não punição do seu cliente. Esse é um destino inglório para qualquer profissional. No entanto, é um papel que se cumpre porque o sistema permite, e o advogado se empenha em manter seu cliente fora da prisão. Portanto, não é uma crítica ao advogado. É uma crítica ao sistema".

9 De acordo com o CNJ, somente nos anos de 2010 e 2011, a Justiça brasileira deixou prescrever 2.918 ações envolvendo crimes de corrupção e lavagem de dinheiro http://www.cnj.jus.br/noticias/cnj/60017-justica-condena-205-por-corrupcao-lavagem-e-improbidade-em-2012

Documento assinado digitalmente conforme MP n° 2.200-2/2001 de 24/08/2001, que institui a Infraestrutura de Chaves Públicas Brasileira - ICP-Brasil. O documento pode ser acessado no endereço eletrônico http://www.stf.jus.br/portal/autenticacao/ sob o número 10940219.

função) no sentido da culpabilidade do agente. É necessário conferir ao art. 5º, LVII interpretação mais condizente com as exigências da ordem constitucional no sentido de garantir a efetividade da lei penal, em prol dos bens jurídicos que ela visa resguardar, tais como a vida, a integridade psicofísica, a propriedade – todos com *status* constitucional.

13. Trata-se, assim, de típico caso de **mutação constitucional**, em que a alteração na compreensão da realidade social altera o próprio significado do Direito. Ainda que o STF tenha se manifestado em sentido diverso no passado, e mesmo que não tenha havido alteração formal do texto da Constituição de 1988, o sentido que lhe deve ser atribuído inequivocamente se alterou. Fundado nessa premissa, entendo que a Constituição Federal e o sistema penal brasileiro admitem a execução da pena após a condenação em segundo grau de jurisdição, ainda sem o trânsito em julgado. Há múltiplos fundamentos que legitimam esta compreensão. É o que se passa a demonstrar.

Parte II

FUNDAMENTOS JURÍDICOS PARA A POSSIBILIDADE DE EXECUÇÃO DA CONDENAÇÃO PENAL APÓS A DECISÃO DE SEGUNDO GRAU

I. O PRESSUPOSTO PARA A DECRETAÇÃO DA PRISÃO NO DIREITO BRASILEIRO NÃO É O TRÂNSITO EM JULGADO DA DECISÃO CONDENATÓRIA, MAS ORDEM ESCRITA E FUNDAMENTADA DA AUTORIDADE JUDICIAL COMPETENTE

14. Ao contrário do que uma leitura apressada da literalidade do art. 5º, LVII da Constituição poderia sugerir, o princípio da presunção de inocência não interdita a prisão que ocorra anteriormente ao trânsito em julgado da sentença penal condenatória. O pressuposto para a decretação da prisão no direito brasileiro não é o esgotamento de qualquer possibilidade de recurso em face da decisão condenatória, mas a **ordem escrita e fundamentada da autoridade judiciária competente**,

Documento assinado digitalmente conforme MP nº 2.200-2/2001 de 24/08/2001, que institui a Infraestrutura de Chaves Públicas Brasileira - ICP-Brasil. O documento pode ser acessado no endereço eletrônico http://www.stf.jus.br/portal/autenticacao/ sob o número 10940219.

conforme se extrai do art. 5ª, LXI, da Carta de 1988[10].

15. Para chegar a essa conclusão, basta uma análise conjunta dos dois preceitos à luz do princípio da unidade da Constituição. Veja-se que, enquanto o inciso LVII define que *"ninguém será considerado **culpado** até o trânsito em julgado da sentença penal condenatória"*, logo abaixo, o inciso LXI prevê que *"ninguém será **preso** senão em flagrante delito ou por ordem escrita e fundamentada de autoridade judiciária competente"*. Como se sabe, a Constituição é um conjunto orgânico e integrado de normas, que devem ser interpretadas *sistematicamente* na sua conexão com todas as demais, e não de forma isolada. Assim, considerando-se ambos os incisos, é evidente que a Constituição diferencia o regime da culpabilidade e o da prisão. Tanto isso é verdade que a própria Constituição, em seu art. 5º, LXVI, ao assentar que "ninguém será levado à prisão ou nela mantido, quando a lei admitir a liberdade provisória, com ou sem fiança", admite a prisão antes do trânsito em julgado, a ser excepcionada pela concessão de um benefício processual (a liberdade provisória).

16. Para fins de privação de liberdade, portanto, exige-se determinação escrita e fundamentada expedida por autoridade judiciária. Este requisito, por sua vez, está intimamente relacionado ao monopólio da jurisdição, buscando afastar a possibilidade de prisão administrativa (salvo as disciplinares militares). Tal regra constitucional autoriza (i) as prisões processuais típicas, preventiva e temporária, bem como outras prisões, como (ii) a prisão para fins de extradição (decretada pelo STF), (iii) a prisão para fins de expulsão (decretada por juiz de primeiro grau, federal ou estadual com competência para execução penal) e (iv) a prisão para fins de deportação (decretada por juiz federal de primeiro grau).

10 Apenas no caso de prisão em flagrante, a ordem escrita e fundamentada é dispensada. Porém, desde o advento da Lei nº 12.403/2011, o flagrante deixou de constituir título autônomo e válido para manter a segregação cautelar do indivíduo. Nessa hipótese, a lei passou a exigir que a autoridade judiciária competente examine, com a maior brevidade possível, a necessidade de manutenção ou não da prisão, exigindo-se então ordem escrita e fundamentada.

Documento assinado digitalmente conforme MP nº 2.200-2/2001 de 24/08/2001, que institui a Infraestrutura de Chaves Públicas Brasileira - ICP-Brasil. O documento pode ser acessado no endereço eletrônico http://www.stf.jus.br/portal/autenticacao/ sob o número 10940219.

17. Em todas as hipóteses enunciadas acima, como parece claro, o princípio da presunção de inocência e a inexistência de trânsito em julgado não obstam a prisão. Muito pelo contrário, no sistema processual penal brasileiro, a prisão pode ser justificada mesmo na fase pré-processual, contra meros investigados, ou na fase processual, ainda quando pesar contra o acusado somente indícios de autoria, sem qualquer declaração de culpa. E isso não esvazia a presunção de não culpabilidade: há diversos outros efeitos da condenação criminal que só podem ser produzidos com o trânsito em julgado, como os efeitos extrapenais (indenização do dano causado pelo crime, perda de cargo, função pública ou mandato eletivo, etc.) e os efeitos penais secundários (reincidência, aumento do prazo da prescrição na hipótese de prática de novo crime, etc.). Assim sendo, e por decorrência lógica, do mesmo inciso LXI do artigo 5º deve-se extrair a possibilidade de prisão resultante de acórdão condenatório prolatado pelo Tribunal competente.

II. A PRESUNÇÃO DE INOCÊNCIA É PRINCÍPIO E COMO TAL ESTÁ SUJEITA A PONDERAÇÃO COM OUTROS BENS JURÍDICOS CONSTITUCIONAIS

II.1. A presunção de inocência ou de não-culpabilidade é um princípio

18. Considerando-se que a Constituição Federal não interdita a prisão anteriormente ao trânsito em julgado da sentença condenatória, é necessário indagar quais os fundamentos constitucionais para impor a privação de liberdade após a confirmação da sentença penal condenatória em segundo grau de jurisdição.

19. Os direitos ou garantias não são absolutos[11], o que significa que não se admite o exercício ilimitado das prerrogativas que lhes são

11 STF, MS 23452, Rel. Min. Celso de Mello: "OS DIREITOS E GARANTIAS INDIVIDUAIS NÃO TÊM CARÁTER ABSOLUTO. Não há, no sistema constitucional brasileiro, direitos ou garantias que se revistam de caráter absoluto."

Documento assinado digitalmente conforme MP nº 2.200-2/2001 de 24/08/2001, que institui a Infraestrutura de Chaves Públicas Brasileira - ICP-Brasil. O documento pode ser acessado no endereço eletrônico http://www.stf.jus.br/portal/autenticacao/ sob o número 10940219.

inerentes, principalmente quando veiculados sob a forma de princípios (e não regras), como é o caso da presunção de inocência. As regras são normalmente relatos objetivos, descritivos de determinadas condutas. Ocorrendo a hipótese prevista no seu relato, a regra deve incidir pelo mecanismo da subsunção: enquadram-se os fatos na previsão abstrata e produz-se uma conclusão. Sua aplicação se opera, assim, na modalidade "tudo ou nada": ou a regra regula a matéria em sua inteireza ou é descumprida[12].

20. Já os *princípios* expressam valores a serem preservados ou fins públicos a serem realizados. Designam "estados ideais"[13]. Uma das particularidades dos princípios é justamente o fato de eles não se aplicarem com base no "tudo ou nada", constituindo antes "mandados de otimização", a serem realizados na medida das possibilidades fáticas e jurídicas[14]. Como resultado, princípios podem ser aplicados com maior ou menor intensidade, sem que isso afete sua validade. Nos casos de colisão de princípios, será, então, necessário empregar a técnica da ponderação[15],

---

12 O *insight* pioneiro neste tema encontra-se em Ronald Dworkin, Taking rights seriously, 1977, p. 24 (onde se reproduz texto anterior, publicado como artigo, sob o título "The model of rules", University of Chicago Law Review 35:14, 1967-1968).

13 Humberto Ávila, Teoria dos princípios, 2003, p. 56; e Ana Paula de Barcellos, Ponderação, racionalidade e atividade jurisdicional, 2005, p. 173-174.

14 Robert Alexy, Teoria de los derechos fundamentales, 1997, p. 86: "Princípios são normas que ordenam que algo seja realizado na maior medida possível, dentro das possibilidades jurídicas e reais existentes. Por isso, são mandados de otimização, caracterizados pelo fato de que podem ser cumpridos em diferentes graus e que a medida devida de seu cumprimento não só depende das possibilidades reais, mas também das jurídicas. O âmbito do juridicamente possível é determinado pelos princípios e regras opostas." (tradução livre).

15 De forma simplificada, o processo ponderativo se dá a partir das três etapas. Na primeira, cabe ao intérprete detectar no sistema as normas relevantes para a solução do caso, identificando eventuais conflitos entre elas. Na segunda etapa, devem-se examinar os fatos, as circunstâncias concretas do caso e sua interação com os elementos normativos. Já na terceira etapa, os diferentes grupos de normas e a repercussão dos fatos serão analisados de forma conjunta, de modo a apurar os pesos a serem atribuídos aos diversos elementos em

Documento assinado digitalmente conforme MP n° 2.200-2/2001 de 24/08/2001, que institui a Infraestrutura de Chaves Públicas Brasileira - ICP-Brasil. O documento pode ser acessado no endereço eletrônico http://www.stf.jus.br/portal/autenticacao/ sob o número 10940219.

tendo como fio condutor o princípio instrumental da *proporcionalidade*.

21. Pois bem. Não há dúvida de que a presunção de inocência ou de não-culpabilidade é um princípio, e não uma regra. Tanto é assim que se admite a prisão cautelar (CPP, art. 312) e outras formas de prisão antes do trânsito em julgado. Enquanto princípio, tal presunção pode ser restringida por outras normas de estatura constitucional (desde que não se atinja o seu núcleo essencial), sendo necessário ponderá-la com os outros objetivos e interesses em jogo[16].

22. Essa ponderação de bens jurídicos não é obstaculizada pelo art. 283 do Código de Processo Penal, que prevê que "*ninguém poderá ser preso senão em flagrante delito ou por ordem escrita e fundamentada da autoridade judiciária competente, em decorrência de sentença condenatória transitada em julgado ou, no curso da investigação ou do processo, em virtude de prisão temporária ou prisão preventiva*". Note-se que este dispositivo admite a prisão temporária e a prisão preventiva, que podem ser decretadas por fundamentos puramente infraconstitucionais (*e.g.*, "quando imprescindível para as investigações do inquérito policial" – Lei nº 9.760/89 – ou "por conveniência da instrução criminal" – CPP, art. 312). Naturalmente, não serve o art. 283 do CPP para impedir a prisão *após a condenação em segundo grau* – quando já há certeza acerca da materialidade e autoria – por fundamento diretamente constitucional. Acentue-se, porque relevante: interpreta-se a legislação ordinária à luz da Constituição, e não o contrário.

---

disputa e, ao final, o grupo de normas a preponderar no caso, sempre de modo a preservar o máximo de cada um dos valores em conflito.

16 Jorge Miranda, Manual de direito constitucional, Tomo IV, 2000, p. 338: "a) Nenhuma restrição [a direitos] pode deixar de se fundar na Constituição; pode deixar de fundar-se em preceitos ou princípios constitucionais; pode deixar de se destinar à salvaguarda de direitos ou interesses constitucionalmente protegidos (...)".

Documento assinado digitalmente conforme MP n° 2.200-2/2001 de 24/08/2001, que institui a Infraestrutura de Chaves Públicas Brasileira - ICP-Brasil. O documento pode ser acessado no endereço eletrônico http://www.stf.jus.br/portal/autenticacao/ sob o número 10940219.

II.2. A normas constitucionais em tensão na hipótese

23. Na discussão específica sobre a execução da pena depois de proferido o acórdão condenatório pelo Tribunal competente, há dois grupos de normas constitucionais colidentes. De um lado, está o princípio da presunção de inocência, extraído do art. 5º, LVII, da Constituição, que, em sua máxima incidência, postula que nenhum efeito da sentença penal condenatória pode ser sentido pelo acusado até a definitiva afirmação de sua responsabilidade criminal. No seu núcleo essencial está a ideia de que a imposição ao réu de medidas restritivas de direitos deve ser excepcional e, por isso, deve haver elementos probatórios a justificar a necessidade, adequação e proporcionalidade em sentido estrito da medida.

24. De outro lado, encontra-se o interesse constitucional na efetividade da lei penal, em prol dos objetivos (prevenção geral e específica) e bens jurídicos (vida, dignidade humana, integridade física e moral, etc.) tutelados pelo direito penal. Tais valores e interesses possuem amplo lastro na Constituição, encontrando previsão, entre outros, nos arts. 5º, *caput* (direitos à vida, à segurança e à propriedade), e inciso LXXVIII (princípio da razoável duração do processo), e 144 (segurança). Esse conjunto de normas postula que o sistema penal deve ser efetivo, sério e dotado de credibilidade. Afinal, a aplicação da pena desempenha uma função social muitíssimo relevante. Imediatamente, ela promove a prevenção especial, desestimulando a reiteração delitiva pelo indivíduo que tenha cometido o crime, e a prevenção geral, desestimulando a prática de atos criminosos por membros da sociedade. Mediatamente, o que está em jogo é a proteção de interesses constitucionais de elevado valor axiológico, como a vida, a dignidade humana, a integridade física e moral das pessoas, a propriedade, e o meio ambiente, entre outros.

Documento assinado digitalmente conforme MP nº 2.200-2/2001 de 24/08/2001, que institui a Infraestrutura de Chaves Públicas Brasileira - ICP-Brasil. O documento pode ser acessado no endereço eletrônico http://www.stf.jus.br/portal/autenticacao/ sob o número 10940219.

II.3. A necessidade de ponderação e sua efetiva concretização

25. Há, desse modo, uma ponderação a ser realizada. Nela, não há dúvida de que o princípio da presunção de inocência ou da não culpabilidade adquire peso gradativamente menor na medida em que o processo avança, em que as provas são produzidas e as condenações ocorrem. Por exemplo, na fase pré-processual, quando há mera apuração da prática de delitos, o peso a ser atribuído à presunção de inocência do investigado deve ser máximo, enquanto o peso dos objetivos e bens jurídicos tutelados pelo direito penal ainda é pequeno. Ao contrário, com a decisão condenatória em segundo grau de jurisdição, há sensível redução do peso do princípio da presunção de inocência e equivalente aumento do peso atribuído à exigência de efetividade do sistema penal. É que, nessa hipótese, já há demonstração segura da responsabilidade penal do réu e necessariamente se tem por finalizada a apreciação de fatos e provas.

26. Como se sabe, nos tribunais superiores, como regra, não se discute autoria ou materialidade, ante a impossibilidade de revolvimento de fatos e provas. Os recursos extraordinário e especial não se prestam a rever as condenações, mas apenas a tutelar a higidez do ordenamento jurídico constitucional e infraconstitucional. Por isso, nos termos da Constituição, a interposição desses recursos pressupõe que a causa esteja decidida. É o que preveem os artigos 102, III, e 105, III, que atribuem competência ao STF e ao STJ para julgar, respectivamente, mediante recurso extraordinário e especial, *"as causas decididas em única ou última instância"*. Ademais, tais recursos excepcionais não possuem efeito suspensivo (v. art. 637 do CPP e art. 1.029, § 5º, CPC/2015, aplicável subsidiariamente ao processo penal, por força do art. 3º, do CPP).

27. Portanto, o sacrifício que se impõe ao princípio da não culpabilidade – prisão do acusado condenado em segundo grau antes do trânsito em julgado – é superado pelo que se ganha em proteção da

Documento assinado digitalmente conforme MP nº 2.200-2/2001 de 24/08/2001, que institui a Infraestrutura de Chaves Públicas Brasileira - ICP-Brasil. O documento pode ser acessado no endereço eletrônico http://www.stf.jus.br/portal/autenticacao/ sob o número 10940219.

efetividade e da credibilidade da Justiça, sobretudo diante da mínima probabilidade de reforma da condenação, como comprovam as estatísticas. Essa conclusão é reforçada pela aplicação do *princípio da proporcionalidade como proibição de proteção deficiente*[17].

28. O princípio da proporcionalidade, tal como é hoje compreendido, não possui apenas uma dimensão negativa, relativa à *vedação do excesso*, que atua como limite às restrições de direitos fundamentais que se mostrem inadequadas, desnecessárias ou desproporcionais em sentido estrito. Ele abrange, ainda, uma dimensão positiva, referente à *vedação à proteção estatal insuficiente* de direitos e princípios constitucionalmente tutelados. A ideia é a de que o Estado também viola a Constituição quando deixa de agir ou quando não atua de modo adequado e satisfatório para proteger bens jurídicos relevantes. Tal princípio tem sido aplicado pela jurisprudência desta Corte em diversas ocasiões para afastar a incidência de normas que impliquem a tutela deficiente de preceitos constitucionais[18].

29. Na presente hipótese, não há dúvida de que a interpretação que interdita a prisão anterior ao trânsito em julgado tem representado uma proteção insatisfatória de direitos fundamentais, como a vida, a dignidade humana e a integridade física e moral das pessoas. Afinal, um direito penal sério e eficaz constitui instrumento para a garantia desses bens jurídicos tão caros à ordem constitucional de 1988[19].

---

17 Sobre o tema, v. Daniel Sarmento e Cláudio Pereira de Souza Neto, *Direito Constitucional*: teoria, história e métodos de trabalho, 2014, p. 482 e s; Ingo Wolfgang Sarlet, A eficácia dos direitos fundamentais: uma teoria geral dos direitos fundamentais na perspectiva constitucional, 2015.

18 Nesse sentido, vejam-se: RE 418376, Rel. p/ acórdão Min. Joaquim Barbosa; ADI 3112, Rel. Min. Ricardo Lewandowski; HC 104410, Rel. Min. Gilmar Mendes; e HC 16212, Rel. Min. Marco Aurélio.

19 Luciano Feldens, *A Constituição Penal*: a dupla face da proporcionalidade no controle de normas penais, 2005; Anthair Edgard de Azevedo Valente e Gonçalvez, *Inciso LVII do art. 5º da CF*: uma presunção à brasileira, mimeografado, 2009.

Documento assinado digitalmente conforme MP nº 2.200-2/2001 de 24/08/2001, que institui a Infraestrutura de Chaves Públicas Brasileira - ICP-Brasil. O documento pode ser acessado no endereço eletrônico http://www.stf.jus.br/portal/autenticacao/ sob o número 10940219.

A exigência de uma intervenção eficaz não é, porém, incompatível com a defesa de uma intervenção mínima do direito penal. Um direito penal efetivo, capaz de cumprir os seus objetivos, não precisa de excesso de tipificações, nem de exacerbação de penas. Na clássica, mas ainda atual lição de Cesare Beccaria: "*A perspectiva de um castigo moderado, mas inevitável, causará sempre uma impressão mais forte do que o vago temor de um suplício terrível, em relação ao qual se apresenta alguma esperança de impunidade*"[20].

30. Assim sendo, a partir de uma ponderação entre os princípios constitucionais envolvidos e à luz do mandamento da proporcionalidade como proibição de proteção deficiente, é possível concluir que a execução provisória da pena aplicada a réu já condenado em segundo grau de jurisdição, que esteja aguardando apenas o julgamento de RE e de REsp, não viola a presunção de inocência. Em verdade, a execução da pena nesse caso justifica-se pela necessidade de promoção de outros relevantes bens jurídicos constitucionais.

III. APÓS CONDENAÇÃO EM 2º GRAU, A EXECUÇÃO DA DECISÃO CONSTITUI EXIGÊNCIA DE ORDEM PÚBLICA

III.1. Fundamento infraconstitucional legitimador da prisão após a condenação em segundo grau

31. No tópico anterior, foram apresentados fundamentos de índole estritamente constitucional que são adequados e suficientes para justificar a posição aqui defendida quanto ao momento de execução da decisão penal condenatória: (i) o direito brasileiro não exige o trânsito em julgado da decisão para que se decrete a prisão, (ii) a presunção de inocência, por ser um princípio, sujeita-se à ponderação com outros valores constitucionais, e (iii) o princípio da proporcionalidade como proibição de proteção deficiente impede que o Estado tutele de forma

20 Cesare Beccaria, *Dos delitos e das penas*, 1979, p. 78 (a 1a edição é de 1764).

Documento assinado digitalmente conforme MP n° 2.200-2/2001 de 24/08/2001, que institui a Infraestrutura de Chaves Públicas Brasileira - ICP-Brasil. O documento pode ser acessado no endereço eletrônico http://www.stf.jus.br/portal/autenticacao/ sob o número 10940219.

insuficiente os direitos fundamentais protegidos pelo direito penal. É possível, subsidiariamente, construir outro fundamento, de estatura infraconstitucional: com o acórdão penal condenatório proferido em grau de apelação, a execução provisória da pena passa a constituir, *em regra*, exigência de ordem pública, necessária para assegurar a credibilidade do Poder Judiciário e do sistema penal. Vale dizer: ainda que não houvesse um fundamento constitucional direto para legitimar a prisão após a condenação em segundo grau – e há! –, ela se justificaria nos termos da legislação ordinária. Não é difícil demonstrar o ponto.

32. O artigo 312 do Código de Processo Penal[21] prevê três situações em que a decretação da prisão preventiva é justificada, havendo prova da existência do crime e indício suficiente de autoria: (i) a conveniência da instrução criminal, consistente na necessidade de garantir a colheita de provas, evitar a atuação indevida do acusado sobre testemunhas etc; (ii) a garantia de aplicação da lei penal, que busca evitar que o acusado se furte ao processo e/ou ao seu resultado, e (iii) a garantia da ordem pública e da ordem econômica. Em relação à garantia da ordem pública, o Supremo Tribunal Federal tem entendido que ela compreende, além da necessidade de resguardar a integridade física do acusado e impedir a reiteração de práticas criminosas, a exigência de assegurar a credibilidade das instituições públicas, notadamente do Poder Judiciário[22]. Presentes essas hipóteses, pode o juiz decretar, em qualquer

21 CPP. Art. 312. A prisão preventiva poderá ser decretada como garantia da ordem pública, da ordem econômica, por conveniência da instrução criminal, ou para assegurar a aplicação da lei penal, quando houver prova da existência do crime e indício suficiente de autoria. (Redação dada pela Lei nº 12.403, de 2011).

22 Nesse sentido, confiram-se, exemplificativamente: (i) HC 89.238, Rel. Min. Gilmar Mendes, Segunda Turma, j. 29.05.2007, onde se lavrou: "Com relação ao tema da garantia da ordem pública, faço menção à manifestação já conhecida desta Segunda Turma em meu voto proferido no HC 88.537/BA e recentemente sistematizado nos HC's 89.090/GO e 89.525/GO acerca da conformação jurisprudencial do requisito dessa garantia. Nesses julgados, pude asseverar que o referido requisito legal envolve, em linhas gerais e sem qualquer pretensão de exaurir todas as possibilidades normativas de sua aplicação judicial, as seguintes

Documento assinado digitalmente conforme MP n° 2.200-2/2001 de 24/08/2001, que institui a Infraestrutura de Chaves Públicas Brasileira - ICP-Brasil. O documento pode ser acessado no endereço eletrônico http://www.stf.jus.br/portal/autenticacao/ sob o número 10940219.

fase da investigação policial ou do processo penal, a prisão, desde que fundamentadamente.

33. Pois bem. No momento em que se dá a condenação do réu em segundo grau de jurisdição, estabelecem-se algumas certezas jurídicas: a materialidade do delito, sua autoria e a impossibilidade de rediscussão de fatos e provas. Neste cenário, retardar infundadamente a prisão do réu condenado estaria em inerente contraste com a preservação da ordem pública, aqui entendida como a eficácia do direito penal exigida para a proteção da vida, da segurança e da integridade das pessoas e de todos os demais fins que justificam o próprio sistema criminal[23]. Estão em jogo aqui a credibilidade do Judiciário – inevitavelmente abalada com a demora da repreensão eficaz do delito –, sem mencionar os deveres de proteção por parte do Estado e o papel preventivo do direito penal. A afronta à ordem pública torna-se ainda mais patente ao se considerar o já mencionado baixíssimo índice de provimento de recursos extraordinários, inferior a 1,5% (em verdade, inferior a 0,1% se considerarmos apenas as decisões absolutórias), sacrificando os diversos valores aqui invocados em nome de um

circunstâncias principais: i) a necessidade de resguardar a integridade física ou psíquica do paciente ou de terceiros; ii) o objetivo de impedir a reiteração das práticas criminosas, desde que lastreado em elementos concretos expostos fundamentadamente no decreto de custódia cautelar; e iii) para assegurar a credibilidade das instituições públicas, em especial do poder judiciário, no sentido da adoção tempestiva de medidas adequadas, eficazes e fundamentadas quanto à visibilidade e transparência da implementação de políticas públicas de persecução criminal."; e (ii) HC 83.868, Rel. Min. Ellen Gracie, j. 10.06.2008, Pleno, de cuja ementa extrai-se que: "A garantia da ordem pública se revela, ainda, na necessidade de se assegurar a credibilidade das instituições públicas quanto à visibilidade e transparência de políticas públicas de persecução criminal".

23 CF/88, art. 144. "A segurança pública, dever do Estado, direito e responsabilidade de todos, é exercida para a preservação da *ordem pública* e da incolumidade das pessoas e do patrimônio, através dos seguintes órgãos: ...". Vê-se, assim, que a ordem pública é, igualmente, um conceito constitucional, associado à segurança pública. O uso abusivo da repressão penal em outras épocas da vivência brasileira não deve impedir o seu uso legítimo, ponderado e eficiente em um Estado democrático.

Documento assinado digitalmente conforme MP n° 2.200-2/2001 de 24/08/2001, que institui a Infraestrutura de Chaves Públicas Brasileira - ICP-Brasil. O documento pode ser acessado no endereço eletrônico http://www.stf.jus.br/portal/autenticacao/ sob o número 10940219.

formalismo estéril.

III.2. Uso abusivo e procrastinatório do direito de recorrer

34. Alguns exemplos emblemáticos auxiliam na compreensão do ponto[24]. No conhecido caso "Pimenta Neves", referente a crime de homicídio qualificado ocorrido em 20.08.2000, o trânsito em julgado somente ocorreu em 17.11.2011, mais de 11 anos após a prática do fato. Já no caso Natan Donadon, por fatos ocorridos entre 1995 e 1998, o ex-Deputado Federal foi condenado por formação de quadrilha e peculato a 13 anos, 4 meses e 10 dias de reclusão. Porém, a condenação somente transitou em julgado em 21.10.2014, ou seja, mais de 19 anos depois. Em caso igualmente grave, envolvendo o superfaturamento da obra do Fórum Trabalhista de São Paulo, o ex-senador Luiz Estêvão foi condenado em 2006 a 31 anos de reclusão, por crime ocorrido em 1992. Diante da interposição de 34 recursos, a execução da sanção só veio a ocorrer agora em 2016, às vésperas da prescrição, quando já transcorridos mais de 23 anos da data dos fatos.

35. Infelizmente, porém, esses casos não constituem exceção, mas a regra. Tome-se, aleatoriamente, um outro caso incluído na pauta do mesmo dia do presente julgamento. Refiro-me ao AI 394.065-AgR-ED-ED-ED-EDv-AgR-AgR-AgR-ED, de relatoria da Ministra Rosa Weber, relativo a crime de homicídio qualificado cometido em 1991. Proferida a sentença de pronúncia, houve recurso em todos os graus de jurisdição até a sua confirmação definitiva[25]. Posteriormente, deu-se a condenação pelo Tribunal do Júri e foi interposto recurso de apelação. Mantida a decisão condenatória, foram apresentados embargos de declaração (EDs). Ainda

24 Esta Corte, é claro, não se mostrou indiferente ao patente abuso do direito de recorrer, determinando, em alguns desses casos, a imediata execução da condenação. Porém, essa possibilidade não é suficiente para corrigir a disfuncionalidade existente no sistema recursal.

25 Também esta exigência de trânsito em julgado da sentença de pronúncia, previamente à realização do júri, está a exigir urgente reforma.

Documento assinado digitalmente conforme MP nº 2.200-2/2001 de 24/08/2001, que institui a Infraestrutura de Chaves Públicas Brasileira - ICP-Brasil. O documento pode ser acessado no endereço eletrônico http://www.stf.jus.br/portal/autenticacao/ sob o número 10940219.

inconformada, a defesa interpôs recurso especial. Decidido desfavoravelmente o recurso especial, foram manejados novos EDs. Mantida a decisão embargada, foi ajuizado recurso extraordinário, inadmitido pelo eminente Min. Ilmar Galvão. Contra esta decisão monocrática, foi interposto agravo regimental (AgR). O AgR foi desprovido pela Primeira Turma, e, então, foram apresentados EDs, igualmente desprovidos. Desta decisão, foram oferecidos novos EDs, redistribuídos ao Min. Ayres Britto. Rejeitados os embargos de declaração, foram interpostos embargos de divergência, distribuídos ao Min. Gilmar Mendes. Da decisão do Min. Gilmar Mendes, que inadmitiu os EDiv, foi ajuizado AgR, julgado pela Min. Ellen Gracie. Da decisão da Ministra, foram apresentados EDs, conhecidos como AgR, a que a Segunda Turma negou provimento. Não obstante isso, foram manejados novos EDs, pendentes de julgamento pelo Plenário do STF. Portanto, utilizando-se de mais de uma dúzia de recursos, depois de quase 25 anos, a sentença de homicídio cometido em 1991 não transitou em julgado.

III.3. A razoável duração do processo como dever do Estado e exigência da sociedade

36. É intuitivo que, quando um crime é cometido e seu autor é condenado em todas as instâncias, mas não é punido ou é punido décadas depois, tanto o condenado quanto a sociedade perdem a necessária confiança na jurisdição penal. O acusado passa a crer que não há reprovação de sua conduta, o que frustra a função de prevenção especial do Direito Penal. Já a sociedade interpreta a situação de duas maneiras: (i) de um lado, os que pensam em cometer algum crime não têm estímulos para não fazê-lo, já que entendem que há grandes chances de o ato manter-se impune – frustrando-se a função de prevenção geral do direito penal; (ii) de outro, os que não pensam em cometer crimes tornam-se incrédulos quanto à capacidade do Estado de proteger os bens jurídicos fundamentais tutelados por este ramo do direito.

Documento assinado digitalmente conforme MP n° 2.200-2/2001 de 24/08/2001, que institui a Infraestrutura de Chaves Públicas Brasileira - ICP-Brasil. O documento pode ser acessado no endereço eletrônico http://www.stf.jus.br/portal/autenticacao/ sob o número 10940219.

37. Tamanha ineficiência do sistema de justiça criminal já motivou inclusive a elaboração, pela Comissão responsável por acompanhar a implementação da Convenção Interamericana contra a Corrupção, de que o país é parte, de recomendação ao Brasil no sentido de "*implementar reformas no sistema de recursos judiciais ou buscar outros mecanismos que permitam agilizar a conclusão dos processos no Poder Judiciário e o início da execução da sentença, a fim de evitar a impunidade dos responsáveis por atos de corrupção*"[26].

38. Aliás, a este propósito, cumpre abrir janelas para o mundo e constatar, como fez a Ministra Ellen Gracie no julgamento do HC 86.886 (j. 6.09.2005), que "*em país nenhum do mundo, depois de observado o duplo grau de jurisdição, a execução de uma condenação fica suspensa, aguardando referendo da Suprema Corte*". Nos diferentes países, em regra, adota-se como momento do início da execução a decisão de primeiro grau ou a de segundo grau, sem que se exija o prévio esgotamento das instâncias extraordinárias. É o que demonstra estudo cobrindo países como Inglaterra, Estados Unidos, Canadá, Portugal, Espanha e Argentina, citado pelo Ministro Teori Zavascki em seu voto[27].

39. Em suma: o início do cumprimento da pena no momento do esgotamento da jurisdição ordinária impõe-se como uma exigência de ordem pública, em nome da necessária eficácia e credibilidade do Poder Judiciário. A superação de um sistema recursal arcaico e procrastinatório já foi objeto até mesmo de manifestação de órgãos de cooperação internacional. Não há porque dar continuidade a um modelo de morosidade, desprestígio para a justiça e impunidade. Isso, é claro, não exclui a possibilidade de que o réu recorra ao STF ou ao STJ para corrigir

26 Mecanismo de acompanhamento da implementação da Convenção Interamericana contra a Corrupção – Vigésima Reunião de Peritos – De 10 a 14 de setembro de 2012. Washington, DC. Fonte: http://www.oas.org/juridico/PDFs/mesicic4_bra_por.pdf

27 Luiza Cristina Fonseca Frischeisen, Mônica Nicida Garcia e Fábio Gusman, Execução Provisória da Pena. Um contraponto à decisão do Supremo Tribunal Federal no Habeas Corpus n. 84.078', In: *Garantismo Penal Integral*, 2013, p. 453-477.

Documento assinado digitalmente conforme MP n° 2.200-2/2001 de 24/08/2001, que institui a Infraestrutura de Chaves Públicas Brasileira - ICP-Brasil. O documento pode ser acessado no endereço eletrônico http://www.stf.jus.br/portal/autenticacao/ sob o número 10940219.

eventual abuso ou erro das decisões de primeiro e segundo graus, o que continua a poder ser feito pela via do *habeas corpus*. Além de poder requerer, em situações extremas, a concessão de efeito suspensivo no RE ou no REsp. Mas, de novo, à vista do ínfimo índice de provimento de tais recursos, esta deverá ser uma manifesta exceção.

Parte III

FUNDAMENTOS PRAGMÁTICOS PARA O NOVO ENTENDIMENTO

40. Os métodos de atuação e argumentação dos órgãos judiciais são essencialmente *jurídicos*, mas a natureza de sua função, notadamente quando envolva a jurisdição constitucional e os chamados *casos difíceis*[28], tem uma inegável dimensão *política*. Assim é devido ao fato de o intérprete desempenhar uma atuação criativa – pela atribuição de sentido a cláusulas abertas e pela realização de escolhas entre soluções alternativas possíveis – , e também em razão das consequências práticas de suas decisões.

41. Como é corrente, desenvolveu-se nos últimos tempos a percepção de que a norma jurídica não é o relato abstrato contido no texto legal, mas o produto da integração entre texto e realidade. Em muitas situações, não será possível determinar a vontade constitucional sem verificar as possibilidades de sentido decorrentes dos fatos subjacentes. Como escrevi em texto doutrinário:

> "A integração de sentido dos conceitos jurídicos indeterminados e dos princípios deve ser feita, em primeiro lugar, com base nos valores éticos mais elevados da sociedade (leitura moral da Constituição). Observada essa premissa

28 Casos difíceis são aqueles para os quais não existe uma solução pré-pronta no Direito. A solução terá de ser construída argumentativamente, à luz dos elementos do caso concreto, dos parâmetros fixados na norma e de elementos externos ao Direito. Três situações geradoras de casos difíceis são a ambiguidade da linguagem, os desacordos morais e as colisões de normas constitucionais.

Documento assinado digitalmente conforme MP nº 2.200-2/2001 de 24/08/2001, que institui a Infraestrutura de Chaves Públicas Brasileira - ICP-Brasil. O documento pode ser acessado no endereço eletrônico http://www.stf.jus.br/portal/autenticacao/ sob o número 10940219.

> inarredável – porque assentada na ideia de justiça e na dignidade da pessoa humana – deve o intérprete atualizar o sentido das normas constitucionais (interpretação evolutiva) e **produzir o melhor resultado possível para a sociedade (interpretação pragmática).** A interpretação constitucional, portanto, configura uma atividade *concretizadora* – *i.e.*, uma interação entre o sistema, o intérprete e o problema – e *construtivista*, porque envolve a atribuição de significados aos textos constitucionais que ultrapassam sua dicção expressa"[29]. (grifo acrescentado)

42. O pragmatismo possui duas características que merecem destaque para os fins aqui visados: (i) o *contextualismo*, a significar que a realidade concreta em que situada a questão a ser decidida tem peso destacado na determinação da solução adequada; e (ii) o *consequencialismo*, na medida em que o resultado prático de uma decisão deve merecer consideração especial do intérprete. Dentro dos limites e possibilidades dos textos normativos e respeitados os valores e direitos fundamentais, cabe ao juiz produzir a decisão que traga as melhores consequências possíveis para a sociedade como um todo.

43. Pois bem: o pragmatismo jurídico, que opera dentro dos sentidos possíveis da norma jurídica, oferece três argumentos que reforçam a necessidade de revisão da atual jurisprudência do STF quanto à impossibilidade de execução provisória da pena. Como já afirmado no início deste voto, a alteração, em 2009, da compreensão tradicional do STF sobre o tema, que vigia desde a promulgação da Constituição de 1988, produziu três efeitos negativos: o incentivo à interposição de recursos protelatórios, o reforço à seletividade do sistema penal e o agravamento do descrédito do sistema de justiça penal junto à sociedade. A reversão desse entendimento jurisprudencial pode, assim, contribuir para remediar tais efeitos perversos, promovendo (i) a garantia de equilíbrio e funcionalidade do sistema de justiça criminal, (ii) a redução da

29 Luís Roberto Barroso, Curso de direito constitucional contemporâneo, 2015, p. 322.

Documento assinado digitalmente conforme MP n° 2.200-2/2001 de 24/08/2001, que institui a Infraestrutura de Chaves Públicas Brasileira - ICP-Brasil. O documento pode ser acessado no endereço eletrônico http://www.stf.jus.br/portal/autenticacao/ sob o número 10940219.

seletividade do sistema penal, e (iii) a quebra do paradigma de impunidade.

I. EQUILÍBRIO E FUNCIONALIDADE DO SISTEMA DE JUSTIÇA CRIMINAL

44. A execução provisória de acórdão penal condenatório proferido em grau de apelação pode contribuir para um maior equilíbrio e funcionalidade do sistema de justiça criminal. Em primeiro lugar, com esta nova orientação, reduz-se o estímulo à infindável interposição de recursos inadmissíveis. Impedir que condenações proferidas em grau de apelação produzam qualquer consequência, conferindo aos recursos aos tribunais superiores efeito suspensivo que eles não têm por força de lei, fomenta a utilização abusiva e protelatória da quase ilimitada gama de recursos existente em nosso sistema penal.

45. Em segundo lugar, restabelece-se o prestígio e a autoridade das instâncias ordinárias, algo que há muito se perdeu no Brasil. Aqui, o juiz de primeiro grau e o Tribunal de Justiça passaram a ser instâncias de passagem, porque o padrão é que os recursos subam para o Superior Tribunal de Justiça e, depois, para o Supremo Tribunal Federal. Porém, não se pode presumir, ou assumir como regra, que juízes e tribunais brasileiros profiram decisões equivocadas ou viciadas, de modo a atribuir às cortes superiores o monopólio do acerto. Em verdade, não há direito ao triplo ou quádruplo grau de jurisdição: a apreciação pelo STJ e pelo STF não é assegurada pelo princípio do devido processo legal e não constitui direito fundamental. Desse modo, a mudança de orientação prestigia, ao mesmo tempo, a própria Suprema Corte, cujo acesso se deve dar em situações efetivamente extraordinárias, e que, portanto, não pode se transformar em tribunal ordinário de revisão, nem deve ter seu tempo e recursos escassos desperdiçados com a necessidade de proferir decisões em recursos nitidamente inadmissíveis e protelatórios.

Documento assinado digitalmente conforme MP nº 2.200-2/2001 de 24/08/2001, que institui a Infraestrutura de Chaves Públicas Brasileira - ICP-Brasil. O documento pode ser acessado no endereço eletrônico http://www.stf.jus.br/portal/autenticacao/ sob o número 10940219.

II. DIMINUIÇÃO DA SELETIVIDADE DO SISTEMA CRIMINAL

46. Além disso, a execução provisória da pena permitirá reduzir o grau de seletividade do sistema punitivo brasileiro. Atualmente, como já demonstrado, permite-se que as pessoas com mais recursos financeiros, mesmo que condenadas, não cumpram a pena ou possam procrastinar a sua execução por mais de 20 anos. Como é intuitivo, as pessoas que hoje superlotam as prisões brasileiras (muitas vezes, sem qualquer condenação de primeiro ou segundo graus) não têm condições de manter advogado para interpor um recurso atrás do outro. Boa parte desses indivíduos encontra-se presa preventivamente por força do art. 312 do Código de Processo Penal. A alteração da compreensão do STF acerca do momento de início de cumprimento da pena deverá ter impacto positivo sobre o número de pessoas presas temporariamente – a maior eficiência do sistema diminuirá a tentação de juízes e tribunais de prenderem ainda durante a instrução –, bem como produzirá um efeito republicano e igualitário sobre o sistema.

47. Não se trata de nivelar por baixo, mas de fazer justiça para todos. Note-se, por exemplo, que a dificuldade em dar execução às condenações por crimes que causem lesão ao erário ou à administração pública (*e.g.*, corrupção, peculato, prevaricação) ou crimes de natureza econômica ou tributária (*e.g.*, lavagem, evasão de divisas, sonegação) estimula a criminalidade de colarinho branco e dá incentivo aos piores. Como escrevi em recente texto acadêmico:

> "Outro elemento de fomento à corrupção é a impunidade. As pessoas na vida tomam decisões levando em conta incentivos e riscos. O baixíssimo risco de punição – na verdade, a certeza da impunidade – funcionava como um incentivo imenso à conduta criminosa de agentes públicos e privados. Superar este quadro envolve mudança de atitude, da jurisprudência e da legislação. (...) O enfrentamento da corrupção e da impunidade produzirá uma transformação

Documento assinado digitalmente conforme MP n° 2.200-2/2001 de 24/08/2001, que institui a Infraestrutura de Chaves Públicas Brasileira - ICP-Brasil. O documento pode ser acessado no endereço eletrônico http://www.stf.jus.br/portal/autenticacao/ sob o número 10940219.

> cultural importante no Brasil: a valorização dos *bons* em lugar dos *espertos*. Quem tiver talento para produzir uma inovação relevante capaz de baixar custos vai ser mais importante do que quem conhece a autoridade administrativa que paga qualquer preço, desde que receba vantagem. Esta talvez seja uma das maiores conquistas que virá de um novo paradigma de decência e seriedade"[30].

III. QUEBRA DO PARADIGMA DE IMPUNIDADE

48. Por fim, a mudança de entendimento também auxiliará na quebra do paradigma da impunidade. Como já se afirmou, no sistema penal brasileiro, a possibilidade de aguardar o trânsito em julgado do REsp e do RE em liberdade para apenas então iniciar a execução da pena tem enfraquecido demasiadamente a tutela dos bens jurídicos resguardados pelo direito penal e a própria confiança da sociedade na Justiça criminal. Ao evitar que a punição penal possa ser retardada por anos e mesmo décadas, restaura-se o sentimento social de eficácia da lei penal. Ainda, iniciando-se a execução da pena desde a decisão condenatória em segundo grau de jurisdição, evita-se que a morosidade processual possa conduzir à prescrição dos delitos. Desse modo, em linha com as legítimas demandas da sociedade por um direito penal sério (ainda que moderado), deve-se buscar privilegiar a interpretação que confira maior – e não menor – efetividade ao sistema processual penal.

49. Em razão dos motivos aqui apresentados, entendo que o princípio da presunção de inocência ou da não culpabilidade não obsta a execução da pena após a decisão condenatória de segundo grau de jurisdição.

30 V. Luís Roberto Barroso, Brasil: o caminho longo e tortuoso. Conferência proferida na Universidade de Nova York, em 11 abr. 2016. Disponível em: http://www.luisrobertobarroso.com.br/wp-content/uploads/2016/04/Conferência-NYU-11-abr2016-versão-final-completa2.pdf. Sobre o comentário final da transcrição, denunciando o círculo vicioso que premia os piores, v. Míriam Leitão, História do futuro, 2015, p. 177-78.

Documento assinado digitalmente conforme MP n° 2.200-2/2001 de 24/08/2001, que institui a Infraestrutura de Chaves Públicas Brasileira - ICP-Brasil. O documento pode ser acessado no endereço eletrônico http://www.stf.jus.br/portal/autenticacao/ sob o número 10940219.

Conclusão

50. Por todo o exposto, voto no sentido de denegar a ordem de habeas corpus, com revogação da liminar concedida, bem como para fixar a seguinte tese de julgamento: "*A execução de decisão penal condenatória proferida em segundo grau de jurisdição, ainda que sujeita a recurso especial ou extraordinário, não viola o princípio constitucional da presunção de inocência ou não-culpabilidade*".

Documento assinado digitalmente conforme MP n° 2.200-2/2001 de 24/08/2001, que institui a Infraestrutura de Chaves Públicas Brasileira - ICP-Brasil. O documento pode ser acessado no endereço eletrônico http://www.stf.jus.br/portal/autenticacao/ sob o número 10940219.

17/02/2016 **PLENÁRIO**

HABEAS CORPUS 126.292 SÃO PAULO

VOTO

A SENHORA MINISTRA ROSA WEBER - Senhor Presidente, este **habeas corpus** não estava previsto com maior antecedência para a pauta de hoje, e não tive condições de me debruçar sobre o tema com o cuidado e atenção que estava a merecer. Faço esse registro porque, quanto às colocações e às razões que estão levando o eminente Ministro Teori Zavascki a propor a revisão da jurisprudência desta Corte, eu compartilho das preocupações de Sua Excelência e louvo o belíssimo voto, assim como as oportunas colocações do Ministro Fachin e agora do Ministro Luís Roberto.

Ocorre que tenho adotado, como critério de julgamento, a manutenção da jurisprudência da Casa. Penso que o princípio da segurança jurídica, sobretudo quando esta Suprema Corte enfrenta questões constitucionais, é muito caro à sociedade, e há de ser prestigiado. Tenho procurado seguir nessa linha. Nada impede que a jurisprudência seja revista, por óbvio. A vida é dinâmica, e a Constituição comporta leitura atualizada, à medida em que os fatos e a própria realidade evoluem.

Tenho alguma dificuldade na revisão da jurisprudência pela só alteração dos integrantes da Corte. Para a sociedade, existe o Poder Judiciário, a instituição, no caso o Supremo Tribunal Federal. Por isso é que, embora louvando, como já disse, e até compartilhando dessas preocupações todas – é emblemático o caso que o eminente Ministro Luís Roberto refere, sob a minha relatoria, revelador do uso abusivo e indevido de recursos, e estamos todos os dias enfrentando essa realidade -, eu, talvez por falta de reflexão maior , não me sinto hoje à vontade para referendar a revisão da jurisprudência proposta. E digo por quê. Colho do voto do Ministro Eros Grau, proferido no HC 84.078 - Tribunal Pleno, Diário de Justiça, de fevereiro de 2010, ou seja, há seis anos -, que por ele foi proposta a revisão da jurisprudência da Corte sobre o tema. E propôs

Documento assinado digitalmente conforme MP n° 2.200-2/2001 de 24/08/2001, que institui a Infraestrutura de Chaves Públicas Brasileira - ICP-Brasil. O documento pode ser acessado no endereço eletrônico http://www.stf.jus.br/portal/autenticacao/ sob o número 10957645.

a revisão da jurisprudência da Corte, que, como o Ministro Teori Zavascki acentuou, era firme no sentido da possibilidade de execução da pena na pendência ainda de recursos, vale dizer, antes do trânsito em julgado da decisão condenatória, assim fundamentando: *"A execução da sentença, antes de transitada em julgado, é incompatível com o texto do art. 5 , LVII da Constituição do Brasil. Colho, em voto de Sua Excelência,* (no caso o Ministro Sepúlveda Pertence) *, no julgamento do HC nº 69.964, a seguinte assertiva* - (agora, palavras do Ministro Sepúlveda Pertence):

"(...) quando se trata de prisão que tenha por título sentença condenatória recorrível, de duas, uma: ou se trata de prisão cautelar, ou de antecipação do cumprimento da pena.

(...) E antecipação de execução de pena, de um lado, com a regra constitucional de que ninguém será considerado culpado antes que transite em julgado a condenação, são coisas, ***data venia****, que hurlent de se trouver ensemble. (...)"*

Também o Ministro Marco Aurélio afirmou, quando desse mesmo julgamento, a impossibilidade, sem afronta ao art. 5º da Constituição de 1988, da antecipação provisória do cumprimento da pena.

Sigo lendo da fundamentação do HC citado: *"Aqui, mais do que diante de um princípio explícito de direito, estamos em face de regra expressa afirmada, em todas as suas letras, pela Constituição. Por isso é mesmo incompleta a notícia de que a boa doutrina tem severamente criticado a execução antecipada da pena. Aliás, parenteticamente - e porque as palavras são mais sábias do que quem as pronuncia, porque as palavras são terríveis, denunciam causticamente -, anoto a circunstância de o vocábulo "antecipada", inserido na expressão, denotar suficientemente a incoerência da execução assim operada".*

"Retomo porém o fio da minha exposição repetindo ser incompleta a notícia de que a boa doutrina tem severamente criticado a execução antecipada da pena. E isso porque na hipótese não se manifesta somente antipatia da doutrina em relação à antecipação de execução penal, mais, muito mais do que isso, aqui há oposição, confronto, contraste bem vincado entre o texto expresso da Constituição do Brasil e regras infraconstitucionais que a justificariam, a execução antecipada da pena."

Documento assinado digitalmente conforme MP nº 2.200-2/2001 de 24/08/2001, que institui a Infraestrutura de Chaves Públicas Brasileira - ICP-Brasil. O documento pode ser acessado no endereço eletrônico http://www.stf.jus.br/portal/autenticacao/ sob o número 10957645.

HC 126292 / SP

Este Plenário apreciou o tema com profundidade, naquela oportunidade, à luz da Constituição. Exarados votos, inclusive um belíssimo, como sempre, do nosso eminente decano, Ministro Celso de Mello, no sentido da prevalência do postulado da presunção de inocência, ou da não culpabilidade, até o trânsito em julgado da decisão condenatória.

Há questões pragmáticas envolvidas, não tenho a menor dúvida, mas penso que o melhor caminho para solucioná-las não passa pela alteração, por esta Corte, de sua compreensão sobre o texto constitucional no aspecto.

Não ouso, Senhor Presidente, no momento, repito, com todo o respeito, pedindo vênia ao eminente Relator e aos Ministros que o acompanharam, afastar os fundamentos antes lembrados para referendar a revisão da jurisprudência da Corte. Assim, forte no critério que expus como norte da minha atuação nesta Casa, divirjo para conceder a ordem. Pelo que depreendi do voto do Ministro Teori, o Ministro Falcão, no STJ, indeferiu a liminar em impetração contra decisão do Tribunal de Justiça de São Paulo que determinara "execute-se a pena", em execução provisória, não se tratando de decreto de prisão cautelar.

Respeitosamente divirjo, portanto, concedendo a ordem.

É como voto.

Documento assinado digitalmente conforme MP n° 2.200-2/2001 de 24/08/2001, que institui a Infraestrutura de Chaves Públicas Brasileira - ICP-Brasil. O documento pode ser acessado no endereço eletrônico http://www.stf.jus.br/portal/autenticacao/ sob o número 10957645.

17/02/2016 **PLENÁRIO**

HABEAS CORPUS 126.292 SÃO PAULO

VOTO

O SENHOR MINISTRO LUIZ FUX - Senhor Presidente, egrégio Tribunal Pleno, ilustre representante do Ministério Público.

Senhor Presidente, aqui, em muitas ocasiões, nós aduzimos ao silêncio eloquente do constituinte originário em determinadas matérias. Mas, no meu modo de ver, aqui houve uma deformação eloquente da presunção de não culpabilidade. A presunção de inocência, desde as suas raízes históricas, está calcada exatamente na regra **mater** de que uma pessoa é inocente até que seja considerada culpada. E, fazendo um paralelismo entre essa afirmação e a realidade prática, e a jurisdição em sendo uma função popular, ninguém consegue entender a seguinte equação: o cidadão tem a denúncia recebida, ele é condenado em primeiro grau, é condenado no juízo da apelação, condenado no STJ e ingressa presumidamente inocente no Supremo Tribunal Federal. Isso efetivamente não corresponde à expectativa da sociedade em relação ao que seja uma presunção de inocência. E presunção de inocência é o que está escrito na Declaração Universal dos Direitos Humanos da ONU: *"Toda pessoa acusada de um ato delituoso tem o direito de ser presumida inocente até que a sua culpabilidade tenha sido provada."* Não há necessidade do trânsito em julgado.

Nós também, aqui, sempre nosso querido e dileto amigo Ministro Aurélio afirma que aqui não há semideuses, quer dizer, nós não temos a última palavra, porque sabemos mais do que todos. Então, se esse agente perpassa por todas as esferas do Judiciário, positivamente, é impossível que ele chegue, aqui, ao Supremo Tribunal Federal, na qualidade de presumido inocente.

Por outro lado, Senhor Presidente, foi aqui destacado um aspecto muito importante que é, talvez, uma singularidade processual. A coisa julgada está intimamente vinculada à ideia da imutabilidade da decisão. Coisa julgada significa a imutabilidade da decisão ou a indiscutibilidade

Documento assinado digitalmente conforme MP n° 2.200-2/2001 de 24/08/2001, que institui a Infraestrutura de Chaves Públicas Brasileira - ICP-Brasil. O documento pode ser acessado no endereço eletrônico http://www.stf.jus.br/portal/autenticacao/ sob o número 10915613.

de alguns capítulos da decisão.

E é exatamente o que ocorre no processo penal, como aqui foi destacado pelo Ministério Público, pelo voto do Ministro Teori, Ministro Fachin, Ministro Barroso, com relação àquela matéria fático-probatória. Há uma coisa julgada singular, porque, aquilo ali, em regra, é imutável, indiscutível, porque não é passível de análise no Tribunal Superior. Só se devolvem questões constitucionais e questões federais. E, eventualmente, **ad eventum**, e à luz da realidade prática muito difícil, pode-se, eventualmente, constatar um vício de inconstitucionalidade.

Mas a verdade é que é possível se entrever uma imutabilidade com relação à matéria de mérito da acusação das provas e prosseguir-se o recurso por outro ângulo da análise constitucional. E isso porque o próprio Supremo Tribunal Federal já afirmou, recentemente, que se admite a coisa julgada em capítulos. Admite-se a coisa julgada em capítulos. As ações devem ser interpostas a partir do momento em que parte das decisões transitem em julgado. Então, essa parte relativa ao mérito da acusação e às provas, essa parte se torna indiscutível, imutável, de sorte que nada impede, ainda, aqueles que interpretam que a presunção de inocência vai até o trânsito julgado, e se entreveja o trânsito em julgado exatamente nesse momento.

Eu, como fui antecedido por três exemplares manifestações - Ministro Teori, Ministro Fachin e Ministro Barroso - não queria reiterar aspectos que aqui foram destacados. Mas, apenas, traria a lume, por fim, uma observação que parece muito importante. É preciso observar que, quando uma interpretação constitucional não encontra mais ressonância no meio social - e há estudos de Reva Siegel, Robert Post, no sentido de que a sociedade não aceita mais - e se há algo inequívoco hoje, a sociedade não aceita essa presunção de inocência de uma pessoa condenada que não para de recorrer -, com a seguinte disfunção, a prescrição, nesse caso, ela também fica disfuncional, como destacou o eminente Procurador da República, se o réu não é preso após a apelação, porque, depois da sentença ou acórdão condenatório, o próximo marco interruptivo da prescrição é o início do cumprimento da pena. Assim,

Documento assinado digitalmente conforme MP n° 2.200-2/2001 de 24/08/2001, que institui a Infraestrutura de Chaves Públicas Brasileira - ICP-Brasil. O documento pode ser acessado no endereço eletrônico http://www.stf.jus.br/portal/autenticacao/ sob o número 10915613.

após a sentença, não iniciado o cumprimento da pena, pode a defesa recorrer **ad infinitum**, correndo a prescrição. E veja que não há nenhuma inércia do Ministério Público. Isso é uma situação, isso é teratológico, absolutamente teratológico.

E, como hoje, efetivamente, essa presunção de inocência não corresponde mais aquilo que se denomina de sentimento constitucional, eu colho da obra da professora Patrícia Perrone Campos Mello, sobre precedentes, que, às vezes, é fundamental o abandono dos precedentes em virtude da incongruência sistêmica ou social. E, aqui, cito um trecho que eu também repisei no voto da "Ficha Limpa", quando se alegava presunção de inocência irradiando-se para o campo eleitoral.

Aqui, eu trago um texto muito interessante dessa eminente doutrinadora da nossa Universidade. Então afirma ela:

> *"[...] A incongruência social alude a uma relação de incompatibilidade entre as normas jurídicas e os standards sociais; corresponde a um vínculo negativo entre as decisões judiciais e as expectativas dos cidadãos."*

Por outro lado, Konrad Hesse, na sua obra sobre "A Força Normativa da Constituição", com tradução escorreita do eminente Ministro Gilmar Mendes, na obra da Fabris Editor, afirmou:

> *"[...] Quanto mais o conteúdo de uma Constituição lograr corresponder à natureza singular do presente, tanto mais seguro há de ser o desenvolvimento de sua força normativa."*

O desenvolvimento da força normativa da Constituição, nesse aspecto, está em que a presunção de inocência cessa a partir do momento em que se comprova a culpabilidade do agente, máxime, em segundo grau de jurisdição, encerrando um julgamento impassível de ser modificado pelos Tribunais Superiores.

Então, pedindo vênia à divergência e louvando essas três exemplares manifestações dos Ministros Teori, Fachin e Barroso, eu os acompanho integralmente.

Documento assinado digitalmente conforme MP n° 2.200-2/2001 de 24/08/2001, que institui a Infraestrutura de Chaves Públicas Brasileira - ICP-Brasil. O documento pode ser acessado no endereço eletrônico http://www.stf.jus.br/portal/autenticacao/ sob o número 10915613.

17/02/2016 **PLENÁRIO**

HABEAS CORPUS 126.292 SÃO PAULO

VOTO

A SENHORA MINISTRA CÁRMEN LÚCIA - Senhor Presidente, também devo dizer que esta matéria, que já veio aqui algumas vezes, me parece da maior relevância, não apenas para a comunidade jurídica, mas, neste caso específico, para toda a sociedade. Acho que esse é um tema candente.

Lembro bem que, na última decisão que tomamos no **habeas corpus**, parece que da relatoria do Ministro Eros Grau, chegou-se a discutir muito, nas faculdades, nas academias, mas escutei isso em programas populares, as consequências que isso teria.

Eu, Senhor Presidente, fiquei vencida nas outras ocasiões exatamente no sentido do que é o voto agora do Ministro-Relator, ou seja, considerei que a interpretação da Constituição no sentido de que ninguém pode ser considerado culpado até o trânsito em julgado da sentença penal condenatória haveria de ser lido e interpretado no sentido de que ninguém poderá ser considerado culpado e não condenado. Quer dizer, condenado ele está, mas o que a Constituição diz é que a esfera de culpa ou o carimbo da culpa, com consequências para além do Direito Penal, inclusive com base na sentença penal transitada, é uma coisa; quer dizer, algo é dizer que ninguém será considerado culpado, e esta é a presunção de inocência que foi discutida na Constituinte. Todos são considerados inocentes até prova em contrário, e se resolveu que, pelo sistema administrativo brasileiro, que permite consequências também na esfera do Direito Civil, admitir-se-ia o princípio da não culpabilidade penal. Então, as consequências eventuais com o trânsito em julgado de uma sentença penal condenatória haverão de ser tidas e havidas após o trânsito em julgado, mas a condenação que leva ao início de cumprimento de pena não afeta este princípio estabelecido inclusive em documentos internacionais.

Portanto, naqueles julgamentos anteriores, afirmava que a mim não

Documento assinado digitalmente conforme MP nº 2.200-2/2001 de 24/08/2001, que institui a Infraestrutura de Chaves Públicas Brasileira - ICP-Brasil. O documento pode ser acessado no endereço eletrônico http://www.stf.jus.br/portal/autenticacao/ sob o número 10354586.

parecia ruptura ou afronta ao princípio da não culpabilidade penal o início do cumprimento de pena determinado quando já exaurida a fase de provas, que se extingue exatamente após o duplo grau de jurisdição, porque então se discute o direito.

E temos inclusive súmula, que aplicamos reiteradamente nos **habeas corpus** e em todos os outros processos, aqui incluídos os recursos extraordinários, a Súmula 279, que não permite revisão de provas nesta sede.

Portanto, o quadro fático já está posto. Outras questões, claro, haverão de ser asseguradas para os réus. Por isso, Presidente, considerei e concluí, votando vencida naqueles julgados, no sentido de que o que a Constituição determina é a não culpa definitiva antes do trânsito, e não a não condenação, como disse agora o Ministro Fux, se em duas instâncias já foi assim considerado, nos termos inclusive das normas internacionais de Direitos Humanos.

Por essa razão, Senhor Presidente, vou me manter na mesma linha dos votos antes proferidos, ou seja, neste caso, denego a ordem, acompanhando o Ministro-Relator, com as vênias da Ministra Rosa Weber que votou divergente.

Documento assinado digitalmente conforme MP n° 2.200-2/2001 de 24/08/2001, que institui a Infraestrutura de Chaves Públicas Brasileira - ICP-Brasil. O documento pode ser acessado no endereço eletrônico http://www.stf.jus.br/portal/autenticacao/ sob o número 10354586.

17/02/2016 **PLENÁRIO**

HABEAS CORPUS 126.292 SÃO PAULO

VOTO

O SENHOR MINISTRO GILMAR MENDES - Senhor Presidente, eu formei, como já foi até assinalado, a maioria que, no julgamento do caso do *Habeas Corpus* 84.078, estabeleceu a orientação hoje vigente quanto à necessidade de que houvesse sempre o trânsito em julgado para que se executasse a sentença.

À época, lembro-me de que o relator do processo era o ministro Eros Grau, mas se destacou, com muita ênfase, o voto proferido pelo ministro Cezar Peluso, que ressaltava a importância ou a possibilidade de que houvesse a prisão provisória a partir dessa decisão de primeiro ou de segundo grau desde que presentes os requisitos de prisão preventiva. São os casos clássicos, nós nos lembramos bem, que são hoje enquadráveis naquele fundamento de ordem pública. A possibilidade, por exemplo, de uma iteração ou reiteração delitiva. Então, era uma hipótese que se colocava como plausível para justificar a prisão preventiva a partir da decisão de primeiro ou de segundo grau.

Como já foi amplamente destacado aqui e tem sido objeto de ampla discussão e reflexão, nosso sistema é bastante singular, porque, ao contrário, por exemplo, do modelo alemão, não enseja o trânsito em julgado a não ser depois de ultimadas todas as providências verificadas no processo. Daí, termos visto o caso recente trazido ao Plenário, do ministro Dias Toffoli. Esses apelos, minúcias, expedientes, que vão ao extremo. No Direito alemão, uma *Verfassungsbeschwerde*, um recurso constitucional, já se lançaria contra uma decisão trânsita em julgado. Foi, inclusive, o modelo que o ministro Peluso imaginou introduzir aqui, por proposta de emenda constitucional, dizendo, na fase da apelação, definida a apelação, já haverá trânsito em julgado. Portanto, é a partir desse modelo positivo que muitas vezes se diz "mas o modelo alemão, por exemplo, leva isso em conta". Ou o próprio modelo espanhol, que não tem o recurso constitucional, mas tem o recurso de amparo. Em suma,

Documento assinado digitalmente conforme MP n° 2.200-2/2001 de 24/08/2001, que institui a Infraestrutura de Chaves Públicas Brasileira - ICP-Brasil. O documento pode ser acessado no endereço eletrônico http://www.stf.jus.br/portal/autenticacao/ sob o número 10932289.

seguindo as mesmas pegadas. Em nosso caso, ao contrário, sabemos que é possível, depois da decisão de apelação, portanto, na esfera ainda da jurisdição ordinária, termos o recurso especial, o recurso extraordinário, esses sucessivos recursos, já com objetivo, embargos de declaração, destinados a fundamentalmente elidir o trânsito em julgado e a bloquear a efetividade das decisões.

Isso tem sido objeto, inclusive, de glosa na própria imprensa internacional. Não faz muito o *The Economist* fez uma análise da jurisdição criminal no Brasil – um pouco na linha do que falou há pouco o ministro Barroso – dizendo que nós somos muito generosos na utilização da prisão preventiva e depois invocamos o argumento do trânsito em julgado para a execução da sentença. Portanto, sugerindo que há abusos.

O SENHOR MINISTRO LUÍS ROBERTO BARROSO – Ministro Gilmar, e só nessa linha, ratificando, porque me esqueci, e acho que parte do número excessivo de prisões provisórias que nós temos no Brasil é pela percepção de que, se você não pune no início, não consegue punir no final. Portanto, uma inversão lógica que hoje nós talvez estejamos ajudando a combater.

Já que Vossa Excelência citou o *The Economist*, o desta semana tem uma matéria muito interessante pela descriminalização da maconha.

O SENHOR MINISTRO GILMAR MENDES - Consta a observação de um correspondente estrangeiro chocado com o excesso de prisões provisórias e depois com o fato de que pode ser que, se eles obtiverem um *habeas corpus*, demorem, ou talvez nem venham a ser presos na execução, tendo em vista todas as delongas que o sistema permite.

Por conta de todas essas questões e reflexões é que, de uns tempos para cá, eu tenho me proposto a refletir novamente sobre aquela nossa decisão. E casos graves têm ocorrido que comprometem mesmo a efetividade da justiça.

Ainda há pouco – e é um caso que eu acompanhava na Presidência do Supremo Tribunal Federal –, esse crime, por todas as razões,

Documento assinado digitalmente conforme MP n° 2.200-2/2001 de 24/08/2001, que institui a Infraestrutura de Chaves Públicas Brasileira - ICP-Brasil. O documento pode ser acessado no endereço eletrônico http://www.stf.jus.br/portal/autenticacao/ sob o número 10932289.

reprovável, ocorrido em Unaí, dos auditores fiscais do trabalho, em que o assim reconhecido mandante foi condenado a cem anos de prisão e livra-se, solto, vai para casa em seguida. É algo incompreensível, incompreensível para o senso comum, mas também para o senso técnico.

Um outro caso que nós acompanhávamos, na Presidência do Supremo, de um deputado que, para solucionar a falta de vaga na Câmara, decide matar a suplente. Manda matar a suplente.

O SENHOR MINISTRO LUÍS ROBERTO BARROSO - Ministro Gilmar, e no caso de tribunal do júri, tendo em vista a soberania do júri, talvez se devesse até mesmo pensar a questão do segundo grau, tendo em vista a gravidade do homicídio.

O SENHOR MINISTRO GILMAR MENDES - Mas ficou anos respondendo solto, vai a júri... Tem que se pensar em alguma coisa.

O caso célebre, que sempre foi discutido, do jornalista do Estado de São Paulo, que cometeu homicídio contra a também jornalista, sua colega e namorada, Pimenta Neves.

Em suma, são casos emblemáticos, mas apenas para ajudar a ilustrar essa situação. E todo dia nós temos aqui essa multiplicidade de embargos de declaração como instrumento e impediente do trânsito em julgado, que muitas vezes levam também a esse fenômeno da imposição da prescrição, porque, ainda que nós tenhamos todo o cuidado nesse tipo de matéria, e tenhamos hoje até um setor competente no Tribunal para nos advertir do risco da prescrição, o fato é que ela ocorre, e ocorre não por deliberação nossa. Todos nós rezamos para que isso não ocorra. Mas simplesmente a massa de processos não permite que sejamos oniscientes. E infelizmente isso ocorre. Essa massa de recursos faz com que tenhamos esse quadro constrangedor de impunidade.

A SENHORA MINISTRA CÁRMEN LÚCIA - Ministro, Vossa Excelência me permite um segundo? Apenas para fazer uma observação que me parece muito coerente com o que já foi dito até aqui. Em todos os

Documento assinado digitalmente conforme MP n° 2.200-2/2001 de 24/08/2001, que institui a Infraestrutura de Chaves Públicas Brasileira - ICP-Brasil. O documento pode ser acessado no endereço eletrônico http://www.stf.jus.br/portal/autenticacao/ sob o número 10932289.

casos isso é grave. Em todos os casos penais é grave.

O SENHOR MINISTRO GILMAR MENDES – Sim.

A SENHORA MINISTRA CÁRMEN LÚCIA – A Justiça que tarda falha, é claro, mas, em alguns casos, a Justiça que tarda na sua execução deixa de poder ser prestada. De uma forma simples, dou um exemplo, que é esse trabalho que faço, de homicídios praticados contra mulheres e um júri ocorrido dezesseis anos depois. Quer dizer, a pessoa não é presa. Ela já formou outra família, o homem. A criança que tinha oito anos viu isso, dezesseis anos depois, aos 24, nem entende mais o que está acontecendo. E quem é do interior - e o Brasil mora muito no interior -, sabe que as famílias são inimigas. Então, criou-se uma situação social em que aplica-se a lei, mas a ideia de justiça acabou, simplesmente acabou. Enfim, só para dar essa achega. Obrigada pelo aparte.

O SENHOR MINISTRO GILMAR MENDES – Obrigado, ministra Cármen.

Agora eu também queria enfrentar a questão na perspectiva teórica da ideia da presunção de inocência ou presunção da não culpabilidade, que foi objeto de uma reflexão muito séria por parte do Tribunal. Acho importante o debate tendo como *leitmotiv* a ideia da presunção da não culpabilidade.

A mim me parece que nós temos uma sinalização de um instituto jurídico ou o desenho de uma assim chamada garantia institucional. O que se quer fundamentalmente? Que determinadas premissas básicas sejam seguidas. Agora, se nós notarmos, ao longo do desenho jurídico positivo, vamos ver que o próprio legislador lida com esse tema de maneira variada, dizendo, por exemplo, que bastam indícios para que se justifique a busca e apreensão. Logo, portanto, atenuando a ideia de uma presunção de inocência que tornasse o indivíduo quase que insuscetível de ser investigado. Mas, para o recebimento da denúncia, já exige alguma coisa mais densa, a ideia da materialidade.

Documento assinado digitalmente conforme MP n° 2.200-2/2001 de 24/08/2001, que institui a Infraestrutura de Chaves Públicas Brasileira - ICP-Brasil. O documento pode ser acessado no endereço eletrônico http://www.stf.jus.br/portal/autenticacao/ sob o número 10932289.

O núcleo essencial da presunção de não culpabilidade impõe o ônus da prova do crime e de sua autoria à acusação. Sob esse aspecto, não há maiores dúvidas de que estamos falando de um direito fundamental processual, de âmbito negativo.

Para além disso, a garantia impede, de uma forma geral, o tratamento do réu como culpado até o trânsito em julgado da sentença. No entanto, a definição do que vem a ser tratar como culpado depende de intermediação do legislador.

Ou seja, a norma afirma que ninguém será considerado culpado até o trânsito em julgado da condenação, mas está longe de precisar o que vem a ser considerar alguém culpado.

O que se tem é, por um lado, a importância de preservar o imputado contra juízos precipitados acerca de sua responsabilidade. Por outro, uma dificuldade de compatibilizar o respeito ao acusado com a progressiva demonstração de sua culpa.

Disso se extrai que o espaço de conformação do legislador é lato. A cláusula não obsta que a lei regulamente os procedimentos, tratando o implicado de forma progressivamente mais gravosa, conforme a imputação evolui. Por exemplo, para impor uma busca domiciliar, bastam "fundadas razões" – art. 240, §1º, do CPP. Para tornar o implicado réu, já são necessários a prova da materialidade e indícios da autoria (art. 395, III, do CPP). Para condená-lo, é imperiosa a prova além de dúvida razoável.

E, aí, eu vou citar um clássico do nosso Direito, que é Eduardo Espínola Filho, ao afirmar que *"a presunção de inocência é vária"*, dizia ele na linguagem singular, *"segundo os indivíduos sujeitos passivos do processo, as contingências da prova e o estado da causa"* (ESPÍNOLA FILHO, Eduardo. Código de Processo Penal Brasileiro Anotado, Volume III. Campinas: Bookseler, 2000. p. 436).

Portanto, suscitando que isso é passível, usando uma linguagem da teoria dos direitos fundamentais, de uma conformação por parte inclusive do legislador. Não é um conceito, quer dizer, estamos falando de um princípio, não de uma regra. Aqui, não se resolve numa fórmula de tudo

Documento assinado digitalmente conforme MP n° 2.200-2/2001 de 24/08/2001, que institui a Infraestrutura de Chaves Públicas Brasileira - ICP-Brasil. O documento pode ser acessado no endereço eletrônico http://www.stf.jus.br/portal/autenticacao/ sob o número 10932289.

ou nada. É disso que se cuida quando Eduardo Espínola Filho fala dessa gradação.

Ou seja, é natural à presunção de não culpabilidade evoluir de acordo com o estágio do procedimento. Desde que não se atinja o núcleo fundamental, o tratamento progressivamente mais gravoso é aceitável.

Na hipótese que estamos analisando, ainda que a condenação não tenha transitado em julgado, já foi estabelecida pelas instâncias soberanas para análise dos fatos. Após o julgamento da apelação, estão esgotadas as vias ordinárias. Subsequentemente, cabem apenas recursos extraordinários.

Os recursos extraordinários têm sua fundamentação vinculada a questões federais (recurso especial) e constitucionais (recurso extraordinário) e, por força da lei (art. 637 do CPP), não têm efeito suspensivo. A análise das questões federais e constitucionais em recursos extraordinários, ainda que decorra da provocação da parte recorrente, serve preponderantemente não ao interesse do postulante, mas ao interesse coletivo no desenvolvimento e aperfeiçoamento da jurisprudência.

Esgotadas as instâncias ordinárias com a condenação à pena privativa de liberdade não substituída, tem-se uma declaração, com considerável força de que o réu é culpado e a sua prisão necessária.

Nesse estágio, é compatível com a presunção de não culpabilidade determinar o cumprimento das penas, ainda que pendentes recursos.

Note-se que a Lei da Ficha Limpa considera inelegíveis os condenados por diversos crimes graves nela relacionados, a partir do julgamento em Tribunal (art. 1º, I, "e", da Lei Complementar 64/90, introduzido pela Lei Complementar 135/10).

Essa norma é constitucional, como declarado pelo Supremo Tribunal (Ações Declaratórias de Constitucionalidade 29 e 30, Relator Min. LUIZ FUX, Tribunal Pleno, julgadas em 16.2.2012).

Ou seja, a presunção de não culpabilidade não impede que, mesmo antes do trânsito em julgado, a condenação criminal surta efeitos severos, como a perda do direito de ser eleito. Igualmente, não parece

Documento assinado digitalmente conforme MP n° 2.200-2/2001 de 24/08/2001, que institui a Infraestrutura de Chaves Públicas Brasileira - ICP-Brasil. O documento pode ser acessado no endereço eletrônico http://www.stf.jus.br/portal/autenticacao/ sob o número 10932289.

incompatível com a presunção de não culpabilidade que a pena passe a ser cumprida, independentemente da tramitação do recurso.

Como reforço, acrescenta-se que uma análise do direito comparado permite verificar que a extensão da garantia contra a prisão até o trânsito em julgado está longe de ser preponderante.

Nem todas as declarações de direitos contemplam expressamente a não culpabilidade.

Em sua maioria, as que contemplam afirmam que a inocência é presumida até o momento em que a culpa é provada de acordo com o direito.

A Convenção Americana de Direitos Humanos (Pacto de San José da Costa Rica) prevê a garantia no artigo 8, 2: "*Toda pessoa acusada de um delito tem direito a que se presuma sua inocência, enquanto não for legalmente comprovada sua culpa*".

A Convenção Europeia dos Direitos do Homem prevê, no artigo 6º, 2, que "*Qualquer pessoa acusada de uma infração presume-se inocente enquanto a sua culpabilidade não tiver sido legalmente provada*".

Disposições semelhantes são encontradas no direito francês (artigo 9º da Declaração dos Direitos do Homem e do Cidadão de 1789), canadense (seção 11 da Carta de Direitos e Liberdades) e russo (artigo 49 da Constituição).

Todas escolhem, como marco para cessação da presunção, o momento em que a culpa é provada de acordo com o direito. Resta saber em que momento isso ocorre.

O Tribunal Europeu dos Direitos do Homem, interpretando o dispositivo da Convenção Europeia, afirma que a presunção pode ser tida por esgotada antes mesmo da conclusão do julgamento em primeira instância. Alguns países, notadamente os do sistema "*common law*", dividem os julgamentos nas fases de veredito (*verdict*) e de aplicação da pena (*sentencing*). Na primeira, é deliberado acerca da culpa do implicado. Se declarada a culpa, passa-se à fase seguinte, de escolha e quantificação das penas. No caso Matijašević v. Serbia, n. 23037/04, julgado em 19.9.2006, o Tribunal reitera já longa jurisprudência no sentido

Documento assinado digitalmente conforme MP n° 2.200-2/2001 de 24/08/2001, que institui a Infraestrutura de Chaves Públicas Brasileira - ICP-Brasil. O documento pode ser acessado no endereço eletrônico http://www.stf.jus.br/portal/autenticacao/ sob o número 10932289.

de que, declarada a culpa na fase de veredito, o dispositivo não mais se aplica. Ou seja, com a declaração da culpa, cessa a presunção, independentemente do cabimento de recursos.

Os Estados Unidos adotam *standards* bastante rigorosos nessa seara. A legislação processual federal – art. 18 U. S. Code §3143 – determina a imediata prisão do condenado, mesmo antes da imposição da pena (alínea "a"), salvo casos excepcionais. As exceções são ainda mais estritas na pendência de apelos (alíneas "b" e "c"). As legislação processuais dos estados não costumam ser mais brandas.

Nesses ordenamentos, muito embora a presunção de não culpabilidade fique afastada, ainda há o direito a recurso, a ser analisado em tempo hábil. No entanto, o direito de análise célere da impugnação é fundado em outros preceitos, como a duração razoável do processo.

O direito alemão prevê uma solução diversa. Muito embora não exista menção expressa à presunção de inocência na Lei Fundamental, o princípio faz parte do ordenamento jurídico pela interpretação do sistema e pela incorporação da Convenção Europeia dos Direitos do Homem. No plano legal, o Código de Processo Penal (*Strafprozeßordnung*) afirma que as "sentenças condenatórias não são exequíveis enquanto não passarem em julgado" (§449: "*Strafurteile sind nicht vollstreckbar, bevor sie rechtskräftig geworden sind*"). A despeito disso, se o acusado é fortemente suspeito ("*dringen verdächtig*") do cometimento de um crime grave, a regra é que responda preso. Nesses casos, a lei dispensa ulterior demonstração da necessidade da prisão – §§ 112 e 112a do *Strafprozeßordnung*. Tendo em vista a dificuldade de compatibilização da prisão automática com a presunção de inocência, a jurisprudência tempera a aplicação desses dispositivos, exigindo, nas prisões antes do julgamento, a demonstração, ainda que mínima, de algum dos requisitos da prisão preventiva (*Bundesverfassungsgericht*, 19, 342).

Já o nosso texto constitucional segue a tradição das Constituições da Itália – artigo 27: "*L'imputato non è considerato colpevole sino alla condanna definitiva*" – Portugal –artigo 32, 2: "*Todo o arguido se presume inocente até ao trânsito em julgado da sentença de condenação, devendo ser julgado no mais*

Documento assinado digitalmente conforme MP n° 2.200-2/2001 de 24/08/2001, que institui a Infraestrutura de Chaves Públicas Brasileira - ICP-Brasil. O documento pode ser acessado no endereço eletrônico http://www.stf.jus.br/portal/autenticacao/ sob o número 10932289.

curto prazo compatível com as garantias de defesa" – e dos países de língua portuguesa em geral – Angola, artigo 67, 2; Moçambique, artigo 59, 2: 2; Cabo Verde, artigo 34, 1; São Tomé e Príncipe, artigo 40, 2; Guiné-Bissau, artigo 42, 2 e Timor Leste, artigo 34, 1.

Nota-se que, na tradição italiana e nas constituições de língua portuguesa a presunção vige até o trânsito em julgado.

Não se nega a importância da análise das Constituições de mesma tradição. Em nosso caso, os textos constitucionais de língua portuguesa são *"importante objeto de estudo"*, visto que *"é possível identificar uma tradição institucional comum que informa os ordenamentos constitucionais de Portugal, do Brasil, de Angola, de Guiné-Bissau, de Cabo Verde, de Moçambique, e de São Tomé e Príncipe"* (HORBACH, Carlos Bastide. O controle de Constitucionalidade na Constituição de Timor-Leste. Revista da Faculdade de Direito da Universidade de Lisboa, vol. XLVI, nº 2. Coimbra: Coimbra Editora, 2005).

De qualquer forma, a interpretação da presunção de não culpabilidade não pode perder de vista nosso próprio ordenamento. Nosso país tem um intrincado sistema judiciário. Na base, há duas instâncias, com ampla competência para análise dos fatos e do direito. Logo acima, temos as instâncias extraordinárias – Tribunais Superiores e Supremo Tribunal. O acesso às instâncias extraordinárias é consideravelmente amplo. Não há meios eficazes para garantir adequação da força de trabalho das Cortes Superiores ao interesse do desenvolvimento da jurisprudência. A própria rejeição de recursos pela falta de repercussão geral, nas estreitas hipóteses em que cabível, demanda muito da Corte. Isso faz com que, mesmo quando desprovidos de relevância, a análise dos recursos extraordinários demore muito.

Resta-nos reconhecer que as instâncias extraordinárias, da forma como são estruturadas no Brasil, não são vocacionadas a dar respostas rápidas às demandas.

Em suma, a presunção de não culpabilidade é um direito fundamental que impõe o ônus da prova à acusação e impede o tratamento do réu como culpado até o trânsito em julgado da sentença.

Documento assinado digitalmente conforme MP nº 2.200-2/2001 de 24/08/2001, que institui a Infraestrutura de Chaves Públicas Brasileira - ICP-Brasil. O documento pode ser acessado no endereço eletrônico http://www.stf.jus.br/portal/autenticacao/ sob o número 10932289.

Ainda assim, não impõe que o réu seja tratado da mesma forma durante todo o processo. Conforme se avança e a culpa vai ficando demonstrada, a lei poderá impor tratamento algo diferenciado.

O que eu estou colocando, portanto, para nossa reflexão é que é preciso que vejamos a presunção de inocência como um princípio relevantíssimo para a ordem jurídica ou constitucional, mas princípio suscetível de ser devidamente conformado, tendo em vista, inclusive, as circunstâncias de aplicação no caso do Direito Penal e Processual Penal. Por isso, eu entendo que, nesse contexto, não é de se considerar que a prisão, após a decisão do tribunal de apelação, haja de ser considerada violadora desse princípio.

E a mim parece que, se porventura houver a caracterização – que sempre pode ocorrer – de abuso na decisão condenatória, certamente estarão à disposição do eventual condenado todos os remédios, além do eventual recurso extraordinário, com pedido de efeito suspensivo, cautelar, também o *habeas corpus*. E os tribunais disporão de meios para sustar essa execução antecipada.

Logo, não estamos aqui a fazer tábula rasa e a determinar que se aplique, sem qualquer juízo crítico, a condenação emitida pelo juízo de segundo grau. Haverá sempre remédios, e o bom e forte *habeas corpus* estará à disposição dos eventuais condenados, como acontece de resto com os vários recursos extraordinários para os quais nós acabamos por conceder efeito suspensivo. Poderemos fazê-lo também em sede de *habeas corpus*.

Revisitei esse tema, Presidente, porque entendi de minha responsabilidade demarcar que também somei posição na formação da jurisprudência que agora se está a rever. Mas a própria realidade institucional de difícil modificação – tanto é que todos nós nos lembramos do esforço feito pelo ministro Peluso, ao oferecer aquela proposta de emenda constitucional, mas que tinha reflexo não só na área do Direito Penal, como também na área do Direito Civil, gerando, então, um fenômeno de grande insegurança jurídica, com a possibilidade de execução provisória também no campo do Direito Civel em geral. E, daí,

Documento assinado digitalmente conforme MP nº 2.200-2/2001 de 24/08/2001, que institui a Infraestrutura de Chaves Públicas Brasileira - ICP-Brasil. O documento pode ser acessado no endereço eletrônico http://www.stf.jus.br/portal/autenticacao/ sob o número 10932289.

talvez a razão por que a proposta de emenda acabou por não ter o trâmite, a despeito do bafejo, do apoio que ela colheu na imprensa e também nos setores da política, porque é um juízo quase que unânime no sentido de que há algo de extremamente singular no nosso sistema jurídico penal, mas, de fato, a ideia que Sua Excelência desenvolveu, seguindo o modelo europeu de controle concentrado de que haveria o trânsito em julgado com a decisão de segundo grau e, aí, valia tanto para as decisões de caráter penal como de civil, colocou realmente em grande temor todos aqueles que imaginavam que, depois, o recurso extraordinário teria efeito de uma rescisória com todas as consequências e as próprias execuções que se fariam no campo cível já teriam caráter de definitividade. Daí, portanto, a dificuldade que se colocou. Mas isso é até um dado muito curioso que fala bem da honestidade intelectual do ministro Peluso. Sua Excelência, na verdade, que contribuiu decisivamente para o debate, para a consagração do precedente aqui referido, depois, diante da análise das consequências, se viu tentado a desamarrar o impasse e propôs então essa emenda constitucional que teve um trâmite bastante enfático e acentuado, eu acho que no Senado.

Mas eu quero registrar que estou fazendo uma revisão de orientação. E, à época, eu imaginei que a própria ressalva que o ministro Peluso tinha trazido quanto à possibilidade de prisão depois da decisão de segundo grau, fosse mais abrangente do que poderia ser, porque, de fato, em alguns casos, nós podemos chegar, após a decisão de segundo grau, à aplicação da prisão como garantia da ordem pública. Mas como fazê-lo, por exemplo, em casos graves de homicídio? Crimes que causam desassossego nas comunidades e que o réu responde solto? Vai a júri? Vai recorrer sucessivamente?

Nós temos inclusive hoje uma dificuldade, e esse é um outro dado importante, que nós até temos tido essa reflexão na Turma, alonga-se por demais a submissão de alguém ao julgamento do júri. Por quê? Porque se espera também a preclusão definitiva da chamada decisão de sentença de pronúncia. Portanto, isso vem em recurso para o tribunal de apelação e depois vem ao STJ e, muitas vezes, vem até ao Supremo Tribunal Federal,

Documento assinado digitalmente conforme MP nº 2.200-2/2001 de 24/08/2001, que institui a Infraestrutura de Chaves Públicas Brasileira - ICP-Brasil. O documento pode ser acessado no endereço eletrônico http://www.stf.jus.br/portal/autenticacao/ sob o número 10932289.

frequentemente em *habeas corpus*, em suma, buscando a revisão da sentença de pronúncia. E, veja, o Brasil, nesse sentido, é um país, Presidente, Vossa Excelência tem os dados, inclusive, no CNJ, certamente é surreal. Acontece, no Brasil, prescrição de crime de júri, o que seria impensável, porque nós estamos falando da prescrição *longi temporis*, a mais ampla que se pode imaginar, mas eu me deparei com isso em Pernambuco, em que, em vários casos, teve-se de fazer mutirão, porque, veja, algo que seria impensável, que é a possibilidade de ter-se prescrição em função desse alongamento. O que realmente acaba comprometendo todo o sistema. Portanto...

O SENHOR MINISTRO LUÍS ROBERTO BARROSO – Ministro Gilmar, só um comentário nessa mesma linha. Primeiro, endossando a referência elogiosa ao Ministro Peluso, à qual adiro. Mas este problema... Eu fui do Conselho de Defesa dos Direitos da Pessoa Humana, cinco anos. Uma das grandes tragédias brasileiras, em matéria de direitos humanos, é a existência de grupos de extermínio, de norte a sul do País, que atuam, sobretudo, em razão da impunidade do sistema formal de Justiça. Então, com um certo apoio velado da sociedade, aquele pequeno comerciante ou pequeno empresário, ou aquele que foi afrontado com, eventualmente, um homicídio não punido, ele contrata um matador e resolve o seu problema com uma Justiça paralela, que é apenas um sintoma mais grave de que a Justiça formal não foi capaz de atender à demanda dele.

De modo que, endossando essa sua observação, eu me lembro desse problema dos grupos de extermínio, que é um problema grave, de norte a sul do País; e é grave pela violência, e é grave por uma certa cumplicidade silenciosa da sociedade.

O SENHOR MINISTRO GILMAR MENDES – E é verdade, o governador Eduardo Campos acompanhava essa questão, diretamente, me mostrou o sistema de acompanhamento no Palácio, em Pernambuco, e

Documento assinado digitalmente conforme MP n° 2.200-2/2001 de 24/08/2001, que institui a Infraestrutura de Chaves Públicas Brasileira - ICP-Brasil. O documento pode ser acessado no endereço eletrônico http://www.stf.jus.br/portal/autenticacao/ sob o número 10932289.

ele ficava um tanto chocado, não era da área jurídica, com esse fenômeno; travava um combate muito intenso contra o crime organizado, especialmente, esse crime de mando em Pernambuco, e, depois de dois ou três anos da prisão de autores de crimes graves, ele dizia "a Justiça acaba decidindo pela soltura", porque vinha a questão do tempo de prisão, crimes complexos em que não havia a possibilidade de fazer um julgamento rápido e, claro, essas pessoas voltariam a cometer crimes, porque pertenciam a organizações criminosas. Nós sabemos que, em alguns parlamentos, de alguns Estados, há, inclusive, algumas figuras importantes que estão associadas – certamente Vossa Excelência deve ter visto isso na comissão – a esses crimes extremamente graves; a questão da pistolagem, em alguns Estados, é extremamente grave.

Então, a mim me parece que eu teria que me estender um pouco mais, Presidente, só porque me somei à maioria vencedora naquele caso. E quero ressaltar que, tivéssemos nós a compreensão, por exemplo, que têm os alemães em relação à possibilidade da prisão preventiva, mesmo antes do trânsito em julgado, nós teríamos um argumento satisfatório, quer dizer, com base na garantia da ordem pública. Mas, pelo menos, o entendimento que nós temos hoje, aqui, é que se justifica a prisão, com base na garantia da ordem pública, em casos de possibilidade de repetição do delito em situações assemelhadas; em muitas situações, nós temos crimes extremamente graves, mas não se pode cogitar de sua possível repetição a justificar a prisão.

De modo que eu, fazendo todos esses registros, pedindo vênia agora à ministra Rosa Weber, que aderiu à posição anterior e, também, vênias antecipadas ao ministro Marco Aurélio, possivelmente ao ministro Celso de Mello, que há muito perfilham a orientação até aqui dominante, vou acompanhar o voto trazido pelo ministro Teori Zavascki, denegando a ordem.

Documento assinado digitalmente conforme MP n° 2.200-2/2001 de 24/08/2001, que institui a Infraestrutura de Chaves Públicas Brasileira - ICP-Brasil. O documento pode ser acessado no endereço eletrônico http://www.stf.jus.br/portal/autenticacao/ sob o número 10932289.

17/02/2016 **PLENÁRIO**

HABEAS CORPUS 126.292 SÃO PAULO

O SENHOR MINISTRO MARCO AURÉLIO – Presidente, não vejo uma tarde feliz, em termos jurisdicionais, na vida deste Tribunal, na vida do Supremo.

Há pouco, concluímos, considerada maioria escassa, por diferença de um voto, no sentido do não cabimento do *habeas corpus* contra ato de membro do Tribunal. Revelei preocupação quanto à reprodução dessa óptica nos Tribunais Superiores, nos vinte e sete Tribunais de Justiça e nos cinco Tribunais Regionais Federais. Já agora, com o voto de integrantes que buscam sempre a preservação da jurisprudência, revemos jurisprudência, que poderia dizer até mesmo recente, para admitir o que ressalto em votos na Turma como execução precoce, temporã, açodada da pena, sem ter-se a culpa devidamente formada.

Esses dois pronunciamentos esvaziam o modelo garantista, decorrente da Carta de 1988. Carta – não me canso de dizer – que veio a tratar dos direitos sociais antes de versar, como fizeram as anteriores, a estrutura do Estado. Carta apontada como cidadã por Ulisses Guimarães, um grande político do Estado-país, que é São Paulo, dentro do próprio País.

Tenho dúvidas, se, mantido esse rumo, quanto à leitura da Constituição pelo Supremo, poderá continuar a ser tida como Carta cidadã.

Admito que a quadra é de delinquência maior, tendo em conta, até mesmo, o crescimento demográfico desenfreado, ocorrido nos últimos quarenta e cinco anos. Lembremo-nos da Copa de 1970, Zagalo, Pelé e companhia, quando se ouvia o refrão: "Noventa milhões de brasileiros em ação". Hoje somos duzentos e cinco milhões de brasileiros em ação. Um crescimento demográfico de cerca de cento e quarenta por cento, presente natalidade sem controle.

Reconheço, mais, que a Justiça é morosa, que o Estado, em termos de persecução criminal, é moroso. Reconheço, ainda, que, no campo do

Documento assinado digitalmente conforme MP n° 2.200-2/2001 de 24/08/2001, que institui a Infraestrutura de Chaves Públicas Brasileira - ICP-Brasil. O documento pode ser acessado no endereço eletrônico http://www.stf.jus.br/portal/autenticacao/ sob o número 10400943.

Direito Penal, o tempo é precioso, e o é para o Estado-acusador e para o próprio acusado, implicando a prescrição da pretensão punitiva, muito embora existam diversos fatores interruptivos do prazo prescricional.

Reconheço que a época é de crise. Crise maior. Mas justamente, em quadra de crise maior, é que devem ser guardados parâmetros, princípios e valores, não se gerando instabilidade, porque a sociedade não pode viver aos sobressaltos, sendo surpreendida.

Ontem, o Supremo disse que não poderia haver a execução provisória, quando em jogo a liberdade de ir e vir. Considerado o mesmo texto constitucional, hoje, conclui de forma diametralmente oposta, por uma maioria que, presumo, virá a ser de sete votos a quatro. Não quero atrelar Vossa Excelência a qualquer das correntes, mas imagino, em termos de concepção do Direito positivo, de interpretação – que é ato de vontade, mas é ato vinculado ao Direito positivo –, o seu voto.

O caso não se mostra próximo de sugerir essa mudança substancial. Por que não é um caso à feição dessa mudança? Porque, na sentença, sem especificidade, sem limitação quanto ao recurso, assegurou-se ao paciente recorrer em liberdade. Ele o fez; o Ministério Público, não. Então, desprovida a apelação, implementou o Tribunal de Justiça não uma cautelar. Partiu para a execução – que já rotulei, com desassombro, como temporã, precoce, açodada –, determinando a expedição do mandado de prisão. Repita-se: assim o fez em cima de um recurso da defesa e presente a cláusula da sentença, não houve recurso da acusação, ensejadora da interposição de recursos – no plural – em liberdade.

Presidente, o acesso aos Tribunais de Brasília ainda está pendente. Por que, em passado recente, o Tribunal assentou a impossibilidade, levando inclusive o Superior Tribunal de Justiça a rever jurisprudência pacificada, de ter-se a execução provisória da pena? Porque, no rol principal das garantias constitucionais da Constituição de 1988, tem-se, em bom vernáculo, que "ninguém será considerado culpado antes do trânsito em julgado da sentença condenatória".

O preceito, a meu ver, não permite interpretações. Há uma máxima, em termos de noção de interpretação, de hermenêutica, segundo a qual,

Documento assinado digitalmente conforme MP n° 2.200-2/2001 de 24/08/2001, que institui a Infraestrutura de Chaves Públicas Brasileira - ICP-Brasil. O documento pode ser acessado no endereço eletrônico http://www.stf.jus.br/portal/autenticacao/ sob o número 10400943.

onde o texto é claro e preciso, cessa a interpretação, sob pena de se reescrever a norma jurídica, e, no caso, o preceito constitucional. Há de vingar o princípio da autocontenção. Já disse, nesta bancada, que, quando avançamos, extravasamos os limites que são próprios ao Judiciário, como que se lança um bumerangue e este pode retornar e vir à nossa testa. Considerado o campo patrimonial, a execução provisória pode inclusive ser afastada, quando o recurso é recebido não só no efeito devolutivo, como também no suspensivo. Pressuposto da execução provisória é a possibilidade de retorno ao estágio anterior, uma vez reformado o título.

Indaga-se: perdida a liberdade, vindo o título condenatório e provisório – porque ainda sujeito a modificação por meio de recurso – a ser alterado, transmudando-se condenação em absolvição, a liberdade será devolvida ao cidadão? Àquele que surge como inocente? A resposta, Presidente, é negativa.

Caminha-se – e houve sugestão de alguém, grande Juiz que ocupou essa cadeira – para verdadeira promulgação de emenda constitucional. Tenho dúvidas se seria possível até mesmo uma emenda, ante a limitação do artigo 60 da Carta de 1988 quanto aos direitos e garantias individuais. O ministro Cezar Peluso cogitou para, de certa forma, esvaziar um pouco a morosidade da Justiça, da execução após o crivo revisional, formalizado por Tribunal – geralmente de Justiça ou Regional Federal – no julgamento de apelação. Mas essa ideia não prosperou no Legislativo. O Legislativo não avançou. Porém, hoje, no Supremo, será proclamado que a cláusula reveladora do princípio da não culpabilidade não encerra garantia, porque, antes do trânsito em julgado da decisão condenatória, é possível colocar o réu no xilindró, pouco importando que, posteriormente, o título condenatório venha a ser reformado.

O passo, Presidente, é demasiadamente largo e levará – já afirmou o ministro Gilmar Mendes – a um acréscimo considerável de impetrações, de *habeas corpus*, muito embora também seja dado constatar que o esvaziamento dessa ação nobre, no que vinga a autodefesa, considerada a grande avalanche de processos, e se busca uma base, seja qual for, para o não conhecimento da ação – nomenclatura, esta, que se refere a recursos

Documento assinado digitalmente conforme MP nº 2.200-2/2001 de 24/08/2001, que institui a Infraestrutura de Chaves Públicas Brasileira - ICP-Brasil. O documento pode ser acessado no endereço eletrônico http://www.stf.jus.br/portal/autenticacao/ sob o número 10400943.

–, considerados os pressupostos de recorribilidade.

Peço vênia para me manter fiel a essa linha de pensar sobre o alcance da Carta de 1988 e emprestar algum significado ao princípio da não culpabilidade. Qual é esse significado, senão evitar que se execute, invertendo-se a ordem natural das coisas – que direciona a apurar para, selada a culpa, prender –, uma pena, a qual não é, ainda, definitiva. E, mais, não se articule com a via afunilada, para ter-se a reversão, levando em conta a recorribilidade extraordinária, porque é possível caminhar-se, como se caminha no Superior Tribunal de Justiça e no Supremo Tribunal Federal, para o provimento do recurso especial ou do recurso extraordinário.

Acompanho, Presidente, a divergência revelada pela ministra Rosa Weber. Implemento a ordem pleiteada na inicial deste *habeas corpus*.

Documento assinado digitalmente conforme MP n° 2.200-2/2001 de 24/08/2001, que institui a Infraestrutura de Chaves Públicas Brasileira - ICP-Brasil. O documento pode ser acessado no endereço eletrônico http://www.stf.jus.br/portal/autenticacao/ sob o número 10400943.

17/02/2016 **PLENÁRIO**

HABEAS CORPUS 126.292 SÃO PAULO

VOTO

O SENHOR MINISTRO CELSO DE MELLO: Registre-se, *desde logo*, Senhor Presidente, **que a presunção de inocência** *representa uma notável conquista histórica* dos cidadãos em sua **permanente** luta **contra** a opressão do Estado **e** o abuso de poder.

Na realidade, **a presunção de inocência**, a que **já** se referia Tomás de Aquino em sua *"Suma Teológica"*, **constitui** resultado **de um longo** processo de desenvolvimento político-jurídico, **com raízes**, *para alguns*, na Magna Carta inglesa (1215), **embora**, *segundo outros autores*, **o marco histórico** de implantação desse direito fundamental **resida** no século XVIII, **quando**, *sob o influxo das ideias iluministas*, **veio esse direito-garantia a ser consagrado**, inicialmente, *na Declaração de Direitos do Bom Povo da Virgínia* (1776).

Esse, *pois*, na lição de doutrinadores – **ressalvada** a opinião **de quem situa** *a gênese* dessa prerrogativa fundamental, *ainda que em bases incipientes*, no Direito Romano –, **o momento inaugural** do reconhecimento *de que ninguém se presume culpado* **nem pode sofrer** sanções **ou** restrições em sua esfera jurídica **senão após** condenação **transitada** em julgado.

A consciência do sentido fundamental desse direito básico, **enriquecido** pelos grandes postulados políticos, doutrinários **e** filosóficos do Iluminismo, **projetou-se**, *com grande impacto, na Declaração dos Direitos do Homem e do Cidadão*, de 1789, **cujo art. 9º solenemente proclamava** *a presunção de inocência*, **com expressa repulsa** às práticas absolutistas *do Antigo Regime*.

Documento assinado digitalmente conforme MP n° 2.200-2/2001 de 24/08/2001, que institui a Infraestrutura de Chaves Públicas Brasileira - ICP-Brasil. O documento pode ser acessado no endereço eletrônico http://www.stf.jus.br/portal/autenticacao/ sob o número 10330659.

Mostra-se importante assinalar, *neste ponto*, Senhor Presidente, **que a presunção de inocência**, *legitimada pela ideia democrática – não obstante golpes desferidos por mentes autoritárias* **ou** *por regimes autocráticos* **que absurdamente preconizam** o primado da ideia de que todos são culpados até prova em contrário (!?!?) –, **tem prevalecido**, *ao longo de seu virtuoso itinerário histórico*, **no contexto** das sociedades civilizadas, *como valor fundamental* **e** *exigência básica* de respeito à dignidade da pessoa humana.

Não foi por outra razão *que a Declaração Universal de Direitos da Pessoa Humana*, **promulgada** em 10/12/1948, pela III Assembleia Geral da ONU, **em reação** *aos abusos inomináveis* **cometidos** pelos regimes totalitários nazi-fascistas, **proclamou**, *em seu art. 11*, **que todos presumem-se inocentes** até que sobrevenha definitiva condenação judicial.

Essa mesma reação do pensamento democrático, **que não pode nem deve conviver** com práticas, medidas **ou** interpretações que golpeiem o alcance **e** o conteúdo de tão fundamental prerrogativa **assegurada** *a toda* **e** *qualquer pessoa*, **mostrou-se** presente em **outros** importantes documentos internacionais, **alguns de caráter regional**, **como a Declaração Americana** dos Direitos e Deveres do Homem (**Bogotá**, 1948, Artigo XXVI), **a Convenção Americana** sobre Direitos Humanos (**São José da Costa Rica**, 1969, Artigo 8º, § 2º), **a Convenção Europeia** para Salvaguarda dos Direitos do Homem e das Liberdades Fundamentais (**Roma**, 1950, Artigo 6º, § 2º), **a Carta dos Direitos Fundamentais** da União Europeia (**Nice**, 2000, Artigo 48, § 1º), **a Carta Africana** dos Direitos Humanos e dos Povos/Carta de Banjul (**Nairóbi**, 1981, Artigo 7º, § 1º, "**b**") **e a Declaração Islâmica** sobre Direitos Humanos (**Cairo**, 1990, Artigo 19, "**e**"), **e outros de caráter global**, como o **Pacto Internacional** sobre Direitos Civis e Políticos (Artigo 14, § 2º), **adotado** pela Assembleia Geral das Nações Unidas em 1966.

Documento assinado digitalmente conforme MP nº 2.200-2/2001 de 24/08/2001, que institui a Infraestrutura de Chaves Públicas Brasileira - ICP-Brasil. O documento pode ser acessado no endereço eletrônico http://www.stf.jus.br/portal/autenticacao/ sob o número 10330659.

Vê-se, *desse modo*, Senhor Presidente, **que a repulsa** à presunção de inocência – **com todas** as consequências **e** limitações jurídicas ao poder estatal que dessa prerrogativa básica emanam – **mergulha** *suas raízes em uma visão incompatível com os padrões ortodoxos do regime democrático*, **impondo**, *indevidamente*, à esfera jurídica dos cidadãos **restrições não autorizadas** pelo sistema constitucional.

Torna-se relevante observar, *neste ponto*, **a partir** da douta lição exposta por ANTÔNIO MAGALHÃES GOMES FILHO ("**Presunção de Inocência e Prisão Cautelar**", p. 12/17, 1991, Saraiva), **que esse conflito ideológico** entre **o valor** do princípio democrático, **que consagra** *o primado da liberdade*, **e o desvalor** do postulado autocrático, **que privilegia** *a onipotência do Estado*, **revelou-se muito nítido na Itália**, **a partir** do século XIX, **quando se formaram**, *em momentos sucessivos*, **três escolas de pensamento** em matéria penal: **a Escola Clássica**, **cujos maiores expoentes foram** FRANCESCO CARRARA **e** GIOVANNI CARMIGNANI, **que sustentavam**, *inspirados nas concepções iluministas*, **o dogma** da presunção de inocência, **a que se seguiram**, *no entanto*, os adeptos **da Escola Positiva**, **como** ENRICO FERRI **e** RAFFAELE GAROFALO, **que preconizavam** a ideia de ser mais razoável presumir a culpabilidade das pessoas, **e**, *finalmente*, **a refletir** o "*espírito do tempo*" ("*Zeitgeist*") **que tão perversamente** buscou justificar *visões* **e** *práticas totalitárias de poder*, **a Escola Técnico-Jurídica**, que teve em EMANUELE CARNEVALE **e** em VINCENZO MANZINI os seus corifeus, **responsáveis**, entre **outros** aspectos, **pela formulação** da base doutrinária **que deu suporte** a uma noção prevalecente ao longo do regime totalitário fascista – a noção **segundo a qual não tem sentido nem é razoável** presumir-se a inocência do réu!!!

O exame da obra de **VINCENZO MANZINI** ("**Tratado de Derecho Procesal Penal**", tomo I/253-257, item n. 40, **tradução** de Santiago Sentís Melendo e Mariano Ayerra Redín, 1951, Ediciones Jurídicas Europa-América, Buenos Aires) **reflete**, *com exatidão*, essa posição

Documento assinado digitalmente conforme MP n° 2.200-2/2001 de 24/08/2001, que institui a Infraestrutura de Chaves Públicas Brasileira - ICP-Brasil. O documento pode ser acessado no endereço eletrônico http://www.stf.jus.br/portal/autenticacao/ sob o número 10330659.

nitidamente autocrática, **que repudia** *"A chamada tutela da inocência"* **e que vê**, na *"pretendida presunção de inocência"*, algo *"absurdamente paradoxal e irracional"* (*"op. cit."*, p. 253, item n. 40).

Mostra-se evidente, Senhor Presidente, que a Constituição brasileira **promulgada** em 1988 **e destinada** a reger uma sociedade **fundada** em bases *genuinamente* democráticas **é bem o símbolo representativo da antítese** *ao absolutismo do Estado* **e** *à força opressiva do poder*, **considerado** o contexto histórico **que justificou**, *em nosso processo político*, **a ruptura** *com paradigmas autocráticos do passado* **e o banimento**, *por isso mesmo*, **no plano** das liberdades públicas, de **qualquer** ensaio autoritário **de uma inaceitável** *hermenêutica de submissão*, **somente** justificável **numa perspectiva** *"ex parte principis"*, **cujo efeito** *mais conspícuo*, **em face** daqueles **que presumem** a culpabilidade do réu, **será a virtual** (*e gravíssima*) **esterilização** de uma das mais expressivas conquistas históricas da cidadania: **o direito** do indivíduo *de jamais ser tratado*, pelo Poder Público, **como se culpado fosse**.

Vale referir, *no ponto*, **a esse respeito**, *a autorizada advertência* do eminente Professor LUIZ FLÁVIO GOMES, **em obra escrita** com o Professor VALÉRIO DE OLIVEIRA MAZZUOLI (**"Direito Penal – Comentários à Convenção Americana sobre Direitos Humanos/Pacto de San José da Costa Rica"**, vol. 4/85-91, 2008, RT):

> *"**O correto é mesmo falar em princípio da presunção de inocência** (**tal como descrito na Convenção Americana**), não em princípio da não-culpabilidade (...).*
>
> ***Trata-se de princípio consagrado** não só no art. 8º, 2, da Convenção Americana **senão também** (em parte) no art. 5º, LVII, da Constituição Federal, **segundo o qual** toda pessoa se presume inocente **até que tenha sido declarada culpada** por sentença **transitada** em julgado. **Tem previsão normativa desde 1789, posto que já constava** da Declaração dos Direitos do Homem e do Cidadão.*

Documento assinado digitalmente conforme MP nº 2.200-2/2001 de 24/08/2001, que institui a Infraestrutura de Chaves Públicas Brasileira - ICP-Brasil. O documento pode ser acessado no endereço eletrônico http://www.stf.jus.br/portal/autenticacao/ sob o número 10330659.

> ***Do princípio da presunção de inocência** ('todo acusado é presumido inocente até que se comprove sua culpabilidade') **emanam duas regras**: (**a**) regra de tratamento **e** (**b**) regra probatória.*
>
> *'**Regra de tratamento**': **o acusado não pode ser tratado** como condenado **antes** do trânsito em julgado final da sentença condenatória (CF, art. 5º, LVII).*
>
> ***O acusado**, por força da regra que estamos estudando, **tem o direito de receber a devida 'consideração' bem como o direito de ser tratado como não participante** do fato imputado. **Como 'regra de tratamento'**, a presunção de inocência **impede qualquer antecipação** de juízo condenatório **ou de reconhecimento da culpabilidade** do imputado, **seja** por situações, práticas, palavras, gestos etc., **podendo-se exemplificar**: a impropriedade de se manter o acusado em exposição humilhante no banco dos réus, o uso de algemas quando desnecessário, a divulgação abusiva de fatos e nomes de pessoas pelos meios de comunicação, a decretação ou manutenção de prisão cautelar desnecessária, a exigência de se recolher à prisão para apelar em razão da existência de condenação em primeira instância etc. É contrária à presunção de inocência **a exibição** de uma pessoa aos meios de comunicação vestida com traje infamante (**Corte Interamericana**, Caso Cantoral Benavides, **Sentença** de 18.08.2000, parágrafo 119).*" **(grifei)**

Disso resulta, *segundo entendo*, **que a consagração constitucional** *da presunção de inocência* **como direito fundamental** *de qualquer* pessoa – **independentemente** *da gravidade* **ou** *da hediondez* do delito que lhe haja sido imputado – **há de viabilizar**, *sob a perspectiva da liberdade*, **uma hermenêutica essencialmente emancipatória** *dos direitos básicos da pessoa humana*, **cuja prerrogativa** de ser **sempre** considerada inocente, *para todos e quaisquer efeitos*, **deve prevalecer**, **até** o superveniente **trânsito** em julgado da condenação criminal, *como uma cláusula de insuperável bloqueio* à imposição **prematura** de **quaisquer** medidas **que afetem ou restrinjam a esfera jurídica** das pessoas em geral.

Documento assinado digitalmente conforme MP nº 2.200-2/2001 de 24/08/2001, que institui a Infraestrutura de Chaves Públicas Brasileira - ICP-Brasil. O documento pode ser acessado no endereço eletrônico http://www.stf.jus.br/portal/autenticacao/ sob o número 10330659.

É por isso, *Senhor Presidente*, **que ninguém**, *absolutamente ninguém*, **pode** ser tratado **como se** culpado fosse **antes** que sobrevenha *contra ele* condenação penal **transitada** em julgado, *tal como tem advertido* o magistério jurisprudencial **desta** Suprema Corte:

> "*O POSTULADO CONSTITUCIONAL DA PRESUNÇÃO DE INOCÊNCIA IMPEDE QUE O ESTADO TRATE, COMO SE CULPADO FOSSE, AQUELE QUE AINDA NÃO SOFREU CONDENAÇÃO PENAL IRRECORRÍVEL.*
>
> *– **A prerrogativa jurídica da liberdade** – que **possui** extração constitucional (CF, art. 5º, LXI e LXV) – **não pode ser ofendida** por interpretações doutrinárias **ou** jurisprudenciais que **culminem por consagrar**, paradoxalmente, **em detrimento** de direitos **e** garantias fundamentais proclamados pela Constituição da República, **a ideologia da lei e da ordem**.*
>
> ***Mesmo que se trate** de pessoa acusada **da suposta prática** de crime hediondo, **e até que sobrevenha** sentença penal condenatória **irrecorrível, não se revela possível** – por efeito **de insuperável** vedação constitucional (CF, art. 5º, LVII) – **presumir-lhe a culpabilidade**.*
>
> ***Ninguém pode ser tratado como culpado**, qualquer que seja a natureza do ilícito penal cuja prática lhe tenha sido atribuída, **sem que exista**, a esse respeito, decisão judicial condenatória **transitada em julgado**.*
>
> ***O princípio constitucional da presunção de inocência**, em nosso sistema jurídico, **consagra**, além **de outras** relevantes consequências, **uma regra de tratamento que impede** o Poder Público de agir **e** de se comportar, **em relação** ao suspeito, ao indiciado, ao denunciado **ou** ao réu, **como se estes** já houvessem sido condenados, **definitivamente**, por sentença do Poder Judiciário. **Precedentes**."*
>
> (**HC 96.095/SP**, Rel. Min. CELSO DE MELLO)

A necessária observância *da cláusula constitucional* **consagradora** *da presunção de inocência* **(que só deixa de prevalecer** *após o trânsito em julgado*

Documento assinado digitalmente conforme MP nº 2.200-2/2001 de 24/08/2001, que institui a Infraestrutura de Chaves Públicas Brasileira - ICP-Brasil. O documento pode ser acessado no endereço eletrônico http://www.stf.jus.br/portal/autenticacao/ sob o número 10330659.

da condenação criminal) **representa**, *de um lado*, como já assinalado, **fator de proteção** aos direitos **de quem sofre** a persecução penal **e traduz**, *de outro*, **requisito de legitimação** da própria execução de sanções **privativas** de liberdade **ou** de penas **restritivas** de direitos.

O fato, Senhor Presidente, **é que** o Ministério Público e as autoridades judiciárias e policiais **não podem** tratar, *de forma arbitrária*, **quem quer que seja**, **negando-lhe**, *de modo abusivo*, **o exercício pleno** de prerrogativas **resultantes**, *legitimamente*, **do sistema de proteção** institucionalizado **pelo próprio** ordenamento constitucional **e concebido** em favor **de qualquer** pessoa **sujeita** a atos de persecução estatal.

Coerentemente com esse entendimento, **tenho proferido decisões**, *no Supremo Tribunal Federal*, **que bem refletem** a posição por mim ora exposta, **como se vê**, *"p. ex."*, de decisão cuja ementa a **seguir** reproduzo:

> *"– **A privação cautelar** da **liberdade individual** – **qualquer** que seja a **modalidade** autorizada pelo ordenamento positivo (**prisão** em flagrante, **prisão** temporária, **prisão** preventiva, **prisão** decorrente de decisão de pronúncia **e prisão** resultante de condenação penal recorrível) – **não se destina** a infligir punição antecipada à pessoa **contra quem** essa medida excepcional é decretada **ou** efetivada. **É que** a idéia de sanção **é absolutamente estranha** à prisão cautelar ('carcer ad custodiam'), **que não se confunde** com a prisão penal ('carcer ad poenam'). **Doutrina**. **Precedentes**.*
>
> *– **A utilização** da prisão cautelar **com** fins punitivos **traduz** deformação desse instituto de direito processual, **eis que o desvio arbitrário** de sua finalidade **importa** em manifesta ofensa às garantias constitucionais da presunção de inocência **e** do devido processo legal. **Precedentes**.*
>
> *– **A gravidade em abstrato** do crime **não basta**, por si só, **para justificar** a privação cautelar da liberdade individual do **suposto autor** do fato delituoso.*
>
> *O Supremo Tribunal Federal **tem advertido** que a natureza da infração penal **não se revela** circunstância apta a legitimar a*

Documento assinado digitalmente conforme MP n° 2.200-2/2001 de 24/08/2001, que institui a Infraestrutura de Chaves Públicas Brasileira - ICP-Brasil. O documento pode ser acessado no endereço eletrônico http://www.stf.jus.br/portal/autenticacao/ sob o número 10330659.

prisão cautelar daquele que sofre a persecução criminal instaurada pelo Estado. ***Precedentes.***

*– **A ausência** de vinculação do indiciado ou do réu ao distrito da culpa **não constitui**, só por si, **motivo autorizador** da decretação da sua prisão cautelar.* ***Precedentes.***

*– **A recusa** em responder ao interrogatório policial **e/ou** judicial **e a falta de cooperação** do indiciado **ou** do réu **com** as autoridades que o investigam **ou** que o processam **traduzem** comportamentos **que são inteiramente legitimados** pelo princípio constitucional **que protege** qualquer pessoa **contra** a auto-incriminação, **especialmente** aquela exposta a atos de persecução penal.*

*O Estado – **que não tem o direito** de tratar suspeitos, indiciados **ou** réus **como se** culpados fossem (**RTJ** 176/805-806) – **também não pode constrangê-los a produzir provas contra si próprios** (**RTJ** 141/512).*

Aquele que sofre** persecução penal **instaurada** pelo Estado **tem**, dentre **outras** prerrogativas básicas, **o direito** (**a**) **de permanecer** em silêncio, (**b**) **de não ser compelido** a produzir elementos de incriminação **contra** si próprio **nem constrangido** a apresentar provas **que lhe comprometam** a defesa **e** (**c**) **de se recusar** a participar, ativa ou passivamente, de procedimentos probatórios que lhe possam afetar a esfera jurídica, **tais como** a reprodução simulada do evento delituoso **e** o fornecimento de padrões gráficos **ou** de padrões vocais, **para** efeito de perícia criminal.* ***Precedentes.

*– **O exercício** do direito **contra** a auto-incriminação, **além** de inteiramente oponível **a qualquer** autoridade **ou** agente do Estado, **não legitima**, por efeito de sua natureza constitucional, **a adoção** de medidas **que afetem ou restrinjam** a esfera jurídica daquele contra quem se instaurou a 'persecutio criminis'.* ***Medida cautelar deferida.***"

(**HC 96.219-MC/SP**, Rel. Min. CELSO DE MELLO, **DJE** 15/10/2008)

Importante insistir na asserção, Senhores Ministros, **de que o Supremo Tribunal Federal** *há de possuir* a exata percepção **de quão**

Documento assinado digitalmente conforme MP nº 2.200-2/2001 de 24/08/2001, que institui a Infraestrutura de Chaves Públicas Brasileira - ICP-Brasil. O documento pode ser acessado no endereço eletrônico http://www.stf.jus.br/portal/autenticacao/ sob o número 10330659.

fundamentais *são a proteção e a defesa* da supremacia da Constituição para a vida do País, a de seu povo **e a de suas instituições**.

A nossa Constituição estabelece, *de maneira muito nítida*, **limites que** *não podem ser transpostos* pelo Estado (e por seus agentes) **no desempenho** da atividade de persecução penal. *Na realidade*, é a própria Lei Fundamental **que impõe**, *para efeito de descaracterização da presunção de inocência*, **o trânsito** em julgado da condenação criminal.

Veja-se, *pois*, **que esta** Corte, *no caso em exame*, **está a expor e a interpretar** *o sentido da cláusula constitucional* **consagradora** da presunção de inocência, **tal como esta se acha definida** *pela nossa* **Constituição**, cujo art. 5º, **inciso** LVII (*"ninguém será considerado culpado* ***até o trânsito*** *em julgado de sentença penal condenatória"*), **estabelece**, *de modo inequívoco*, que a presunção de inocência **somente perderá** *a sua eficácia* **e** *a sua força normativa* **após o trânsito em julgado** da sentença penal condenatória.

É **por isso que se mostra inadequado** invocar-se a prática **e** a experiência registradas nos Estados Unidos da América e na França, *entre outros Estados democráticos*, cujas Constituições, **ao contrário** da nossa, **não impõem** *a necessária observância* do trânsito em julgado da condenação criminal.

Mais intensa, *portanto*, no modelo constitucional brasileiro, a **proteção** à presunção de inocência.

Quando esta Suprema Corte, **apoiando-se** *na presunção de inocência*, **afasta a possibilidade** *de execução antecipada* da condenação criminal, **nada** mais faz, *em tais julgamentos*, **senão** dar ênfase **e** conferir amparo a um direito fundamental **que assiste** *a qualquer* cidadão: **o direito de ser presumido inocente** até que sobrevenha condenação penal **irrecorrível**.

Documento assinado digitalmente conforme MP nº 2.200-2/2001 de 24/08/2001, que institui a Infraestrutura de Chaves Públicas Brasileira - ICP-Brasil. O documento pode ser acessado no endereço eletrônico http://www.stf.jus.br/portal/autenticacao/ sob o número 10330659.

Tenho para mim que essa **incompreensível repulsa** à presunção de inocência, Senhor Presidente, **com todas** *as gravíssimas consequências* daí resultantes, **mergulha** suas raízes em uma visão absolutamente **incompatível** com os padrões do regime democrático.

Por isso mesmo, impõe-se repelir, *vigorosamente*, **os fundamentos** daqueles que, **apoiando-se** em autores **como** *Enrico Ferri, Raffaele Garofalo, Emanuele Carnevale* **e** *Vincenzo Manzini*, **vislumbram** algo *"absurdamente paradoxal e irracional"* na *"pretendida presunção de inocência"* (**a frase** é de Manzini).

O Supremo Tribunal Federal, *ao revelar fidelidade ao postulado constitucional do estado de inocência*, **não inviabiliza** a prisão cautelar (**como** a prisão temporária **e** a prisão preventiva) de indiciados **ou** réus perigosos, **pois expressamente reconhece**, *uma vez presentes razões concretas que a justifiquem*, **a possibilidade** de utilização, *por magistrados e Tribunais*, **das diversas** modalidades *de tutela cautelar penal*, **em ordem a preservar e proteger** os interesses da coletividade em geral **e** os dos cidadãos em particular.

A jurisprudência que o Supremo Tribunal **vem construindo** em tema de direitos **e** garantias individuais **confere expressão concreta**, *em sua formulação*, **a uma verdadeira** *agenda das liberdades*, **cuja implementação** é legitimada pelo dever institucional, *que compete à Corte Suprema*, **de fazer prevalecer** *o primado da própria Constituição da República*.

Não custa rememorar que essa prerrogativa básica – **a de que todos se presumem inocentes** *até que sobrevenha condenação penal transitada em julgado* – **está consagrada não só** nas Constituições democráticas **de inúmeros** países (**como** o Brasil), **mas**, *também*, como anteriormente assinalado, **em importantes declarações internacionais** de direitos humanos, **como a Declaração Universal** dos Direitos da Pessoa Humana (1948), **a Convenção Europeia** para a Salvaguarda dos Direitos do

Documento assinado digitalmente conforme MP n° 2.200-2/2001 de 24/08/2001, que institui a Infraestrutura de Chaves Públicas Brasileira - ICP-Brasil. O documento pode ser acessado no endereço eletrônico http://www.stf.jus.br/portal/autenticacao/ sob o número 10330659.

Homem e das Liberdades Fundamentais (1950), **a Carta dos Direitos** Fundamentais da União Europeia (2000), **a Carta Africana** dos Direitos Humanos e dos Povos (1981), **a Declaração Islâmica** sobre Direitos Humanos (1990), **o Pacto Internacional** sobre Direitos Civis e Políticos (1966) **e a Convenção Americana** de Direitos Humanos (1969).

Lembro-me de que, *no passado*, **sob a égide autoritária** do Estado Novo, **editou-se** o Decreto-lei nº 88/37, **que impunha** ao acusado **o dever** de provar, em sede penal, ***que não era culpado*** !!!

Essa regra legal – **como salientei** no julgamento **do HC** 83.947/AM, *de que fui Relator* – **consagrou** *uma esdrúxula fórmula de despotismo explícito*, **pois exonerou**, *absurdamente*, o Ministério Público, *nos processos por delitos contra a segurança nacional*, **de demonstrar** a culpa do réu.

O diploma legislativo em questão, **com a falta de pudor** que caracteriza os regimes despóticos, **veio a consagrar**, *em dado momento histórico do processo político brasileiro* (Estado Novo), **a obrigação** de o réu provar a sua própria inocência!!!

Com efeito, **o art. 20, n. 5, do Decreto-lei nº 88**, de 20/12/1937, **estabeleceu**, *nos processos por delitos contra a segurança do Estado*, **uma regra absolutamente incompatível** com o modelo democrático, **como se vê** da parte inicial de seu texto: "***presume-se*** *provada a acusação,* ***cabendo*** *ao réu prova em contrário (...)*" (**grifei**).

É por isso que o Supremo Tribunal Federal **tem sempre advertido** que as acusações penais **não se presumem** provadas, **pois** – *como tem reconhecido a jurisprudência da Corte* – **o ônus da prova** referente *aos fatos constitutivos* da imputação penal **incumbe**, *exclusivamente*, **a quem acusa**.

Isso significa *que não compete ao réu* **demonstrar** a sua própria inocência. *Ao contrário*, **cabe** *ao Ministério Público* **comprovar**, *de forma*

Documento assinado digitalmente conforme MP nº 2.200-2/2001 de 24/08/2001, que institui a Infraestrutura de Chaves Públicas Brasileira - ICP-Brasil. O documento pode ser acessado no endereço eletrônico http://www.stf.jus.br/portal/autenticacao/ sob o número 10330659.

inequívoca, em plenitude, **para além** *de qualquer* dúvida razoável, **a culpabilidade** do acusado **e os fatos constitutivos** da própria imputação penal **pertinentes** *à autoria* e *à materialidade do delito* (**RTJ 161/264-266**, Rel. Min. CELSO DE MELLO, *v.g.*).

É por tal motivo **que a presunção de inocência,** *enquanto limitação constitucional ao poder do Estado*, **faz recair sobre o órgão da acusação,** *agora de modo muito mais intenso*, **o ônus substancial** da prova, **fixando** diretriz **a ser indeclinavelmente** observada pelo magistrado **e** pelo legislador.

O fato indiscutivelmente relevante, *no domínio processual penal*, **é que**, no âmbito de uma formação social organizada **sob a égide** do regime democrático, **não se justifica** a formulação, *seja por antecipação* **ou** *seja por presunção*, de **qualquer** juízo condenatório, que deve, *sempre*, **respeitada,** *previamente*, **a garantia do devido processo**, assentar-se – *para que se qualifique como ato revestido de validade ético-jurídica* – **em elementos de certeza**, os quais, *ao dissiparem* ambiguidades, *ao esclarecerem* situações equívocas **e** *ao desfazerem* dados eivados de obscuridade, **revelam-se capazes** de informar, *com objetividade*, o órgão judiciário competente, **afastando**, *desse modo*, **dúvidas razoáveis, sérias e fundadas** *em torno da culpabilidade do acusado*.

Meras conjecturas – *que sequer podem conferir suporte material a qualquer acusação penal* – **não se revestem**, *em sede processual penal*, **de idoneidade jurídica**. **Não se pode** – *tendo-se presente a presunção constitucional de inocência dos réus* – **atribuir** relevo **e** eficácia a juízos **meramente** conjecturais, **para**, *com fundamento neles*, **apoiar um inadmissível** decreto condenatório **e deste extrair,** *sem que ocorra o respectivo trânsito em julgado*, **consequências** de índole penal ou extrapenal **compatíveis**, *no plano jurídico*, **unicamente** com um título judicial **qualificado** *pela nota da definitividade*.

Documento assinado digitalmente conforme MP nº 2.200-2/2001 de 24/08/2001, que institui a Infraestrutura de Chaves Públicas Brasileira - ICP-Brasil. O documento pode ser acessado no endereço eletrônico http://www.stf.jus.br/portal/autenticacao/ sob o número 10330659.

É sempre importante advertir, **na linha** do magistério jurisprudencial **e em respeito** aos princípios estruturantes do regime democrático, que, "***Por exclusão, suspeita ou presunção, ninguém pode ser condenado em nosso sistema jurídico-penal***" (**RT 165/596**, Rel. Des. VICENTE DE AZEVEDO – **grifei**).

Na realidade, **os princípios democráticos** que informam o modelo constitucional **consagrado** na Carta Política de 1988 **repelem** *qualquer* comportamento estatal **transgressor** do dogma segundo o qual *não haverá culpa penal por presunção nem responsabilidade criminal por mera suspeita* (**RT** 690/390 – **RT** 698/452-454).

A jurisprudência desta Suprema Corte **enfatiza**, bem por isso, *com particular veemência*, que "***Não podem repercutir*** *contra o réu situações jurídico-processuais* ***ainda não definidas*** *por decisão* ***irrecorrível*** *do Poder Judiciário,* ***especialmente*** *naquelas hipóteses* ***de inexistência*** *de título penal condenatório* ***definitivamente*** *constituído*" (**RTJ 139/885**, Rel. Min. CELSO DE MELLO).

Insista-se, *pois*, **na asserção** de que **o postulado** *do estado de inocência* **repele** *suposições* **ou** *juízos prematuros de culpabilidade* **até** que sobrevenha – **como o exige** a Constituição do Brasil – **o trânsito** em julgado da condenação penal. **Só então** deixará de subsistir, **em relação** à pessoa condenada, **a presunção** de que é inocente.

Há, portanto, *segundo penso*, **um momento**, *claramente definido no texto constitucional*, **a partir** do qual se descaracteriza a presunção de inocência, **vale dizer**, aquele instante **em que sobrevém** *o trânsito em julgado da condenação criminal*. **Antes** desse momento, o Estado **não pode** tratar os indiciados **ou** os réus *como se culpados fossem*. **A presunção de inocência impõe**, *desse modo*, ao Poder Público **um dever de tratamento** *que não pode ser desrespeitado* por seus agentes **e** autoridades.

Documento assinado digitalmente conforme MP n° 2.200-2/2001 de 24/08/2001, que institui a Infraestrutura de Chaves Públicas Brasileira - ICP-Brasil. O documento pode ser acessado no endereço eletrônico http://www.stf.jus.br/portal/autenticacao/ sob o número 10330659.

Acho importante acentuar que a presunção de inocência **não se esvazia** progressivamente, **à medida** em que se sucedem os graus de jurisdição. **Isso significa**, portanto, que, **mesmo confirmada** a condenação penal por um Tribunal **de segunda** instância, **ainda assim subsistirá**, em favor do sentenciado, **esse direito fundamental**, **que só deixará de prevalecer** – **repita-se** – **com o trânsito** em julgado da sentença penal condenatória, **como claramente estabelece**, em texto inequívoco, a Constituição da República.

Enfatizo, por necessário, que o *"status poenalis"* **não pode** sofrer – **antes de sobrevir** o trânsito em julgado de condenação judicial – **restrições lesivas** à esfera jurídica das pessoas em geral **e** dos cidadãos em particular. **Essa opção do legislador constituinte** (**pelo reconhecimento** do estado de inocência) **claramente fortaleceu** o primado de um direito básico, *comum a todas as pessoas*, **de que ninguém** – *absolutamente ninguém* – **pode ser presumido culpado** em suas relações com o Estado, **exceto se já existente** *sentença transitada em julgado*.

Impende registrar, Senhor Presidente, que Vossa Excelência, **no julgamento da ADPF** 144/DF, *de que fui Relator*, **bem destacou** *a importância de aguardar-se* o trânsito em julgado da condenação criminal, **demonstrando**, *à luz de dados estatísticos*, uma realidade **que torna necessário** respeitar-se a presunção de inocência.

Disse Vossa Excelência, *então*:

> *"(...)* ***trago****, finalmente, nessa minha breve intervenção, à* ***consideração*** *dos eminentes pares,* ***um dado estatístico, elaborado a partir de informações veiculadas*** *no portal de informações gerenciais da Secretaria de Tecnologia de Informação do Supremo Tribunal Federal (...). De 2006, ano em que ingressei no Supremo Tribunal Federal,* ***até a presente data****,* ***25,2%*** ***dos recursos extraordinários criminais foram providos*** *por esta Corte,* ***e*** ***3,3%*** ***providos parcialmente****.* ***Somando-se*** *os*

14

Documento assinado digitalmente conforme MP n° 2.200-2/2001 de 24/08/2001, que institui a Infraestrutura de Chaves Públicas Brasileira - ICP-Brasil. O documento pode ser acessado no endereço eletrônico http://www.stf.jus.br/portal/autenticacao/ sob o número 10330659.

> *parcialmente providos* **com** *os integralmente providos,* **teremos o** ***significativo porcentual de 28,5% de recursos. Quer dizer, quase um terço*** *das decisões criminais oriundas das instâncias inferiores foi total ou parcialmente reformado pelo Supremo Tribunal Federal nesse período."* **(grifei)**

Não é por outro motivo que o Supremo Tribunal Federal **tem repelido**, *por incompatíveis com esse direito fundamental,* **restrições** de ordem jurídica **somente justificáveis** em face **da irrecorribilidade** de decisões judiciais.

Isso significa, *portanto,* que inquéritos policiais **em andamento**, processos penais **ainda** em curso **ou**, *até mesmo,* **condenações criminais** *sujeitas a recursos* (**inclusive** *aos recursos excepcionais* **interpostos** para o Superior Tribunal de Justiça **e** para o Supremo Tribunal Federal) **não podem** ser considerados, **enquanto** episódios processuais **suscetíveis** *de pronunciamento absolutório,* **como fatores de descaracterização** desse direito fundamental proclamado pela própria Constituição da República.

Essencial proteger *a integridade desse direito fundamental* (**o direito** *de ser presumido inocente* **até o trânsito** em julgado da condenação judicial) **e destacar-lhe** as origens históricas, **relembrando** – não obstante a sua consagração, **no século XVIII**, **como** um dos grandes postulados iluministas – **que essa prerrogativa** *não era desconhecida pelo direito romano*, **como resultava** de certas presunções **então** formuladas (*"innocens praesumitur cujus nocentia non probatur"*, p. ex.), **valendo mencionar** *o contido no Digesto*, **que estabelecia**, em benefício de quem era processado, **verdadeiro** *"favor rei"*, **que enfatizava**, *ainda de modo incipiente,* **essa ideia-força** que viria a assumir grande relevo **com a queda** do *Ancien Régime*.

Finalmente, **mesmo que não se considerasse** *o argumento constitucional* **fundado** *na presunção de inocência,* **o que se alega** por mera concessão dialética, **ainda assim se mostraria inconciliável** com o nosso

Documento assinado digitalmente conforme MP nº 2.200-2/2001 de 24/08/2001, que institui a Infraestrutura de Chaves Públicas Brasileira - ICP-Brasil. O documento pode ser acessado no endereço eletrônico http://www.stf.jus.br/portal/autenticacao/ sob o número 10330659.

ordenamento positivo **a preconizada** *execução antecipada* da condenação criminal, **não obstante** sujeita esta a impugnação *na via recursal excepcional* (RE **e/ou** REsp), **pelo fato** de *a Lei de Execução Penal* **impor**, *como inafastável pressuposto de legitimação* da execução de sentença condenatória, *o seu necessário trânsito em julgado*.

Daí a regra inscrita **no art. 105** de referido diploma legislativo, **que condiciona** a execução da pena **privativa** de liberdade **à existência** *de trânsito em julgado* do título judicial condenatório:

> *"**Art. 105. Transitando em julgado** a sentença que aplicar pena privativa de liberdade, se o réu estiver ou vier a ser preso, o Juiz ordenará a expedição de guia de recolhimento **para a execução**."* **(grifei)**

Idêntica exigência *é também formulada* **pelo art. 147** da LEP **no que concerne** à execução de penas **restritivas** de direitos:

> *"**Art. 147. Transitada em julgado** a sentença que aplicou a pena **restritiva** de direitos, **o Juiz da execução**, de ofício ou a requerimento do Ministério Público, **promoverá a execução**, podendo, para tanto, requisitar, quando necessário, a colaboração de entidades públicas ou solicitá-la a particulares."* **(grifei)**

Vê-se, *portanto*, **qualquer que seja** o fundamento jurídico invocado (*de caráter legal* **ou** *de índole constitucional*), que **nenhuma** execução de condenação criminal em nosso País, *mesmo se se tratar de simples pena de multa*, pode ser implementada **sem a existência** *do indispensável título judicial definitivo*, **resultante**, *como sabemos*, **do necessário** *trânsito em julgado* da sentença penal condenatória.

Lamento, Senhores Ministros, **registrar-se**, *em tema tão caro e sensível às liberdades fundamentais dos cidadãos da* **República**, essa preocupante **inflexão hermenêutica**, *de perfil nitidamente conservador e regressista*,

Documento assinado digitalmente conforme MP nº 2.200-2/2001 de 24/08/2001, que institui a Infraestrutura de Chaves Públicas Brasileira - ICP-Brasil. O documento pode ser acessado no endereço eletrônico http://www.stf.jus.br/portal/autenticacao/ sob o número 10330659.

revelada em julgamento **que** *perigosamente* **parece desconsiderar** que a majestade da Constituição *jamais poderá subordinar-se* à potestade do Estado.

Concluo o meu voto, Senhor Presidente. **E**, ao fazê-lo, **peço vênia para acompanhar**, *integralmente*, **na divergência**, os eminentes Ministros ROSA WEBER e MARCO AURÉLIO **e deferir** o pedido de *"habeas corpus"*, **mantendo**, *em consequência*, **o precedente** firmado *no julgamento plenário* **do HC** 84.078/MG, Rel. Min. EROS GRAU, **reafirmando**, *assim*, **a tese de que** *a execução prematura (ou provisória)* da sentença penal condenatória **antes** de consumado o seu trânsito em julgado *revela-se frontalmente incompatível* com o direito fundamental do réu, *assegurado pela própria Constituição da República* (**CF**, art. 5º, LVII), de ser presumido inocente.

É o meu voto.

Documento assinado digitalmente conforme MP nº 2.200-2/2001 de 24/08/2001, que institui a Infraestrutura de Chaves Públicas Brasileira - ICP-Brasil. O documento pode ser acessado no endereço eletrônico http://www.stf.jus.br/portal/autenticacao/ sob o número 10330659.

17/02/2016 **PLENÁRIO**

HABEAS CORPUS 126.292 SÃO PAULO

VOTO

O SENHOR MINISTRO RICARDO LEWANDOWSKI (PRESIDENTE) - Eu vou pedir vênia ao eminente Relator e manter a minha posição, que vem de longa data, no sentido de prestigiar o princípio da presunção de inocência, estampado, com todas as letras, no art. 5º, inciso LVII, da nossa Constituição Federal.

Assim como fiz, ao proferir um longo voto no HC 84.078, relatado pelo eminente Ministro Eros Grau, eu quero reafirmar que não consigo, assim como expressou o Ministro Marco Aurélio, ultrapassar a taxatividade desse dispositivo constitucional, que diz que a presunção de inocência se mantém até o trânsito em julgado. Isso é absolutamente taxativo, categórico; não vejo como se possa interpretar esse dispositivo. Voltando a, talvez, um ultrapassadíssimo preceito da antiga escola da exegese, eu diria que *in claris cessat interpretatio*. E aqui nós estamos, evidentemente, *in claris*, e aí não podemos interpretar, *data venia*.

Eu me recordo que, daquela feita, naquela oportunidade, o Ministro Eros Grau, com muita propriedade ao meu ver, disse que nem mesmo constelações de ordem prática - dizendo que ninguém mais vai ser preso, que os tribunais superiores vão ser inundados de recursos -, nem mesmo esses argumentos importantes, que dizem até com a efetividade da Justiça, podem ser evocados para ultrapassar esse princípio fundamental, esse postulado da presunção de inocência.

Na época, nesse meu longo voto que proferi, naquela oportunidade, naquela assentada, eu trouxe a lição de três eminentes professores, titulares da Universidade de São Paulo, de Processo Penal: a professora Ada Pellegrini Grinover, o professor Antônio Magalhães Filho e o professor Antônio Scarance Fernandes, que diziam o seguinte em um pequeno trecho:

Para o processo penal, pode-se afirmar que a interposição, pela

Documento assinado digitalmente conforme MP n° 2.200-2/2001 de 24/08/2001, que institui a Infraestrutura de Chaves Públicas Brasileira - ICP-Brasil. O documento pode ser acessado no endereço eletrônico http://www.stf.jus.br/portal/autenticacao/ sob o número 10915614.

defesa, do recurso extraordinário ou especial, e mesmo do agravo da decisão denegatória, obsta a eficácia imediata do título condenatório penal, ainda militando em favor do réu a presunção de não culpabilidade, incompatível com a execução provisória da pena (ressalvados os casos de prisão cautelar).

O efeito suspensivo - diziam aqueles professores e dizem ainda, porque o texto doutrinário deles ainda sobrevive - dos recursos extraordinários com relação à aplicação da pena deriva da própria Constituição, devendo as regras da lei ordinária, o artigo 637 do CPP, ser revistas à luz da Lei Maior.

Portanto, este é o ensinamento de três dos maiores processualistas penais de nosso país e que creio que ainda estão em vigor.

Eu também, respeitosamente, queria manifestar a minha perplexidade desta guinada da Corte com relação a esta decisão paradigmática, minha perplexidade diante do fato de ela ser tomada logo depois de nós termos assentado, na ADPF 347 e no RE 592.581, que o sistema penitenciário brasileiro está absolutamente falido. E mais, nós afirmamos, e essas são as palavras do eminente Relator naquele caso, que o sistema penitenciário brasileiro se encontra num estado de coisas inconstitucional. Então, agora, nós vamos facilitar a entrada de pessoas neste verdadeiro inferno de Dante, que é o nosso sistema prisional? Ou seja, abrandando esse princípio maior da nossa Carta Magna, uma verdadeira cláusula pétrea. Então isto, com todo o respeito, *data venia*, me causa a maior estranheza.

Eu queria dizer também, sempre atento, não apenas à literatura jurídica, estritamente, que é o nosso dever conhecê-la com maior profundidade, mas também atento à leitura dos historiadores e dos sociólogos brasileiros, eu vejo e constato isso, e vou elaborar um pouco sobre esse argumento, que, em nossa história, a propriedade sempre foi um valor que se sobrepôs ao valor liberdade. Interessante isto. Especulam os especialistas que se debruçam sobre o tema que isso talvez venha do Código Civil Napoleônico, de 1804, que consagrou o triunfo da burguesia, do estado liberal, e que deu início exatamente à economia

Documento assinado digitalmente conforme MP n° 2.200-2/2001 de 24/08/2001, que institui a Infraestrutura de Chaves Públicas Brasileira - ICP-Brasil. O documento pode ser acessado no endereço eletrônico http://www.stf.jus.br/portal/autenticacao/ sob o número 10915614.

capitalista ou consolidou a revolução industrial, que, logo antes, havia, enfim, se iniciado do ponto de vista histórico, e isso teve uma repercussão no Direito Positivo. E o Código Civil Napoleônico foi o primeiro exemplo desta consubstanciação deste fenômeno histórico que então se processava. O Código Civil Napoleônico, todos nós sabemos, teve uma intensa repercussão no Código Civil brasileiro de 1916, elaborado, fundamentalmente, pelo grande jurista Clóvis Beviláqua, e vejo também, confirmando essa constatação dos historiadores, sociólogos, politólogos, esta prevalência ou esse valor maior que se dá à propriedade com relação à liberdade, isto se encontra refletido no próprio Código Penal brasileiro.

Eu estava aqui folheando alguns dispositivos penais, alguns tipos penais, e nós verificamos que ofensa à propriedade, o crime de furto, o crime de roubo são punidos - claro que sopesados de forma relativa - com muito mais rigor do que os crimes contra a pessoa. O crime de furto e o crime de roubo são muitíssimo mais apenados ou apenados com penas bem maiores do que o crime de lesão corporal, por exemplo, ou o crime contra a honra - a calúnia, a difamação, a injúria. São penas insignificantes se nós considerarmos que a pena mínima de furto é de dois anos, e do roubo é de quatro anos. Ou seja, no Brasil, o sistema jurídico sempre deu maior valor à propriedade.

Antes mesmo que o Ministro Marco Aurélio fizesse alusão à disparidade de tratamento que o nosso sistema jurídico dá no que diz respeito à execução provisória, à propriedade e à liberdade, eu fazia aqui uma consulta - e eu externo meu pensamento com muita reverência, e até com um certo temor, diante do grande especialista no Código de Processo Civil, que é o Ministro Fux, um dos principais elaboradores do novo Código do Processo Civil -, mas eu verifiquei aqui, e confirmando aquilo que o Ministro Marco Aurélio acaba de afirmar, que o art. 520 do novo CPC estabelece que:

> "*Art. 520.*
>
> *(...)*
>
> *IV. o levantamento de depósito em dinheiro" - vil metal - "e a prática de atos que importem transferência de posse ou alienação de*

Documento assinado digitalmente conforme MP n° 2.200-2/2001 de 24/08/2001, que institui a Infraestrutura de Chaves Públicas Brasileira - ICP-Brasil. O documento pode ser acessado no endereço eletrônico http://www.stf.jus.br/portal/autenticacao/ sob o número 10915614.

> *propriedade ou de outro direito real, ou dos quais possa resultar grave dano ao executado, dependem de caução suficiente e idônea, arbitrada de plano pelo juiz e prestada nos próprios autos".*

E vem aquilo ao qual o Ministro Marco Aurélio aludiu, diz o art. 520, II:

> *"Art. 520.*
>
> *(...)*
>
> *II. fica sem efeito, sobrevindo decisão que modifique ou anule a sentença objeto da execução"* - claro, a transferência do bem, a propriedade - *"restituindo-se as partes ao estado anterior e liquidando-se eventuais prejuízos nos mesmos autos".*

Ora, em se tratando de dinheiro de propriedade, o legislador pátrio se cercou de todos os cuidados para evitar qualquer prejuízo, a restituição integral do bem, no caso de reversão de uma sentença posterior, por parte do Tribunais Superiores.

O SENHOR MINISTRO MARCO AURÉLIO – Vossa Excelência me permite?

O SENHOR MINISTRO RICARDO LEWANDOWSKI (PRESIDENTE) - Pois não.

O SENHOR MINISTRO MARCO AURÉLIO – Mas o Estado está muito bem financeiramente, poderá indenizar o inocente colocado, por erro Judiciário, atrás das grades.

O SENHOR MINISTRO RICARDO LEWANDOWSKI (PRESIDENTE) - Pois é, então, vejam Vossas Excelências, com todo o respeito, há incongruência - digo isso com a maior humildade e, insisto, reverência aos votos vencedores, que agora já se consolidaram -, há uma certa disparidade, há uma certa incongruência ante o novo Código de

Documento assinado digitalmente conforme MP n° 2.200-2/2001 de 24/08/2001, que institui a Infraestrutura de Chaves Públicas Brasileira - ICP-Brasil. O documento pode ser acessado no endereço eletrônico http://www.stf.jus.br/portal/autenticacao/ sob o número 10915614.

Processo Civil, que entrará em vigor dentro de poucos dias, no dia 16 de março vindouro.

Quer dizer, em se tratando da liberdade, nós estamos decidindo que a pessoa tem que ser provisoriamente presa, passa presa durante anos, e anos, e anos a fio e, eventualmente, depois, mantidas essas estatísticas, com a possibilidade que se aproxima de 1/4 de absolvição, não terá nenhuma possibilidade de ver restituído esse tempo em que se encontrou sob a custódia do Estado em condições absolutamente miseráveis, se me permite o termo.

Eu queria, também, finalizar e dizer o seguinte: eu tenho trazido sempre a esta egrégia Corte alguns números que são muito impressionantes relativos ao nosso sistema prisional, dizendo que nós temos hoje no Brasil a quarta população de presos, em termos mundiais, logo depois dos Estados Unidos, da China e da Rússia, nós temos seiscentos mil presos. Desses seiscentos mil presos, 40%, ou seja, duzentos e quarenta mil presos são presos provisórios. Com essa nossa decisão, ou seja, na medida que nós agora autorizamos, depois de uma decisão de segundo grau, que as pessoas sejam presas, certamente, a esses duzentos e quarenta mil presos provisórios, nós vamos acrescer dezenas ou centenas de milhares de novos presos.

O SENHOR MINISTRO LUIZ FUX - Presidente, só pela ordem, rapidamente. Nós temos verificado nas Turmas que esse número de presos representa presos, provisoriamente, em razão de prisão provisória ou preventiva.

O SENHOR MINISTRO RICARDO LEWANDOWSKI (PRESIDENTE) - Isso.

O SENHOR MINISTRO LUIZ FUX - Então, as Turmas têm se conscientizado disso, nós temos imposto medidas restritivas em substituição a essas penas provisórias.

Então, no meu modo de ver, o que vai ocorrer, diante dessa

Documento assinado digitalmente conforme MP n° 2.200-2/2001 de 24/08/2001, que institui a Infraestrutura de Chaves Públicas Brasileira - ICP-Brasil. O documento pode ser acessado no endereço eletrônico http://www.stf.jus.br/portal/autenticacao/ sob o número 10915614.

modificação da jurisprudência do Supremo, vai ser a liberação de quem está injustamente preso, provisoriamente ou preventivamente, e o recolhimento daqueles que foram condenados em segundo grau; sai um, entra outro, eu acho que vai ser mais ou menos isso.

O SENHOR MINISTRO RICARDO LEWANDOWSKI (PRESIDENTE) - Pois é. É verdade.

Vossa Excelência me permite - é claro, eu não quero ser jocoso, nem irônico -, nós vamos trocar seis por meia dúzia, nós vamos trocar duzentos e quarenta mil presos provisórios por duzentos e quarenta mil presos condenados em segundo grau.

Mas eu acho que a Suprema Corte chegou a uma decisão. Todos os argumentos foram extremamente muito bem fundamentados. O Ministro Teori Zavascki, como sempre, nos brindou com um belíssimo e profundíssimo voto, atento à realidade brasileira que se caracteriza por uma crescente criminalidade, seja ela urbana e rural.

Mas, então, eu peço vênia, mesmo diante desses argumentos muito sólidos, para manter a minha posição e, acompanhando os argumentos da Ministra Rosa Weber, do Ministro Marco Aurélio e do eminente Ministro Decano Celso de Mello, conceder a ordem.

Documento assinado digitalmente conforme MP n° 2.200-2/2001 de 24/08/2001, que institui a Infraestrutura de Chaves Públicas Brasileira - ICP-Brasil. O documento pode ser acessado no endereço eletrônico http://www.stf.jus.br/portal/autenticacao/ sob o número 10915614.

PLENÁRIO

EXTRATO DE ATA

HABEAS CORPUS 126.292
PROCED. : SÃO PAULO
RELATOR : MIN. TEORI ZAVASCKI
PACTE.(S) : MARCIO RODRIGUES DANTAS
IMPTE.(S) : MARIA CLAUDIA DE SEIXAS
COATOR(A/S)(ES) : RELATOR DO HC Nº 313.021 DO SUPERIOR TRIBUNAL DE JUSTIÇA

Decisão: A Turma, por votação unânime, afetou o julgamento do feito ao Plenário do Supremo Tribunal Federal, por indicação do Ministro Relator. Presidência do Senhor Ministro Dias Toffoli. **2ª Turma,** 15.12.2015.

Decisão: O Tribunal, por maioria e nos termos do voto do Relator, denegou a ordem, com a conseqüente revogação da liminar, vencidos os Ministros Rosa Weber, Marco Aurélio, Celso de Mello e Ricardo Lewandowski (Presidente). Falou, pelo Ministério Público Federal, o Dr. Rodrigo Janot Monteiro de Barros, Procurador-Geral da República. Plenário, 17.02.2016.

Presidência do Senhor Ministro Ricardo Lewandowski. Presentes à sessão os Senhores Ministros Celso de Mello, Marco Aurélio, Gilmar Mendes, Cármen Lúcia, Dias Toffoli, Luiz Fux, Rosa Weber, Teori Zavascki, Roberto Barroso e Edson Fachin.

Procurador-Geral da República, Dr. Rodrigo Janot Monteiro de Barros.

p/ Maria Sílvia Marques dos Santos
Assessora-Chefe do Plenário

Documento assinado digitalmente conforme MP nº 2.200-2/2001 de 24/08/2001, que institui a Infra-estrutura de Chaves Públicas Brasileira - ICP-Brasil. O documento pode ser acessado no endereço eletrônico http://www.stf.jus.br/portal/autenticacao/autenticarDocumento.asp sob o número 10328572

ANEXO 2 – *HABEAS CORPUS* 84.078-7/MG

1048

Supremo Tribunal Federal
Coordenadoria de Análise de Jurisprudência
DJe nº 35 Divulgação 25/02/2010 Publicação 26/02/2010
Ementário nº 2391 - 5

05/02/2009 **TRIBUNAL PLENO**

HABEAS CORPUS 84.078-7 MINAS GERAIS

RELATOR	: **MIN. EROS GRAU**
PACIENTE(S)	: OMAR COELHO VITOR
IMPETRANTE(S)	: OMAR COELHO VITOR
ADVOGADO(A/S)	: JOÃO EDUARDO DE DRUMOND VERANO E OUTRO(A/S)
ADVOGADO(A/S)	: LUÍS ALEXANDRE RASSI
COATOR(A/S)(ES)	: SUPERIOR TRIBUNAL DE JUSTIÇA

EMENTA: *HABEAS CORPUS*. INCONSTITUCIONALIDADE DA CHAMADA "EXECUÇÃO ANTECIPADA DA PENA". ART. 5º, LVII, DA CONSTITUIÇÃO DO BRASIL. DIGNIDADE DA PESSOA HUMANA. ART. 1º, III, DA CONSTITUIÇÃO DO BRASIL.

1. O art. 637 do CPP estabelece que "[o] recurso extraordinário não tem efeito suspensivo, e uma vez arrazoados pelo recorrido os autos do traslado, os originais baixarão à primeira instância para a execução da sentença". A Lei de Execução Penal condicionou a execução da pena privativa de liberdade ao trânsito em julgado da sentença condenatória. A Constituição do Brasil de 1988 definiu, em seu art. 5º, inciso LVII, que "ninguém será considerado culpado até o trânsito em julgado de sentença penal condenatória".

2. Daí que os preceitos veiculados pela Lei n. 7.210/84, além de adequados à ordem constitucional vigente, sobrepõem-se, temporal e materialmente, ao disposto no art. 637 do CPP.

3. A prisão antes do trânsito em julgado da condenação somente pode ser decretada a título cautelar.

4. A ampla defesa, não se a pode visualizar de modo restrito. Engloba todas as fases processuais, inclusive as recursais de natureza extraordinária. Por isso a execução da sentença após o julgamento do recurso de apelação significa, também, restrição do direito de defesa, caracterizando desequilíbrio entre a pretensão estatal de aplicar a pena e o direito, do acusado, de elidir essa pretensão.

5. Prisão temporária, restrição dos efeitos da interposição de recursos em matéria penal e punição exemplar, sem qualquer contemplação, nos "crimes hediondos" exprimem muito bem o sentimento que EVANDRO LINS sintetizou na seguinte assertiva: "Na realidade,

Seção de Composição de Acórdãos - STF 166

quem está desejando punir demais, no fundo, no fundo, está querendo fazer o mal, se equipara um pouco ao próprio delinqüente".

6. A antecipação da execução penal, ademais de incompatível com o texto da Constituição, apenas poderia ser justificada em nome da conveniência dos magistrados --- não do processo penal. A prestigiar-se o princípio constitucional, dizem, os tribunais [leia-se STJ e STF] serão inundados por recursos especiais e extraordinários e subseqüentes agravos e embargos, além do que "ninguém mais será preso". Eis o que poderia ser apontado como incitação à "jurisprudência defensiva", que, no extremo, reduz a amplitude ou mesmo amputa garantias constitucionais. A comodidade, a melhor operacionalidade de funcionamento do STF não pode ser lograda a esse preço.

7. No RE 482.006, relator o Ministro Lewandowski, quando foi debatida a constitucionalidade de preceito de lei estadual mineira que impõe a redução de vencimentos de servidores públicos afastados de suas funções por responderem a processo penal em razão da suposta prática de crime funcional [art. 2º da Lei n. 2.364/61, que deu nova redação à Lei n. 869/52], o STF afirmou, por unanimidade, que o preceito implica flagrante violação do disposto no inciso LVII do art. 5º da Constituição do Brasil. Isso porque --- disse o relator --- "a se admitir a redução da remuneração dos servidores em tais hipóteses, estar-se-ia validando verdadeira antecipação de pena, sem que esta tenha sido precedida do devido processo legal, e antes mesmo de qualquer condenação, nada importando que haja previsão de devolução das diferenças, em caso de absolvição". Daí porque a Corte decidiu, por unanimidade, sonoramente, no sentido do não recebimento do preceito da lei estadual pela Constituição de 1.988, afirmando de modo unânime a impossibilidade de antecipação de qualquer efeito afeto à propriedade anteriormente ao seu trânsito em julgado. A Corte que vigorosamente prestigia o disposto no preceito constitucional em nome da garantia da propriedade não a deve negar quando se trate da garantia da liberdade, mesmo porque a propriedade tem mais a ver com as elites; a ameaça às liberdades alcança de modo efetivo as classes subalternas.

8. Nas democracias mesmo os criminosos são sujeitos de direitos. Não perdem essa qualidade, para se transformarem em objetos processuais. São pessoas, inseridas entre aquelas beneficiadas pela afirmação constitucional da sua dignidade (art. 1º, III, da Constituição do Brasil). É inadmissível a sua exclusão social, sem que sejam consideradas, em quaisquer circunstâncias, as singularidades de cada infração penal, o que somente se pode apurar plenamente quando transitada em julgado a condenação de cada qual

Ordem concedida.

2

Supremo Tribunal Federal 1050

HC 84.078 / MG

A C Ó R D Ã O

Vistos, relatados e discutidos estes autos, acordam os Ministros do Supremo Tribunal Federal, em Sessão Plenária, sob a Presidência do Senhor Ministro Gilmar Mendes, na conformidade da ata de julgamentos e das notas taquigráficas, por maioria de votos, em deferir o *habeas corpus*, nos termos do voto do Relator.

Brasília, 5 de fevereiro de 2009.

EROS GRAU - RELATOR

3

Supremo Tribunal Federal 1051

26/10/2004 **PRIMEIRA TURMA**

HABEAS CORPUS 84.078-7 MINAS GERAIS

RELATOR	:	**MIN. EROS GRAU**
PACIENTE(S)	:	OMAR COELHO VITOR
IMPETRANTE(S)	:	OMAR COELHO VITOR
ADVOGADO(A/S)	:	JOÃO EDUARDO DE DRUMOND VERANO E OUTRO(A/S)
ADVOGADO(A/S)	:	LUÍS ALEXANDRE RASSI
COATOR(A/S)(ES)	:	SUPERIOR TRIBUNAL DE JUSTIÇA

R E L A T Ó R I O

O SENHOR MINISTRO EROS GRAU: Trata-se de pedido habeas-corpus substitutivo de recurso ordinário, com pedido de liminar, em que se atribui ao Superior Tribunal de Justiça constrangimento ilegal, consubstanciado na denegação de *habeas corpus* cuja ementa tem o seguinte teor:

> "*HABEAS CORPUS*. PENAL. ACÓRDÃO CONFIRMATÓRIO DE CONDENAÇÃO DE PRIMEIRO GRAU. EXPEDIÇÃO DE MANDADO DE PRISÃO. LEGITIMIDADE. INOCORRÊNCIA DE OFENSA AO PRINCÍPIO DA PRESUNÇÃO DE INOCÊNCIA, DADA A INEXISTÊNCIA EM REGRA, DE EFEITO SUSPENSIVO AOS RECURSOS DE NATUREZA EXTRAORDINÁRIA.
>
> É assente a diretriz pretoriana no sentido de que o princípio constitucional da não-culpabilidade não inibe a constrição do *status libertatis* do réu com condenação confirmada em segundo grau, porquanto os recursos especial e extraordinário são, em regra, desprovidos de efeito suspensivo.
>
> Precedentes do STF e do STJ.
>
> Ordem denegada."

2. O paciente foi denunciado pela prática do crime tipificado no artigo 121, § 2º, I e IV, c/c o artigo 14, II, todos do Código Penal. O Tribunal do Júri acolheu a tese de homicídio

STF 102.002

privilegiado e o condenou a 3 (três) anos e 6 (seis) meses de reclusão. Levado a novo Júri em virtude do provimento da apelação do Ministério Público, o paciente foi condenado a 7 (sete) anos e 6 (seis) meses de reclusão, em regime **integralmente** fechado, posteriormente corrigido para o **inicialmente** fechado pelo TJ/MG, no julgamento da apelação da defesa.

3. Esta interpôs recursos extraordinário e especial; este último foi admitido pelo Presidente do Tribunal estadual.

4. O Ministério Público requereu a prisão preventiva antes da admissão do recurso especial porque o paciente é "... *renomado produtor de leite nas paragens da Comarca de Passos, dispondo de invejável plantel que repentinamente colocou à venda, ajustando leilão para o próximo dia 22/09/2001, onde propõe a 'Liquidação Total do Rebanho Holandês', bem como de 'Máquinas Agrícolas e Equipamentos de Leite'*"; daí que "... *pelo vulto do patrimônio que está a disponibilizar, cotejado com o decreto condenatório confirmado em segundo grau de jurisdição, está ele a demonstrar seu intento de se fazer furtar da aplicação da lei penal, mobilizando seu patrimônio de forma a facilitar sua evasão*".

5. A prisão preventiva foi decretada em decisão do seguinte teor:

> "*Acolho as ponderações da douta Procuradoria de Justiça, constantes de fls. 835/837, determinando que se expeça competente mandado de prisão em desfavor do réu OMAR VITOR COELHO.*"

6. O impetrante alega que o móvel deste *writ* é a inidoneidade dos fundamentos da prisão cautelar; não a possibilidade

2

STF 102.002

da execução da sentença pendente de recurso sem efeito suspensivo, no caso o Resp, tal como reconhecido pelo Ministro Fontes de Alencar ao julgar a medida cautelar que antecedeu o habeas-corpus impetrado naquela Corte. Em outras palavras, o que se questiona é se há base empírica para manter a prisão preventiva fundada na garantia da aplicação da lei penal; não a execução prematura da sentença condenatória, que deve ser afastada, sob pena de afronta ao princípio da inocência presumida.

7. Restrita a tese à inaptidão do fundamento para a prisão excepcional, o impetrante diz ser falsa a base concreta afirmada pelo Ministério Público estadual, eis que a intenção do paciente quando anunciou a liquidação de seus bens foi a de mudar de ramo, não a de furtar-se à aplicação da lei penal, conforme se pode inferir dos documentos comprobatórios dos gastos efetuados no exercício da nova atividade.

8. Requer a concessão de liminar para sustar os efeitos do decreto de prisão preventiva, com a expedição de salvo-conduto. No mérito, pugna pelo deferimento do *writ*, confirmando-se a cautelar.

9. O Ministro Nelson Jobim reconsiderou a decisão pela qual indeferira a liminar, concedendo-a (fls. 320/324)

10. O Ministério Público Federal, em parecer da lavra do eminente Subprocurador-Geral da República Haroldo Ferraz da Nóbrega, opina pela denegação da ordem (fls. 339/344).

É o relatório.

Supremo Tribunal Federal 1054

26/10/2004 **PRIMEIRA TURMA**

HABEAS CORPUS 84.078-7 MINAS GERAIS

V O T O

O SENHOR MINISTRO EROS GRAU (Relator): A base empírica de sustentação da prisão preventiva --- receio de frustração da aplicação da lei penal --- foi rechaçada pelo Ministro Nelson Jobim, então relator. S. Excia. considerou a circunstância de o paciente ter alienado determinados bens a fim de adquirir equipamentos e insumos necessários ao desenvolvimento de nova atividade econômica.

2. Afastado o fundamento da prisão preventiva, o encarceramento do paciente após o julgamento do recurso de apelação ganha contornos de execução antecipada da pena.

3. Após votar pela denegação da ordem, na linha da jurisprudência da Corte, que afirma a inexistência de óbice à execução da sentença quando pendente apenas recursos sem efeito suspensivo, a Turma deliberou afetar a matéria ao Pleno.

4. Refletindo a propósito da matéria, estou inteiramente convicto de que o entendimento até agora adotado pelo Supremo deve ser revisto.

5. O artigo 637 do Código de Processo Penal --- decreto-lei n. 3.689, de 3 de outubro de 1.941 --- estabelece que "[o] recurso extraordinário não tem efeito suspensivo, e uma vez arrazoados pelo

STF 102.002

recorrido os autos do traslado, os originais baixarão à primeira instância para a execução da sentença"[1].

6. A Lei de Execução Penal --- Lei n. 7.210, de 11 de julho de 1.984 --- condicionou a execução da pena privativa de liberdade ao trânsito em julgado da sentença condenatória (artigo 105[2]), ocorrendo o mesmo com a execução da pena restritiva de direitos (artigo 147[3]). Dispõe ainda, em seu artigo 164[4], que a certidão da sentença condenatória **com trânsito em julgado** valerá como título executivo judicial.

7. A Constituição do Brasil de 1988 definiu, em seu artigo 5º, inciso LVII, que "ninguém será considerado culpado até o trânsito em julgado de sentença penal condenatória".

8. Daí a conclusão de que os preceitos veiculados pela Lei n. 7.210/84, além de adequados à ordem constitucional vigente, sobrepõem-se, temporal e materialmente, ao disposto no artigo 637 do CPP.

9. No que concerne à pena restritiva de direitos, ambas as Turmas desta Corte vêm interpretando o artigo 147 da Lei de Execução

---

[1] Exatamente esta é a redação do texto normativo; transcrevo-a entre aspas.
[2] Transitando em julgado a sentença que aplicar pena privativa de liberdade, se o réu **estiver ou vier a ser preso**, o juiz ordenará a expedição de guia de recolhimento para a execução.

[3] Transitada em julgado a sentença que aplicou pena restritiva de direitos, o juiz de execução, de ofício ou a requerimento do Ministério Público, promoverá a execução, de ofício ou a requerimento do Ministério Público, promoverá a execução, podendo, para tanto, requisitar, quando necessário, a colaboração de entidades públicas ou solicitá-la a particulares.

[4] Extraída a certidão da sentença condenatória com trânsito em julgado, que valerá como título executivo judicial, o Ministério Público requererá, em autos apartados, a citação do condenado para, no prazo de 10 (dez) dias, pagar o valor da multa ou nomear bens à penhora.

2

Supremo Tribunal Federal **1056**

HC 84.078 / MG

Penal à luz do texto constitucional, com o que afastam a possibilidade de execução da sentença sem que se dê o seu trânsito em julgado. Vejam-se as seguintes ementas:

> "AÇÃO PENAL. Sentença condenatória. Pena privativa de liberdade. Substituição por pena restritiva de direito. Decisão impugnada mediante agravo de instrumento, pendente de julgamento. Execução provisória. Inadmissibilidade. Ilegalidade caracterizada. Ofensa ao art. 5º, LVII, da CF e ao art. 147 da LEP. HC deferido. Precedentes. Pena restritiva de direitos só pode ser executada após o trânsito em julgado da sentença que a impôs."
> (HC n. 88.413, 1ª Turma, Cezar Peluso, DJ de 9/6/2006).

> "*HABEAS CORPUS*. PENAS RESTRITIVAS DE DIREITOS. EXECUÇÃO ANTES DO TRÂNSITO EM JULGADO. IMPOSSIBILIDADE.
> O artigo 147 da Lei de Execução Penal é claro ao condicionar a execução da pena restritiva de direitos ao trânsito em julgado da sentença condenatória. Precedentes.
> Ordem concedida."
> (HC n. 86.498, 2ª Turma, Eros Grau, DJ de 19/5/2006).

> "EMENTA 'HABEAS CORPUS' - PENAS RESTRITIVAS DE DIREITOS - IMPOSSIBILIDADE DE SUA EXECUÇÃO DEFINITIVA ANTES DO TRÂNSITO EM JULGADO DA SENTENÇA PENAL CONDENATÓRIA - PEDIDO INDEFERIDO. - As penas privativas de direitos somente podem sofrer execução definitiva, não se legitimando, quanto a elas, a possibilidade de execução provisória, eis que tais sanções penais alternativas dependem, para efeito de sua efetivação, do trânsito em julgado da sentença que as aplicou. Lei de Execução Penal (art. 147). Precedente."
> (HC n. 84.859, 2ª Turma, Celso de Mello, DJ de 14/12/2004).

10. No mesmo sentido, os HHCC 84.587, 1ª Turma, Marco Aurélio, DJ de 19/11/2004; 84.677, 1ª Turma, Eros Grau, Rel. p/ o acórdão Cezar Peluso, DJ de 8/4/2005; 84.741, 1ª Turma, Sepúlveda

3

STF 102.002

Pertence, DJ de 18/2/2005; 85.289, 1ª Turma, Sepúlveda Pertence, DJ de 11/3/2005 e o 88.741, 2ª Turma, Eros Grau, DJ de 4/8/2006.

11. Ora, se é vedada a execução da pena restritiva de direito antes do trânsito em julgado da sentença, com maior razão há de ser coibida a execução da pena privativa de liberdade --- indubitavelmente mais grave --- enquanto não sobrevier título condenatório definitivo. Entendimento diverso importaria franca afronta ao disposto no artigo 5º, inciso LVII da Constituição, além de implicar a aplicação de tratamento desigual a situações iguais, o que acarreta violação do princípio da isonomia. Note-se bem que é à isonomia na aplicação do direito, a expressão originária da *isonomia, que me refiro. É inadmissível que esta Corte aplique o* direito de modo desigual a situações paralelas.

12. Aliás a nada se prestaria a Constituição se esta Corte admitisse que alguém viesse a ser considerado culpado --- e ser culpado equivale a suportar execução imediata de pena --- anteriormente ao trânsito em julgado de sentença penal condenatória. Quem lê o texto constitucional em juízo perfeito sabe que a Constituição assegura que nem a lei, nem qualquer decisão judicial imponham ao réu alguma sanção antes do trânsito em julgado da sentença penal condenatória. Não me parece possível, salvo se for negado préstimo à Constituição, qualquer conclusão adversa ao que dispõe o inciso LVII do seu artigo 5°. Apenas um desafeto da Constituição --- lembro-me aqui de uma expressão de GERALDO ATALIBA, exemplo de dignidade, jurista maior, maior, muito maior do que pequenos arremedos de jurista poderiam supor --- apenas um desafeto da Constituição admitiria que ela permite seja alguém considerado culpado anteriormente ao trânsito em julgado de sentença penal condenatória. Apenas um desafeto da Constituição admitiria que

alguém fique sujeito a execução antecipada da pena de que se trate. Apenas um desafeto da Constituição.

13. A prisão antes do trânsito em julgado da condenação somente pode ser decretada a título cautelar. Lembro, a propósito, o que afirma ROGÉRIO LAURIA TUCCI[5], meu colega de docência na Faculdade de Direito do Largo de São Francisco: "o acusado, como tal, somente poderá ter sua prisão provisória decretada quando esta assuma natureza cautelar, ou seja, nos casos de prisão em flagrante, de prisão temporária, ou de prisão preventiva"[6].

14. A ampla defesa, não se a pode visualizar de modo restrito. Engloba todas as fases processuais, inclusive as recursais de natureza extraordinária. Por que não haveria de ser assim? Se é ampla, abrange todas e não apenas algumas dessas fases. Por isso a execução da sentença após o julgamento do recurso de apelação significa, também, restrição do direito de defesa, caracterizando desequilíbrio entre a pretensão estatal de aplicar a pena e o direito, do acusado, de elidir essa pretensão.

15. Se tomarmos sob exame os textos normativos construídos no período compreendido pelos anos oitenta e noventa do século passado, discerniremos nítida oposição entre o que se convencionou chamar de "garantismo", na década de 80 (em 1.984, precisamente --- com a

[5] Direitos e Garantias Individuais no Processo Penal Brasileiro, 2ª ed., RT, São Paulo, 2.004, p. 281. Do mesmo autor, Limitação da extensão de apelação e inexistência de execução penal provisória, in Revista Brasileira de Ciências Criminais, n. 33 (ano 9), págs. 250-251.

[6] No mesmo sentido, FERNANDO DA COSTA TOURINHO FILHO, Processo Penal, 13ª. ed., São Paulo, Saraiva, 1.992, vol. 1, p. 63. "[...] enquanto não definitivamente condenado, presume-se o réu inocente. Sendo este presumidamente inocente, sua prisão, antes do trânsito em julgado da sentença condenatória, somente poderá ser admitida a título de cautela".

5

STF 102.002

reforma penal --- e em 1.988, na Constituição do Brasil] e a produção, na década de 90, de preceitos penais e processuais penais marcados, na dicção de ALEXANDRE WUNDERLICH[7], "pelo repressivo insano e pelo excesso de criações punitivas".

16. O modelo de execução penal consagrado na reforma penal de 1.984 confere concreção ao chamado princípio da presunção de inocência, admitindo o cumprimento da pena apenas após o trânsito em julgado da sentença penal condenatória. A Constituição de 1.988 dispõe regra expressa sobre esta matéria. Aqui, como observou o Ministro Cezar Peluso em voto na Reclamação 2.311, não é relevante indagarmos se a Constituição consagra, ou não, presunção de inocência. O que conta, diz ainda o Ministro Cezar Peluso, é o "enunciado normativo de garantia contra a possibilidade de a lei ou decisão judicial impor ao réu, antes do trânsito em julgado de sentença penal condenatória, qualquer sanção ou conseqüência jurídica gravosa que dependa dessa condição constitucional, ou seja, do trânsito em julgado da sentença condenatória".

17. Esse quadro foi alterado no advento da Lei n. 8.038/90, que instituiu normas procedimentais atinentes aos processos que tramitam perante o Superior Tribunal de Justiça e o Supremo Tribunal Federal, ao estabelecer que os recursos extraordinário e especial "serão recebidos no efeito devolutivo". A supressão do efeito suspensivo desses recursos é expressiva de uma política criminal vigorosamente repressiva, instalada na instituição da prisão temporária pela Lei n. 7.960/89 e, logo em seguida, na edição da Lei n. 8.072/90, a "lei

[7] *Muito além do bem e do mal: considerações sobre a execução penal antecipada*, in Crítica à execução penal, [org. Salo de Carvalho], Lúmen Júris, Rio de Janeiro, 2.002, pág. 510.

6

STF 102.002

dos crimes hediondos", alterada em 1.994 e em 1.998[8]. Prisão temporária, restrição dos efeitos da interposição de recursos em matéria penal e punição exemplar, sem qualquer contemplação, nos "crimes hediondos" exprimem muito bem o sentimento que EVANDRO LINS sintetizou na seguinte assertiva: "Na realidade, quem está desejando punir demais, no fundo, no fundo, está querendo fazer o mal, se equipara um pouco ao próprio delinqüente"[9]. Essa desenfreada vocação à substituição de justiça por vingança denuncia aquela que em outra ocasião referi como "estirpe dos torpes delinqüentes enrustidos que, impunemente, sentam à nossa mesa, como se fossem homens de bem"[10].

18. O casuísmo do legislador na elaboração da lei 8.072/90 é o mesmo casuísmo do legislador da Lei n. 8.038/90, determinado pela onda de extorsões mediante seqüestro, notadamente os casos *Abílio Diniz*, em São Paulo, e *Roberto Medina*, no Rio de Janeiro, e pela reação a que de pronto deram causa. A crítica de ALBERTO SILVA FRANCO[11] ao primeiro aplica-se ao segundo: "É mister, portanto, que se denuncie com eloqüência esta postura ideológica, que representa um movimento regressivo, quer no direito penal, quer no direito processual penal, quer ainda na própria execução penal. [...] Não basta a denúncia da postura autoritária. É necessário o seu desmonte implacável. E isso poderá ser feito, sem dúvida, pelo próprio juiz na medida em que, indiferente às pressões dos meios de comunicação social e à incompreensão de seus próprios colegas, tenha a coragem de apontar as inconstitucionalidades e as impropriedades contidas na Lei 8.072/90". A produção legislativa penal e processual penal dos

[8] Leis ns. 8.930/94 e 9.677/98.
[9] O salão dos passos perdidos, 3ª impressão, Editora Nova Fronteira, Rio de Janeiro, 1.997, pág. 219.
[10] Meu Do ofício de orador, 2ª edição, Editora Revan, Rio de Janeiro, 2.006, pág. 72.
[11] Crimes Hediondos: anotações sistemáticas à Lei 8.072/90, 4ª ed., São Paulo, Editora Revista dos Tribunais, 2000, pp. 98/99.

7

STF 102.002

anos 90 é francamente reacionária, na medida em que cede aos anseios populares, buscando punições severas e imediatas --- a malta relegando a plano secundário a garantia constitucional da ampla defesa e seus consectários. Em certos momentos a violência integra-se ao cotidiano da nossa sociedade. E isso de modo a negar a tese do homem cordial que habitaria a individualidade dos brasileiros. Nesses momentos a imprensa lincha, em tribunal de exceção erigido sobre a premissa de que todos são culpados até prova em contrário, exatamente o inverso do que a Constituição assevera. É bom que estejamos bem atentos, nesta Corte, em especial nos momentos de desvario, nos quais as massas despontam na busca, atônita, de uma ética --- qualquer ética --- o que irremediavelmente nos conduz ao "*olho por olho, dente por dente*". Isso nos incumbe impedir, no exercício da prudência do direito, para que prevaleça contra qualquer outra, momentânea, incendiária, ocasional, a força normativa da Constituição. Sobretudo nos momentos de exaltação. Para isso fomos feitos, para tanto aqui estamos.

19. A execução da sentença antes de transitada em julgado é incompatível com o texto do *artigo 5º, inciso LVII da Constituição* do Brasil. Colho, em voto de S. Excia. no julgamento do HC 69.964, a seguinte assertiva do Ministro SEPÚLVEDA PERTENCE: "... quando se trata de prisão que tenha por título sentença condenatória recorrível, de duas, uma: ou se trata de prisão cautelar, ou de antecipação do cumprimento da pena. (...) E antecipação de execução de pena, de um lado, com a regra constitucional de que ninguém será considerado culpado antes que transite em julgado a condenação, são coisas, data venia, que se '*hurlent de se trouver ensemble*'". Também o Ministro MARCO AURÉLIO afirmou, quando desse mesmo julgamento, a impossibilidade, sem afronta ao artigo 5º da Constituição de 1.988, da "antecipação provisória do cumprimento da pena". Aqui, mais do

que diante de um princípio explícito de direito[12], estamos em face de regra expressa afirmada, em todas as suas letras, pela Constituição. Por isso é mesmo incompleta a notícia de que a boa doutrina tem severamente criticado a execução antecipada da pena. Aliás, parenteticamente --- e porque as palavras são mais sábias do que quem as pronuncia; porque as palavras são terríveis, denunciam, causticamente --- anoto a circunstância de o vocábulo *antecipada*, inserido na expressão, denotar suficientemente a incoerência da execução assim operada. Retomo porém o fio da minha exposição repetindo ser incompleta a notícia de que a boa doutrina tem severamente criticado a execução antecipada da pena. E isso porque na hipótese não se manifesta somente antipatia da doutrina em relação à antecipação de execução penal; mais, muito mais do que isso, aqui há oposição, confronto, contraste bem vincado entre o texto expresso da Constituição do Brasil e regras infraconstitucionais que a justificariam, a execução antecipada da pena.

20. Não será certamente demasiada, no entanto, a lembrança do quanto observa o Professor ANTONIO MAGALHÃES GOMES FILHO, meu colega também na Faculdade de Direito do Largo de São Francisco: "[a] vedação a qualquer forma de identificação do suspeito, indiciado ou acusado à condição de culpado constitui, sem dúvida, o aspecto mais saliente da disposição constitucional do art. 5º, inc. LVII, na medida em que reafirma a dignidade da pessoa humana como premissa fundamental da atividade repressiva do Estado. Embora não se possa esperar que a simples enunciação formal do preceito traduza modificação imediata e substancial no comportamento da sociedade - e mesmo dos atores jurídicos - em face daqueles que se vêem envolvidos

[12] Vide meu Ensaio e discurso sobre a interpretação/aplicação do direito, 4ª edição, Malheiros Editores, 2.006, págs. 141 e ss.

9

STF 102.002

com o aparato judiciário-criminal, não é possível desconhecer que a Constituição instituiu uma verdadeira *garantia* de tratamento do acusado como inocente até o trânsito em julgado de sentença condenatória"[13]. E, mais, diz ainda ele em outro texto: "... não é legítima a prisão anterior à condenação transitada em julgado, senão por exigências cautelares indeclináveis de natureza instrumental e final, e depois de efetiva apreciação judicial, que deve vir expressa através de decisão motivada"[14]. A admissão da execução provisória no sistema processual penal expressa absoluta incongruência, qual anota SIDNEI AGOSTINHO BENETI, "porque não há como admitir, sem infringência a direitos fundamentais do acusado, principalmente a presunção de inocência e a garantia da aplicação jurisdicional da pena com observância do devido processo legal, que suporte ele, o acusado, a execução penal enquanto não declarada judicialmente a certeza de que cometeu ele a infração penal, o que só ocorre com o trânsito em julgado da sentença condenatória"[15]. E diz FERNANDO DA COSTA TOURINHO FILHO[16]: "se não há trânsito em julgado, a sentença penal não pode ser executada (art. 105 da Lei de Execução Penal); a interposição do recurso extraordinário ou especial impede, até final julgamento, o trânsito em julgado; não há título a justificar prisão do réu anteriormente a esse julgamento". "A prisão --- prossegue --- ou é definitiva ou provisória. Aquela pressupõe sentença condenatória trânsita em julgado; esta pode ser efetivada antes, mas nos casos previstos em lei e desde que necessária (...)".

---

[13] *Significados da Presunção de Inocência*, *in* Direito Penal Especial, Processo Penal e Direitos Fundamentais, coordenação de JOSÉ DE FARIA COSTA e MARCO ANTONIO MARQUES DA SILVA, Quartier Latin do Brasil, São Paulo, 2.006, pág. 326.

[14] Presunção de inocência e prisão cautelar, Saraiva, São Paulo, 1.991, pág. 86.

[15] Citado por ROGÉRIO LAURIA TUCCI, Direitos e Garantias Individuais no Processo Penal Brasileiro, cit., pág. 283.

[16] Código de Processo Penal Comentado, 9ª. ed., revista, aumentada e atualizada, Saraiva, 2.005, págs. 465/466.

21. A antecipação da execução penal, ademais de incompatível com o texto da Constituição, apenas poderia ser justificada em nome da conveniência dos magistrados --- não do processo penal. A prestigiar-se o princípio constitucional, dizem, os tribunais [leia-se STJ e STF] serão inundados por recursos especiais e recursos extraordinários, e subseqüentes embargos e agravos, além do que "ninguém mais será preso". Eis aí o que poderia ser apontado como incitação à "jurisprudência defensiva", que, no extremo, reduz a amplitude ou mesmo amputa garantias constitucionais. A comodidade, a melhor operacionalidade de funcionamento desta Corte não pode ser lograda a esse preço.

22. Uma observação ainda em relação ao argumento nos termos do qual não se pode **generalizar** o entendimento de que só após o trânsito em julgado se pode executar a pena. Isso --- diz o argumento --- porque há casos específicos em que o réu recorre, em grau de recurso especial ou extraordinário, sem qualquer base legal, em questão de há muito preclusa, levantando nulidades inexistentes, sem indicar qualquer prejuízo. Vale dizer, pleiteia uma nulidade *inventada*, apenas para retardar o andamento da execução e *alcançar* a prescrição. Não há nada que justifique o RE, mas ele *consegue* evitar a execução. Situações como estas consubstanciariam um acinte e desrespeito ao Poder Judiciário. Ademais, a prevalecer o entendimento que só se pode executar a pena após o trânsito em julgado das decisões do RE e do Resp, consagrar-se-á, em definitivo, a impunidade. Isso --- eis o fecho de ouro do argumento --- porque os advogados usam e abusam de recursos e de reiterados *habeas corpus*, ora pedindo a liberdade, ora a nulidade da ação penal. Ora --- digo eu agora --- a prevalecerem essas razões contra o texto da Constituição melhor será abandonarmos o recinto e sairmos por aí, cada qual com o seu porrete, arrebentando a espinha e a cabeça de

quem nos contrariar. Cada qual com o seu porrete! Não recuso significação ao argumento, mas ele não será relevante, no plano normativo, anteriormente a uma possível reforma processual, evidentemente adequada ao que dispuser a Constituição. Antes disso, se prevalecer, melhor recuperarmos nossos porretes...

23. Nas democracias mesmo os criminosos são sujeitos de direito. Não perdem essa qualidade, para se transformarem em objetos processuais. São pessoas, inseridas entre aquelas beneficiadas pela afirmação constitucional da sua dignidade. É inadmissível a sua exclusão social, sem que sejam consideradas, em quaisquer circunstâncias, as singularidades de cada infração penal, o que somente se pode apurar plenamente quando transitada em julgado a condenação de cada qual.

25. Devo manifestar, por fim, certeza e absoluta segurança em que esta Corte prestará o devido acatamento à Constituição. E faço referência, a propósito, não apenas a decisões atinentes à afirmação da liberdade, mas a outra, bem recente, de 7 de novembro de 2.007. Desejo aludir ao RE 482.006, relator o Ministro Lewandowski, quando foi debatida a constitucionalidade de preceito de lei estadual mineira que impõe a redução de vencimentos de servidores públicos afastados de suas funções por responderem a processo penal em razão da suposta prática de crime funcional [art. 2º da Lei n. 2.364/61, que deu nova redação à Lei n. 869/52]. Decidiu-se então, por unanimidade, que o preceito implica flagrante violação do disposto no inciso LVII do art. 5ª da Constituição do Brasil. Isso porque --- disse o relator --- "a se admitir a redução da remuneração dos servidores em tais hipóteses, estar-se-ia validando verdadeira antecipação de pena, sem que esta tenha sido precedida do devido processo legal, e antes mesmo de qualquer condenação, nada

12

STF 102.002

importando que haja previsão de devolução das diferenças, em caso de absolvição". Daí porque a Corte decidiu, por unanimidade, sonoramente, no sentido do não recebimento do preceito da lei estadual pela Constituição de 1.988. Afirmação unânime, como se vê, da impossibilidade de antecipação de qualquer efeito afeto à propriedade, anteriormente ao seu trânsito em julgado, a decisão com caráter de sanção. Ora, a Corte que vigorosamente prestigia o disposto no preceito constitucional em nome da garantia da propriedade certamente não o negará quando se trate da garantia da liberdade. Não poderá ser senão assim, salvo a hipótese de entender-se que a Constituição está plenamente a serviço da defesa da propriedade, mas nem tanto da liberdade... Afinal de contas a propriedade tem mais a ver com as elites; a ameaça às liberdades alcança de modo efetivo as classes subalternas.

Concedo a ordem para determinar que o paciente aguarde em liberdade o trânsito em julgado da sentença condenatória.

Supremo Tribunal Federal **1067**

PRIMEIRA TURMA

EXTRATO DE ATA

HABEAS CORPUS 84.078-7
PROCED.: MINAS GERAIS
RELATOR : MIN. EROS GRAU
PACTE.(S): OMAR COELHO VITOR
IMPTE.(S): OMAR COELHO VITOR
ADV.(A/S): JOÃO EDUARDO DE DRUMOND VERANO E OUTRO(A/S)
COATOR(A/S)(ES): SUPERIOR TRIBUNAL DE JUSTIÇA

Decisão: Após o voto do Ministro Eros Grau, Relator, indeferindo o pedido de **habeas corpus** e cassando a liminar concedida, pediu vista dos autos o Ministro Carlos Britto. Falou pelo paciente o Dr. João Eduardo de Drumond Verano. 1ª Turma, 26.10.2004.

Presidência do Ministro Sepúlveda Pertence. Presentes à Sessão os Ministros Marco Aurélio, Cezar Peluso, Carlos Britto e Eros Grau.

Subprocuradora-Geral da República, Dra. Delza Curvello Rocha.

Ricardo Dias Duarte
Coordenador

STF 102.002

Supremo Tribunal Federal **1068**

24/11/2004 **PRIMEIRA TURMA**

HABEAS CORPUS 84.078-7 MINAS GERAIS

PROPOSTA DE REMESSA AO PLENO

O SENHOR MINISTRO CARLOS BRITTO - Senhor Presidente, trata-se de **habeas corpus** impetrado em causa própria por Omar Coelho Vítor, já condenado à pena de sete anos e seis meses de reclusão, em regime inicialmente fechado por tentativa de homicídio qualificado, art. 121, § 2°, inciso IV, c/c art. 14, inciso III, alíneas "c" e "d", ambos do CP.

Após substancioso voto denegatório proferido pelo eminente Ministro Eros Grau, Relator, pedi vista para examinar melhor as alegações do paciente.

Colhe-se dos autos que a tese central sob exame consiste na possibilidade ou não de se expedir mandado de prisão contra o acusado nas hipóteses em que a sentença condenatória já apreciada por tribunal de segunda instância estiver sendo impugnada por recurso de natureza excepcional. Como se sabe, esses recursos não se revestem de eficácia suspensiva.

Quando da análise da causa, no entanto, observei que a jurisprudência desta Suprema Corte de Justiça, em sua nova composição, não é uniforme sobre o tema. Há decisões proferidas por esta colenda Primeira Turma no sentido de que a prisão do réu só é

STF 102.002

possível após o trânsito em julgado da condenação ou nas estritas hipóteses cautelares taxativamente previstas no art. 312 do Código de Processo Penal, assim como há julgados provenientes da colenda Segunda Turma que entendem que os recursos especial e extraordinário nem por se privarem de efeito suspensivo, deixam de viabilizar a imediata prisão do condenado. Ou seja, as duas Turmas dissentem quanto à interpretação do art. 312 do CPP.

Desse modo, Sr. Presidente, tendo em consideração a relevância do tema e a nova composição desta nossa Casa de Justiça, entendo recomendável seja o presente feito encaminhado ao Plenário da Corte para que seja dada solução definitiva à controvérsia.

É como voto.

Supremo Tribunal Federal 1070

24/11/2004 PRIMEIRA TURMA

HABEAS CORPUS 84.078-7 MINAS GERAIS

DEBATE

O SENHOR MINISTRO CEZAR PELUSO - Senhor Presidente, já não tivemos vários precedentes?

O SR. MINISTRO SEPÚLVEDA PERTENCE (PRESIDENTE) - Quanto a este campo, ponto específico do acórdão, em que só recorrível extraordinariamente, claro que está tudo dentro da abrangência.

O SENHOR MINISTRO CEZAR PELUSO - É. Temos concedido cautelares para esse efeito de aguardar decisão do Plenário. Concedemos uma cautelar de ofício, enquanto se aguarda a decisão do Plenário.

O SR. MINISTRO SEPÚLVEDA PERTENCE (PRESIDENTE) - No caso, não há nenhuma fundamentação cautelar?

O SENHOR MINISTRO CARLOS BRITTO - Não.

STF 102.002

Supremo Tribunal Federal 1071

HC 84.078 / MG

O SR. MINISTRO SEPÚLVEDA PERTENCE (PRESIDENTE) - Vossa Excelência insiste em remessa ao Pleno?

O SENHOR MINISTRO CARLOS BRITTO - Sim, porque é chegada a hora de remeter ao Pleno essa matéria de uma vez por todas. As duas Turmas dissentem e o fazem reiteradamente.

STF 102.002

24/11/2004 PRIMEIRA TURMA

HABEAS CORPUS 84.078-7 MINAS GERAIS

O SENHOR MINISTRO CEZAR PELUSO - Para Vossa Excelência não ficar muito preocupado, esclareço que temos jurisprudência segundo a qual, em embargos de declaração desse tipo, se deve mandar cumprir a decisão embargada, independentemente de novos embargos de declaração.

O SENHOR MINISTRO EROS GRAU: - Naturalmente estou usando uma figura de retórica.

O SR. MINISTRO SEPÚLVEDA PERTENCE (PRESIDENTE) - Há uma proposta de remessa ao Pleno, e o Ministro Cezar Peluso propõe a concessão da cautelar.

O SENHOR MINISTRO MARCO AURÉLIO - A matéria está pendente?

O SR. MINISTRO SEPÚLVEDA PERTENCE (PRESIDENTE) - Esta, especificamente, não. O que está pendente é a apelação em liberdade.

STF 102.002

O SENHOR MINISTRO CEZAR PELUSO - Onde está a diferença substancial que Vossa Excelência vê? Na verdade, eles estão aplicando a Súmula nº 267 do STJ.

O SR. MINISTRO SEPÚLVEDA PERTENCE - O grande argumento da corrente, até aqui majoritária, é o de que, não sendo providos os efeitos suspensivos, os recursos não suspendem a prisão. Não é o caso da apelação que é provida de efeito suspensivo.

O SENHOR MINISTRO CEZAR PELUSO - Sim, mas naquele caso, no Plenário.

O SR. MINISTRO SEPÚLVEDA PERTENCE (PRESIDENTE) - Mas o art. 594 é o que determina.

O SENHOR MINISTRO CEZAR PELUSO - Então, estamos com os dois casos: com o 594 e com o outro.

O SR. MINISTRO SEPÚLVEDA PERTENCE (PRESIDENTE) - E com o das leis especiais; todos sobre apelação em liberdade.

Supremo Tribunal Federal **1074**

HC 84.078 / MG

O SENHOR MINISTRO CEZAR PELUSO - Não, o 594; o outro é sobre apelação também?

O SR. MINISTRO SEPÚLVEDA PERTENCE (PRESIDENTE) - É da lei especial, da lei dos crimes organizados.

O SENHOR MINISTRO CEZAR PELUSO - Exatamente, as duas normas específicas.

O SR. MINISTRO SEPÚLVEDA PERTENCE (PRESIDENTE) - Sobre o acórdão sujeito a recursos especial e extraordinário, não há especificamente nada no Pleno.

O SR. MINISTRO CARLOS BRITTO - Mantenho meu voto.

3

STF 102.002

Supremo Tribunal Federal **1075**

PRIMEIRA TURMA

EXTRATO DE ATA

HABEAS CORPUS 84.078-7
PROCED.: MINAS GERAIS
RELATOR : MIN. EROS GRAU
PACTE.(S): OMAR COELHO VITOR
IMPTE.(S): OMAR COELHO VITOR
ADV.(A/S): JOÃO EDUARDO DE DRUMOND VERANO E OUTRO(A/S)
COATOR(A/S)(ES): SUPERIOR TRIBUNAL DE JUSTIÇA

Decisão: Após o voto do Ministro Eros Grau, Relator, indeferindo o pedido de **habeas corpus** e cassando a liminar concedida, pediu vista dos autos o Ministro Carlos Britto. Falou pelo paciente o Dr. João Eduardo de Drumond Verano. 1ª Turma, 26.10.2004.

Decisão: Prosseguindo o julgamento, a Turma, por maioria de votos, decidiu remeter o presente pedido de **habeas corpus** a julgamento do Tribunal Pleno; vencidos os Ministros Cezar Peluso e Eros Grau, Relator. 1ª. Turma, 24.11.2004.

Presidência do Ministro Sepúlveda Pertence. Presentes à Sessão os Ministros Marco Aurélio, Cezar Peluso, Carlos Britto e Eros Grau. Compareceram a Ministra Ellen Grace e o Ministro Joaquim Barbosa para julgamento de processos a eles vinculados.

Subprocuradora-Geral da República, Dra. Maria Caetana Cintra Santos.

Ricardo Dias Duarte
Coordenador

STF 102 002

Supremo Tribunal Federal 1076

09/04/2008 TRIBUNAL PLENO

HABEAS CORPUS 84.078-7 MINAS GERAIS

RELATOR	:	**MIN. EROS GRAU**
PACIENTE(S)	:	OMAR COELHO VITOR
IMPETRANTE(S)	:	OMAR COELHO VITOR
ADVOGADO(A/S)	:	JOÃO EDUARDO DE DRUMOND VERANO E OUTRO(A/S)
ADVOGADO(A/S)	:	LUÍS ALEXANDRE RASSI
COATOR(A/S)(ES)	:	SUPERIOR TRIBUNAL DE JUSTIÇA

R E L A T Ó R I O

O SENHOR MINISTRO EROS GRAU: Trata-se de pedido habeas-corpus substitutivo de recurso ordinário, com pedido de liminar, em que se atribui ao Superior Tribunal de Justiça constrangimento ilegal, consubstanciado na denegação de *habeas corpus* cuja ementa tem o seguinte teor:

> "*HABEAS CORPUS*. PENAL. ACÓRDÃO CONFIRMATÓRIO DE CONDENAÇÃO DE PRIMEIRO GRAU. EXPEDIÇÃO DE MANDADO DE PRISÃO. LEGITIMIDADE. INOCORRÊNCIA DE OFENSA AO PRINCÍPIO DA PRESUNÇÃO DE INOCÊNCIA, DADA A INEXISTÊNCIA EM REGRA, DE EFEITO SUSPENSIVO AOS RECURSOS DE NATUREZA EXTRAORDINÁRIA.
>
> É assente a diretriz pretoriana no sentido de que o princípio constitucional da não-culpabilidade não inibe a constrição do *status libertatis* do réu com condenação confirmada em segundo grau, porquanto os recursos especial e extraordinário são, em regra, desprovidos de efeito suspensivo.
>
> Precedentes do STF e do STJ.
>
> Ordem denegada."

2. O paciente foi denunciado pela prática do crime tipificado no artigo 121, § 2º, I e IV, c/c o artigo 14, II, todos do Código Penal. O Tribunal do Júri acolheu a tese de homicídio privilegiado e o condenou a 3 (três) anos e 6 (seis) meses de

reclusão. Levado a novo Júri em virtude do provimento da apelação do Ministério Público, o paciente foi condenado a 7 (sete) anos e 6 (seis) meses de reclusão, em regime **integralmente** fechado, posteriormente corrigido para o **inicialmente** fechado pelo TJ/MG, no julgamento da apelação da defesa.

3. Esta interpôs recursos extraordinário e especial; este último foi admitido pelo Presidente do Tribunal estadual.

4. O Ministério Público requereu a prisão preventiva antes da admissão do recurso especial porque o paciente é "... *renomado produtor de leite nas paragens da Comarca de Passos, dispondo de invejável plantel que repentinamente colocou à venda, ajustando leilão para o próximo dia 22/09/2001, onde propõe a 'Liquidação Total do Rebanho Holandês', bem como de 'Máquinas Agrícolas e Equipamentos de Leite'*"; daí que "... *pelo vulto do patrimônio que está a disponibilizar, cotejado com o decreto condenatório confirmado em segundo grau de jurisdição, está ele a demonstrar seu intento de se fazer furtar da aplicação da lei penal, mobilizando seu patrimônio de forma a facilitar sua evasão*".

5. A prisão preventiva foi decretada em decisão do seguinte teor:

> "*Acolho as ponderações da douta Procuradoria de Justiça, constantes de fls. 835/837, determinando que se expeça competente mandado de prisão em desfavor do réu OMAR VITOR COELHO.*"

6. O impetrante alega que o móvel deste *writ* é a inidoneidade dos fundamentos da prisão cautelar; não a possibilidade da execução da sentença pendente de recurso sem efeito suspensivo,

Supremo Tribunal Federal 1078

HC 84.078 / MG

no caso o Resp, tal como reconhecido pelo Ministro Fontes de Alencar ao julgar a medida cautelar que antecedeu o habeas-corpus impetrado naquela Corte. Em outras palavras, o que se questiona é se há base empírica para manter a prisão preventiva fundada na garantia da aplicação da lei penal; não a execução prematura da sentença condenatória, que deve ser afastada, sob pena de afronta ao princípio da inocência presumida.

7. Restrita a tese à inaptidão do fundamento para a prisão excepcional, o impetrante diz ser falsa a base concreta afirmada pelo Ministério Público estadual, eis que a intenção do paciente quando anunciou a liquidação de seus bens foi a de mudar de ramo, não a de furtar-se à aplicação da lei penal, conforme se pode inferir dos documentos comprobatórios dos gastos efetuados no exercício da nova atividade.

8. Requer a concessão de liminar para sustar os efeitos do decreto de prisão preventiva, com a expedição de salvo-conduto. No mérito, pugna pelo deferimento do *writ*, confirmando-se a cautelar.

9. O Ministro Nelson Jobim reconsiderou a decisão pela qual indeferira a liminar, concedendo-a (fls. 320/324)

10. O Ministério Público Federal, em parecer da lavra do eminente Subprocurador-Geral da República Haroldo Ferraz da Nóbrega, opina pela denegação da ordem (fls. 339/344).

É o relatório.

3

V O T O

O SENHOR MINISTRO EROS GRAU (Relator): A base empírica de sustentação da prisão preventiva --- receio de frustração da aplicação da lei penal --- foi rechaçada pelo Ministro Nelson Jobim, então relator. S. Excia. considerou a circunstância de o paciente ter alienado determinados bens a fim de adquirir equipamentos e insumos necessários ao desenvolvimento de nova atividade econômica.

2. Afastado o fundamento da prisão preventiva, o encarceramento do paciente após o julgamento do recurso de apelação ganha contornos de execução antecipada da pena.

3. Após votar pela denegação da ordem, na linha da jurisprudência da Corte, que afirma a inexistência de óbice à execução da sentença quando pendente apenas recursos sem efeito suspensivo, a Turma deliberou afetar a matéria ao Pleno.

4. Refletindo a propósito da matéria, estou inteiramente convicto de que o entendimento até agora adotado pelo Supremo deve ser revisto.

5. O artigo 637 do Código de Processo Penal --- decreto-lei n. 3.689, de 3 de outubro de 1.941 --- estabelece que "[o] recurso extraordinário não tem efeito suspensivo, e uma vez arrazoados pelo recorrido os autos do traslado, os originais baixarão à primeira instância para a execução da sentença"[1].

[1] Exatamente esta é a redação do texto normativo; transcrevo-a entre aspas.

Supremo Tribunal Federal 1080

HC 84.078 / MG

6. A Lei de Execução Penal --- Lei n. 7.210, de 11 de julho de 1.984 --- condicionou a execução da pena privativa de liberdade ao trânsito em julgado da sentença condenatória (artigo 105[2]), ocorrendo o mesmo com a execução da pena restritiva de direitos (artigo 147[3]). Dispõe ainda, em seu artigo 164[4], que a certidão da sentença condenatória **com trânsito em julgado** valerá como título executivo judicial.

7. A Constituição do Brasil de 1988 definiu, em seu artigo 5°, inciso LVII, que "ninguém será considerado culpado até o trânsito em julgado de sentença penal condenatória".

8. Daí a conclusão de que os preceitos veiculados pela Lei n. 7.210/84, além de adequados à ordem constitucional vigente, sobrepõem-se, temporal e materialmente, ao disposto no artigo 637 do CPP.

9. No que concerne à pena restritiva de direitos, ambas as Turmas desta Corte vêm interpretando o artigo 147 da Lei de Execução Penal à luz do texto constitucional, com o que afastam a possibilidade de execução da sentença sem que se dê o seu trânsito em julgado. Vejam-se as seguintes ementas:

---

[2] Transitando em julgado a sentença que aplicar pena privativa de liberdade, se o réu estiver ou vier a ser preso, o juiz ordenará a expedição de guia de recolhimento para a execução.

[3] Transitada em julgado a sentença que aplicou pena restritiva de direitos, o juiz de execução, de ofício ou a requerimento do Ministério Público, promoverá a execução, de ofício ou a requerimento do Ministério Público, promoverá a execução, podendo, para tanto, requisitar, quando necessário, a colaboração de entidades públicas ou solicitá-la a particulares.

[4] Extraída a certidão da sentença condenatória com trânsito em julgado, que valerá como título executivo judicial, o Ministério Público requererá, em autos apartados, a citação do condenado para, no prazo de 10 (dez) dias, pagar o valor da multa ou nomear bens à penhora.

5

"AÇÃO PENAL. Sentença condenatória. Pena privativa de liberdade. Substituição por pena restritiva de direito. Decisão impugnada mediante agravo de instrumento, pendente de julgamento. Execução provisória. Inadmissibilidade. Ilegalidade caracterizada. Ofensa ao art. 5º, LVII, da CF e ao art. 147 da LEP. HC deferido. Precedentes. Pena restritiva de direitos só pode ser executada após o trânsito em julgado da sentença que a impôs."
(HC n. 88.413, 1ª Turma, Cezar Peluso, DJ de 9/6/2006).

"*HABEAS CORPUS*. PENAS RESTRITIVAS DE DIREITOS. EXECUÇÃO ANTES DO TRÂNSITO EM JULGADO. IMPOSSIBILIDADE.
O artigo 147 da Lei de Execução Penal é claro ao condicionar a execução da pena restritiva de direitos ao trânsito em julgado da sentença condenatória. Precedentes.
Ordem concedida."
(HC n. 86.498, 2ª Turma, Eros Grau, DJ de 19/5/2006).

"EMENTA 'HABEAS CORPUS' – PENAS RESTRITIVAS DE DIREITOS – IMPOSSIBILIDADE DE SUA EXECUÇÃO DEFINITIVA ANTES DO TRÂNSITO EM JULGADO DA SENTENÇA PENAL CONDENATÓRIA – PEDIDO INDEFERIDO. – As penas privativas de direitos somente podem sofrer execução definitiva, não se legitimando, quanto a elas, a possibilidade de execução provisória, eis que tais sanções penais alternativas dependem, para efeito de sua efetivação, do trânsito em julgado da sentença que as aplicou. Lei de Execução Penal (art. 147). Precedente."
(HC n. 84.859, 2ª Turma, Celso de Mello, DJ de 14/12/2004).

10. No mesmo sentido, os HHCC 84.587, 1ª Turma, Marco Aurélio, DJ de 19/11/2004; 84.677, 1ª Turma, Eros Grau, Rel. p/ o acórdão Cezar Peluso, DJ de 8/4/2005; 84.741, 1ª Turma, Sepúlveda Pertence, DJ de 18/2/2005; 85.289, 1ª Turma, Sepúlveda Pertence, DJ de 11/3/2005 e o 88.741, 2ª Turma, Eros Grau, DJ de 4/8/2006.

Supremo Tribunal Federal 1082

HC 84.078 / MG

11. Ora, se é vedada a execução da pena restritiva de direito antes do trânsito em julgado da sentença, com maior razão há de ser coibida a execução da pena privativa de liberdade --- indubitavelmente mais grave --- enquanto não sobrevier título condenatório definitivo. Entendimento diverso importaria franca afronta ao disposto no artigo 5º, inciso LVII da Constituição, além de implicar a aplicação de tratamento desigual a situações iguais, o que acarreta violação do princípio da isonomia. Note-se bem que é à isonomia na aplicação do direito, a expressão originária da isonomia, que me refiro. É inadmissível que esta Corte aplique o direito de modo desigual a situações paralelas.

12. Aliás a nada se prestaria a Constituição se esta Corte admitisse que alguém viesse a ser considerado culpado --- e ser culpado equivale a suportar execução imediata de pena --- anteriormente ao trânsito em julgado de sentença penal condenatória. Quem lê o texto constitucional em juízo perfeito sabe que a Constituição assegura que nem a lei, nem qualquer decisão judicial imponham ao réu alguma sanção antes do trânsito em julgado da sentença penal condenatória. Não me parece possível, salvo se for negado préstimo à Constituição, qualquer conclusão adversa ao que dispõe o inciso LVII do seu artigo 5º. Apenas um desafeto da Constituição --- lembro-me aqui de uma expressão de GERALDO ATALIBA, exemplo de dignidade, jurista maior, maior, muito maior do que pequenos arremedos de jurista poderiam supor --- apenas um desafeto da Constituição admitiria que ela permite seja alguém considerado culpado anteriormente ao trânsito em julgado de sentença penal condenatória. Apenas um desafeto da Constituição admitiria que alguém fique sujeito a execução antecipada da pena de que se trate. Apenas um desafeto da Constituição.

7

13. A prisão antes do trânsito em julgado da condenação somente pode ser decretada a título cautelar. Lembro, a propósito, o que afirma ROGÉRIO LAURIA TUCCI[5], meu colega de docência na Faculdade de Direito do Largo de São Francisco: "o acusado, como tal, somente poderá ter sua prisão provisória decretada quando esta assuma natureza cautelar, ou seja, nos casos de prisão em flagrante, de prisão temporária, ou de prisão preventiva"[6].

14. A ampla defesa, não se a pode visualizar de modo restrito. Engloba todas as fases processuais, inclusive as recursais de natureza extraordinária. Por que não haveria de ser assim? Se é ampla, abrange todas e não apenas algumas dessas fases. Por isso a execução da sentença após o julgamento do recurso de apelação significa, também, restrição do direito de defesa, caracterizando desequilíbrio entre a pretensão estatal de aplicar a pena e o direito, do acusado, de elidir essa pretensão.

15. Se tomarmos sob exame os textos normativos construídos no período compreendido pelos anos oitenta e noventa do século passado, discerniremos nítida oposição entre o que se convencionou chamar de "garantismo", na década de 80 [em 1.984, precisamente --- com a reforma penal --- e em 1.988, na Constituição do Brasil] e a produção, na década de 90, de preceitos penais e processuais penais

---

[5] Direitos e Garantias Individuais no Processo Penal Brasileiro, 2ª ed., RT, São Paulo, 2.004, p. 281. Do mesmo autor, Limitação da extensão de apelação e inexistência de execução penal provisória, in Revista Brasileira de Ciências Criminais, n. 33 (ano 9), págs. 250-251.

[6] No mesmo sentido, FERNANDO DA COSTA TOURINHO FILHO, Processo Penal, 13ª. ed., São Paulo, Saraiva, 1.992, vol. 1, p. 63. "[...] enquanto não definitivamente condenado, presume-se o réu inocente. Sendo este presumidamente inocente, sua prisão, antes do trânsito em julgado da sentença condenatória, somente poderá ser admitida a título de cautela".

marcados, na dicção de **ALEXANDRE WUNDERLICH**[7], "pelo repressivo insano e pelo excesso de criações punitivas".

16. O modelo de execução penal consagrado na reforma penal de 1.984 confere concreção ao chamado princípio da presunção de inocência, admitindo o cumprimento da pena apenas após o trânsito em julgado da sentença penal condenatória. A Constituição de 1.988 dispõe regra expressa sobre esta matéria. Aqui, como observou o Ministro Cezar Peluso em voto na Reclamação 2.311, não é relevante indagarmos se a Constituição consagra, ou não, presunção de inocência. O que conta, diz ainda o Ministro Cezar Peluso, é o "enunciado normativo de garantia contra a possibilidade de a lei ou decisão judicial impor ao réu, antes do trânsito em julgado de sentença penal condenatória, qualquer sanção ou conseqüência jurídica gravosa que dependa dessa condição constitucional, ou seja, do trânsito em julgado da sentença condenatória".

17. Esse quadro foi alterado no advento da Lei n. 8.038/90, que instituiu normas procedimentais atinentes aos processos que tramitam perante o Superior Tribunal de Justiça e o Supremo Tribunal Federal, ao estabelecer que os recursos extraordinário e especial "serão recebidos no efeito devolutivo". A supressão do efeito suspensivo desses recursos é expressiva de uma política criminal vigorosamente repressiva, instalada na instituição da prisão temporária pela Lei n. 7.960/89 e, logo em seguida, na edição da Lei n. 8.072/90, a "lei dos crimes hediondos", alterada em 1.994 e em 1.998[8]. Prisão temporária, restrição dos efeitos da interposição de recursos em matéria penal e punição exemplar, sem qualquer contemplação, nos

---

[7] *Muito além do bem e do mal: considerações sobre a execução penal antecipada*, in Crítica à execução penal, [org. Salo de Carvalho], Lúmen Júris, Rio de Janeiro, 2.002, pág. 510.

[8] Leis ns. 8.930/94 e 9.677/98.

9

"crimes hediondos" exprimem muito bem o sentimento que EVANDRO LINS sintetizou na seguinte assertiva: "Na realidade, quem está desejando punir demais, no fundo, no fundo, está querendo fazer o mal, se equipara um pouco ao próprio delinqüente"[9]. Essa desenfreada vocação à substituição de justiça por vingança denuncia aquela que em outra ocasião referi como "estirpe dos torpes delinqüentes enrustidos que, impunemente, sentam à nossa mesa, como se fossem homens de bem"[10].

18. O casuísmo do legislador na elaboração da lei 8.072/90 é o mesmo casuísmo do legislador da Lei n. 8.038/90, determinado pela onda de extorsões mediante seqüestro, notadamente os casos *Abílio Diniz*, em São Paulo, e *Roberto Medina*, no Rio de Janeiro, e pela reação a que de pronto deram causa. A crítica de ALBERTO SILVA FRANCO[11] ao primeiro aplica-se ao segundo: "É mister, portanto, que se denuncie com eloqüência esta postura ideológica, que representa um movimento regressivo, quer no direito penal, quer no direito processual penal, quer ainda na própria execução penal. [...] Não basta a denúncia da postura autoritária. É necessário o seu desmonte implacável. E isso poderá ser feito, sem dúvida, pelo próprio juiz na medida em que, indiferente às pressões dos meios de comunicação social e à incompreensão de seus próprios colegas, tenha a coragem de apontar as inconstitucionalidades e as impropriedades contidas na Lei 8.072/90". A produção legislativa penal e processual penal dos anos 90 é francamente reacionária, na medida em que cede aos anseios populares, buscando punições severas e imediatas --- a malta relegando a plano secundário a garantia constitucional da ampla defesa e seus consectários. Em certos momentos a violência integra-

---

[9] O salão dos passos perdidos, 3ª impressão, Editora Nova Fronteira, Rio de Janeiro, 1.997, pág. 219.
[10] Meu Do ofício de orador, 2ª edição, Editora Revan, Rio de Janeiro, 2.006, pág. 72.
[11] Crimes Hediondos: anotações sistemáticas à Lei 8.072/90, 4ª ed., São Paulo, Editora Revista dos Tribunais, 2000, pp. 98/99.

se ao cotidiano da nossa sociedade. E isso de modo a negar a tese do homem cordial que habitaria a individualidade dos brasileiros. Nesses momentos a imprensa lincha, em tribunal de exceção erigido sobre a premissa de que todos são culpados até prova em contrário, exatamente o inverso do que a Constituição assevera. É bom que estejamos bem atentos, nesta Corte, em especial nos momentos de desvario, nos quais as massas despontam na busca, atônita, de uma ética --- qualquer ética --- o que irremediavelmente nos conduz ao "*olho por olho, dente por dente*". Isso nos incumbe impedir, no exercício da prudência do direito, para que prevaleça contra qualquer outra, momentânea, incendiária, ocasional, a força normativa da Constituição. Sobretudo nos momentos de exaltação. Para isso fomos feitos, para tanto aqui estamos.

19. A execução da sentença antes de transitada em julgado é incompatível com o texto do artigo 5º, inciso LVII da Constituição do Brasil. Colho, em voto de S. Excia. no julgamento do HC 69.964, a seguinte assertiva do Ministro SEPÚLVEDA PERTENCE: "... quando se trata de prisão que tenha por título sentença condenatória recorrível, de duas, uma: ou se trata de prisão cautelar, ou de antecipação do cumprimento da pena. (...) E antecipação de execução de pena, de um lado, com a regra constitucional de que ninguém será considerado culpado antes que transite em julgado a condenação, são coisas, data venia, que se '*hurlent de se trouver ensemble*'". Também o Ministro MARCO AURÉLIO afirmou, quando desse mesmo julgamento, a impossibilidade, sem afronta ao artigo 5º da Constituição de 1.988, da "antecipação provisória do cumprimento da pena". Aqui, mais do que diante de um princípio explícito de direito[12], estamos em face de regra expressa afirmada, em todas as suas letras, pela Constituição.

[12] Vide meu Ensaio e discurso sobre a interpretação/aplicação do direito, 4ª edição, Malheiros Editores, 2.006, págs. 141 e ss.

11

Por isso é mesmo incompleta a notícia de que a boa doutrina tem severamente criticado a execução antecipada da pena. Aliás, parenteticamente --- e porque as palavras são mais sábias do que quem as pronuncia; porque as palavras são terríveis, denunciam, causticamente --- anoto a circunstância de o vocábulo *antecipada*, inserido na expressão, denotar suficientemente a incoerência da execução assim operada. Retomo porém o fio da minha exposição repetindo ser incompleta a notícia de que a boa doutrina tem severamente criticado a execução antecipada da pena. E isso porque na hipótese não se manifesta somente antipatia da doutrina em relação à antecipação de execução penal; mais, muito mais do que isso, aqui há oposição, confronto, contraste bem vincado entre o texto expresso da Constituição do Brasil e regras infraconstitucionais que a justificariam, a execução antecipada da pena.

20. Não será certamente demasiada, no entanto, a lembrança do quanto observa o Professor ANTONIO MAGALHÃES GOMES FILHO, meu colega também na Faculdade de Direito do Largo de São Francisco: "[a] vedação a qualquer forma de identificação do suspeito, indiciado ou acusado à condição de culpado constitui, sem dúvida, o aspecto mais saliente da disposição constitucional do art. 5º, inc. LVII, na medida em que reafirma a dignidade da pessoa humana como premissa fundamental da atividade repressiva do Estado. Embora não se possa esperar que a simples enunciação formal do preceito traduza modificação imediata e substancial no comportamento da sociedade - e mesmo dos atores jurídicos - em face daqueles que se vêem envolvidos com o aparato judiciário-criminal, não é possível desconhecer que a Constituição instituiu uma verdadeira *garantia* de tratamento do acusado como inocente até o trânsito em julgado de sentença

condenatória"[13]. E, mais, diz ainda ele em outro texto: "... não é legítima a prisão anterior à condenação transitada em julgado, senão por exigências cautelares indeclináveis de natureza instrumental e final, e depois de efetiva apreciação judicial, que deve vir expressa através de decisão motivada"[14]. A admissão da execução provisória no sistema processual penal expressa absoluta incongruência, qual anota SIDNEI AGOSTINHO BENETI, "porque não há como admitir, sem infringência a direitos fundamentais do acusado, principalmente a presunção de inocência e a garantia da aplicação jurisdicional da pena com observância do devido processo legal, que suporte ele, o acusado, a execução penal enquanto não declarada judicialmente a certeza de que cometeu ele a infração penal, o que só ocorre com o trânsito em julgado da sentença condenatória"[15]. E diz FERNANDO DA COSTA TOURINHO FILHO[16]: "se não há trânsito em julgado, a sentença penal não pode ser executada (art. 105 da Lei de Execução Penal); a interposição do recurso extraordinário ou especial impede, até final julgamento, o trânsito em julgado; não há título a justificar prisão do réu anteriormente a esse julgamento". "A prisão --- prossegue --- ou é definitiva ou provisória. Aquela pressupõe sentença condenatória trânsita em julgado; esta pode ser efetivada antes, mas nos casos previstos em lei e desde que necessária (...)".

21. A antecipação da execução penal, ademais de incompatível com o texto da Constituição, apenas poderia ser justificada em nome da conveniência dos magistrados --- não do processo penal. A

[13] *Significados da Presunção de Inocência*, in Direito Penal Especial, Processo Penal e Direitos Fundamentais, coordenação de JOSÉ DE FARIA COSTA e MARCO ANTONIO MARQUES DA SILVA, Quartier Latin do Brasil, São Paulo, 2.006, pág. 326.

[14] Presunção de inocência e prisão cautelar, Saraiva, São Paulo, 1.991, pág. 86.

[15] Citado por ROGÉRIO LAURIA TUCCI, Direitos e Garantias Individuais no Processo Penal Brasileiro, cit., pág. 283.

[16] Código de Processo Penal Comentado, 9ª. ed., revista, aumentada e atualizada, Saraiva, 2.005, págs. 465/466.

13

prestigiar-se o princípio constitucional, dizem, os tribunais [leia-se STJ e STF] serão inundados por recursos especiais e recursos extraordinários, e subseqüentes embargos e agravos, além do que "ninguém mais será preso". Eis aí o que poderia ser apontado como incitação à "jurisprudência defensiva", que, no extremo, reduz a amplitude ou mesmo amputa garantias constitucionais. A comodidade, a melhor operacionalidade de funcionamento desta Corte não pode ser lograda a esse preço.

22. Uma observação ainda em relação ao argumento nos termos do qual não se pode **generalizar** o entendimento de que só após o trânsito em julgado se pode executar a pena. Isso --- diz o argumento --- porque há casos específicos em que o *réu* recorre, em grau de recurso especial ou extraordinário, sem qualquer base legal, em questão de há muito preclusa, levantando nulidades inexistentes, sem indicar qualquer prejuízo. Vale dizer, pleiteia uma nulidade *inventada,* apenas para retardar o andamento da execução e *alcançar* a prescrição. Não há nada que justifique o RE, mas ele *consegue* evitar a execução. Situações como estas consubstanciariam um acinte e desrespeito ao Poder Judiciário. Ademais, a prevalecer o entendimento que só se pode executar a pena após o trânsito em julgado das decisões do RE e do Resp, consagrar-se-á, em definitivo, a impunidade. Isso --- eis o fecho de ouro do argumento --- porque os advogados usam e abusam de recursos e de reiterados *habeas corpus,* ora pedindo a liberdade, ora a nulidade da ação penal. Ora --- digo eu agora --- a prevalecerem essas razões contra o texto da Constituição melhor será abandonarmos o recinto e sairmos por aí, cada qual com o seu porrete, arrebentando a espinha e a cabeça de quem nos contrariar. Cada qual com o seu porrete! Não recuso significação ao argumento, mas ele não será relevante, no plano normativo, anteriormente a uma possível reforma processual,

14

Supremo Tribunal Federal 1090

HC 84.078 / MG

evidentemente adequada ao que dispuser a Constituição. Antes disso, se prevalecer, melhor recuperarmos nossos porretes...

23. Nas democracias mesmo os criminosos são sujeitos de direito. Não perdem essa qualidade, para se transformarem em objetos processuais. São pessoas, inseridas entre aquelas beneficiadas pela afirmação constitucional da sua dignidade. É inadmissível a sua exclusão social, sem que sejam consideradas, em quaisquer circunstâncias, as singularidades de cada infração penal, o que somente se pode apurar plenamente quando transitada em julgado a condenação de cada qual.

25. Devo manifestar, por fim, certeza e absoluta segurança em que esta Corte prestará o devido acatamento à Constituição. E faço referência, a propósito, não apenas a decisões atinentes à afirmação da liberdade, mas a outra, bem recente, de 7 de novembro de 2.007. Desejo aludir ao RE 482.006, relator o Ministro Lewandowski, quando foi debatida a constitucionalidade de preceito de lei estadual mineira que impõe a redução de vencimentos de servidores públicos afastados de suas funções por responderem a processo penal em razão da suposta prática de crime funcional [art. 2º da Lei n. 2.364/61, que deu nova redação à Lei n. 869/52]. Decidiu-se então, por unanimidade, que o preceito implica flagrante violação do disposto no inciso LVII do art. 5º da Constituição do Brasil. Isso porque --- disse o relator --- "a se admitir a redução da remuneração dos servidores em tais hipóteses, estar-se-ia validando verdadeira antecipação de pena, sem que esta tenha sido precedida do devido processo legal, e antes mesmo de qualquer condenação, nada importando que haja previsão de devolução das diferenças, em caso de absolvição". Daí porque a Corte decidiu, por unanimidade, sonoramente, no sentido do não recebimento do preceito da lei

15

estadual pela Constituição de 1.988. Afirmação unânime, como se vê, da impossibilidade de antecipação de qualquer efeito afeto à propriedade, anteriormente ao seu trânsito em julgado, a decisão com caráter de sanção. Ora, a Corte que vigorosamente prestigia o disposto no preceito constitucional em nome da garantia da propriedade certamente não o negará quando se trate da garantia da liberdade. Não poderá ser senão assim, salvo a hipótese de entender-se que a Constituição está plenamente a serviço da defesa da propriedade, mas nem tanto da liberdade... Afinal de contas a propriedade tem mais a ver com as elites; a ameaça às liberdades alcança de modo efetivo as classes subalternas.

Concedo a ordem para determinar que o paciente aguarde em liberdade o trânsito em julgado da sentença condenatória.

Supremo Tribunal Federal 1092

09/04/2008 **TRIBUNAL PLENO**

HABEAS CORPUS 84.078-7 MINAS GERAIS

VISTA

O EXCELENTÍSSIMO SENHOR MINISTRO MENEZES DIREITO:

Senhor Presidente, como disse o Ministro **Eros Grau**, o tema é de grande relevância, que tem perpassado esta Corte ao longo do tempo e, já agora, instalando-se divergência entre a Primeira e a Segunda Turma.

Anoto, Senhor Presidente, haver precedente recentíssimo da Primeira Turma, de que fui Relator, em sentido contrário ao brilhantíssimo voto proferido pelo Ministro **Eros Grau**. Ou seja, numa palavra, ainda recentemente, a Primeira Turma reiterou entendimento em sentido contrário àquele pronunciado na sessão de hoje, de forma lapidar, pelo Ministro **Eros Grau**. O argumento que Sua Excelência traz é relevantíssimo.

Daí, Senhor Presidente, peço vista dos autos para melhor refletir sobre os argumentos, considerando, especificamente, a circunstância de que fui eu o Relator de precedente da Primeira Turma em sentido contrário ao brilhantíssimo voto proferido pelo Ministro **Eros Grau**.

Supremo Tribunal Federal

1093

09/04/2008 **TRIBUNAL PLENO**

HABEAS CORPUS 84.078-7 MINAS GERAIS

ESCLARECIMENTO

O SENHOR MINISTRO CARLOS BRITTO - Senhor Presidente, começo por cumprimentar o Ministro Eros Grau pela prolação de um voto que tenho como antológico, magnífico, de belíssima feitura, e, talvez, rasgando um novo horizonte em favor do estatuto constitucional da liberdade de locomoção. Mas fico confortado, também, intelectualmente, com o pedido de vista do Ministro Menezes Direito, porque se trata de um tema que demanda mesmo uma detida reflexão.

Porém, permito-me divergir um pouco de Sua Excelência o Ministro Menezes Direito quanto à leitura que ele faz das decisões que estão sendo tomadas pela Primeira Turma. A meu ver, ela não fechou questão em torno da idéia de que a não-suspensividade dos efeitos, dos recursos excepcionais, já opera como um título de legitimação da execução antecipada, da execução provisória de eventual sentença penal condenatória.

O EXCELENTÍSSIMO SENHOR MINISTRO MENEZES DIREITO:

Vossa Excelência me permite um esclarecimento?

Veja bem. Eu falei e reitero que o precedente recente da Primeira Turma, da minha relatoria, foi em sentido exatamente contrário ao voto proferido pelo Ministro **Eros Grau**. Isso está no **Habeas Corpus** nº 90.645, publicado no Diário da Justiça de 14/11/07. E, na ocasião, Vossa Excelência e o eminente Ministro **Marco Aurélio** ficaram vencidos.

Portanto, apenas para esclarecer que estou afirmando que precedente recentíssimo da Primeira Turma acolheu outra orientação.

O SENHOR MINISTRO CARLOS BRITTO - Vossa Excelência pode citar o HC, por favor?

O EXCELENTÍSSIMO SENHOR MINISTRO MENEZES DIREITO:

Claro, com muito prazer. É o HC nº 90.645, de Pernambuco, em que eu fiquei como Relator para o acórdão, e que foi publicado no Diário da Justiça de 14/11/07.

O SENHOR MINISTRO CARLOS BRITTO - Realmente, nesse HC, eu fui voto vencido na honrosa companhia do Ministro Marco Aurélio.

Mas eu, ainda assim, Excelência, insisto na opinião de que, quando, por exemplo, o Ministro Ricardo Lewandowski e a Ministra Cármen Lúcia votam no sentido coincidente com o pensar sempre lúcido de Vossa Excelência, eles o fazem em atenção às peculiaridades do caso - quero crer que sim -, e não por adesão incondicional à tese de que a não-suspensividade dos efeitos dos recursos excepcionais já opera como um título de legitimação da execução antecipada da pena.

Supremo Tribunal Federal

1095

HC 84.078 / MG

O EXCELENTÍSSIMO SENHOR MINISTRO MENEZES DIREITO:

Peço licença a Vossa Excelência, mais uma vez, à sua paciência, que é sempre tão grande, para insistir que, nesse precedente a que me refiro, a ementa, até mesmo por uma questão de cautela, reproduz exatamente o que foi dito na Corte. Quer dizer, o entendimento em sentido contrário de que, sim, seria possível a prisão antes de completar o curso, o recurso especial ou o extraordinário. Ou seja, naquele momento, pelo menos, acolheu-se essa tese. E essa é a razão pela qual, diante dos brilhantíssimos argumentos trazidos pelo Ministro **Eros Grau**, que eu me permiti pedir vista dos autos. Fosse diferente, eu, pura e simplesmente, teria seguido o precedente da minha própria relatoria.

O SENHOR MINISTRO CARLOS BRITTO - Senhor Presidente, estou esclarecido, já fiz as ressalvas que tinha de fazer. Muito obrigado.

-...-...-...-

3

Supremo Tribunal Federal 1096

PLENÁRIO

EXTRATO DE ATA

HABEAS CORPUS 84.078-7
PROCED.: MINAS GERAIS
RELATOR : MIN. EROS GRAU
PACTE.(S): OMAR COELHO VITOR
IMPTE.(S): OMAR COELHO VITOR
ADV.(A/S): JOÃO EDUARDO DE DRUMOND VERANO E OUTRO(A/S)
ADV.(A/S): LUÍS ALEXANDRE RASSI
COATOR(A/S)(ES): SUPERIOR TRIBUNAL DE JUSTIÇA

Decisão: Após o voto do Ministro Eros Grau, Relator, indeferindo o pedido de **habeas corpus** e cassando a liminar concedida, pediu vista dos autos o Ministro Carlos Britto. Falou pelo paciente o Dr. João Eduardo de Drumond Verano. 1ª Turma, 26.10.2004.

Decisão: Prosseguindo o julgamento, a Turma, por maioria de votos, decidiu remeter o presente pedido de **habeas corpus** a julgamento do Tribunal Pleno; vencidos os Ministros Cezar Peluso e Eros Grau, Relator. 1ª. Turma, 24.11.2004.

Decisão: Após o voto do Senhor Ministro Eros Grau (relator), concedendo a ordem, pediu vista dos autos o Senhor Ministro Menezes Direito. Ausentes, justificadamente, a Senhora Ministra Ellen Gracie (Presidente) e o Senhor Ministro Cezar Peluso. Falou pelo paciente o Dr. Luís Alexandre Rassi e, pelo Ministério Público Federal o Procurador-Geral da República, Dr. Antônio Fernando Barros e Silva de Souza. Presidência do Senhor Ministro Gilmar Mendes (Vice-Presidente). Plenário, 09.04.2008.

Presidência do Senhor Ministro Gilmar Mendes (Vice-Presidente). Presentes à sessão os Senhores Ministros Celso de Mello, Marco Aurélio, Carlos Britto, Joaquim Barbosa, Eros Grau, Ricardo Lewandowski, Cármen Lúcia e Menezes Direito.

Procurador-Geral da República, Dr. Antônio Fernando Barros e Silva de Souza.

Luiz Tomimatsu
Secretário

STF 102.002

Supremo Tribunal Federal

1097

05/02/2009 TRIBUNAL PLENO

HABEAS CORPUS 84.078-7 MINAS GERAIS

VOTO - VISTA

O EXMO. SR. MINISTRO MENEZES DIREITO:

Habeas corpus impetrado por Omar Coelho Vitor contra acórdão do Egrégio Superior Tribunal de Justiça, cuja ementa foi assim lavrada:

> *"HABEAS CORPUS. PENAL. ACÓRDÃO CONFIRMATÓRIO DE CONDENAÇÃO DE PRIMEIRO GRAU. EXPEDIÇÃO DE MANDADO DE PRISÃO. LEGITIMIDADE. INOCORRÊNCIA DE OFENSA AO PRINCÍPIO DA PRESUNÇÃO DE INOCÊNCIA, DADA A INEXISTÊNCIA, EM REGRA, DE EFEITO SUSPENSIVO AOS RECURSOS DE NATUREZA EXTRAORDINÁRIA.*
>
> *É assente a diretriz pretoriana no sentido de que o princípio constitucional da não culpabilidade não inibe a constrição do* ***status libertatis*** *do réu com condenação confirmada em segundo grau, porquanto os recursos especial e extraordinário são, em regra, desprovidos de efeito suspensivo. Precedentes do STF e do STJ.*
>
> *Ordem denegada."*

O paciente foi condenado a sete anos e seis meses de reclusão pela prática do crime de homicídio tentado, com agravantes, pelo Tribunal do Júri da Comarca de Passos, Minas Gerais, decisão que foi confirmada pelo Tribunal de Justiça daquele estado. Foi retificada apenas a parte dispositiva no que concerne ao regime de cumprimento da pena, para fixar o regime inicialmente fechado descartando a vedação legal prevista no art. 2º, § 1º, da Lei nº 8.072/90. O ora impetrante permaneceu em liberdade durante todo o curso do processo.

Interposto o recurso especial, o Ministério Público do Estado de Minas Gerais requereu a prisão do paciente, o que foi acolhido pelo Tribunal de Justiça. Daí o **habeas corpus** impetrado ao Superior Tribunal de Justiça, cuja ordem, não obstante a liminar concedida (fl. 160), foi ao final denegada.

O presente **habeas corpus** foi distribuído originariamente para o Ministro **Nelson Jobim**, que, reconsiderando uma primeira decisão, deferiu a liminar por entender não estar mais presente o receio de evasão do impetrante.

Na sessão de 9/4/2008, votou o eminente Ministro **Eros Grau** pela concessão da ordem, considerando que, diante do que dispõe o art. 5º, LVII, da

1

STF 102.002

Supremo Tribunal Federal **1098**

HC 84.078 / MG

Constituição da República, não é admissível a execução da pena cominada pela sentença ou acórdão antes do trânsito em julgado da decisão.

Pedi vista para melhor estudar os relevantes argumentos deduzidos pelo Ministro **Eros Grau** em seu brilhante voto, examinando-os em conjunto com a antiga jurisprudência desta Corte, que já tive a oportunidade de acompanhar.

Inicialmente devo registrar que o decreto de prisão ora atacado resultou de promoção do Ministério Público do Estado de Minas Gerais cujos fundamentos englobavam, ao lado daquele relativo à execução provisória da pena, uma possível evasão do ora impetrante e a conseqüente frustração da aplicação da lei penal. Diz o pedido:

> *"O Sentenciado, inconformado com o desate de seu pleito em segundo grau, lançou mão dos recursos excepcionais, dirigindo-os, respectivamente, ao Superior Tribunal de Justiça e Supremo Tribunal Federal. Os apelos já foram contrariados, certificando-se a ausência de manifestação do Assistente do Ministério Público, conforme documento em anexo.*
>
> *Todavia, o Sentenciado é renomado produtor de leite nas paragens da Comarca de Passos, dispondo de invejável plantel que repentinamente colocou à venda, ajustando leilão para o próximo dia 22.09.2001, onde propõe a '**Liquidação Total do Rebanho Holandês**', bem como de '**Máquinas Agrícolas e Equipamentos de Leite**'. Pelo vulto do patrimônio que está a disponibilizar, cotejado com o decreto condenatório confirmado em segundo grau de jurisdição, está ele a demonstrar seu intento de se fazer furtar da aplicação da lei penal, mobilizando seu patrimônio de forma a facilitar sua evasão.*
>
> *Não fosse isso, é de amplo conhecimento que os recursos excepcionais não estão sujeitos ao efeito suspensivo, havendo de ser cumprido o acórdão prolatado em grau de apelação, até que, eventualmente a outra conclusão cheguem os Tribunais Superiores.*
>
> *(...)*
>
> *Ainda não houve a expedição do competente mandado de prisão, não havendo, igualmente, informação de que os recursos estejam conclusos para recebimento ou não dos apelos raros. Nada obstante, essa última providência é despicienda para o fim que se almeja, qual seja, o integral cumprimento do acórdão proferido, de vez que se encontra ele hábil a produzir suas necessárias conseqüências jurídicas. Havendo de ser considerado que a manifestação sobre o recebimento ou não dos recursos não pode ter o condão de obstar o cumprimento da decisão da Corte.*
>
> *Isto posto, requer o Ministério Público, diante da possibilidade de se frustrar a aplicação da lei penal, com uma tardia decretação da prisão decorrente da execução da pena, bem como da inexistência de efeito suspensivo aos recursos constitucionais agitados,*

2

STF 102.002

que seja expedido o competente mandado de prisão" (fls. 62 a 64 - grifos originais).

A prisão foi determinada em curto despacho acolhendo as ponderações do Ministério Público, o que engloba a parte relativa à execução provisória da pena diante da ausência de efeito suspensivo dos recursos excepcionais (fl. 29).

O exame do decreto prisional em termos de uma exclusiva execução provisória da pena foi inaugurado no Superior Tribunal de Justiça em atenção à manifestação do Ministério Público com atribuição junto àquele Tribunal Superior, que não considerou a natureza cautelar da prisão (cópia em fls. 166 a 171). De fato, entendeu o Ministério Público que "*em decorrência do julgamento do recurso de apelação é que está sendo agora decretada a sua prisão, sendo, inclusive, efeito este da sentença penal condenatória*" (fl. 168), nos termos do art. 393, I, do Código de Processo Penal. Antes disso, porém, não se discutia exclusivamente em termos de uma execução provisória da pena.

Já neste processo, verifica-se que a decisão proferida pelo eminente Ministro **Nelson Jobim** (fls. 320 a 324) também não alude à execução antecipada da pena. Pelo contrário, ao iniciar sua fundamentação, ele estatui: "*A principal premissa do pedido de prisão do Ministério Público de Minas Gerais foi a suspeita de que o paciente estaria vendendo seu patrimônio para se esquivar da persecução penal*" (fl. 322). A manifestação final do impetrante também rejeita a natureza executória da pena (fls. 371 a 379). A leitura do acórdão proferido no Superior Tribunal de Justiça revela que a impetração se fez considerando a existência de constrangimento ilegal, porque, determinada "*antes do trânsito em julgado a prisão do paciente, desprovida, no entanto, de qualquer fundamentação legal, mesmo porque não se evidencia qualquer motivo que enseje sua prisão*" (fl. 200).

A petição de **habeas corpus** dirigida ao Superior Tribunal de Justiça procura mostrar que não se sabia "*se o paciente tinha em seu desfavor mandado de prisão preventiva ou definitiva*" (fl. 21), daí a utilização da medida cautelar, que foi indeferida. Por isso é que insistem em atacar no **habeas** a prisão cautelar.

Em verdade, talvez até mesmo pelo receio de se insurgir contra entendimento até então consolidado na jurisprudência desta Corte, o impetrante não reconheceu essa natureza à prisão decretada, conforme se extrai da inicial do presente **habeas corpus**:-

Supremo Tribunal Federal 1100

HC 84.078 / MG

"(...)

Após este despacho e antes de sua publicação foi explicitado pelo Ministro que a negativa se deu em razão de entender ***não ser o título encarceratório oriundo de execução penal*** *e sim tratar-se de um decreto de* ***prisão preventiva****. Tanto assim, que em sede de habeas corpus, o então Relator deferiu a liminar outrora e em outra medida requerida:*

> *'I – defiro a providência liminar pretendida e o faço para sustar o decreto de prisão do paciente exarado pelo Exmº Sr. Des. Presidente da 1ª Câmara Criminal do Tribunal de Justiça de Minas Gerais, devendo perdurar o sobrestamento até a decisão definitiva do presente.*
>
> *II – Ao Ministério Público'.*

Somente depois de deferida a liminar foi publicada a decisão da Medida Cautelar.

Da decisão na medida cautelar inexistia sucumbência, posto que quando ficou consignado que a medida seria inaplicável porquanto a natureza da prisão era cautelar. Ou seja, incabível medida cautelar porque não se tratava de impingir efeito suspensivo a recurso especial e sim de decreto de prisão preventivo.

Esta decisão transitou em julgado, ou seja, o entendimento do Tribunal é que a prisão decretada ao paciente não é oriunda de execução provisória da pena.

Inovando acerca da matéria julgada, o Ministro José Arnaldo julgou o feito com se versasse a prisão sobre efeito suspensivo. Porém anterior decisão já havia falado o contrário.

Não há lógica em reformar ***In pejus*** *por decisão de* ***habeas corpus*** *decisão já transitada em julgado"* (fls. 6/7 - grifos originais).

Contudo, a apreciação da questão em termos de uma execução da pena, induzida pela dubiedade da promoção do Ministério Público de Minas Gerais, foi consolidada a partir da manifestação do Ministério Público com atribuição no Superior Tribunal de Justiça e acabou chancelada no acórdão de lavra do eminente Ministro **José Arnaldo da Fonseca**.

O inconformismo do impetrante neste **habeas corpus** decorre dessa alegada modificação no parâmetro de apreciação da prisão decretada que, para ele, significaria até mesmo **reformatio in pejus**.

A conjugação dos argumentos deduzidos pelo impetrante para atacar o decreto de prisão com as razões do Ministério Público de Minas Gerais, aliadas aos elementos da decisão proferida pelo Superior Tribunal de Justiça, não dispensa o

4

STF 102.002

desafio sobre a natureza de execução da pena, considerando a decretação inaugural antes referida que acolheu as ponderações do Ministério Público.

Resta, portanto, examinar a questão como posta pelo acórdão do Superior Tribunal de Justiça, ou seja, a pertinência da execução da pena antes do julgamento dos recursos excepcionais.

A jurisprudência do Supremo Tribunal Federal admitiu historicamente o recolhimento à prisão do acusado condenado à pena privativa de liberdade por decisão sujeita apenas aos recursos excepcionais. É verdade que esse entendimento tem sido objeto de questionamento nos últimos tempos.

Mesmo assim, não vejo motivo para afastar-me da orientação histórica desta Suprema Corte, com a qual compartilho com as razões que a seguir deduzo.

Não me parece, acentuo desde logo, que o inciso LVII do art. 5º da Constituição da República ganhe o alcance que se vem pretendendo conferir-lhe. A norma "*ninguém será considerado culpado até o trânsito em julgado da sentença penal condenatória*" não pode ser equiparada a uma vedação da privação da liberdade antes do julgamento dos recursos extraordinário e especial. Nesses recursos o que está em discussão é a tese jurídica e não matéria de fato. O esgotamento do exame da matéria de fato se dá nas instâncias ordinárias. E é nelas que o julgamento se conclui, reservada às instâncias extraordinária e especial o acesso restrito, exatamente para não prolongar indefinidamente os processos e retardar com isso a execução dos julgados. Não é por outra razão que os efeitos desses recursos são limitados, não suspendendo a execução.

A se admitir a vedação da execução da pena antes do julgamento dos recursos extraordinário e especial estar-se-ia atribuindo por via de interpretação efeito suspensivo a tais recursos. Ora, o princípio da presunção da inocência não está enlaçado pela natureza típica desses recursos, o que quer dizer que o início da execução da pena com o encerramento do julgamento nas instâncias ordinárias não o atinge. Anote-se que esse raciocínio levaria ao resultado de subordinar sempre o julgamento penal proferido nas instâncias ordinárias ao julgamento dos recursos excepcionais, tornando-os também ordinários. A simples interposição dos recursos conduziria ao impedimento de cumprir-se a decisão condenatória.

Não se diga que isso acarretaria qualquer lesão ao sistema jurídico de proteção do cidadão subordinado ao processo penal. Não, porquanto seria possível sempre obter-se a suspensão da execução pelos amplos meio de defesa que nosso sistema processual confere aos réus.

A ordem de prisão contida na sentença ou no acórdão é uma ordem escrita e fundamentada de autoridade judiciária. É, aliás, em princípio, a mais e melhor fundamentada ordem de prisão emanada de uma autoridade judiciária, porquanto supõe o exame aprofundado das provas produzidas.

É comum que se diga que a prisão cautelar não se choca com o princípio da inocência constante do já mencionado inciso LVII porque tem em vista a garantia da persecução criminal, sendo a prisão cautelar um meio de assegurar o bom resultado do processo. Nessa linha, admitir a prisão cautelar antes do trânsito em julgado da decisão condenatória (e é inevitável fazê-lo após o que dispôs o constituinte dos oitenta) e não admitir a prisão para execução da pena é reconhecer ao bom resultado do processo um valor maior que o alvo mesmo desse processo: a sentença ou o acórdão. Admite-se a violação do que se entende por um "*princípio da inviolabilidade da liberdade antes do trânsito em julgado*" com base em um juízo sumário não exauriente para a garantia do processo penal, mas não se admite esse cenário com base em uma cognição plena e exaustiva realizada nas instâncias ordinárias.

Nesse sentido, bem disse acórdão da Primeira Turma, de que Relator o Ministro **Celso de Mello**, que o "*princípio constitucional da não-culpabilidade dos réus, fundado no art. 5º, LVII, da Carta Política, não se qualifica como obstáculo jurídico à* ***imediata*** *decretação da prisão do acusado, ainda que se revele passível de impugnação, pela via do recurso especial (STJ) ou do recurso extraordinário (STF), o acórdão de Tribunal inferior que impôs condenação penal ao paciente*". E ainda assinalou nosso Decano que o "*direito de recorrer em liberdade – que pode ser eventualmente reconhecido em sede de apelação criminal – não se estende aos recursos de índole extraordinária, posto que não dispõem estes, nos termos da lei, consoante já ressaltado, de efeito suspensivo das conseqüências jurídicas que decorrem do acórdão veiculador da condenação penal*" (HC nº 72.102/MG, DJ de 20/4/95).

Diga-se ainda que o Pleno desta Suprema Corte acolheu esse entendimento já sob o regime constitucional de 1988, lembrando diversos precedentes com o mesmo norte (HC nº 69.964/RJ, Relator o Ministro **Ilmar Galvão**, DJ de 1º/7/93).

Tenha-se presente, também, precedente da Primeira Turma, de que Relator o Ministro **Celso de Mello** (HC nº 72.610/MG, DJ de 6/9/96) em que se assentou que o "*Pacto de São José da Costa Rica, que instituiu a Convenção Americana Sobre Direitos Humanos, não impede – em tema de proteção ao status libertatis do réu (Artigo 7º, n. 2) -, que se ordene a privação antecipada da liberdade do indiciado, do acusado ou do condenado, desde que esse ato de constrição pessoal se ajuste às hipóteses previstas no ordenamento doméstico de cada Estado signatário desse documento internacional. O sistema jurídico brasileiro, além das diversas modalidades de prisão cautelar, também admite aquela decorrente de sentença condenatória meramente recorrível. Precedente: HC nº 72.366-SP, Rel. Min. NÉRI DA SILVEIRA, Pleno*", registrando a ementa, ainda, que a "*Convenção Americana sobre Direitos Humanos não assegura ao condenado, de modo irrestrito, o direito de sempre recorrer em liberdade*".

Os princípios, segundo está no magistério de Dworkin, não seguem a idéia do "tudo ou nada"; ora se aplicam, ora não (Taking Rights Serioulsy. Cambridge: Harvard University Press, 1978. pág. 24). Mas isso não quer dizer que possam ser aplicados de forma discriminatória a situações que envolvam o mesmo conflito. Não é possível dizer que a privação da liberdade antes do trânsito em julgado ora viola ora não viola o princípio da inocência. Lembre-se que, segundo Robert Alexy (Teoria de los Derechos Fundamentales. Madrid: Centro de Estúdios Políticos y Constitucionales, 2002. pág. 105 a 107), os princípios nos dão critérios para tomar uma posição diante de situações concretas indeterminadas. Ocorre que se essas situações são as mesmas, a posição tomada não pode ser variável. Nessa discussão, não vejo diferença entre a prisão em decorrência de uma faculdade processual e a prisão decorrente da aplicação da lei penal. Ambas envolvem a privação da liberdade do acusado e, a se erigir a norma do art. 5º, LVII, em uma absoluta aplicação da presunção de inocência, ambas não deixariam de constituir a sua violação.

Se a prisão é admitida antes do trânsito em julgado da sentença, a execução da pena privativa de liberdade também o é. E é essa a exegese que se extrai, pelo menos na minha avaliação e na histórica jurisprudência desta Suprema Corte, do sistema instituído na Constituição da República.

Assim, considerando que na forma do parágrafo segundo do art. 27 da Lei nº 8.038/90 os recursos especial e extraordinário não têm em regra efeito suspensivo, a execução da prisão decretada pelo Magistrado que proferiu ou confirmou a decisão condenatória é um efeito que não pode ser obstado por sua só interposição.

Essa orientação dá consequência precisa ao papel das instâncias ordinárias e justifica a sua execução para dar resposta tempestiva à grave violação das regras de direito que atingem duramente a sociedade por inteiro.

A sanção penal tem duplo caráter, especialmente na forma de privação da liberdade. A retribuição e a prevenção se conjugam na sua essência e disputam os seus efeitos. Se o elemento retributivo compreende uma compensação à sociedade pela violação de uma de suas regras mais caras e não ganha sentido sem a definição da culpa, o elemento preventivo coaduna-se com a execução provisória da pena privativa de liberdade na medida em que revela um componente essencial do sistema repressivo. É esse componente que pode justificar a privação da liberdade do condenado mesmo antes do esgotamento das instâncias extraordinárias que por definição não suspendem o julgado proferido nas instâncias ordinárias.

Não se trata de um viés autoritário. A prisão na pendência de recurso é admitida em sistemas de países reconhecidamente liberais, como, por exemplo, os Estados Unidos da América (Subseção "b" do § 3.582, D, Capítulo 227, Parte II, Título 18 do US Code), o Canadá (arts. 679 e 816 do Criminal Code) e a França (art. 367 do Code de Procédure Pénale). Nos Estados Unidos, o sistema é bem claro ao admitir o imediato início do cumprimento da pena, sendo certo que a interposição de recurso de revisão de que decorreria a possibilidade de alteração não é suficiente para obstar seu imediato cumprimento.

As Procuradoras da República **Luiza Cristina Fonseca Frischeisen**, **Mônica Nicida Garcia** e o Procurador **Fábio Gusman** produziram interessante estudo, "Execução Provisória da Pena – Panorama nos ordenamentos nacional e estrangeiro", examinando as diversas convenções internacionais, incluído o Pacto de São José da Costa Rica, para afirmar que a "*execução provisória da pena é também uma forma de proteção da vítima ou de seus familiares especialmente em crimes contra a vida em que a vítima é uma criança ou adolescente como na pornografia infantil ou na exploração sexual de meninos e meninas*". Mostra o estudo, lembrando precedente de que Relatora a Ministra **Ellen Gracie** (HC nº 85.886, de 6/9/05) no sentido de que país nenhum do mundo, realizado o duplo grau de jurisdição, admite que a condenação fique suspensa, aguardando julgamento da Corte Suprema, que em diversos países assim é. Além daqueles a que antes me referi, Portugal, Espanha e Alemanha não afastam a possibilidade da execução da pena.

Ademais, por fim, vale ressaltar que essa orientação sedimentada na jurisprudência da Suprema Corte representa um mecanismo inibitório de manobras de toda sorte que se destinam a procrastinar os julgamentos e impedir a execução da condenação dos réus, entre elas, a procura desenfreada da prescrição das penas.

O Procurador da República **Douglas Fischer** no estudo que dedicou ao tema, "Execução de Pena na Pendência de Recursos Extraordinário e Especial em face da Interpretação Sistêmica da Constituição. Uma análise do princípio da proporcionalidade: entre a proibição de excesso e a proibição de proteção deficiente", mostrou que "*impende se reconhecer que há um tensionamento entre os direitos fundamentais do réu-processado (e em que circunstâncias haveria violação destes direitos, notadamente em face do denominado* ***Princípio da Inocência****) e o direito fundamental da sociedade à garantia de proteção (****segurança social****, derivada diretamente do fundamento constitucional da* ***cidadania****) e da efetividade do Poder Jurisdicional (evitando-se a prescrição, notadamente a intercorrente, e a impunidade por conseqüência) em face daqueles que violaram as normas vigentes (no caso, as que regulam o Direito Penal). A sopesação para o encontro do equilíbrio entre estes dois pontos (evitando-se os excessos e as deficiências) é que revela o parâmetro proporcional da atuação do Estado*". O estudo conclui mostrando que a "*análise* ***sistêmica*** *do ordenamento constitucional permite afirmar que* ***não há violação*** *do referido preceito em se permitir a execução da pena privativa da liberdade se pendentes (exclusivamente) os recursos extraordinário e/ou especial (****ou então agravos de instrumento contra a denegação de seus processamentos****), notadamente porque há meio constitucional (****hábeas corpus****) muito mais amplo e apto (****eficaz****) a proteger de forma absolutamente mais objetiva e na máxima medida possível os direitos fundamentais dos réus-condenados, não havendo, em decorrência, qualquer possibilidade de frustração da aplicação das sanções a quem foi devidamente condenado mediante a observância do devido processo legal*".

Anoto, ainda, que a recente revogação do art. 594 do Código de Processo Penal, que impunha a obrigatoriedade da prisão ou da prestação de fiança para apelar, salvo se primário e de bons antecedentes, assim reconhecido na sentença condenatória ou condenado por crime de que se livre solto, que entrou em vigor no

Supremo Tribunal Federal 1106

HC 84.078 / MG

último dia 23 de agosto, não afeta a conclusão a que chego. É que, de fato, não se trata aqui de recolhimento à prisão para fins de apelação, mas, sim, de reconhecimento de que o sistema constitucional não veda a execução provisória da pena considerando a ausência de efeito suspensivo nos recursos extraordinário e especial.

Como assinalou o Procurador Douglas Fischer no estudo antes mencionado, na análise e explicitação do "*significado e extensão das normas (inclusive as constitucionais), deve o intérprete não só afastar conclusões que impliquem excessos em detrimento dos direitos fundamentais dos cidadãos (aí inclusos os réus em processos criminais), mas também deve zelar para que estas interpretações não gerem uma inoperância do sistema que, em face disso, acabe acarretando desproteção dos interesses sociais gerais igualmente garantidos constitucionalmente*".

De fato, após o devido processo nas instâncias ordinárias, presente a circunstância de que os recursos extraordinário e especial não dispõem de efeito suspensivo, a execução provisória é conseqüência possível, que, sem dúvida, pode ser afastada por meio dos instrumentos próprios, incluído o **habeas corpus**. Entendo que negar-se essa conseqüência ao julgado final das instâncias ordinárias, considerando as próprias limitação dos apelos extremos e a natureza expressa de efeito apenas devolutivo, transforma a Suprema Corte em nova instância regular, não excepcional, o que, pelo menos na minha compreensão, não tem guarida no sistema constitucional brasileiro. Há aqui um correto balanceamento capaz de proteger os direitos dos réus e os direitos da sociedade, que também tem direito a uma eficiente proteção do estado. Deixar soltos os réus já condenados nas instâncias ordinárias estimula a impunidade e protege aqueles que podem contar com os custos da multiplicidade de recursos que nossa generosa legislação processual permite.

Destarte, com as razões acima deduzidas, pedindo vênia ao eminente Ministro **Eros Grau** e aos que de igual modo entendem, denego a ordem.

10

STF 102.002

Supremo Tribunal Federal

1107

05/02/2009 **TRIBUNAL PLENO**

HABEAS CORPUS 84.078-7 MINAS GERAIS

V O T O

O SENHOR MINISTRO CELSO DE MELLO: **Ninguém ignora**, Senhor Presidente e Senhores Ministros, **que a decretação da prisão cautelar de qualquer** pessoa **não se expõe** ao arbítrio dos magistrados **e** Tribunais (**RTJ** 135/1111), **cujas decisões**, além **da necessária** fundamentação substancial, **hão de revelar** os fatos **que concretamente justifiquem a indispensabilidade** dessa medida excepcional.

Todos sabemos, por isso mesmo, que a privação cautelar da liberdade individual é **sempre** qualificada **pela nota da excepcionalidade**. **Não obstante o seu caráter extraordinário**, a prisão cautelar - **qualquer** que seja a modalidade **que assuma** (prisão temporária, prisão preventiva, prisão fundada em decisão de pronúncia **e** prisão decorrente de condenação penal recorrível) - **pode** efetivar-se, **desde que** o ato judicial que a formalize **tenha fundamentação substancial**, **com base em elementos concretos e reais** que se ajustem aos pressupostos abstratos definidos em lei (**RTJ 134/798**, Rel. p/ o acórdão Min. CELSO DE MELLO).

Supremo Tribunal Federal

1108

HC 84.078 / MG

É por essa razão que esta Corte, **em pronunciamento** sobre a matéria (**RTJ** 64/77), **tem acentuado**, na linha de autorizado magistério doutrinário (JULIO FABBRINI MIRABETE, "**Código de Processo Penal Interpretado**", p. 376, 2ª ed., 1994, Atlas; PAULO LÚCIO NOGUEIRA, "**Curso Completo de Processo Penal**", p. 250, item n. 3, 9ª ed., 1995, Saraiva; VICENTE GRECO FILHO, "**Manual de Processo Penal**", p. 243/244, 1991, Saraiva), **que**, uma vez **comprovada** a **materialidade** dos fatos delituosos **e constatada** a existência de meros **indícios** de autoria (**pressupostos** da prisão preventiva) - **e desde que concretamente ocorrente qualquer** das situações referidas no art. 312 do Código de Processo Penal (**fundamentos** da prisão preventiva) -, **torna-se legítima** a decretação, pelo Poder Judiciário, **dessa especial** modalidade de prisão cautelar.

Impõe-se advertir (e relembrar) que a prisão cautelar ("***carcer ad custodiam***") - **que não se confunde** com a prisão penal ("***carcer ad poenam***") - **não objetiva infligir punição** à pessoa **que sofre** a sua decretação. **Não traduz**, a prisão cautelar, em face **da estrita** finalidade a que se destina, **qualquer** idéia de sanção. **Constitui**, ao contrário, **instrumento** destinado a atuar "*em benefício da atividade desenvolvida no processo penal*" (BASILEU GARCIA,

2

Supremo Tribunal Federal

1109

HC 84.078 / MG

"**Comentários ao Código de Processo Penal**", vol. III/7, item n. 1, 1945, Forense), **tal como esta Suprema Corte tem proclamado**:

> "***A PRISÃO PREVENTIVA - ENQUANTO MEDIDA DE NATUREZA CAUTELAR - NÃO TEM POR OBJETIVO INFLIGIR PUNIÇÃO ANTECIPADA AO INDICIADO OU AO RÉU.***
>
> - **A prisão preventiva não pode** - *e não deve - ser utilizada, pelo Poder Público, como instrumento* **de punição antecipada** *daquele a quem se imputou a prática do delito,* **pois**, *no sistema jurídico brasileiro,* **fundado** *em bases democráticas,* **prevalece** *o princípio da liberdade,* **incompatível** *com punições* **sem** *processo* **e inconciliável** *com condenações* **sem** *defesa prévia.*
>
> **A prisão preventiva** - **que não deve** *ser confundida com a prisão penal* - **não objetiva** *infligir punição àquele que sofre a sua decretação,* **mas destina-se**, *considerada a* **função cautelar** *que lhe é inerente, a atuar* **em benefício** *da atividade estatal desenvolvida* **no processo penal**."
>
> (**RTJ 180/262-264**, Rel. Min. CELSO DE MELLO)

Isso significa, portanto, **que o instituto** da prisão cautelar - **considerada a função exclusivamente processual** que lhe é inerente - **não pode ser utilizado** com o objetivo de promover **a antecipação satisfativa** da pretensão punitiva do Estado, **pois**, se assim fosse lícito entender, **subverter-se-ia a finalidade** da prisão preventiva, **daí resultando grave comprometimento** ao princípio da liberdade (**HC 89.501/GO**, Rel. Min. CELSO DE MELLO).

É por isso que esta Suprema Corte **tem censurado** decisões **que fundamentam** a privação **cautelar** da liberdade **no**

3

Supremo Tribunal Federal

1110

HC 84.078 / MG

reconhecimento de fatos **que se subsumem** à própria descrição abstrata dos elementos **que compõem** a estrutura jurídica do tipo penal:

> "(...) **PRISÃO PREVENTIVA - NÚCLEOS DA TIPOLOGIA - IMPROPRIEDADE**. Os elementos **próprios** à tipologia **bem como** as circunstâncias da prática delituosa **não são suficientes** a respaldar a prisão preventiva, **sob pena** de, em última análise, **antecipar-se** o cumprimento de pena ainda não imposta (...)."
> (**HC 83.943/MG**, Rel. Min. MARCO AURÉLIO - **grifei**)

Essa asserção permite compreender o rigor com que o Supremo Tribunal Federal **tem examinado** a utilização, por magistrados **e** Tribunais, do instituto da tutela cautelar penal, **em ordem a impedir** a subsistência dessa **excepcional** medida privativa da liberdade, **quando inocorrente** hipótese que possa justificá-la, **não cabendo invocar**, para tanto, **a gravidade em abstrato** dos crimes (**RTJ** 137/287 - **RTJ** 172/184 - **RTJ** 182/601-602, **v.g.**), **ou** a credibilidade das instituições (**RTJ** 180/262-264 - **RTJ** 193/1050, **v.g.**), **ou**, ainda, "*A boa ou má situação econômica do acusado (...)*" (**HC** 72.368/DF).

É por isso, Senhor Presidente, **que a mera afirmação** - **desacompanhada** de indicação de fatos concretos - de que o indiciado/réu, em liberdade, **poderia frustrar**, **ilicitamente**, a regular produção probatória **revela-se insuficiente** para fundamentar

4

Supremo Tribunal Federal

1111

HC 84.078 / MG

qualquer decreto de prisão cautelar, **se essa alegação**, porque fundada em juízo **meramente** especulativo, **deixa de ser corroborada por necessária** base empírica (que **deve** ser referida **na** decisão judicial), **tal como tem advertido**, a propósito desse **específico** aspecto, **a jurisprudência** do Supremo Tribunal Federal (**RTJ 170/612-613**, Rel. Min. SEPÚLVEDA PERTENCE - **RTJ 175/715**, Rel. Min. SEPÚLVEDA PERTENCE, **v.g.**).

O fato de alguém - **independentemente** de sua situação pessoal, social, política, econômica ou funcional - **ostentar** a condição jurídica de pessoa submetida a atos de persecução penal, **mesmo perante** órgãos da Polícia Judiciária, **não lhe suprime nem lhe afeta** a posição **de sujeito** de direitos **e de titular** de garantias indisponíveis, **cuja intangibilidade** há de ser preservada pelos magistrados **e** tribunais, **especialmente** por este Supremo Tribunal Federal.

É por isso, Senhor Presidente, **que ninguém, absolutamente ninguém**, **pode** ser tratado **como se** culpado fosse, **antes** que sobrevenha, **contra ele**, condenação penal **transitada** em julgado, **tal como tem advertido** o magistério jurisprudencial **desta** Suprema Corte:

> "***O POSTULADO CONSTITUCIONAL DA PRESUNÇÃO DE INOCÊNCIA IMPEDE QUE O ESTADO TRATE, COMO SE CULPADO FOSSE, AQUELE QUE AINDA NÃO SOFREU CONDENAÇÃO PENAL IRRECORRÍVEL.***

5

Supremo Tribunal Federal

1112

HC 84.078 / MG

> - **A prerrogativa jurídica da liberdade** - que **possui** *extração constitucional (**CF**, art. 5º, LXI **e** LXV)* - **não pode ser ofendida** *por interpretações doutrinárias* **ou** *jurisprudenciais, que,* **fundadas** em **preocupante** *discurso de conteúdo autoritário,* **culminam por consagrar**, *paradoxalmente,* **em detrimento** *de direitos* **e** *garantias fundamentais proclamados pela Constituição da República,* **a ideologia da lei e da ordem**.
>
> **Mesmo que se trate** *de pessoa acusada* **da suposta prática** *de crime hediondo,* **e até que sobrevenha** *sentença penal condenatória* **irrecorrível**, **não se revela possível** *- por efeito* **de insuperável** *vedação constitucional (**CF**, art. 5º, LVII) -* **presumir-lhe a culpabilidade**.
>
> **Ninguém pode ser tratado como culpado**, *qualquer que seja a natureza do ilícito penal cuja prática lhe tenha sido atribuída,* **sem que exista**, *a esse respeito, decisão judicial condenatória* **transitada em julgado**.
>
> **O princípio constitucional da presunção de inocência**, *em nosso sistema jurídico,* **consagra**, *além* **de outras** *relevantes conseqüências,* **uma regra de tratamento que impede** *o Poder Público de agir* **e** *de se comportar,* **em relação** *ao suspeito, ao indiciado, ao denunciado* **ou** *ao réu,* **como se estes** *já houvessem sido condenados,* **definitivamente**, *por sentença do Poder Judiciário.* **Precedentes**."
>
> (**HC 96.095/SP**, Rel. Min. CELSO DE MELLO)

Trata-se de efeito que deriva, de modo bastante expressivo, da presunção **constitucional** de inocência, **a que esta** Suprema Corte **tem dispensado** tratamento conseqüente **e plenamente compatível** com o sistema jurídico existente em nosso País, **como se evidenciou** no julgamento plenário **da ADPF 144/DF**, Rel. Min. CELSO DE MELLO.

6

Supremo Tribunal Federal

1113

HC 84.078 / MG

A necessária observância da cláusula constitucional **inerente** ao "*due process of law*" **representa**, de um lado, como já assinalado, **fator de proteção** aos direitos daquele **que sofre** a persecução penal **e traduz**, de outro, **requisito de legitimação** da própria imposição de medidas **restritivas** de direitos **ou** de sanções **privativas** de liberdade.

O fato, Senhor Presidente, **é que** o Ministério Público, as autoridades judiciárias **e** policiais **não podem** tratar, de forma arbitrária, **quem quer que seja**, **negando-lhe**, de modo abusivo, **o exercício pleno** de prerrogativas **que resultam**, legitimamente, **do sistema de proteção** institucionalizado **pelo próprio** ordenamento constitucional **e concebido** em favor **de qualquer** pessoa **sujeita** a atos de persecução estatal.

Coerentemente com esse entendimento, **tenho proferido decisões**, no Supremo Tribunal Federal, **que bem refletem** a posição que ora exponho, **como se vê**, **p. ex.**, de decisão cuja ementa **a seguir** reproduzo:

> *"- **A privação cautelar da liberdade individual** - **qualquer** que seja a **modalidade** autorizada pelo ordenamento positivo (**prisão** em flagrante, **prisão** temporária, **prisão** preventiva, **prisão** decorrente de decisão de pronúncia **e prisão** resultante de condenação*

Supremo Tribunal Federal

1114

HC 84.078 / MG

*penal recorrível) - **não se destina** a infligir punição antecipada à pessoa **contra quem** essa medida excepcional é decretada **ou** efetivada. **É que** a idéia de sanção **é absolutamente estranha** à prisão cautelar ('carcer ad custodiam'), **que não se confunde** com a prisão penal ('carcer ad poenam'). **Doutrina**. **Precedentes**.*

*- **A utilização** da prisão cautelar **com** fins punitivos **traduz** deformação desse instituto de direito processual, **eis que o desvio arbitrário** de sua finalidade **importa** em manifesta ofensa às garantias constitucionais da presunção de inocência **e** do devido processo legal. **Precedentes**.*

*- **A gravidade em abstrato** do crime **não basta**, por si só, **para justificar** a privação cautelar da liberdade individual do **suposto** autor do fato delituoso.*

*O Supremo Tribunal Federal **tem advertido que a natureza** da infração penal **não se revela** circunstância apta a legitimar a prisão cautelar daquele que sofre a persecução criminal instaurada pelo Estado. **Precedentes**.*

*- **A ausência** de vinculação do indiciado **ou** do réu ao distrito da culpa **não constitui**, só por si, **motivo autorizador** da decretação da sua prisão cautelar. **Precedentes**.*

*- **A recusa** em responder ao interrogatório policial **e/ou** judicial **e a falta de cooperação** do indiciado **ou** do réu **com** as autoridades que o investigam **ou** que o processam **traduzem** comportamentos **que são inteiramente legitimados** pelo princípio constitucional **que protege** qualquer pessoa **contra** a auto-incriminação, **especialmente** aquela exposta a atos de persecução penal.*

*O Estado - **que não tem o direito** de tratar suspeitos, indiciados **ou** réus **como se** culpados fossem (**RTJ** 176/805-806) - **também não pode** constrangê-los a produzir provas **contra** si próprios (**RTJ** 141/512).*

***Aquele que sofre** persecução penal **instaurada** pelo Estado **tem**, dentre **outras** prerrogativas básicas, **o direito (a) de permanecer** em silêncio, **(b) de não ser compelido** a produzir elementos de incriminação **contra** si próprio **nem constrangido** a apresentar provas **que lhe comprometam** a defesa **e (c) de se recusar** a participar,*

8

*ativa **ou** passivamente, de procedimentos probatórios que lhe possam afetar a esfera jurídica, **tais como** a reprodução simulada do evento delituoso **e** o fornecimento de padrões gráficos **ou** de padrões vocais, para efeito de perícia criminal. **Precedentes**.*

*- **O exercício** do direito **contra** a auto-incriminação, **além** de inteiramente oponível **a qualquer** autoridade **ou** agente do Estado, **não legitima**, por efeito de sua natureza constitucional, **a adoção** de medidas **que afetem ou restrinjam** a esfera jurídica daquele contra quem se instaurou a 'persecutio criminis'. **Medida cautelar deferida**."*

(**HC 96.219-MC/SP**, Rel. Min. CELSO DE MELLO, **DJE** 15/10/2008)

O que me parece importante, Senhores Ministros, **é que o Supremo Tribunal Federal tem** a exata percepção **de quão fundamentais**, para a vida do País, a de seu povo **e** a de suas instituições, **são a proteção e a defesa** da supremacia da Constituição.

A nossa Constituição estabelece, de maneira **muito** nítida, **limites que não podem ser transpostos** pelo Estado (e por seus agentes) **no desempenho** da atividade de persecução penal.

Quando esta Suprema Corte, **apoiando-se** na presunção de inocência, **afasta a possibilidade** de execução provisória da condenação criminal **ou impede** que o Estado decrete, arbitrariamente, **por antecipação, a prisão cautelar** de qualquer pessoa, **sem** base empírica idônea justificadora da real necessidade dessa medida constritiva, **nada** mais faz, em tais julgamentos, **senão** dar ênfase **e**

Supremo Tribunal Federal

1116

HC 84.078 / MG

conferir amparo a um direito fundamental **que assiste** a qualquer cidadão: **o direito de ser presumido inocente** até que sobrevenha condenação penal irrecorrível.

O fato é que essa **incompreensível repulsa** à presunção de inocência, Senhor Presidente, com todas as **gravíssimas** conseqüências que daí resultam, **mergulha** suas raízes em uma visão absolutamente **incompatível** com os padrões do regime democrático.

Por isso mesmo, o Supremo Tribunal Federal **repele**, vigorosamente, **os fundamentos** daqueles que, **apoiando-se** em autores **como** Enrico Ferri, Raffaele Garofalo, Emanuele Carnevale **e** Vincenzo Manzini, **vislumbram** algo "*absurdamente paradoxal e irracional*" na "*pretendida presunção de inocência*" (**a frase** é de Manzini).

Esses aspectos todos, **que se referem** ao estado de inocência das pessoas em geral, foram **muito bem** examinados **e** discutidos **por ocasião** do julgamento, **pelo Plenário** desta Corte, **da ADPF 144/DF**, de que eu próprio fui Relator.

O Supremo Tribunal Federal, **ao revelar fidelidade** ao postulado constitucional do estado de inocência, **não inviabiliza** a prisão cautelar (**como** a prisão temporária **e** a prisão preventiva) de indiciados **ou** réus perigosos, **pois expressamente reconhece**, uma vez

10

Supremo Tribunal Federal

1117

HC 84.078 / MG

presentes razões concretas que a justifiquem, **a possibilidade** de utilização, por magistrados e Tribunais, **das diversas** modalidades de tutela cautelar penal, **em ordem a preservar e a proteger** os interesses da coletividade em geral **e** os dos cidadãos em particular.

A jurisprudência que o Supremo Tribunal **vem construindo** em tema de direitos **e** garantias individuais **confere expressão concreta**, em sua formulação, **a uma verdadeira** *agenda das liberdades*, **cuja implementação** é legitimada pelo dever institucional, **que compete** à Corte Suprema, **de fazer prevalecer** o primado da própria Constituição da República.

Não custa rememorar que essa prerrogativa básica - **a de que todos se presumem inocentes**, **até** que sobrevenha condenação penal transitada em julgado - **está consagrada não só** nas Constituições democráticas **de inúmeros** países (**como** o Brasil), **mas**, também, **em importantes declarações internacionais** de direitos humanos, **como** a Declaração Universal dos Direitos da Pessoa Humana (1948), a Convenção Européia para a Salvaguarda dos Direitos do Homem e das Liberdades Fundamentais (1950), a Carta dos Direitos Fundamentais da União Européia (2000), a Carta Africana dos Direitos Humanos e dos Povos (1981), a Declaração Islâmica sobre Direitos Humanos (1990), o

11

Pacto Internacional sobre Direitos Civis e Políticos (1966) e a Convenção Americana de Direitos Humanos (1969).

Lembro-me de que, no passado, **sob a égide autoritária** do Estado Novo, **editou-se** o Decreto-lei nº 88/37, **que impunha**, ao acusado, **o dever** de provar, em sede penal, ***que não era culpado*** !!!

Essa regra legal **consagrou** uma esdrúxula fórmula de despotismo explícito, **pois exonerou**, **absurdamente**, o Ministério Público, nos processos por delitos contra a segurança nacional, de demonstrar a culpa do réu.

É por isso que o Supremo Tribunal Federal **tem sempre advertido** que as acusações penais **não se presumem** provadas, **pois** - como tem reconhecido a jurisprudência da Corte - **o ônus da prova** incumbe, **exclusivamente**, a quem acusa.

Isso significa que não compete, ao réu, **demonstrar** a sua própria inocência. **Ao contrário**, **cabe**, ao Ministério Público, **comprovar**, **de forma inequívoca**, **para além** de qualquer dúvida razoável, **a culpabilidade** do acusado.

Supremo Tribunal Federal

1119

HC 84.078 / MG

Tenho salientado, em julgamentos de que fui Relator nesta Corte (**HC 83.947/AM**, p. ex.), **que já não mais prevalece**, em nosso sistema jurídico, **a regra**, que, em dado momento histórico do processo político brasileiro (Estado Novo), **criou**, para o réu, **com a falta de pudor** que caracteriza os regimes despóticos, **a obrigação** de provar a sua própria inocência !!!

Refiro-me ao já mencionado Decreto-lei nº 88, de 20/12/1937, **cujo art. 20, n. 5**, consagrou, nos processos por delitos contra a segurança do Estado, **uma regra absolutamente incompatível** com o modelo democrático, **como se vê** da parte inicial de seu texto: "***presume-se*** *provada a acusação,* ***cabendo*** *ao réu prova em contrário (...)*" (**grifei**).

O postulado do estado de inocência, **ainda** que não se considere como presunção em sentido técnico, **encerra**, em favor **de qualquer** pessoa sob persecução penal, **o reconhecimento** de uma *verdade* provisória, com caráter probatório, **que repele** suposições **ou** juízos prematuros de culpabilidade, **até** que sobrevenha - **como o exige** a Constituição do Brasil - **o trânsito** em julgado da condenação penal. **Só então** deixará de subsistir, em relação à pessoa condenada, **a presunção** de que é inocente.

13

Supremo Tribunal Federal

1120

HC 84.078 / MG

Há, portanto, **um momento** claramente definido no texto constitucional, **a partir** do qual se descaracteriza a presunção de inocência, **vale dizer**, aquele instante **em que sobrevém** o trânsito em julgado da condenação criminal. **Antes** desse momento, o Estado **não pode** tratar os indiciados **ou** réus como se culpados fossem. **A presunção de inocência impõe**, desse modo, ao Poder Público, **um dever de tratamento** que não pode ser desrespeitado por seus agentes **e** autoridades.

Acho importante acentuar que a presunção de inocência **não se esvazia** progressivamente, **à medida** em que se sucedem os graus de jurisdição. **Isso significa**, portanto, que, **mesmo confirmada** a condenação penal por um Tribunal **de segunda** instância, **ainda assim subsistirá**, em favor do sentenciado, **esse direito fundamental**, **que só deixará de prevalecer** - **repita-se** - **com o trânsito** em julgado da sentença penal condenatória, **como claramente estabelece**, em texto inequívoco, a Constituição da República.

Vê-se, daí, **que a presunção de inocência** atua como verdadeiro **obstáculo constitucional** a decisões estatais **que possam afetar** o exercício de direitos básicos, **como** o direito à liberdade **e** o direito de participação política na gestão dos negócios públicos e na condução das atividades governamentais. **A mera existência** de

14

procedimentos estatais em curso (**como** inquéritos policiais, processos penais, argüições de inelegibilidade **ou** ações civis por improbidade administrativa) **não pode** gerar conseqüências **incompatíveis** com a presunção de inocência, **porque esta só se desfaz** com o reconhecimento definitivo, **em ato irrecorrível**, da culpabilidade **ou** da inelegibilidade de alguém. **Não é por outro motivo** que a própria Constituição - **ao tratar** da suspensão dos direitos políticos, **como** a privação temporária do direito de sufrágio (direito de votar) **e** do direito de investidura em mandatos eletivos (direito de ser votado) - **impõe**, como requisito inafastável, **a existência** de "*condenação criminal* ***transitada*** *em julgado, enquanto durarem seus efeitos*" (**CF**, art. 15, III). **O fato relevante**, em tal matéria, **é um só**: episódios processuais **ainda** não definidos, porque deles **ausente** sentença judicial **transitada** em julgado, **não podem repercutir**, de modo irreversível, **sobre o estado de inocência** que a própria Constituição **garante e proclama** em favor de qualquer pessoa.

Enfatizo, por necessário, que o *status poenalis* **e** o estatuto de cidadania **não podem** sofrer - **antes que sobrevenha** o trânsito em julgado de condenação judicial - **restrições que afetem** a esfera jurídica das pessoas em geral **e** dos cidadãos em particular. **Essa opção do legislador constituinte** (**pelo reconhecimento** do estado

Supremo Tribunal Federal

1122

HC 84.078 / MG

de inocência) **claramente fortaleceu** o primado de um direito básico, **comum a todas** as pessoas, **de que ninguém - absolutamente ninguém - pode ser presumido culpado** em suas relações com o Estado, **exceto se já existente** sentença transitada em julgado.

É por isso que o Supremo **tem repelido**, por incompatíveis com esse direito fundamental, **restrições** de ordem jurídica, **somente justificáveis** em face **da irrecorribilidade** de decisões judiciais.

O fato é que não podem repercutir, contra qualquer pessoa, **sob pena** de transgressão ao postulado constitucional **que consagra** o estado de inocência, situações jurídico-processuais **ainda não definidas** por decisão irrecorrível do Poder Judiciário. **Isso significa** que inquéritos policiais **em andamento**, processos penais, argüições de inelegibilidade **ou** processos civis por improbidade administrativa (Lei nº 8.429/92) **ainda** em curso **ou**, até mesmo, condenações criminais **sujeitas** a recursos (**inclusive** aos recursos excepcionais) **não podem** ser considerados, **enquanto** episódios processuais **suscetíveis** de pronunciamento absolutório, **como fatores de descaracterização** desse direito fundamental proclamado pela própria Constituição da República.

16

Supremo Tribunal Federal

1123

HC 84.078 / MG

Ao proferir o meu voto no julgamento final **da ADPF 144/DF**, de que fui Relator, **procedi** a um amplo exame desse direito fundamental (**o direito de ser presumido inocente até o trânsito** em julgado da condenação judicial), **perquirindo-lhe** as origens históricas **e relembrando** - não obstante a sua consagração, no século XVIII, **como** um dos grandes postulados iluministas (**para Beccaria**, "*A um homem não se pode chamar culpado* **antes** *da sentença do juiz ...*") - **que essa prerrogativa não era desconhecida** pelo direito romano, **como resultava** de certas presunções **então** formuladas ("*innocens praesumitur cujus nocentia non probatur*"), **valendo mencionar** o que se continha no *Digesto*, **que estabelecia**, em benefício daquele que era processado, **verdadeiro** *favor rei*, **que enfatizava**, ainda que de modo incipiente, **essa idéia-força** que viria a assumir grande relevo **com a queda** do *Ancien Régime*.

Concluo o meu voto, Senhor Presidente. **E**, ao fazê-lo, **peço vênia para acompanhar**, integralmente, **o magnífico** voto **proferido** pelo eminente Ministro EROS GRAU.

O EXCELENTÍSSIMO SENHOR MINISTRO MENEZES DIREITO:

Senhor Presidente, Vossa Excelência me permitiria, em homenagem à intervenção tão oportuna do nosso eminente decano, porque destaquei, e insisto no destaque que fiz, com a devida vênia,

17

que os precedentes da Suprema Corte expressamente afirmavam que não constitui obstáculo jurídico a que se efetive desde logo a prisão do condenado desde que desprovido de efeito suspensivo o recurso por ele interposto quanto ao acórdão condenatório.

Essa é a posição que estou adotando, a posição que autoriza a execução imediata da pena, desde que o recurso não tenha efeito suspensivo, sem desconhecer a possibilidade amplíssima de recursos suficientes, nós os temos em grande quantidade, para que seja suspenso o decreto prisional.

Apenas faço essa referência como uma homenagem, sem querer nenhuma discussão. Estamos examinando, e a Primeira Turma examinou já em diversas oportunidades, exatamente essa circunstância: saber se nós admitimos essa execução provisória ou não admitimos a execução provisória. E, benfazejamente, estamos no Pleno para decidir de uma vez por todas, porque isso é que é importante para as instâncias ordinárias e até mesmo para as instâncias especiais, na medida em que a oscilação da jurisprudência pode criar dificuldades de monta no tocante à interpretação da disciplina constitucional sobre essa matéria.

De todos os modos, agradeço, como sempre o faço, as observações que foram feitas pelo eminente Ministro **Celso de Mello**, nosso querido decano.

O SENHOR MINISTRO GILMAR MENDES (PRESIDENTE) - Pelo que eu depreendi, na Primeira Turma, a posição prevalente era sempre esta: a de que não se exclui a possibilidade da prisão com a sentença, ou mesmo com o acórdão na apelação, desde que presentes e identificados os fundamentos de prisão provisória, da prisão cautelar, os requisitos de cautelaridade.

Também o Ministro Cezar Peluso, em um voto que trouxe para o Plenário, quando nós iniciamos este julgamento, se manifestou no mesmo sentido.

O SENHOR MINISTRO EROS GRAU (RELATOR): - Senhor Presidente, Vossa Excelência me permite?

Gostaria de observar que, também no meu voto, não afasto de modo nenhum a prisão cautelar quando haja motivo para tal. Mas o que eu faço questão de deixar claro é não superpor a execução provisória com prisão cautelar; prisão cautelar não pode justificar a execução provisória.

O SENHOR MINISTRO CEZAR PELUSO - O objeto desta causa não é prisão cautelar, é execução provisória.

O SENHOR MINISTRO GILMAR MENDES (PRESIDENTE) - Nós tivemos um caso que veio ao Plenário e que acabou sendo julgado prejudicado e que envolvia esse tema - salvo engano. A meu ver, Vossa Excelência se pronunciou e ressaltava não haver impedimento, no caso de subsistente uma sentença em que houvesse a prisão cautelar, mas claro que com os fundamentos pertinentes.

Supremo Tribunal Federal **1126**

05/02/2009 **TRIBUNAL PLENO**

HABEAS CORPUS 84.078-7 MINAS GERAIS

EXPLICAÇÃO

O SENHOR MINISTRO EROS GRAU (RELATOR): - Senhor Presidente, gostaria de fazer uma observação técnica, evidentemente, com todo o respeito ao belíssimo voto do Ministro Menezes Direito, mas o seu voto declara **incidenter tantum** a inconstitucionalidade do artigo 105 da Lei de Execuções Penais, que diz:

> "**Art. 105** - Transitando em julgado a sentença que aplicar pena privativa de liberdade, se o réu estiver ou vier a ser preso, o juiz ordenará a expedição de guia de recolhimento para a execução".

A SRA. MINISTRA ELLEN GRACIE - A posição contrária declara a inconstitucionalidade do Código de Processo Penal.

O SENHOR MINISTRO EROS GRAU (RELATOR): - Não, eu queria observar - perdoem-me - que, tecnicamente, é isto: a questão da expedição da guia de recolhimento para a execução, tema que o Ministro Celso de Mello observou absolutamente entrando em polêmica.

Apenas gostaria de apontar esse - vamos dizer assim - pormenor técnico.

Supremo Tribunal Federal 1127

05/02/2009 **TRIBUNAL PLENO**

HABEAS CORPUS 84.078-7 MINAS GERAIS

DEBATE

O **SENHOR MINISTRO CEZAR PELUSO** - Senhor Presidente, Vossa Excelência me permite?

Fico apreensivo. Evidentemente, a coerência é uma qualidade, entre outras, que presta contas ao tempo. Independentemente de estritos argumentos de ordem técnica, o que me preocupa, sobretudo, é que a Corte fixou, por unanimidade, em 7 de novembro de 2007, a seguinte tese: "*Não é compatível com a vigente Constituição da República a lei estadual que impõe a funcionário público, na pendência de ação penal por crime funcional e por força dessa pendência, desconto nos vencimentos e remuneração*".

Em outras palavras, a Corte não admitiu que fosse imposto a um réu, por conta da pendência do processo penal, por crime de caráter funcional, uma conseqüência gravosa de ordem material, precisamente de ordem pecuniária. E agora pode afirmar que admite se imponha ao réu, na pendência de processo penal, por qualquer crime, a máxima das medidas gravosas: a privação da liberdade!

STF 102.002

HC 84.078 / MG

A SENHORA MINISTRA CÁRMEN LÚCIA - Isso é tratado no voto do Ministro Eros Grau, que faz referência expressa a esse recurso extraordinário. Esse foi, inclusive, um dos maiores problemas que tive ao fazer o meu voto.

O SENHOR MINISTRO CEZAR PELUSO - Pois é. Quero mostrar minha preocupação com a coerência com que a Corte deve tratar temas tão próximos. Não vejo como os destinatários das decisões sejam capazes de entender que a Corte reprima a inflição de uma medida de ordem puramente pecuniária no curso do processo penal, e, por conta dessa mesma pendência, admita a mais grave de todas as penas na ordem jurídico-constitucional: a restrição, a privação da liberdade. Isto é, não admitimos que se possa impor pena de caráter pecuniário, ou medida gravosa de caráter pecuniário, mas admitimos se possa impor uma medida absolutamente irreversível: a privação da liberdade!

Não há nada nem ninguém neste mundo que consiga, após o reconhecimento definitivo da inocência daquele que foi objeto da restrição ou da perda de liberdade no curso do processo penal, repor-lhe a integridade pessoal ao estado anterior, quando absolvido. Nada.

HC 84.078 / MG

O SENHOR MINISTRO CELSO DE MELLO: Gostaria de observar, Senhores Ministros, **que nem mesmo** penas **restritivas** de direitos podem sofrer execução provisória, **considerado** o que dispõe o art. 147 da Lei de Execução Penal, **que exige**, para esse efeito, **o trânsito em julgado** da sentença condenatória.

O Supremo Tribunal Federal, por sua vez, **tem proferido** decisões **que repelem** a possibilidade de execução **meramente** provisória de penas **restritivas** de direitos, **como se pode ver** de julgamentos **de ambas as Turmas** desta Corte:

> "*AÇÃO PENAL. Sentença condenatória. Pena privativa de liberdade. Substituição por penas restritivas de direito. Decisão impugnada mediante recurso especial, pendente de julgamento. Execução provisória. Inadmissibilidade. Ilegalidade caracterizada. Ofensa ao art. 5º, LVII, da CF, e ao art. 147 da LEP. 'HC' deferido. Precedentes. Voto vencido. Pena restritiva de direitos só pode ser executada após o trânsito em julgado da sentença que a impôs.*"
> (**RTJ 193/694**, Rel. p/ o acórdão Min. CEZAR PELUSO – 1ª Turma)

> "*'HABEAS CORPUS' - PENAS **RESTRITIVAS** DE DIREITOS - **IMPOSSIBILIDADE** DE SUA EXECUÇÃO DEFINITIVA **ANTES** DO TRÂNSITO EM JULGADO DA SENTENÇA PENAL CONDENATÓRIA - PEDIDO **DEFERIDO**.*
> *- As penas **restritivas** de direitos **somente** podem sofrer **execução definitiva**, não se legitimando, **quanto a elas**, a possibilidade de execução provisória, **eis** que tais sanções*

3

STF 102.002

> *penais alternativas* ***dependem****, para efeito de sua efetivação,* ***do trânsito em julgado*** *da sentença que as aplicou. Lei de Execução Penal (art. 147).* ***Precedente****."*
> (**RTJ 195/520-521**, Rel. Min. CELSO DE MELLO)

Cabe registrar, ainda, que o Supremo Tribunal Federal, **fiel** ao postulado da presunção de inocência, **tem estendido** o alcance **dessa** prerrogativa fundamental, **para abranger** situações **desvestidas** de natureza criminal, **como o evidenciam** os julgamentos plenários **da ADPF 144/DF**, Rel. Min. CELSO DE MELLO, **do RE 482.006/MG**, Rel. Min. RICARDO LEWANDOWSKI, **e**, salvo engano de minha parte, **da ADI 2.120/AM**, Rel. Min. CELSO DE MELLO.

O SENHOR MINISTRO CEZAR PELUSO - ADIn nº 2.120.

O SENHOR MINISTRO CELSO DE MELLO: Exatamente.

O SENHOR MINISTRO CEZAR PELUSO - E, mais: o que me perturba o espírito, com o devido respeito, senhor Presidente, é que essa garantia constitucional, que, histórica e dogmaticamente, é uma das mais importantes das ordens jurídico-constitucionais, possa ser reduzida, na sua eficácia normativa, a casos periféricos de medidas de natureza puramente material. Noutras palavras, a garantia do art. 5º, inciso LVII, pode correr o risco de ser reduzida a garantia contra medidas de caráter secundário; já não contra aquelas que produzem, em relação à dignidade da pessoa humana, as restrições e os sacrifícios mais graves. Noutras palavras, poderemos dar à garantia constitucional do mais amplo espectro uma eficácia prática reduzida, que, na prática, servirá, um pouco mais ou um pouco menos, para remediar situações menos importantes, como essa de descontos de vencimentos, ou coisas ainda mais inferiores do ponto de vista das consequências para o homem normal na sua vida rotineira.

É essa a preocupação que eu gostaria de expressar, para que esta decisão, que pode implicar alteração substancial na postura que a Corte confirmou, de certo modo em dois outros julgamentos: o das chamadas "fichas sujas"...

O SENHOR MINISTRO CELSO DE MELLO: Foi o que ocorreu no julgamento final da ADPF 144/DF, de que fui Relator.

Supremo Tribunal Federal **1132**

HC 84.078 / MG

O SENHOR MINISTRO CEZAR PELUSO - Exatamente. Isto é, estamos fazendo uma ...

O SENHOR MINISTRO CARLOS BRITTO - Embora eu separe a matéria penal da matéria eleitoral.

A SRA. MINISTRA ELLEN GRACIE - É outra coisa; não é a mesma coisa. Situação vencimental e situação eleitoral não são a mesma coisa.

O SENHOR MINISTRO CEZAR PELUSO - Pena restritiva de direito; é expressa. Ela é expressa.

O SENHOR MINISTRO CELSO DE MELLO: Como **anteriormente** mencionei, **o art. 147** da LEP **obsta** a execução **provisória** das penas **restritivas** de direitos, **havendo**, a esse respeito, **precedentes específicos** firmados **por esta** Suprema Corte, **como aqueles** a que já aludi (**RTJ 193/694**, Rel. p/ o acórdão Min. CEZAR PELUSO - **RTJ 195/520-521**, Rel. Min. CELSO DE MELLO).

O SENHOR MINISTRO CEZAR PELUSO - Vários.

6

STF 102.002

HC 84.078 / MG

O SENHOR MINISTRO CEZAR PELUSO – Noutras palavras, o que, com o devido respeito, enfraquece essa objeção de que em matéria penal seja diferente. Tanto não o é, que a própria lei, expressamente, não permite sequer a aplicação de pena menos grave, que é a mera restrição de direitos.

O SENHOR MINISTRO CEZAR PELUSO – Mas vejam os riscos que implicam para o Tribunal assumir a responsabilidade de deixar sem resposta satisfatória ainda que fosse um único caso da prisão de um inocente ou daquele que afinal vem a ser reconhecido, nas instâncias extraordinárias, como inocente! Um único caso seria suficiente. Lembro-me do que Beccaria dizia – aliás, precisamos retornar à Beccaria: o que ganha a humanidade com a condenação de um inocente? Aliás, o Ministro Ricardo Lewandowski demonstrou que, só no âmbito dos **habeas corpus**, a ordem é concedida em um terço dos casos!

O SENHOR MINISTRO CELSO DE MELLO: **Além** de nossas decisões **em sede** de "*habeas corpus*", **há a registrar**, ainda, os julgamentos penais, **proferidos** no âmbito de recursos extraordinários, **favoráveis**, em quase 30%, a pessoas que sofreram condenação criminal, como o demonstrou o eminente Ministro RICARDO LEWANDOWSKI.

O SENHOR MINISTRO CEZAR PELUSO - Exatamente.

A pergunta é: o que a sociedade brasileira ganha em punir com prisão um terço dos réus? Aplicar a um terço dos réus, que são inocentes, uma medida gravíssima como a limitação da liberdade, quando, para os efeitos que constituem objeto das justas preocupações dos votos já proferidos - acho que essas preocupações são justas -, bastam as causas de prisão preventiva?

O SENHOR. MINISTRO CEZAR PELUSO - Ou seja, não se trata de tentar criar uma construção destinada a proteger uma sociedade sem defesa. O Código de Processo Penal tem defesas suficientes para a sociedade. Todas essas hipóteses ventiladas, abstraído o juízo definitivo de culpabilidade, que ninguém pode afirmar e, portanto, essas estatísticas de que em caso crime contra criança... Como falar em casos de crimes contra criança? Houve trânsito em julgado das sentenças? É, de fato, assim? Ou não? Ainda nesses casos, é possível a imposição de limitação da liberdade física com base nas hipóteses legais de prisão preventiva. Isto é, não vamos deixar a sociedade sem instrumentos de autodefesa. Não se trata disso. Trata-se, antes, de voltar nossa preocupação àqueles que são inocentes no processo.

O SENHOR MINISTRO JOAQUIM BARBOSA - Nós estamos criando, Ministro Cezar Peluso, um sistema penal de faz-de-conta. Sabemos que, se tivermos que aguardar o esgotamento dos recursos especial e extraordinário, o processo jamais chega a seu fim. Nós sabemos muito bem disso. Basta olhar as estatísticas.

O SENHOR MINISTRO CEZAR PELUSO - Ministro, se isso fosse verdade, não estaríamos vivendo uma crise carcerária. Está saindo gente pelas janelas dos cárceres.

O SENHOR MINISTRO JOAQUIM BARBOSA - Ministro, a discussão está indo por um rumo em que se faz o cotejo, o paralelo entre o processo penal e o cível. Mas estamos esquecendo de que, no processo penal, o réu dispõe de outros meios de impugnação que não existem no processo cível. Com a nossa generosa teoria do **habeas corpus**, não conheço nenhum país que ofereça a um réu tantos meios de recurso como o nosso.

HC 84.078 / MG

O SENHOR MINISTRO CEZAR PELUSO - Isso é outra coisa, Ministro. Isso é uma crítica, aliás fundada, à sistemática recursal.

O SENHOR MINISTRO JOAQUIM BARBOSA - A generosidade com que se admite o **habeas corpus** no Brasil faz deste o país em que o acusado criminalmente disponha do maior número de recursos possíveis. Não há dúvidas quanto a isso. Sou Relator, nesta Casa, de uma série de **habeas corpus** relacionados a uma estrepitosa ação penal que tem curso no Estado de São Paulo. Só em relação a um dos réus, nos últimos quatro ou cinco anos, foram julgados nada menos do que sessenta e dois recursos. Dezenas deles da minha relatoria, alguns da relatoria do Ministro Eros Grau, outros da relatoria do Ministro Carlos Britto, aqui nesta Corte. Portanto, o leque de opções de defesa que o ordenamento jurídico brasileiro oferece ao réu é imenso, inigualável. Não existe nenhum país do mundo que ofereça tamanha proteção. Portanto, se resolvermos, politicamente - porque essa é uma decisão política -, que o réu só deve cumprir a pena esgotados todos os recursos, ou seja, até o recurso extraordinário julgado por esta Corte, temos que assumir politicamente o ônus por essa decisão.

O SENHOR MINISTRO JOAQUIM BARBOSA - Aqui estávamos estabelecendo essa discussão entre o processo civil. Não, é uma decisão política. Queremos ou não um sistema penal eficiente, eficaz? Ou queremos um sistema penal de faz-de-contas? É exatamente isso.

O SENHOR MINISTRO CELSO DE MELLO: **Como tenho enfatizado**, a orientação **que prestigia** o direito fundamental à presunção de inocência **não impede** a privação **meramente** cautelar da liberdade individual **nem favorece** a impunidade, **pois**, havendo fundamento empírico idôneo, **legitimar-se-á**, sempre, a possibilidade de imposição, ao indiciado **ou** ao réu, daquela extraordinária medida de constrição do "*jus libertatis*".

O EXCELENTÍSSIMO SENHOR MINISTRO MENEZES DIREITO:

Ministro **Celso**, Vossa Excelência admite então que toda legislação possível examinada em países liberais e desenvolvidos que admitem essa execução provisória da pena, imediatamente após a sentença, ou decisão de 2º grau, são legislações autoritárias. Isso é uma incongruência porque, na realidade, estamos maximizando o processo da presunção da inocência e levando a nunca ser possível iniciar a execução. Temos criminosos confessos que são condenados em 1º e 2º graus e que não vão para a cadeia porque o volume de recursos, com a justificativa de prisão meramente cautelar, não se esgota nunca.

O SENHOR MINISTRO CELSO DE MELLO: **Não posso desconhecer** o próprio sistema jurídico que a nossa Constituição republicana **consagrou**, **especialmente** no ponto em que proclama, **sem** qualquer ambigüidade, que ninguém - **absolutamente ninguém** - se presume culpado, **exceto** se sobrevier, **contra** o réu, o trânsito em julgado de sentença penal condenatória.

Insisto, por isso mesmo, Senhor Ministro MENEZES DIREITO, **na asserção** de que esta Suprema Corte, com o entendimento que vem prevalecendo, **não está a inviabilizar** a prisão cautelar (**como** a prisão temporária **ou** a prisão preventiva, **p. ex.**) de indiciados **ou** réus perigosos, **pois** - como tem sido **sempre** enfatizado - **reconhece-se**, uma vez presentes razões concretas **que justifiquem** a sua utilização, **a possibilidade** de o Judiciário valer-se, **se** o interesse público o exigir, das diversas modalidades de tutela cautelar penal.

O que não se legitima, isso sim, por ser **absolutamente** incompatível com o sistema **de nossa** Constituição **e**, também, por se mostrar inconciliável com as várias declarações internacionais de direitos fundamentais, **é a antecipação executiva** da pena privativa de liberdade, como se a sentença penal condenatória pudesse expor-se à execução **meramente** provisória. **Isso**, **além** de inconstitucional, **revela-se** profundamente lesivo ao "*status libertatis*" de qualquer pessoa.

O EXCELENTÍSSIMO SENHOR MINISTRO MENEZES DIREITO:

Isso na concepção de Vossa Excelência, não na minha.

Supremo Tribunal Federal **1140**

05/02/2009 TRIBUNAL PLENO

HABEAS CORPUS 84.078-7 MINAS GERAIS

CONFIRMAÇÃO DE VOTO

O SENHOR MINISTRO EROS GRAU (RELATOR): - Senhor Presidente, gostaria de observar que no item XXV do meu voto tratei exata e precisamente dessa questão levantada pelo Ministro Cezar Peluso, que me parece de extrema importância. Não é apenas ser coerente, mas a Corte há de dar à liberdade a mesma importância que dá à propriedade. Tenho plena convicção de que, no dia em que se escrever a história desta Corte, ela há de ser escrita sobre a experiência de **habeas corpus**, construída historicamente como garantia constitucional e em defesa da liberdade.

É por essa razão que peço vênia - não quis interferir antes - para reiterar o que disse no item XXV do meu voto:

> "A Corte que vigorosamente prestigia o disposto no preceito constitucional em nome da garantia da propriedade" (e me referi àquele caso) "certamente não o negará quando se trate da garantia da liberdade."

Supremo Tribunal Federal

1141

05/02/2009 **TRIBUNAL PLENO**

HABEAS CORPUS 84.078-7 MINAS GERAIS

ADITAMENTO AO VOTO

O Senhor Ministro **RICARDO LEWANDOWSKI** - Senhor Presidente, como disse o ilustre Ministro Cezar Peluso, o momento que esta Corte enfrenta é histórico, da maior importância, seja do ponto de vista dogmático, seja do ponto jurisprudencial. Em face da relevância do tema e tendo em conta o brilho do voto do eminente Ministro Eros Grau e, antecipando já o substancioso voto do Ministro Carlos Alberto Menezes Direito, e também as intervenções que a eles se seguiriam, peço vênia aos meus eminentes colegas para ler, de forma ainda que perfunctória, voto escrito que trago sobre o tema. Tentarei resumi-lo tanto quanto possível.

Supremo Tribunal Federal 1142

05/02/2009 TRIBUNAL PLENO

HABEAS CORPUS 84.078-7 MINAS GERAIS

VOTO

O SENHOR MINISTRO JOAQUIM BARBOSA:

Senhor Presidente, alinho-me à antiga corrente, que era majoritária nesta Corte, no sentido de entender como **viável a execução da pena privativa de liberdade depois de esgotadas as duas instâncias ordinárias de jurisdição.**

Considero que as decisões proferidas pelo juízo de primeiro e/ou segundo graus de jurisdição, **no sentido da condenação do réu**, como é o caso presente, **devem ser respeitadas e levadas a sério**, pois os órgãos judiciários prolatores de decisões de mérito são **presumidamente idôneos para o ofício que lhes compete exercer.**

Isto significa que não se deve fazer **letra morta** das decisões proferidas pelas instâncias ordinárias do Poder Judiciário. Do contrário, **melhor seria que todas as ações fossem processadas e julgadas diretamente pelo Supremo Tribunal Federal**, já que somente com uma decisão irrecorrível desta Corte se poderá dar credibilidade a uma decisão condenatória.

Considerando, assim, a **legitimidade das instâncias ordinárias para proferir decisões condenatórias dotadas de efetividade**, penso ser necessário que esta Corte permita **sua execução provisória**, sob pena de as tornarmos **despiciendas.**

É de se ter em conta que **a possibilidade de execução provisória do julgado vem da necessidade de dar efetividade ao processo**, evitando que se **frustre a condenação já exaustivamente determinada** nas instâncias ordinárias, em que a ação penal

STF 102.002

tramitou e foi submetida à análise **percuciente** pelos órgãos competentes para análise dos fatos.

Adotar a tese de que somente com o trânsito em julgado da condenação poderia haver execução penal **causará verdadeiro estado de impunidade** – considerando a sobrecarga já consolidada do Poder Judiciário, e em especial dessa Suprema corte –, especialmente para aquele sentenciado que disponha a seu favor de defensor **cujo fim precípuo seja utilizar-se do maior número possível e imaginável de recursos** (e nisto o nosso ordenamento é rico), **de molde a estender eternamente o trânsito em julgado do provimento condenatório, situação que em não poucos casos acaba por impor o reconhecimento da prescrição da pretensão executória**, frustrando o direito fundamental à tutela jurisdicional efetiva. o respeito à vítima e também à própria atuação e trabalho do Poder Judiciário, que findaria por ser nula no fim das contas.

Veja-se que **não se trata de relegar à inoperância o princípio da presunção de inocência do acusado**, mas se estará a velar pelo cumprimento **provisório** de provimento condenatório, já **exaustivamente decidido nas instâncias ordinárias**. Volto a frisar, as instâncias competentes para exame dos fatos. Ora, o princípio do estado de inocência não é absoluto e incontrastável em nosso ordenamento jurídico; foi com base na sua ponderação que, por exemplo, esta Corte sempre entendeu e continua entendendo legítimos os institutos da **prisão preventiva e da prisão temporária**.

Relativamente ao condenado, a execução provisoria da pena **também é de ser admitida**, considerada **não a culpa inconteste do réu**, mas a **existência de decisões judiciais condenatórias, calcadas nos exames dos fatos, que tornam legítima a privação da sua liberdade**.

2

STF 102.002

Colaciono trecho de Cândido Rangel Dinarmarco que bem expressa a minha preocupação com a legitimidade e utilidade do processo penal (*in* A reforma do Código de Processo Civil, 4ª edição, Malheiros, São Paulo, 1997, p. 22):

> *"... a segunda metade do século XX caracterizou-se (...) como um* **tempo de mudanças**. *O monumental esforço dos idealistas portadores da bandeira da* **efetividade do processo** *abriu espaço para a consciência da* **necessidade de pensar no processo como algo dotado de bem definidas destinações institucionais** *e que* **deve cumprir os seus objetivos sob pena de ser menos útil e tornar-se socialmente ilegítimo**".

Para além disto, é de se ressaltar que os recursos extraordinário e especial **não são dotados de efeito suspensivo** em nosso ordenamento jurídico positivo, razão pela qual **não se configura violação ao princípio da não-culpabilidade a determinação de cumprimento da pena após o julgamento da apelação pelo Tribunal competente**.

Aliás, **não existe uma garantia geral e irrestrita** ao **duplo grau de jurisdição**, tanto é que **há processos julgados em única instância por esta Corte; menos ainda haveria direito a um triplo grau**! **Nem mesmo o Pacto de San Jose da Costa Rica garante a existência de um terceiro grau de jurisdição**, como ora se pretende. A garantia está restrita ao **direito de recorrer contra a sentença condenatória**, como dispõe o art. 8°, n° 10, da Convenção Americana de Direitos Humanos.

Entendo, ainda, que a Emenda Constitucional n° 45, **ao condicionar a admissibilidade do Recurso Extraordinário** à estrita demonstração, em cada caso, da presença de **repercussão geral**, veio a reforçar o entendimento de que **é compatível com o nosso sistema constitucional a execução da pena após o esgotamento dos graus de jurisdição ordinária**.

3

STF 102.002

Esta tendência de **racionalização da atividade jurisdicional**, **restringindo as hipóteses de exame de mérito do recurso extraordinário, contribui** para a **concretização** do direito à **razoável duração do processo.**

Com base nesta Reforma, é possível sustentar a existência de uma **voluntas legis** no sentido da **possibilidade da execução provisória da pena privativa de liberdade, contra a qual estejam pendentes de julgamento, apenas, os recursos excepcionais.**

Noutras palavras: o princípio constitucional da **não culpabilidade**, pelo menos no que diz respeito ao recurso extraordinário da competência desta Corte, há de ser agora **conciliado** (e ponderado) **com a regra constitucional segundo a qual o Supremo Tribunal Federal somente está autorizado a conhecer daqueles recursos que tratem de questões jurídicas que transcendam o interesse subjetivo do recorrente.**

Aliás, na maioria **esmagadora** das questões que nos chegam para julgamento em recurso extraordinário de natureza criminal, **não é possível vislumbrar o preenchimento dos novos requisitos traçados pela EC 45,** isto é, não **se revestem expressivamente** de repercussão geral de ordem econômica, jurídica, social e política.

Mais do que isso: **fiz um levantamento** da quantidade de Recursos Extraordinários dos quais fui relator e que foram providos nos últimos dois anos e cheguei a um **dado relevante**: de um total de **167 RE's julgados**, 36 foram **providos**, sendo que, destes últimos, **30 tratavam do caso da progressão de regime em crime hediondo**. Ou seja, excluídos estes, que poderiam ser **facilmente resolvidos por habeas corpus, foram providos menos de 4% dos casos.**

Supremo Tribunal Federal 1146

HC 84.078 / MG

Assim, é de ser **mantida a possibilidade de execução provisória da pena,** pelos argumentos já expendidos nos precedentes mais antigos desta Casa, que firmam o entendimento de que **o princípio constitucional da não-culpabilidade dos réus não obsta a constrição do *status libertatis* do condenado.**

É claro que, **neste momento,** a execução da sentença será **provisória, e não ainda definitiva,** tendo em vista a ausência do trânsito em julgado e o "estado de inocência". Aliás, este é, a meu ver, o sentido em que deve ser interpretado o art. 105 da Lei de Execuções Penais, cujo teor é o seguinte:

> "*Art. 105. Transitando em julgado a sentença que aplicar pena privativa de liberdade,* ***se o réu estiver ou vier a ser preso, o Juiz ordenará a expedição de guia de recolhimento para a execução.***"

Trata-se, é claro, da **guia de recolhimento definitivo.** Não há qualquer óbice, contudo, à expedição da **guia de recolhimento provisório antes do trânsito em julgado,** mesmo porque **a lei não a veda!** Ao contrário, a norma em questão prevê que o réu **pode já estar preso quando do trânsito em julgado,** de modo que, inequivocamente, o dispositivo legal em questão trata da expedição da **guia de execução definitiva** da pena.

É importante, ainda, levarmos em consideração que o ordenamento jurídico brasileiro não atribui efeito suspensivo ao Recurso Extraordinário, como dispõem os artigos 27, §2°, da Lei n° 8.038/90, e **art. 637 do Código de Processo Penal.** Nos termos deste último dispositivo legal, *verbis*:

> "*O recurso extraordinário não tem efeito suspensivo, e uma vez arrazoados pelo recorrido os autos do traslado,* ***os originais baixarão à primeira instância, para a execução da sentença.***"

Assim, na esteira do que determinado pelo legislador processual penal, considero que a atribuição do **efeito meramente**

5

STF 102 002

devolutivo aos recursos de natureza extraordinária **não viola a Constituição da República, permitindo que o condenado impugne aquilo que considera passível de recurso, sem impedir o seu recolhimento ao estabelecimento prisional apropriado**.

Não creio haver maiores riscos para o ius *libertatis* com este posicionamento, considerando-se os inúmeros recursos que chegam a ser providos por esta Corte e sabendo-se, de antemão, que **os fatos e provas** discutidos nos autos **não mais poderão ser objeto de análise no bojo do Recurso Extraordinário ou do Recurso Especial**, o que ilide, em muito, a possibilidade de cometimento de arbitrariedades.

Por estas razões, entendo que **não faz sentido interpretar-se os Recursos Excepcionais como uma nova apelação** e, com base no princípio da presunção de inocência, deixar de executar o acórdão **tão-somente em razão de o réu haver interposto um Recurso Extraordinário, que muitas vezes sequer será admitido, por ausência dos pressupostos recursais**.

Faço isso com a maior tranqüilidade por que tenho consciência de que em todas as nações civilizadas é assim que se procede. Esgotada a instância ordinária, ou seja, julgado o réu por um juiz de primeira instância e examinado o seu recurso por um tribunal de apelação, a regra é o cumprimento imediato da decisão.

O máximo que poderá haver é algum vicio formal ou exclusivamente jurídico, que somente **raríssimas vezes** tem o efeito de anular uma sentença condenatória.

Em tais casos, contudo, **se o condenado entender que está sofrendo constrangimento ilegal contra a sua liberdade**, por força de uma nulidade gravíssima e insanável na ação penal a que respondeu, **restar-lhe-á a via do *habeas corpus***, em que poderá demonstrar referida nulidade e solicitar a suspensão do cumprimento da pena.

Ainda assim, a meu ver, **referida alegação somente poderá ser conhecida em caso extremo**, de patente ilegalidade, **tal como a Corte vem fazendo nos casos de superação da Súmula nº 691/STF**. Os critérios devem ser semelhantes.

Ou seja: **a regra é a pronta execução da sentença condenatória**, **uma vez esgotadas as instâncias ordinárias**, **que constitui o devido processo legal**.

Excepcionalmente, poderiam os Tribunais Superiores e o Supremo Tribunal Federal apreciar **pedido de *habeas corpus***, no sentido de suspender a execução da pena privativa de liberdade **caso tenha ocorrido erro grave ou nulidade insanável no julgamento de primeiro ou segundo graus, demonstrados de plano**.

Outra questão que considero importante diz respeito aos **termos** em que a sentença condenatória é proferida, **no primeiro grau de jurisdição.**

Uma **fórmula corriqueira**, quando o juiz pretende permitir ao réu a interposição do recurso de apelação em liberdade, é aquela em que diz: "Concedo ao réu o **direito de recorrer em liberdade**". Foi, exatamente, a expressão utilizada **no caso em análise.**

Claramente, a meu ver, este "**direito de recorrer em liberdade**" diz respeito, **unicamente**, ao **recurso de apelação**, que é o possível de ser interposto contra a sentença. Não se refere nem pode se referir, portanto, a **futuros e incertos recursos contra o eventual acórdão proferido no julgamento da apelação.** Até porque, *a priori*, **não cabe ao juiz de primeira assegurar efeito suspensivo aos recursos de natureza especial e extraordinária**, porque a cada tribunal superior cabe a palavra

7

STF 102.002

final em matéria de **admissibilidade** dos recursos constitucionais da sua alçada.

De todo modo, **quando** a sentença condenatória afirmar que **assegura ao réu o direito de responder em liberdade até o trânsito em julgado da sentença condenatória** – o que não constou da sentença proferida nos autos da ação penal de origem, *in casu* –, então, ou bem o Ministério Público **recorre** desta decisão, **ou terá ela transitado em julgado** para a acusação, **não podendo haver *reformatio in pejus*** neste ponto.

Por fim, deve-se considerar que os fins da pena, de prevenção geral e especial, ficarão completamente perdidos se se aguardar toda a infinidade de recursos que podem ser interpostos pela defesa para dar execução ao decreto condenatório. Com efeito, o transcurso do tempo desde os fatos até o cumprimento da pena faz com que se perca a memória dos motivos que tornam necessária a reprimenda penal. Assim, impede-se a real socialização do apenado e prejudica-se a percepção da necessidade da pena para a vida em uma sociedade ordeira e pacífica.

Por todo o exposto, Senhor Presidente, meu voto, na hipótese, é pela **denegação da ordem**, **admitindo a execução provisória da pena** uma vez exauridas as instâncias ordinárias.

É como voto.

STF 102.002

Supremo Tribunal Federal

1150

05/02/2009 TRIBUNAL PLENO

HABEAS CORPUS 84.078-7 MINAS GERAIS

VOTO

O SENHOR MINISTRO CARLOS BRITTO - Temos, aqui, uma causa instigante, que se traduz, não em um tema de Direito Constitucional, mas em um verdadeiro temário, tantos são os institutos e figuras de direito subjacentes à impetração desse **habeas corpus** e à espera de nossa decisão. Por exemplo: o tema da liberdade de locomoção, do postulado da justiça penal eficaz, da necessidade de prisão cautelar do paciente, todos eles constitucionalmente enlaçados. São temas de matriz constitucional, a exigir deste nosso Tribunal uma interpretação rigorosamente sistemática ou casada. Jamais solteira ou isolada.

Trouxe também um voto por escrito, mas vou me permitir deixar a leitura de lado.

Senhor Presidente, começo a minha interpretação por essa regra matriz da liberdade, que é o inciso LVII do art. 5º da Constituição Federal, **in verbis**:

"*LVII - ninguém será considerado culpado até o trânsito em julgado de sentença penal condenatória;*"

Eu entendo que se trata, mais do que de uma garantia, de um direito substantivo. Direito material cujo conteúdo é a presunção de não culpabilidade. Esse o bem jurídico substantivamente tutelado pela Constituição; ou seja, a presunção de não culpabilidade como o próprio conteúdo de um direito substantivo de matriz constitucional.

Logo, enquanto não sobrevém o trânsito em julgado de sentença penal condenatória, o indivíduo permanece investido nessa presunção de não culpabilidade, nesse direito material à presunção de não culpabilidade.

Não foi por acaso que a Constituição preferiu presunção de não culpabilidade à presunção de inocência. É que a presunção de inocência é muito carregada de sentido coloquial. Todos nós dizemos assim coloquialmente: "o homem é inocente até prova em contrário". A Constituição não se contentou com isso. O indivíduo é inocente, não só até prova em contrário. Vai além disso. Para que ele deixe de ser inocente, é necessário que a prova seja validamente produzida em Juízo, debaixo do devido processo legal, a incorporar as garantias do contraditório e da ampla defesa e, afinal, acolhida, na sua robustez, por uma sentença penal que alcance essa fase última

2

do trânsito em julgado. Tudo isso conjugadamente, para vitalizar o encarecido direito à presunção de não culpabilidade. Portanto, algo ainda mais robusto, mais forte do que a simples presunção de inocência. E a Constituição fez bem, porque a prima-dona dos direitos individuais é a liberdade de locomoção. É a liberdade física de ir e de vir, tanto que, para salvaguardá-la, foi aviado pela Constituição este remédio heróico chamado **habeas corpus**. **Habeas corpus** não por acaso topograficamente precedente de todos os outros remédios heróicos constitucionais ou das ações de urgência: mandado de segurança individual e coletivo, mandado de injunção, **habeas data** e ação popular. Tudo vem depois do **habeas corpus**.

E, daqui, Senhor Presidente, tenho que me remeter para o inciso LXI do art. 5º para saber em que termos esse direito à presunção de não culpabilidade foi relativizado, foi mitigado, porque, somente em uma passagem é que a nossa Constituição quebranta a força desse direito. Foi no inciso LXI: "*ninguém será preso senão em flagrante delito...*" É a confirmação do inciso LXI nessa parte inicial do enunciado normativo. Ou seja, a regra é a liberdade. Ninguém será preso. Esta é que a regra. Ninguém será preso senão em flagrante delito. Então, o flagrante delito, este, sim, relativiza o direito à presunção de não culpabilidade para o fim de prisão. Ele, o flagrante, opera como um fator automático de prisão, de privação da liberdade física. Em momento algum vamos encontrar, na

Constituição, qualquer dos recursos excepcionais - e estou falando do recurso especial e do extraordinário - como causa automática de privação da liberdade de locomoção. Pelo contrário, com essa força da automaticidade, somente o flagrante delito. A circunstância do flagrante é constitucionalmente qualificada como capaz de relativizar, de quebrantar a força do direito à presunção de não culpabilidade. E, em seguida, a Constituição traz outras hipóteses também relativizadoras do direito à presunção de não culpabilidade. Diz a Constituição: "*... ou por ordem escrita e fundamentada de autoridade judiciária competente...*". Seja qual for a fase da persecução penal do Estado. Pode ser inquérito, pode ser processo. Independentemente da fase do inquérito, da fase do processo penal, o juiz, desde que por ordem escrita e fundamentada - desde que seja ele um juiz natural, um juiz para a causa -, pode, sim, decretar a prisão e, finalmente, nos casos de transgressão militar ou crime propriamente militar definidos em lei. Pronto, parece-me que a causa pode ser equacionada nesses dois dispositivos. O Ministro Cezar Peluso vem colocando, de longa data, ênfase nesse aspecto da gravidade ímpar da prisão corporal do indivíduo, em homenagem à irreparabilidade do dano daí resultante; da gravidade e da irreparabilidade desse dano. Porque, de fato, é um dano que projeta os seus efeitos numa dimensão quádrupla contra o preso. Primeiro, com sua ordem de prisão, o indivíduo sofre um abalo

Supremo Tribunal Federal

1154

HC 84.078 / MG

psíquico. A sua autoestima fica ao *rés do chão*. Segundo, é um desprestígio familiar, é um fato que causa uma comoção doméstica, inclusive com repercussão no trabalho, na obtenção do ganho da família. Terceiro, é um fator de desqualificação profissional. O fato em si da prisão circula, chega ao conhecimento de outras pessoas, de outras esferas sociais e o indivíduo que é preso vê reduzidas as suas oportunidades de emprego. E, finalmente, o desprestígio social, o conceito social, que também fica abalado. É tão grave quanto irreparável o dano da prisão nessa quádrupla projeção. Então a ênfase constitucional posta na defesa da liberdade é plenamente explicável. Dir-se-ia, porém, que a sociedade ficará desguarnecida com essa interpretação constitucional feita pelo Supremo Tribunal Federal, guardião-mor da Constituição da República. Mas o Ministro Ricardo Lewandowski ainda há pouco fundamentou o seu voto dizendo que basta ao juiz, com base no artigo 312 do Código de Processo Penal, decretar a prisão cautelar, fazendo-o com base em qualquer daqueles quatro pressupostos do artigo 312: garantia da ordem pública, garantia da ordem econômica, necessidade de aplicação da lei penal, garantia da instrução criminal. O que nos remete para outro tipo de consideração. É preciso prestigiar as instâncias ordinárias que venham a decretar a custódia cautelar desse ou daquele indivíduo. E é preciso prestigiar porque são essas instâncias de base que conhecem os fatos, que lidam com os fatos e

5

provas bem mais de perto que as instâncias excepcionais. Além do que são os magistrados que atuam nessas duas instâncias, a primeira e a segunda, que se expõem fisicamente. Pessoal e familiarmente, por efeito da decretação dessa ou daquela medida constritiva da liberdade do investigado, ou acusado. Como é preciso também que reinterpretemos, quem sabe, o artigo 312. Por exemplo, lá na nossa Primeira Turma, temos tido muita dificuldade - sei que a Segunda Turma também tem, e o Plenário do Supremo não foge a essa contingência - em conceituar um desses pressupostos: o da ordem pública. O que significa ordem pública? O artigo 144 nos dá alguns indicadores: ordem pública é objeto da segurança pública. Mas não significa incolumidade de bens nem incolumidade das pessoas, porque a Constituição diz que a segurança pública se destina à garantia da ordem pública e da incolumidade dos bens e das pessoas. Então são três coisas diferentes: incolumidade dos bens, incolumidade das pessoas, ordem pública. Sabemos o que não seja ordem pública. Mas o que é efetivamente ordem pública? E avançamos um pouquinho na apropriação conceitual do tema, na Primeira Turma, chegando mais ou menos a um consenso: ordem pública é categoria jurídica que pode ser associada a acautelamento do meio social. Quando a situação é de visível acautelamento do meio social, podemos dizer que o bem jurídico da ordem pública está presente.

O SENHOR MINISTRO MARCO AURÉLIO - Concordo com esse enfoque.

O que tenho refutado é a possibilidade de empolgarmos a ordem pública, levando em conta o crime cometido, isso antes de formar-se a culpa.

O SENHOR MINISTRO CARLOS BRITTO - Muito bem, Excelência; de fato, Vossa Excelência tem assim se pronunciado.

Senhor Presidente, desde que a Justiça, com base nesse critério inafastável da necessidade da custódia provisória, fundamente o seu decreto constritivo da liberdade física do indivíduo, e o faça em qualquer das hipóteses do artigo 312, o que se espera do Superior Tribunal de Justiça e do Supremo Tribunal Federal é o prestígio de tal decisão. Com o que teremos a conciliação entre valores constitucionais de primeira grandeza: a liberdade individual, de um lado, e o postulado da justiça penal eficaz, de outro. Mas justiça penal eficaz que não se alcança com o sacrifício do devido processo legal.

Termino o meu voto, apenas fazendo uma brevíssima ressalva de que não estou entrando em contradição, quando há pouco tempo defendi a não aplicabilidade desse direito à presunção de não culpabilidade na esfera eleitoral. É que a esfera eleitoral é o reino do coletivo ou da representatividade popular, obedecendo a outros critérios, a outros vetores e a outros parâmetros

7

constitucionais. Mas, no plano da liberdade individual, em matéria estritamente penal, o meu voto, aqui, é pela concessão do **habeas corpus**.

05/02/2009 TRIBUNAL PLENO

HABEAS CORPUS 84.078-7 MINAS GERAIS

VOTO

O SENHOR MINISTRO CEZAR PELUSO - Senhor Presidente, tenho exteriorizado, até largamente, meu ponto de vista a respeito desse valiosíssimo princípio constitucional do art. 5º, inc, LVII, em especial quando, integrando o Tribunal Superior Eleitoral, votei no famoso caso de candidato a deputado federal do Rio de Janeiro e, nesta Corte, nos outros casos das chamadas "fichas sujas". E, pois, poderia até, não apenas diante desses pronunciamentos, mas sobretudo dos votos que me antecederam, em particular do Ministro Ricardo Lewandowski, que evocou a origem histórica do princípio, limitar-me a breves considerações. Mas vou aproveitar a oportunidade, Senhor Presidente, pela altíssima relevância deste precedente, para deixar claro meu pensamento, pelo menos sobre dois ou três pontos, que, receio, não tenham sido suficientemente explicitados naquelas intervenções anteriores.

Não vou fazer longo histórico, mas tenho de recorrer à História para dar certo encadeamento lógico-jurídico a meu pensamento, recordando que esse princípio foi, como objeto normativo, enunciado, pela primeira vez, em 1789, com a *Declaração dos Direitos do Homem e do Cidadão*, da Revolução Francesa, inspirado na obra de Beccaria, a qual antecede à Revolução em poucos anos – a obra de Beccaria é de 1764 -, e na qual o autor afirma, depois de considerações extremamente graves, que a um homem não se pode chamá-lo de culpado (*réu*) antes da sentença do juiz, nem a sociedade pode negar-lhe proteção pública, até o momento em que fique decidido que violou as convenções pelas quais aquela proteção lhe fora outorgada.

Vossas Excelências se recordam de que Beccaria, um aristocrata, mas iluminista, sustentava a tese de que os cidadãos depositam na mão do Estado, dela abdicando, parte de sua liberdade, para que com ela o Estado os proteja na substância residual dessa mesma liberdade. E Beccaria afirmava tal necessidade diante do caráter extremamente arbitrário do processo penal de então. Para resumir, esse era, no fundo e substancialmente, instrumento de defesa dos interesses do soberano e, por conseguinte, de perseguição política.

Daí, aliás, entre outras notas, a justificação do emprego legalizado de todos os meios possíveis para obtenção da confissão, considerada a rainha das provas, que, como tal, bastava para a condenação. Para encurtar, a tortura e os suplícios institucionalizados só foram abolidos cinco anos antes da Revolução Francesa!

Abstraindo outros aspectos, tratava-se, portanto, de processo extremamente injusto, que contava, ademais, como serviço às suas finalidades arbitrárias, o chamado sistema da *prova legal*, invenção dos escolásticos para dar certa consistência lógica às conclusões do processo inquisitorial e segundo a qual as provas guardavam valor aritmético diferenciado, como ainda se vê ao aforismo - que, não poucas vezes, é invocado nos processos, esquecendo-se de que é só reminiscência daquele sistema indefensável -, do **testis unus, testis nullus** (uma só testemunha é testemunha nenhuma, ou seja, não provava nada).

Logo - e esta é a primeira conclusão do ponto de vista histórico -, a consagração do chamado princípio de inocência do réu aparece nítido como reação política contra a maneira como o réu era tratado no processo. É, portanto, uma conquista histórica sobre o modo de tratamento processual do réu, uma reação contra o tratamento desumano e injusto que lhe dispensava o Estado.

O segundo momento relevante deu-se na Itália, durante não apenas os entrechoques das escolas clássica, positivista e técnico-jurídica, mas também nos famosos debates da Constituição Italiana de 1948, onde se discutiram os fins do processo e as alternativas quanto à condição processual do réu. De um lado, sustentava-se que o processo penal serve para a defesa do réu e da cidadania e, nisso, prevalecia o ponto de vista encabeçado por Carrara. Outra corrente, sobretudo a positivista, que tinha em Ferri um dos chefes de escola, professava que o processo é, antes de tudo, instrumento de defesa da sociedade e do Estado. E, daí, as alternativas entre considerar o réu, no curso do processo, inocente ou culpado, ou, ainda, sob terceiro termo, que nunca foi bem definido, mas que se expressava na palavra "processado" ou "acusado" Quem era "processado", ou réu, não era inocente, nem culpado. Cuidava-se do conceito impalpável de **tertium genus**, que poderia justificar a previsão de uma série de medidas, entre as quais prisão preventiva etc..

3

STF 102.002

Esse debate, que não impediu a inscrição do princípio na Constituição italiana e inspirou nossa atual Constituição da República, girava, portanto, já não sobre o modo de tratamento do réu no processo, mas sobre o modelo do processo que o Estado deveria adotar.

E o terceiro momento foi a *Declaração Universal dos Direitos Humanos*, de 1948, a partir da qual a doutrina e os tribunais, em muitos países, passaram a dar atenção a outro aspecto ou alcance do princípio, no sentido de regular o tema do ônus da prova no processo penal.

Bem, a primeira ênfase que proponho é deixar claro que, quando se alude a princípio da *presunção* da inocência, se usa de metáfora, porque não temos, no caso, nenhuma presunção.

O Direito conhece duas modalidades de presunção: a **Iuris** e a chamada presunção **hominis.** A presunção **Iuris**, como todos sabemos, é técnica operacional pela qual o Direito cria suas realidades de acordo com aquilo que, fora do Direito, ordinariamente acontece. Exemplo escolar é a chamada **praesumptio pater is quem**, que corresponde, ordinariamente, àquilo que acontece nas famílias, em que o marido da mãe é, ordinariamente, o pai da criança.

A segunda espécie de presunção, a **hominis,** é só técnica ou modalidade de raciocínio, que se dá sobretudo no processo de convicção do juiz. Parte-se de fato conhecido e, por indução, pela experiência, chega-se à existência de fato desconhecido. Isso é o que se denomina presunção **hominis**.

HC 84.078 / MG

Ora, o princípio não trata de algum dado estatístico de que a grande maioria dos réus seria inocente no processo penal, logo não é nem pode ser presunção **iuris**, e, muito menos, forma de raciocínio do juiz. O uso da palavra *presunção* deve-se apenas a ter sido o verbo usado na *Declaração* de 1789, mas sem nenhum dos significados técnico-jurídicos a que se liga o uso do termo.

Depois, tampouco significa algum juízo antecipado sobre a culpabilidade ou a inocência do réu. Quando se diz que se deve adotar, no processo, a *presunção* de inocência, não se diz que o Estado, mediante o ordenamento, considera o réu inocente. Isso seria juízo de fato, juízo empírico, que está longe do contexto, da finalidade e do alcance do princípio. Este não constitui afirmação empírica, não é afirmação sobre a verdade de fato de os réus dos processos terem, ou não, cometido os crimes que se lhe atribuem no processo.

O que é, afinal, esse princípio? É apenas um dos mais importantes valores político-ideológicos que o ordenamento jurídico assume em tutela da dignidade da pessoa humana, que é a do réu no processo penal. Noutras palavras: que a pessoa humana, que seja réu no processo penal, não perde sua dignidade por sê-lo. O Estado adota o princípio para resguardar essa condição de dignidade do réu no curso do processo, até que lhe sobrevenha sentença penal condenatória em caráter definitivo.

Daí, aliás, a boa lembrança daquela velha expressão latina **reus sacra res,** o réu é coisa sagrada e, desse ângulo, o princípio aponta não apenas para a necessidade de um tratamento condigno ao réu no curso do processo penal, mas também de que este concretize o modelo de processo que, hoje, diríamos liberal ou de caráter *garantístico*.

Diante desse quadro, o conteúdo jurídico do princípio é, nada mais nada menos, que a expressão de uma garantia no sentido substancial, não no sentido de remédio processual; no sentido substancial de o ordenamento jurídico, em relação ao réu, não lhe poder impor nenhuma medida que atinja sua esfera ou patrimônio jurídico, no sentido largo do termo, enquanto não sobrevenha sentença definitiva condenatória. Ou seja, o ordenamento jurídico-constitucional não tolera, por força do princípio, que o réu, no curso do processo penal, sofra qualquer medida gravosa, cuja justificação seja um juízo de culpabilidade que ainda não foi emitido em caráter definitivo. Toda medida que se aplique, mediante lei, ao réu, no curso do processo, e que não possa ser justificada ou explicada por outra causa jurídica, senão por um juízo de culpabilidade, ofende a garantia constitucional.

E a razão é óbvia, não apenas pela irreversibilidade das medidas gravosas, sobretudo da prisão, diante dos riscos de privação da liberdade de um inocente - e recordei, há pouco, aqueloutra observação de Beccaria de que nem a sociedade, nem a humanidade ganham coisa alguma com a restrição de liberdade de alguém que a final seja considerado inocente-, como porque, e sobretudo, ofende um sentimento inato de justiça, que até as crianças têm. Uma criança é capaz de se rebelar contra punição injusta!

E, evidentemente, o princípio não pode deixar de repercutir também no campo do ônus da prova - mas aqui não quero fazer nenhuma observação em particular sobre o tema, porque não interessa a este caso.

Ora, qual é, por via de conseqüência, a extensão ou o alcance jurídico último desse princípio? Sua extensão ou alcance é elucidado por outro princípio constitucional, a que nem sempre se dá a qualificada importância que guarda no tema e que é o princípio do devido processo legal (*due process of law*).

Tenho insistentemente relembrado que o devido processo legal não é apenas o processo regulado pela lei, porque nisso já seria legal. A Constituição exige mais, exige que o processo, além de ser *legal*, seja *devido*. E, evidentemente, não é o ser devido por lei, que é o *legal*. Devido, então, a que título? A experiência constitucional norte-americana, sobretudo da interpretação desse princípio na história do Direito anglo-saxão, demonstra que a expressão "**due**" - traduzida por nós como *devido* – sempre compreendeu um apelo para *ideais de justiça*. Noutras palavras, o processo, segundo a Constituição, tem que ser *legal*, mas ao mesmo tempo responder às exigências de uma concepção de justiça num dado momento da sociedade, ou seja, *devido por justiça*.

Dai, a atual Constituição italiana, até porque sempre se deu ali muita atenção à experiência norte-americana sobre o devido processo legal, ter introduzido, anos atrás, a um dos seus artigos, nova redação, onde – se não me falha a memória, art. 111 – fala agora no "*giusto processo regolato dalla legge*", isto é, o processo que, além de ser regulado pela lei, deva ser justo.

Ora, não consigo conceber um *processo justo* onde se aplique a alguém, pelo mero fato de ser réu, medida gravosa e de caráter irremediável, como é a privação de sua liberdade. Um processo que permita execução provisória de pena, sem juízo definitivo de condenação e, o que releva, sem reconhecimento definitivo de culpa, decididamente pode ser *legal*, mas *justo* não é, e, não sendo *justo*, não é processo que atenda ao princípio constitucional.

Diante de tudo isso, Senhor Presidente, pergunto-me: e a questão da falta de efeito suspensivo do recurso? Ela, evidentemente, não pode ter nenhuma força contra o princípio constitucional. È de todo em todo inaplicável, não tem eficácia, não incide nesta matéria, sob pena de ofensa à garantia constitucional.

Outra inteligência, com o devido respeito, esvaziaria essa garantia constitucional ou a rebaixaria a provisão de ordem absolutamente secundária, senão inútil, que bem poderia corresponder a absoluta inconseqüência do ponto de vista prático. Por quê? Porque passaria a ser enunciado de caráter só moral da Constituição, que consideraria o réu no processo como se fora inocente, mas para nenhum efeito!

E, mais do que isso - como já havia antecipado, por conta de pequena nota aqui -, não posso, sem grave contradição, depois de ter participado do julgamento plenário do **RE nº 482.006**, tomar outra atitude neste julgamento, senão reafirmando todo o alcance do princípio, agora para proteger um dos mais importantes bens jurídicos que caracterizam a dignidade da pessoa humana, que é a sua liberdade física, e que, nos termos do velho Beccaria, a

Supremo Tribunal Federal **1166**

HC 84.078 / MG

sociedade não pode furtar-se a proteger, enquanto juízo, em caráter definitivo, não lhe reconheça culpabilidade.

São as razões pelas quais, Senhor Presidente, pedindo vênia a todos os votos divergentes, pelos brilhantíssimos votos que já foram dados pelos Ministros Menezes Direito, Cármen Lúcia e Joaquim Barbosa, vou acompanhar integralmente o eminente Relator, concedendo a ordem.

9

STF 102.002

Supremo Tribunal Federal

1167

05/02/2009 **TRIBUNAL PLENO**

HABEAS CORPUS 84.078-7 MINAS GERAIS

VOTO

A Sra. Ministra Ellen Gracie – Senhor Presidente, desejo iniciar a minha manifestação ressalvando – e o faço com muita ênfase – o profundo respeito que guardo pelas posições manifestadas neste Plenário e que são diversas da que manifestarei a seguir.

Em segundo lugar, manifesto também a minha profunda preocupação com os rumos que o julgamento já toma. Creio que o julgamento deste caso transcende em muito ao caso concreto. Revela, Senhor Presidente, antes de mais nada, a falibilidade humana e a falibilidade deste Plenário, porque estamos a alterar jurisprudência velha de vinte anos, em regime plenamente democrático, formada por nada menos que todos os luminares que nos antecederam nessas cadeiras. E sobre uma matéria que não é matéria de somenos; uma matéria que diz respeito a direitos fundamentais, tema de liberdade humana. Portanto estamos concluindo, ao que tudo indica, na sessão de hoje, que estiveram equivocados todos aqueles que nos antecederam durante vinte anos.

Também percebi, Senhor Presidente, pelo andamento das discussões, que o Tribunal se encaminha para considerar possível o recolhimento à prisão, após julgamento de segunda instância confirmando a decisão originária, a decisão de primeiro grau, portanto quando já não mais cabe reexame nem de fatos nem de provas, só as hipóteses que caberiam na letra estrita do art. 312.

Faço questão de revisar esse art. 312 para que nós possamos ter a dimensão exata de qual será a hipótese possível em que a sentença condenatória confirmada em segundo grau venha a ter alguma eficácia.

Supremo Tribunal Federal

1168

HC 84.078 / MG

A prisão preventiva, como todos sabem, pode se dar por garantia da ordem pública. O Ministro Carlos Britto muito brilhantemente nos recordou que este é um princípio extremamente vago, de dificílima aplicação, muito mais frequentemente rejeitado no reexame dos tribunais.

Pode ser também decretada por garantia da ordem econômica. E, aqui, nós estamos diante de uma hipótese ainda mais difícil de ser caracterizada, porque ordem econômica, naturalmente, é aquela ordem econômica mais ampla, ordem nacional. Quem sabe, talvez, pudesse atentar contra a ordem econômica nacional algum ato do Presidente do Banco Central. Fora disso, realmente, muito difícil chegarmos a configurar essa hipótese.

A terceira hipótese é a da conveniência da instrução criminal – já não aplicável, porque a instrução criminal se encerrou. Portanto, ao invés de termos quatro pressupostos, temos apenas três.

Há, ainda, a última hipótese, para assegurar a aplicação da lei penal. Neste caso concreto, Senhor Presidente, o eminente Ministro Menezes Direito foi extremamente cuidadoso ao referir que o réu, na hipótese, está vendendo todo o seu patrimônio; preparando-se, portanto, para colocar-se em condições de evadir-se à aplicação da lei penal.

No entanto, também, essa hipótese muito concreta que se verifica aqui não está sendo considerada pelo Plenário.

Portanto, chego à conclusão de que raras, raríssimas serão as hipóteses em que esta Corte concederá qualquer valia, seja à sentença de primeiro grau, onde extensamente foi examinada prova e fato, ou à sua eventual confirmação pelo segundo grau de jurisdição que, como todos sabemos, tem ampla liberdade para revisar a produção dessas provas e definir a certeza sobre os fatos.

Portanto, essa é a situação, essa é a conseqüência deste julgamento.

2

Supremo Tribunal Federal

1169

HC 84.078 / MG

Mas, feita essa digressão, peço vênia para tomar algum tempo do Plenário com a leitura de um voto, que já havia preparado para outras questões em que havia pedido vista anteriormente, mas a apresentação deste caso me enseja retomar o tema:

"1. A questão central debatida neste *habeas corpus* diz respeito à possibilidade (ou não) de expedição do mandado de prisão contra pessoa que teve sua condenação mantida ou imposta na segunda instância dos órgãos jurisdicionais locais. Tal hipótese envolve a temática do esgotamento das instâncias ordinárias e, consequentemente, de imposição da prisão em decorrência da condenação ainda não transitada em julgado.

Princípio Constitucional da Presunção de Não-Culpabilidade (art. 5º, LVII).

2. Dou à presunção de inocência ou, mais corretamente, à presunção de não-culpabilidade uma extensão diversa daquela sustentada pelo impetrante. Com efeito, entendo que a presunção posta no inciso LVII do art. 5º da Constituição Federal – e que não corresponde à inovação trazida ou inaugurada pelo texto constitucional de 88, pois já figurava nas redações dos textos constitucionais anteriores – é garantia, apenas, de que os acusados sejam tidos e havidos por inocentes durante toda a instrução criminal, sendo-lhes garantido o devido processo legal, em que à acusação incumbe todo o ônus da prova.

De fato, esse princípio de direito processual penal traduziu-se na regra, há muito observada, de caber à parte acusadora a prova da responsabilidade penal do acusado. Todavia, a sentença condenatória que seja mantida pelo tribunal após o devido contraditório e a ampla defesa não deixa a salvo tal presunção. Porque presunção é a mera predeterminação do sujeito a aceitar uma hipótese, enquanto ela não seja invalidada por provas. Por isso mesmo, mera presunção não se sobrepõe a juízo, porque o juízo é formado após a dilação probatória, na qual precisa estribar-se para alcançar uma conclusão condenatória. Logo, a presunção de inocência é substituída, a partir da sentença confirmada, por um juízo de culpabilidade, embora não definitivo, já que sujeito à revisão.

3

Supremo Tribunal Federal

1170

HC 84.078 / MG

3. Segundo entendo, a prática da doutrina da presunção de inocência há de corresponder a um compromisso entre (1) o direito de defesa da sociedade contra os comportamentos desviantes criminalmente sancionados e (2) a salvaguarda dos cidadãos contra o todo poderoso Estado (acusador e juiz). Longe estamos, felizmente, da fórmula inversa em que ao acusado incumbia demonstrar sua inocência, fazendo prova negativa das faltas que lhe eram imputadas. Naquele tempo, nem tão distante, mas felizmente superado, o recolhimento à prisão era a regra. A simples suspeita levantada contra alguém podia levá-lo à prisão por tempo indefinido. Foi este o uso, por exemplo, na França pré-revolucionária, onde o encarceramento, mais que uma política de controle da criminalidade, servia como hábil método de coerção sobre a vontade de devedores relapsos e até mesmo de filhos rebeldes. A rica literatura da época nos oferece excelentes relatos a esse respeito.

Mais recentemente, o direito soviético também optou por esse "privilégio da acusação", e a crônica literária, ainda aqui, nos dá conta das violações de direitos decorrentes. No campo mais ameno da sátira, é conhecida a história da lebre que, ao cruzar a fronteira da ex-URSS, encontrou-se com uma doninha. Esta lhe perguntou: "Por que você está fugindo?" Diz a lebre: "Mandaram prender todos os camelos." E a outra, atônita: "Mas você não é um camelo!" "Claro", remata a lebre, "mas como é que eu faço para provar isso?" O Ministro Celso de Mello, no brilhante voto proferido no HC 73.338, relembrou que entre nós o Estado Novo "*com a falta de pudor que caracteriza os regimes autoritários, criou para o réu a obrigação de provar a sua própria inocência.*" Ora, se aos simples acusados, o direito de então não resguardava do encarceramento, menos ainda aos condenados em processos conduzidos muitas vezes sem oportunidade para o contraditório e o exercício efetivo do direito de defesa.

Pois bem, é dessa situação historicamente documentada, cuja memória deve permanecer como advertência constante, que, em movimento pendular, alguns propõem que se vá até o extremo oposto. Em suma, para sustentar a inviabilidade do recolhimento à prisão, após sentença condenatória confirmada pelo

4

Supremo Tribunal Federal

1171

HC 84.078 / MG

tribunal. Ora, se a presunção de inocência é conquista democrática das mais valiosas, não há de decorrer que, da aplicação desse princípio, resulte a total inanidade da persecução criminal, a desvalia das sentenças mantidas pelo tribunal, o absoluto desamparo da cidadania de bem ante a prática criminosa e a corrosiva sensação de impunidade de que nossa sociedade tanto se ressente.

4. Entendo que o domínio mais expressivo de incidência do princípio da não-culpabilidade é o da disciplina jurídica da prova (CF, art. 5°, LIV). O acusado deve, necessariamente, ser considerado inocente durante a instrução criminal - mesmo que seja réu confesso de delito praticado perante as câmeras de TV e presenciado por todo o país. Por isso mesmo, o ônus da prova recai integralmente sobre a acusação. Não se exige do suspeito que colabore minimamente para a comprovação da veracidade das acusações que lhe são imputadas. Pode calar para ocultar fatos que lhe sejam desfavoráveis. Pode utilizar-se de todos os meios postos à sua disposição pela legislação para contrastar os elementos de prova produzidos pela promotoria e mesmo para impedir o seu aproveitamento quando não sejam obtidos por meios absolutamente ortodoxos. O Ministério Público é que deverá se encarregar de fazer a prova mais completa de materialidade, autoria e imputabilidade. Nessas circunstâncias, o país pode orgulhar-se de contar com uma legislação das mais garantidoras da liberdade e de uma prática jurisprudencial que lhe está à altura.

É, num quadro de grande rigor formal, que, uma vez sopesada a prova e considerada ela como suficiente pelo juiz de primeiro grau, tal demonstração embasará a sentença condenatória que nela deverá fundar suas conclusões, em relação necessária de causa e conseqüência lógica. A sentença é silogismo pelo qual se demonstra que um delito (tipo penal) foi cometido e que o foi pelo acusado, pois nesse sentido convergem as provas constantes dos autos. E sua confirmação pelo tribunal culmina por impedir qualquer rediscussão sobre questões de fato relacionadas ao caso concreto.

É equivocado afirmar que o inciso LVII do art. 5° da Constituição Federal exige o esgotamento de toda a extensa gama recursal, para que, só então, se dê conseqüência à sentença

5

condenatória. Essa extensa gama recursal já foi designada em outra oportunidade pelo Ministro Francisco Rezek como extravagâncias barrocas do processo penal brasileiro. O inciso LVII do art. 5° da Constituição Federal deve ser lido em harmonia com o que dispõem os incisos LIV e LXVI do mesmo dispositivo, os quais autorizam a privação de liberdade desde que obedecido o devido processo legal e quando a legislação não admita a liberdade provisória, com ou sem fiança. Esta é, aliás, a prática internacional. Mesmo em países em que a legislação não é tão generosa em permitir a recorribilidade procrastinatória como acontece no Brasil, mas cuja tradição democrática é reconhecida (como é o caso do Reino Unido), a regra é a de que o réu se recolha à prisão, a partir da sentença condenatória de primeira instância. Aguardar, como se pretende, que a prisão só ocorra depois do trânsito em julgado é algo inconcebível. A prevalecer essa tese, nenhuma prisão poderia haver no Brasil, mesmo após a condenação pelo juiz ser confirmada por tribunal de segundo grau de jurisdição, único competente para reexaminar a autoria, a materialidade e a prova dos fatos. Essa análise não podem fazê-lo nem o Superior Tribunal de Justiça e nem o Supremo Tribunal Federal. Tanto que os recursos especial e extraordinário são desprovidos de efeito suspensivo (Lei 8.038/90, art. 27, § 2°). Não creio que a extrema violência que impera no Brasil e a sensação de impunidade que a morosidade da justiça provoca na sociedade brasileira estejam a recomendar interpretação diversa da que esta Corte firmou no julgamento do HC 72.366.

Nesta linha, vale lembrar, mais uma vez, as palavras do Ministro Francisco Rezek, na apreciação do HC 71.026:

> *"Há países onde se pode conviver, sem conseqüências desastrosas, com a tese segundo a qual a pessoa não deveria ser presa senão depois do trânsito em julgado da decisão condenatória. São países onde o trânsito em julgado ocorre com rapidez, porque não conhecem nada semelhante à nossa espantosa e extravagante prodigalidade recursiva."*

Supremo Tribunal Federal

1173

HC 84.078 / MG

A Convenção Americana sobre Direitos Humanos (Pacto de San José da Costa Rica).

5. A Convenção Americana sobre Direitos Humanos, por sua vez, "não assegura ao condenado, de modo irrestrito, o direito de recorrer em liberdade" (HC 73.151, rel. Min. Moreira Alves, DJ 19.04.1996). Vejamos o seu teor:

> *"Ninguém pode ser privado de sua liberdade física, salvo pelas causas e nas condições previamente fixadas pelas constituições políticas dos estados-partes ou pelas leis, de acordo com elas promulgadas". (artigo 7º, nº 2)*

Vale dizer, o que a Convenção está a reafirmar é a antiga regra segundo a qual a prisão só se pode efetuar nas hipóteses autorizadas pelas Constituições e na forma e nas condições estabelecidas pela legislação editada em sua conformidade. Sua redação não significa indenidade contra efeitos de sentenças condenatórias regularmente proferidas e mantidas pelo tribunal, após instrução processual regular em que assegurado o direito de defesa, nos termos da legislação interna de cada país.

Além do mais, o duplo grau de jurisdição não é garantia constitucional. Di-lo o Professor José Frederico Marques, citado pelo Ministro Celso de Mello no julgamento do HC 72.366:

> *"Vigora no Direito brasileiro o princípio do duplo grau de jurisdição. Trata-se, porém, de postulado não consagrado constitucionalmente, pelo que o legislador ordinário poderá derrogá-lo em hipóteses especiais."*

E mais. O Pacto de San José da Costa Rica não assegura o direito de recorrer em liberdade, mas, sim, o direito de recorrer *tout court*. E seus redatores certamente não tinham em mente a "superabundância tipicamente brasileira de recursos supérfluos" (Min. Francisco Rezek, no HC 72.366). Seria demasia, segundo

7

Supremo Tribunal Federal

1174

HC 84.078 / MG

penso, tentar interpretar o Pacto de San José à luz daquilo que o tratado não previu e que consiste extravagância exclusiva deste país. Leia-se o artigo 25, § 1º, da Convenção:

> *"Toda pessoa tem direito a um recurso simples e rápido ou a qualquer outro recurso efetivo, perante os juízes ou tribunais competentes que a proteja contra atos que violem os seus direitos fundamentais reconhecidos pela Constituição, pela lei ou pela presente Convenção mesmo quando tal violação seja cometida por pessoas que estejam atuando no exercício de suas funções oficiais."*

Portanto, quando a Convenção, nesse artigo, fala em recurso simples e rápido, não está a significar apelação ou acesso ao segundo, terceiro ou quarto grau de jurisdição. O termo recurso, aí empregado, remete à possibilidade, meio ou modo de obter-se remédio pronto contra prisão ilegal. Por isso mesmo, faz destinatários da súplica os juízes e os tribunais competentes, atento às diferentes formas de organização judiciária. Em resumo, a garantia posta em tal artigo encontra-se incluída no conteúdo do inciso LXII do art. 5º da Constituição Federal:

> *"A prisão de qualquer pessoa e o local onde se encontre serão comunicados imediatamente ao juiz competente (...)"*

É mais ampla a proteção pela Constituição Federal. Ela obriga a própria autoridade a submeter a prisão ao crivo do juiz competente. A não ser que se pretenda tomar literalmente uma versão deficiente como a letra definitiva da Convenção, é forçoso reconhecer que também ali não foi consagrado como garantia inarredável o duplo grau de jurisdição. Recurso, na redação do art. 25, § 1º, da Convenção, não significa manifestação de inconformidade contra uma decisão judicial.

8

Supremo Tribunal Federal

1175

HC 84.078 / MG

O Princípio da Proporcionalidade.

6. O princípio da proporcionalidade é uma via de mão dupla. Ao mesmo tempo em que proíbe o excesso, proíbe, também, a insuficiência. De fato, a noção de proporcionalidade, na seara penal, não se esgota na categoria da proibição do excesso, já que vinculada igualmente a um dever de proteção, por parte do Estado, em relação às agressões a bens jurídicos praticados por terceiros. Ou seja, de um lado a proibição do excesso, de outro, a proibição da insuficiência.

Não identifico excesso nenhum quando o legislador torna eficaz, enquanto não modificada, uma sentença condenatória mantida pelo tribunal. Ele parte da presunção de que a condenação foi acertada. Não seria razoável partir da presunção de que ela é sempre desacertada. Qualquer magistrado de segundo, terceiro ou quarto graus de jurisdição sabe que é mínimo o percentual de reformas em decisões condenatórias. Afetado estaria o referido princípio se aceitássemos que alguém pudesse ser privado da liberdade no curso do processo quando não há certeza formada sobre materialidade e autoria (CPP, art. 312), mas não pudesse sê-lo após a sentença condenatória mantida pelo tribunal, quando, ao invés de presunção, já existe juízo de certeza.

Ademais, frágil me parece, com a *vênia devida*, a tese de que as formas diferentes de execução de uma sentença civil proferida contra devedor inadimplente e de uma sentença penal proferida contra sujeito ativo de crime possam comprometer o princípio da proporcionalidade na esfera penal, apenas porque constituem tratamento normativo desigual. Os bens jurídicos tutelados são diversos e diversas, portanto, as formas de execução.

7. Ressalto, ainda, que enquanto a condenação não for mantida pelo terceiro grau de jurisdição, o condenado não ingressa no regime prisional. Aguarda, em presídio próprio, a definitividade da condenação. Só depois da carta de guia é que inicia o cumprimento da pena no regime prisional que foi estabelecido pela sentença condenatória. Não se cuida, portanto, de antecipação da pena, mas de prisão provisória, decorrente de uma condenação mantida pelo segundo grau de jurisdição, dado que os recursos

9

Supremo Tribunal Federal

1176

HC 84.078 / MG

especiais ou extraordinários não se prestam ao reexame da prova, nem dos fatos.

8. Diante do exposto, **denego** a ordem de *habeas corpus*.

É como voto."

Por todas essas razões, renovando as vênias aos eminentes Colegas, especialmente ao Ministro-Relator, denego a ordem de *habeas corpus*.

10

Supremo Tribunal Federal 1177

05/02/2009 **TRIBUNAL PLENO**

HABEAS CORPUS 84.078-7 MINAS GERAIS

ESCLARECIMENTO

O SENHOR MINISTRO EROS GRAU (RELATOR): - Senhor Presidente, uma questão de fato, para esclarecimento.

De fato, há notícia nos autos de que o paciente vendeu todo o patrimônio, por isso foi negada a liminar. Posteriormente, ele demonstrou que vendeu o patrimônio para mudar de ramo comercial. Por essa razão, o Ministro Nelson Jobim, à época, concedeu a liminar.

Supremo Tribunal Federal 1178

05/02/2009 TRIBUNAL PLENO

HABEAS CORPUS 84.078-7 MINAS GERAIS

O SENHOR MINISTRO MARCO AURÉLIO - Senhor Presidente, voto na matéria que, pela vez primeira, o Tribunal enfrenta, fazendo-o em nono lugar. E, até aqui, tem-se cinco votos concedendo a ordem e quatro votos indeferindo-a. O Tribunal está dividido.

Costumo dizer - e, por experiência doméstica, não concordo com isso - que a pena judicante penal feminina é pesada. Penso que é cuidadosa, sensível às balizas do conflito de interesses.

No caso concreto, não cabe discutir se recurso de natureza extraordinária possui ou não eficácia suspensiva. É estreme de dúvidas que não possui. Tanto que, se se quer imprimir esse efeito ao recurso, há necessidade de ajuizar-se ação cautelar pleiteando ao órgão julgador, ao relator, que o faça.

O que se deve definir é se podemos agasalhar, no campo penal - em jogo a liberdade de ir e vir -, as duas espécies de execução: a execução definitiva e a provisória. O que prevalece - e ninguém tem dúvida quanto a isso - no campo patrimonial? Se o recurso possui o tríplice efeito - o primeiro de obstaculizar a coisa julgada, o segundo, o devolutivo e o terceiro, o suspensivo -, não cabe qualquer tipo de execução. Se o recurso possui apenas os dois primeiros efeitos, é possível, com as cautelas próprias, a execução dita provisória e portanto precária. Mas, os atos de constrição esbarram na garantia do juízo ou na caução a ser prestada pelo exequente sequioso de acionar o título judicial.

Isso ocorre porque é possível o retorno ao *statu quo ante*, retornar-se ao estado anterior. Indago: presente a liberdade de ir e vir, perdida a liberdade de ir e vir, vindo o título condenatório a ser alterado mediante recurso, há como se devolver ao condenado a liberdade perdida? Não. Ter-se-á, a meu ver, campo para acionar-se garantia constitucional a revelar caber indenização no caso de prisão à margem da ordem jurídica.

Quando o Superior Tribunal de Justiça editou o Verbete nº 267, confesso que estranhei essa edição de verbete que revela, não tendo o recurso especial efeito suspensivo, ser possível executar-se - a meu ver de forma açodada, precoce, de forma temporã - a pena imposta ao acusado.

Todos estão de acordo. É possível, ainda que o acusado tenha respondido ao processo em liberdade, chegar-se a uma preventiva, quer via sentença, quer acórdão. Evidentemente, essa preventiva estará colocada no campo da absoluta excepcionalidade, exigindo-se apego fidedigno ao que contido no artigo 312 do Código de Processo Penal. Mas, aqui, não se trata de discutir essa possibilidade. O que estamos discutindo é se, havendo uma condenação ainda passível de reforma mediante recurso, pode-se acionar o título condenatório para iniciar-se o que será, sem sombra de dúvidas, a execução da pena. A meu ver, não. Surge o aspecto alusivo à quadra vivenciada pela sociedade brasileira - quadra que admito de delinquência maior. Mas, nessas horas em que se busca com afinco a persecução criminal, para não se descambar para o justiçamento, há de haver o apego às franquias constitucionais e legais, geralmente acionadas por aqueles que, ante as vicissitudes da vida, cometeram um desvio de conduta.

Presidente, desde a primeira hora, sustentei, na Turma, esse ponto de vista segundo o qual não cabe confundir princípios, institutos, expressões e vocábulos a ponto de ter-se o embaralhamento, na discussão, da eficácia do recurso com a execução - imprópria no campo penal - de sentença ou decisão/gênero ainda passível de reforma mediante recurso, contrariando-se, a mais não poder, para mim, o princípio da não-culpabilidade.

Somo meu voto ao do relator, aos votos dos ministros Celso de Mello, Ricardo Lewandowski, Carlos Ayres Britto e Cezar Peluso, no sentido de deferir a ordem, tendo o Verbete nº 267 do Superior Tribunal de Justiça como conflitante com a Constituição Federal.

É como voto.

05/02/2009 **TRIBUNAL PLENO**

HABEAS CORPUS 84.078-7 MINAS GERAIS

À revisão de apartes dos Senhores Ministros Carlos Britto, Celso de Mello e Cezar Peluso.

V O T O

O SENHOR MINISTRO GILMAR MENDES (PRESIDENTE) - Tenho voto escrito sobre o assunto. Já havia me manifestado em outra oportunidade, mas vou poupá-los da leitura, tendo em vista o extenso debate desenvolvido. Farei apenas a juntada.

Faço algumas observações rápidas apenas para dizer que - e eu citei no debate -, sem dúvida, a questão da efetividade no combate à criminalidade é um postulado relevante em toda a discussão, mas, como já demonstrara naquela assentada, no Plenário, o Ministro Cezar Peluso, nada impede que o juiz ou o próprio tribunal de apelação possa fixar a prisão preventiva nessa fase.

O SENHOR MINISTRO CARLOS BRITTO - Em qualquer fase do processo.

O SENHOR MINISTRO GILMAR MENDES (PRESIDENTE) - Exatamente, em qualquer fase do processo. E nós vimos - pelo menos na jurisprudência da Segunda Turma, e imagino que também da Primeira

STF 102.002

Turma - que muitas vezes o juiz, sem essa consciência, fundamentava dando as razões, porque determinava a prisão, e a jurisprudência da Turma encaminhou-se no sentido da sua aceitação. Por outro lado, falou-se da inefetividade do processo criminal entre nós.

Eu tenho dados, decorrentes da atividade no Conselho Nacional de Justiça, que são impressionantes. Apesar dessa inefetividade, o Brasil tem um índice bastante alto de presos. São quatrocentos e quarenta mil presos (dados de 2008), dos quais cento e oitenta e nove mil presos provisórios. Muitos deles há mais de dois, há mais de três anos, conforme se tem encontrado nesses mutirões do Conselho Nacional de Justiça. Portanto, se nós formos olhar por Estados, a situação é ainda mais grave. Nós vamos encontrar alguns Estados com oitenta por cento dos presos nesse estágio provisório.

O SENHOR MINISTRO GILMAR MENDES (PRESIDENTE) - Nos mutirões realizados pelo Conselho Nacional de Justiça, encontraram-se presos, por exemplo, no Estado do Piauí, que estavam - em números muito expressivos - há mais de três anos presos, provisoriamente, sem denúncia apresentada.

O SENHOR MINISTRO CEZAR PELUSO - Sem denúncia?

O SENHOR MINISTRO GILMAR MENDES (PRESIDENTE) - Sem denúncia. No Estado do Piauí, há até uma singularidade. O Secretário de Segurança ou a Secretaria de Segurança do Estado do Piauí concebeu um "inquérito de capa preta", significando que a Polícia diz para a Justiça que não deve soltar aquela pessoa. É um mundo de horrores a Justiça criminal brasileira, muitas vezes com a conivência da Justiça e do Ministério Público.

Quanto aos HCs; O Ministro Ricardo Lewandowski, quando nós discutimos a questão das tais fichas, ADPF nº 144, trouxe um levantamento sobre os REs criminais e a plausibilidade de êxito. Agora, vejam os Senhores que, no levantamento do ano passado, nós tivemos, dos **habeas corpus** conhecidos no Tribunal, a concessão de trezentos e cinqüenta e cinco HCs. Isso significa mais de um terço dos **habeas corpus**. Depois de termos passado, portanto, por todas as instâncias, saindo do juiz de primeiro grau, passando pelos TRFs ou pelos Tribunais de Justiça, pelo STJ, nós temos esse índice de concessão de **habeas corpus**. E, em geral, as discussões, hoje, especialmente as discussões jurídicas, travam-se não em sede de recurso extraordinário, mas em sede de **habeas corpus**, dada a possibilidade de que se maneje esse instrumento. Mas em relação também aos números de recursos extraordinários? Levantamento que fizemos na última hora, aqui, no Supremo Tribunal Federal, entre REs e agravos de instrumentos tratando de tema criminal, 1.749, dos

3

STF 102.002

quais 300 interpostos pelo Ministério Público. Portanto, não é um número tão expressivo. Tenho a impressão de que, com todas as vênias - e é claro ser justa a preocupação, tendo em vista a efetividade da Justiça criminal -, há meios e modos de lidar com esse tema, a partir da própria visão ampla da prisão preventiva, para que, naqueles casos mais graves, o próprio legislador, aqui, possa atuar. Penso que há proposta nesse sentido, no sentido de redimensionar a idéia da prisão preventiva, inclusive para torná-la mais precisa, porque, obviamente, vê-se que há um abuso da prisão preventiva. O Ministro Celso tem liderado, na Turma, nesse sentido. Lembro-me de lições quanto, por exemplo, aos crimes de bagatela - em geral se encontram pessoas presas no Brasil porque furtaram uma escova de dente, um chinelo, coisas assim. Portanto, não se cumpre minimamente aquilo que foi citado pela Ministra Ellen Gracie, aquela comunicação feita ao juiz para que ele atenda ou observe os pressupostos da prisão preventiva. A prisão em flagrante só deve ser mantida se de fato estiverem presentes os pressupostos da prisão preventiva, do contrário o juiz está obrigado, por força constitucional, a relaxar.

Estou absolutamente certo de que esta é uma decisão histórica e importante do Tribunal. Por outro lado, eu tenho a impressão - e faço aqui algumas considerações, conforme já fiz em outro momento - de que nós estamos nesse processo permanente de transição, especialmente no Direito Constitucional, conforme considerações do mestre Häberle:

> *"O Direito Constitucional vive,* ***prima facie****, uma problemática temporal. De um lado, a dificuldade de alteração e a conseqüente duração e continuidade, confiabilidade e segurança; de outro, o tempo envolve agora mesmo, especificamente o Direito Constitucional. É que o processo de reforma constitucional deverá ser feito de forma flexível e a partir de uma interpretação constitucional aberta. A continuidade da Constituição somente será possível se* ***passado e futuro*** *estiverem nela associados."*

E Häberle prossegue num texto fantástico chamado *Zeit und Verfassung* (Tempo e Constituição).

Diz ele:

> *"O que significa tempo? Objetivamente, tempo é a possibilidade de se introduzir mudança, ainda que não haja a necessidade de produzi-la."*
>
> *"O tempo sinaliza ou indica uma reunião (ensemble) de forças sociais e idéias. (...) A ênfase ao 'fator tempo' não deve levar ao entendimento de que o tempo há de ser utilizado como 'sujeito' de transformação ou de movimento (...) A história (da comunidade) tem muitos sujeitos. O tempo nada mais é do que a dimensão na qual as mudanças se tornam possíveis e necessárias(...)."*

É um pouco essa corrida de revezamento por que passam as instituições. Por isso que as composições anteriores não nos vinculam. Esse é um processo contínuo. Eu estou absolutamente tranqüilo de que nós poderemos dizer: a decisão que se tomou no passado era correta, como é correta a decisão que hoje se está a tomar, à luz, inclusive, dos pressupostos fixados no texto constitucional.

Portanto, também eu, pedindo todas as vênias ao magnífico voto do Ministro Menezes Direito, do Ministro Joaquim Barbosa, da Ministra Cármen Lúcia e ao excelente voto da Ministra Ellen Gracie, acompanho o Relator e todos aqueles que se manifestaram também nesse sentido, para deferir a ordem.

Supremo Tribunal Federal 1187

HABEAS CORPUS 84.078-7 MINAS GERAIS

V O T O

O SENHOR MINISTRO GILMAR MENDES:

Introdução

Discute-se no presente *writ* o cabimento da emissão de mandado de recolhimento do réu ao cárcere antes de atingido o trânsito em julgado da sentença penal condenatória, determinada ao ensejo do julgamento de recurso de apelo em segundo grau de jurisdição.

Tal prática se disseminou nos Tribunais de Justiça e Regionais Federais ante o efeito puramente devolutivo que cerca os recursos especial e extraordinário, conforme o disposto no art. 26, §2º, da Lei nº 8.038/90, bem como eventuais agravos de instrumento interpostos ante a negativa de seguimento.

Proclama a Constituição em seu art. 5º, inciso LVII: "ninguém será considerado culpado até trânsito em julgado de sentença penal condenatória." Há, portanto, que se examinar a compatibilidade entre o princípio da presunção de inocência e a ordem de recolhimento quando ainda não houver decisão judicial transitada em julgado contra o acusado.

A orientação tradicional do Supremo Tribunal Federal

Esta Corte vinha reconhecendo, sob o regime constitucional em vigor, a legitimidade da exigência do recolhimento à prisão para interposição de recurso.

A questão foi bastante discutida no HC 72.366, da relatoria do Min. Néri da Silveira, quando este Plenário, por maioria, reconheceu a validade do art. 594 do Código de Processo Penal em face da Constituição de 1988, nos seguintes termos:

> *Habeas Corpus*. 2. Condenado reincidente. Prisão resultante da sentença condenatória. Aplicabilidade do art. 594, do Código de Processo Penal. 3. Os maus antecedentes do réu, ora paciente, foram reconhecidos, na sentença condenatória, e, também, outros aspectos da sua personalidade violenta. 4. Código de Processo Penal, art. 594: norma recepcionada pelo regime constitucional de 1988. Ora, se este artigo é válido, o benefício que dele decorre, de poder apelar em liberdade, há de ficar condicionado à satisfação dos requisitos alí postos, isto é, o réu deve ter bons antecedentes e ser primário. 5. *Habeas Corpus* denegado e cassada a medida liminar. (HC 72.366, Rel. Min. Néri da Silveira, julg. 13.9.1995, DJ 26.11.1999)

Essa orientação já era a dominante em ambas as Turmas do Tribunal. Nesse sentido, dentre outras, foram as decisões proferidas no HC 69.263, 2ª Turma, Rel. para acórdão Min. Carlos Velloso, julg. 07.04.92, DJ 09.10.92; HC 69.559, 1ª Turma, Rel. Min. Octavio Gallotti, julg. 22.09.92, DJ 30.10.92; HC 71.053, 1ª Turma, Rel. Min. Celso de Mello, julg. 22.02.94, DJ 10.06.94.

Tal entendimento veio a ser estendido para as leis especiais que exigem a prisão do condenado para a interposição de recurso de apelação. Destaco as seguintes decisões:

> a) *HABEAS CORPUS*. LEI DOS CRIMES HEDIONDOS. SENTENÇA CONDENATÓRIA. NECESSIDADE DE CUSTÓDIA PARA APELAR. Apelação não conhecida ao argumento de que, negado o benefício da liberdade, o réu não se recolhera à prisão para recorrer. O artigo 2. - par. 2. da lei de crimes hediondos prevê, como

2

regra, a compulsoriedade do encarceramento. *Habeas corpus* indeferido. (HC 70.634, Rel. Min. Francisco Rezek, 2ª Turma, julg. 09.11.93, DJ 24.06.94).

b) *HABEAS CORPUS*. CONSTITUCIONAL. PROCESSO PENAL. TRÁFICO DE ENTORPECENTES. ASSOCIAÇÃO. CRIME HEDIONDO. APELAÇÃO EM LIBERDADE. Não tem direito a apelar em liberdade, réu condenado por crime de tráfico ilícito de entorpecentes em associação, pois trata-se de crime hediondo (L. 8072/90, art. 2º). A constitucionalidade da L. 8.072/90 é reconhecida pela jurisprudência do Tribunal. *Habeas* indeferido. (HC 80.412, 2ª Turma, Rel. Min. Nelson Jobim, julg. 03.10.00, DJ 17.08.01)

c) PENAL. PROCESSUAL PENAL. *HABEAS CORPUS*. TÓXICOS. SENTENÇA CONDENATÓRIA. APELAÇÃO. RECOLHIMENTO À PRISÃO. LEI 6.368/76, art. 35. I. - O condenado por crime previsto no art. 12 da Lei 6.368/76 não pode apelar sem recolher-se à prisão (Lei 6.368/76, art. 35). II. - H.C. indeferido. (HC 72.603, 2ª Turma, Rel. Min. Carlos Velloso, julg. 26.09.95, DJ 24.11.95)

d) *Habeas corpus*. Interpretação conjugada do artigo 35 da Lei n. 6.368/76 com o parágrafo 2. do artigo 2. da Lei n. 8.072/90. A presunção de inocência não impede a prisão em virtude de sentença condenatória ainda pendente de recurso. - Da conjugação dos artigos 35 da Lei 6.368/76 e do parágrafo 2. do artigo 2. da Lei 8.072/90, resulta que a proibição absoluta imposta por aquele foi parcialmente alterada por este (o que importa derrogação e não ab-rogação), transformando-se em proibição relativa, já que admite que a regra - que e a proibição de apelar solto - seja afastada (o que e exceção) por decisão fundamentada do Juiz em sentido contrário. - Esta Corte já decidiu, inclusive por seu Plenário, que a presunção de inocência constante no artigo 5º, LVII, da atual Constituição não impede a prisão em virtude de sentença condenatória ainda pendente de recurso. *Habeas corpus* indeferido. (HC 69.667, 1ª Turma, Rel. Min. Moreira Alves, julg. 01.12.93, DJ 26.02.93)

e) PENAL. PROCESSUAL PENAL. *HABEAS CORPUS*. CRIME HEDIONDO. APELAÇÃO. NECESSIDADE DE O RÉU RECOLHER-SE À PRISÃO. ARTS. 12 E 35 DA LEI 6.368/76 (LEI DE TÓXICOS), C/C ART. 2º, PAR. 2º, DA LEI 8.072/90 (CRIMES HEDIONDOS). I. - Necessidade de o réu recolher-se à prisão para apelar. II. - Não se aplica o disposto no art. 2º, par. 2º, da Lei 8.072/90, se o réu

3

> já se encontrava preso quando da sentença condenatória. III. - A presunção de não culpabilidade até o trânsito em julgado da sentença penal condenatória - C.F., art. 5º, LVII - não revogou o art. 594 do C.P.P. IV. - H.C. indeferido. (HC 71.889, 2ª Turma, Rel. Min. Carlos Velloso, julg. 29.11.94, DJ 24.02.95)

Relativamente a uma das leis objeto da presente discussão, assim firmou a Primeira Turma deste Supremo Tribunal Federal:

> *Habeas corpus*. - Se, em se tratando de crime de quadrilha ou bando, não pode o réu apelar em liberdade (artigo 9º da Lei 9.034/95), não tem ele direito à liberdade provisória enquanto não for julgado seu recurso especial e não transitar em julgado sua condenação. *Habeas corpus* indeferido. (HC 75.583, Rel. Min. Moreira Alves, julg. 9.9.1997, *DJ* 10.10.1997)

Votos vencidos

É verdade, também, que essa posição foi fortemente contestada em diversos votos vencidos. Transcrevo aqui passagem do Ministro Marco Aurélio, reiteradamente manifestada:

> Procede o inconformismo dos Recorrentes quanto à incompatibilidade da regra do artigo 594 em comento com a nova ordem constitucional. Esta é explícita ao revelar como garantia constitucional que "ninguém será preso senão em flagrante delito ou por ordem escrita e fundamentada de autoridade judiciária competente, salvo nos casos de transgressão militar ou crime propriamente militar definidos em lei" (inciso LXI, do artigo 5º). Ora, de prisão em flagrante delito não se cuida nem de hipótese de prisão preventiva em que se exige ordem escrita e fundamentada de autoridade judiciária competente. Também não se tem no caso dos autos o envolvimento de transgressão militar ou de crime propriamente militar. Excluídas as hipóteses contempladas no referido inciso, conclui-se que a prisão deve estar lastreada na certeza da culpa do condenado. Se o inciso LVII do mesmo artigo 5º consigna que ninguém será considerado culpado até o trânsito em julgado de sentença condenatória, impossível é ter como harmônica

4

com a Constituição Federal a regra do artigo 594 do Código de Processo Penal. Trata-se de extravagante pressuposto de recorribilidade que conflita até mesmo com o objetivo do recurso. É contraditório exigir-se daquele que deseja recorrer e, portanto, mostra-se inconformado com o provimento condenatório que se apresente no estabelecimento penal para verdadeiro início do cumprimento da pena. Por outro lado, a inexistência da primariedade e dos bons antecedentes não é de molde a respaldar a prisão. Diz respeito a procedimentos pretéritos do condenado que não formam base ao título condenatório, em relação ao qual se insurge. Impossível é conceber que o recolhimento a ser efetuado seja fruto da inexistência da primariedade e dos bons antecedentes, pois, caso contrário, estar-se-ia incidindo em verdadeiro *bis in idem*.

O que se nota é o balizamento rígido pela Constituição Federal das hipóteses que podem motivar a prisão. Já havendo provimento condenatório, indispensável é que se tenha a culpa do condenado como intangível, ou seja, revelada em sentença judicial trânsita em julgado. A ênfase emprestada pela atual Carta à liberdade exclui que se possa cogitar de verdadeira antecipação do cumprimento da pena, o que ocorrerá caso se imponha o recolhimento do condenado para que possa ver conhecido o recurso que interpôs. O exercício da ampla defesa – e neste está compreendida a interposição de recurso – fica comprometido a partir do momento em que se impõe a necessidade de atender-se a pressuposto que nada tem a ver em si com o recurso, porque ligado à observância, embora temporária, da própria sentença condenatória. Na verdade, subsiste como único móvel da expedição do mandado de prisão o provimento condenatório que, até o trânsito em julgado, por si só, não a respalda, sob pena de presumir-se o extravagante, ou seja, a culpa. (HC 69.263, Rel. para acórdão Min. Carlos Velloso, *DJ* 9.10.1992)

Também o Ministro Sepúlveda Pertence opôs-se à intangibilidade da prisão para apelar sob a égide da Constituição de 1988:

(...) quando se trata de prisão que tenha por título sentença condenatória recorrível, de duas, uma: ou se trata de prisão cautelar, ou de antecipação do cumprimento da pena.

5

HC 84.078 / MG Supremo Tribunal Federal 1192

Ora, não nego que ainda que o réu tenha respondido ao processo em liberdade, a superveniência da sentença condenatória, somada às circunstâncias do caso, possa aconselhar o seu recolhimento à prisão, a título de medida cautelar. Mas, como toda medida cautelar, ela há de ser fundamentada; fundamentada na necessidade cautelar da prisão. Senão Senhor Presidente, a privação da liberdade será, de fato, antecipação de execução de pena. E antecipação de execução da pena, de um lado, com a regra constitucional de que ninguém será considerado culpado antes que transite em julgado a condenação, são coisas, *data venia*, que *hurlent de se trouver ensemble*. (HC 69.964, Rel. Min. Ilmar Galvão, *DJ* 1º.7.1993)

O Ministro Ilmar Galvão assim fundamentava a sua posição:

O mandado de prisão, expedido em cumprimento a sentença condenatória trânsita em julgado, é fora de dúvida que satisfaz à exigência constitucional de ordem escrita e fundamentada. O fundamento está na própria condenação, quando já insuscetível de modificação pelos meios ordinários.

Sentença, nas condições apontadas, é sentença preparada para execução que, no caso da pena privativa de liberdade, se inicia pela expedição do mandado de prisão.

Diversa é a situação da sentença condenatória ainda sujeita a recurso. Em face do princípio da presunção da ausência de culpa, insculpido no inc. LVII (art. 5º), não pode servir de fundamento a uma ordem de prisão. Eventual mandado de prisão que, em função dela, for expedido, configurará hipótese de prisão desfundamentada e, por conseguinte, desautorizada no inc. LXI.

(...)

Não se prestam, pois, para a demonstração do requisito do *periculum in mora*, simples presunções legais, proscritas pelo inc. LVIII, como a decorrente da qualificação subjetiva do agente, da tipologia do crime e do estado do processo. (HC 72.366, Rel. Min. Néri da Silveira, *DJ* 26.11.1999)

O Ministro Maurício Corrêa assim se manifestou sobre essa questão:

6

> Além do mais, atento ao que claramente expressa o § 2° do artigo 5º da C.F. que em sintonia com o tratado que o Brasil aderiu a respeito dos direitos humanos – o chamado Pacto de São José da Costa Rica –, a propósito da garantia do cumprimento do duplo grau de jurisdição, concluo que o artigo 594 do Código de Processo Penal não foi recepcionado pela atual Carta Política da República, pela simples razão de que, por ele, não se assegura ao cidadão o exercício dessa garantia. (HC 72.366, Rel. Min. Néri da Silveira, *DJ* 26.11.1999)

Presunção de não-culpabilidade

Em tese doutoral desenvolvida na Universidade Autônoma de Barcelona, acentua Odone Sanguiné ser a presunção de não-culpabilidade um limite teleológico da prisão provisória. Daí concluir pela impossibilidade desta ser adotada com a finalidade de pena antecipada. Leciona o referido autor:

> A contradição material consistente em impor uma pena antes de que se condene o processado somente pode prosperar *formalmente* mediante a consideração de tal privação de liberdade como uma medida cautelar, não como uma pena. A aporia pode ser resolvida somente se lograrmos estabelecer o ponto de equilíbrio entre exigências opostas, e verificar a base da *ratio* em que a restrição da liberdade pessoal do imputado pode conciliar-se com o princípio da presunção de inocência, que *exclui qualquer identificação entre imputado e culpável antes da sentença de condenação definitiva*. Mas afirmada a compatibilidade entre a prisão provisória e a presunção de inocência, não se pode perder de vista aquele direito fundamental, que sempre resultará vulnerado quando a medida de privação de liberdade não responder a exigências cautelares, convertendo-se em uma pena antecipada. (Sanguiné, Odone. *Prisión Provisória y Derechos Fundamentales*. Tirant lo Blanch, Valencia, 2003, p. 445)

Nesse sentido tem se manifestado o Tribunal Constitucional espanhol, como aponta Sanguiné:

7

> De maneira taxativa, o Tribunal Constitucional rechaça frontalmente, como fim legítimo, a antecipação de pena, declarando que "*em nenhum caso pode perseguir-se, com a prisão provisória, fins punitivos ou de antecipação de pena*", considerando que o "momento essencial desse regime é a consideração da presunção de inocência *como regra de tratamento*. O fato de que o imputado tenha que ser considerado não culpado, *obriga a não castigá-lo por meio da prisão preventiva*. E isso quer dizer que esta *não pode ter caráter retributivo* de uma infração que ainda não tenha sido juridicamente estabelecida", já que "utilizar com tais fins a privação de liberdade *excede os limites constitucionais*". Portanto, não se pode atribuir à prisão provisória uma *finalidade retributiva* incompatível com sua natureza cautelar e com o direito à presunção de inocência do imputado. Neste sentido, o Tribunal Constitucional esclarece que o direito fundamental à presunção de inocência "impõe limites infranqueáveis" à adoção da prisão provisória: "*proscrição à utilização da prisão provisória com o fim de impulsionar a investigação do delito, obter provas ou declarações*" (SSTC 156/1997, f.j.3°; 67/1997, f.j.2ª). Portanto, a satisfação de maneira imediata das demandas sociais de segurança ou inclusive de vingança imediata através da prisão provisória, no caso em que, diante de certos delitos, a sociedade demande uma resposta que não possa demorar-se no tempo, é uma finalidade não admitida pelo Tribunal Constitucional, pois com ela pretende-se conseguir resultados que são próprios da pena, mas que não podem ser assumidos por uma medida, como a prisão provisória, que é decretada anteriormente à sentença. Adotar a prisão provisória nestes casos não é outra coisa senão relacioná-la ao cumprimento de uma pena. (Sanguiné, *op. cit.*, p. 448-449)

Essa também tem sido a posição da jurisprudência alemã, como aponta Sanguiné.

A propósito, transcreva-se a seguinte passagem da decisão de 1965 proferida pela Corte Constitucional alemã:

> No instituto da prisão provisória revela-se a tensão entre o direito de liberdade assegurado nos art. 2, II e o art. 104 da Lei Fundamental e a necessidade inafastável de uma persecução criminal efetiva. A rápida e justa presunção de fatos ilícitos graves não seria possível em muitos

8

> casos, se as autoridades encarregadas da persecução criminal estivessem impedidas, sem qualquer exceção, de obter a prisão do eventual autor do delito. Por outro lado, a definitiva retirada (volle Entziehung) da liberdade é um mal, que, no Estado de direito, só se aplica, fundamentalmente, àquele que tenha praticado um fato previsto como crime, ou que tenha sido definitivamente condenado.
>
> A aplicação dessa medida contra suspeito da prática de um ato criminoso somente será admissível em casos excepcionais. Daí resulta que, em razão da presunção de inocência, somente poderão ser tomadas medidas de restrição de liberdade, semelhantes à pena de prisão, em casos de presunções fortes e urgentes contra o acusado.
>
> A presunção de inocência não está prevista expressamente na Lei Fundamental. Ela corresponde, porém, à convicção geral associada ao Estado de Direito e integra a ordem positiva da RFA por força do disposto no art. 6º., II, da Convenção Européia de Direitos Humanos.
>
> Uma solução adequada desse conflito relativo a dois princípios importantes do Estado de Direito somente será alcançada se se puder contrapor, como corretivo, em face da restrição da liberdade considerada necessária e adequada da perspectiva da persecução criminal, permanentemente a pretensão da liberdade do acusado ainda não condenado. Isso significa: a prisão provisória há de observar na sua decretação de execução, o princípio da proporcionalidade.
>
> A intervenção no direito de liberdade somente será aceitável, se e na medida em que, de um lado, existam dados concretos aptos a colocar em dúvida a inocência do acusado e de outro, se a pretensão legítima da comunidade estatal relativa ao completo esclarecimento e célere punição do responsável não puder ser assegurada senão pela decretação da prisão do suspeito. (*BVerfGE* 19, 347-348)

Também considero que não se pode conceber como compatível com o princípio constitucional da presunção de inocência qualquer antecipação de cumprimento da pena. Aplicação de sanção antecipada não se compadece com a ausência de decisão condenatória transitada em julgado. Outros fundamentos há para se autorizar a prisão cautelar de alguém (vide art. 312 do Código de Processo Penal). No entanto, o cerceamento preventivo da liberdade não pode constituir um castigo àquele que sequer possui uma condenação definitiva contra si.

Parece evidente, outrossim, que uma execução antecipada em matéria penal configuraria grave atentado contra a própria ideia de dignidade humana. Se se entender, como enfaticamente destacam a doutrina e a jurisprudência, que o princípio da dignidade humana não permite que o ser humano se convole em objeto da ação estatal, não há como compatibilizar semelhante ideia com a execução penal antecipada.

A propósito da aplicação da dignidade humana em matéria penal, registre-se este fragmento da decisão proferida pela Corte Constitucional alemã acerca da aplicação de pena perpétua:

> No campo da luta contra a delinqüência, é onde se estabelecem os mais altos requisitos de justiça, o art 1º da Lei Fundamental determina a concepção da essência da pena e da relação entre culpa e expiação. O princípio "*nula poena sine culpa*" é dotado de hierarquia de um princípio constitucional (BverfGe 20, 323 (331). Toda pena deve estar em adequada proporção com a gravidade do fato punível e a culpa do delinqüente (BverfGe 6, 389 (489) 9, 167 (169) 20, 323 (331) 25, 285 s). O mandato de respeitar a dignidade humana significa especialmente que se proíbam as penas cruéis, desumanas e degradantes (BverfGE 1, 332 (348); 6 389 (439). O delinqüente não pode converter-se em simples objeto da luta contra o crime com violação de seus direitos ao respeito e a proteção de seus valores sociais (BverfGE 28m 389 (391). Os pressupostos básicos da existência individual e social do ser humano devem ser conservados (BverfGE 45, 187)

Não vejo como haverá de ser diferente entre nós, diante da importância que se confere ao princípio da dignidade humana, enquadrado como postulado essencial da ordem constitucional (art. 1º, III da Constituição). Na sua acepção originária, este princípio proíbe a utilização ou transformação do homem em objeto dos

10

processos e ações estatais. O Estado está vinculado ao dever de respeito e proteção do indivíduo contra exposição a ofensas ou humilhações. A propósito, em comentários ao art. 1º da Constituição alemã, afirma Günther Dürig que a submissão do homem a um processo judicial indefinido e sua degradação como objeto do processo estatal atentam contra o princípio da proteção judicial efetiva (*rechtliches Gehör*) e ferem o princípio da dignidade humana ["*Eine Auslieferung des Menschen an ein staatliches Verfahren und eine Degradierung zum Objekt dieses Verfahrens wäre die* ***Verweigerung des rechtlichen Gehörs.***"] (MAUNZ-DÜRIG, *Grundgesetz Kommentar*, Band I, München, Verlag C.H.Beck , 1990, 1I 18).

Não se pode perder de vista que a boa aplicação dessas garantias configura elemento essencial de realização do princípio da dignidade humana na ordem jurídica. Assim, não se afigura admissível o uso do processo penal como substitutivo de uma pena que se revela tecnicamente inaplicável ou a preservação de ações penais ou de investigações criminais cuja inviabilidade já se divisa de plano.

Tem-se, nesses casos, flagrante ofensa ao princípio da dignidade da pessoa humana.

O Estado está vinculado ao dever de respeito e proteção do indivíduo contra exposição a ofensas ou humilhações.

Nesse sentido, entende Norberto Bobbio que a proteção dos cidadãos no âmbito dos processos estatais é justamente o que diferencia um regime democrático daquele de índole totalitária:

> A diferença fundamental entre as duas formas antitéticas de regime político, entre a democracia e a ditadura, está no fato de que somente num regime democrático as relações de mera força que subsistem, e não podem deixar de subsistir onde não existe Estado ou existe um Estado despótico fundado sobre o direito do mais forte, são

11

> transformadas em relações de direito, ou seja, em relações reguladas por normas gerais, certas e constantes, e, o que mais conta, preestabelecidas, de tal forma que não podem valer nunca retroativamente. A consequência principal dessa transformação é que nas relações entre cidadãos e Estado, ou entre cidadãos entre si, o direito de guerra fundado sobre a autotutela e sobre a máxima "Tem razão quem vence" é substituído pelo direito de paz fundado sobre a heterotutela e sobre a máxima "Vence quem tem razão"; e o direito público externo, que se rege pela supremacia da força, é substituído pelo direito público interno, inspirado no princípio da "supremacia da lei" (*rule of law*) - (Bobbio, Norberto. *As Ideologias e o Poder em Crise*. Brasília: Ed. Da UnB, 1988, p.p. 97-98).

Em verdade, tal como ensina o notável mestre italiano, a aplicação escorreita ou não dessas garantias é que permite avaliar a real observância dos elementos materiais do Estado de Direito. São elas que permitem distinguir civilização de barbárie.

Assim, tal como a garantia do devido processo legal, o princípio da dignidade da pessoa humana cumpre função subsidiária em relação às garantias constitucionais específicas do processo.

Na espécie, parece ficar evidente que a adoção de uma fórmula abstrata no plano legislativo que determina o recolhimento à prisão de tantos quantos tenham maus antecedentes ou que tenham praticado determinado tipo de delito revela-se totalmente incompatível com a ideia de dignidade humana.

Como se vê, a opção por essa fórmula apodítica, que enseja diferentes concretizações às diversas situações da vida, não se deixa, certamente, compatibilizar com o princípio da dignidade humana.

Princípio da proporcionalidade

Assim é que se faz imprescindível perquirir se a prisão decorrente de sentença condenatória como exigência para recorrer-se atende ao princípio da proporcionalidade.

O princípio da proporcionalidade, também denominado princípio do devido processo legal em sentido substantivo, ou ainda, princípio da proibição do excesso, constitui uma exigência positiva e material relacionada ao conteúdo de atos restritivos de direitos fundamentais, de modo a estabelecer um "limite do limite" ou uma "proibição de excesso" na restrição de tais direitos. A máxima da proporcionalidade, na expressão de Alexy, coincide igualmente com o chamado núcleo essencial dos direitos fundamentais concebido de modo relativo - tal como o defende o próprio Alexy. Nesse sentido, o princípio ou a máxima da proporcionalidade determina o limite último da possibilidade de restrição legítima de determinado direito fundamental.

São três as máximas parciais do princípio da proporcionalidade: a adequação, a necessidade e a proporcionalidade em sentido estrito. Tal como já sustentei em estudo sobre a proporcionalidade na jurisprudência do Supremo Tribunal Federal ("A Proporcionalidade na Jurisprudência do Supremo Tribunal Federal", in *Direitos Fundamentais e Controle de Constitucionalidade: Estudos de Direito Constitucional*, 2ª ed., São Paulo, Celso Bastos Editor: IBDC, 1999, p. 72), há de perquirir-se, na aplicação do princípio da proporcionalidade, se, em face do conflito entre dois bens constitucionais contrapostos, o ato impugnado afigura-se adequado (isto é, apto para produzir o resultado desejado), necessário (isto é, insubstituível por outro meio menos gravoso e igualmente eficaz) e proporcional em sentido estrito (ou seja, se estabelece uma relação ponderada entre o grau de restrição de um princípio e o grau de realização do princípio contraposto).

Passemos ao exame da proporcionalidade no caso em apreço.

Cumpre indagar se a exigência de se recolher à prisão enquanto ainda em trâmite o processo - vez que ainda pendente de

13

admissibilidade e possível exame de recursos especial e extraordinário –, por força de determinação legal, com isso restringindo-se de forma grave o direito fundamental da liberdade atende, no caso, às máximas parciais da proporcionalidade.

Parece certo, ademais, que tal exigência impede a aplicação do princípio da proporcionalidade *in concreto*, tomando como absoluta uma valoração que se assenta exclusivamente num juízo de desvalor genérico – a prática de determinado delito. Semelhante critério viola sem dúvida o princípio da proporcionalidade já na sua acepção de **necessidade**, ou em outros termos, sobre a existência de outro meio igualmente eficaz e menos gravoso.

Na espécie, já se demonstrou à saciedade, a partir dos votos vencidos acima referidos, que os eventuais objetivos de semelhante medida podem ser integralmente alcançados com a adoção da prisão provisória.

Configurada a desnecessidade da medida, tendo em vista sua flagrante inadequação, não há dúvida de que, na espécie, a adoção de fórmulas genéricas, calcadas na mera antecipação da execução da pena por não mais haver recursos com efeito suspensivo à disposição da defesa, resulta ofensiva ao princípio da proporcionalidade na sua acepção de **necessidade**.

Feitas essas considerações, parece-me que o recolhimento à prisão, quando não há uma definitiva sentença condenatória, determinada por lei, sem qualquer necessidade de fundamentação, afronta, a um só tempo, os postulados da presunção de inocência, da dignidade humana e da proporcionalidade. Justamente porque não se trata de uma custódia cautelar, tal como prevista no art. 312, do Código de Processo Penal, que pode efetivar-se a qualquer tempo, desde que presentes os motivos dela ensejadores, o recolhimento à

14

prisão por força legal, tal como se vem aplicando por interpretação da Lei nº 8.038/90, afigura-se-me uma antecipação da pena não autorizada pelo texto constitucional.

Assim, estou também em que o recolhimento à prisão quando ainda cabe recurso da sentença condenatória há que embasar-se em decisão judicial devidamente fundamentada em quaisquer das hipóteses previstas no art. 312 do Código de Processo Penal.

Não se pode negar, porém, que se está aqui, como já apontado, diante de uma proposta de revisão de jurisprudência amplamente consolidada no âmbito do Supremo Tribunal Federal e, que, pela sua importância e aplicação, vinha sendo reafirmada e aplicada cotidianamente no âmbito desta e de outras Cortes do País.

A revisão da jurisprudência

Talvez um dos temas mais ricos da teoria do direito e da moderna teoria constitucional seja aquele relativo à evolução jurisprudencial e, especialmente, à possível mutação constitucional. Se a sua repercussão no plano material é inegável, são inúmeros os desafios no plano do processo em geral e, em especial, do processo constitucional.

Nesse sentido, vale registrar a douta observação de Larenz:

> De entre os factores que dão motivo a uma revisão e, com isso, freqüentemente, a uma modificação da interpretação anterior, cabe uma importância proeminente à alteração da situação normativa. Trata-se a este propósito de que as relações fácticas ou usos que o legislador histórico tinha perante si e em conformidade aos quais projectou a sua regulação, para os quais a tinha pensado, variaram de tal modo que a norma dada deixou de se "ajustar" às novas

15

relações. É o factor temporal que se faz notar aqui. Qualquer lei está, como facto histórico, em relação actuante com o seu tempo. Mas o tempo também não está em quietude; o que no momento da gênese da lei actuava de modo determinado, desejado pelo legislador, pode posteriormente actuar de um modo que nem sequer o legislador previu, nem, se o pudesse ter previsto, estaria disposto a aprovar. Mas, uma vez que a lei, dado que pretende ter também validade para uma multiplicidade de casos futuros, procura também garantir uma certa constância nas relações inter-humanas, a qual é, por seu lado, pressuposto de muitas disposições orientadas para o futuro, nem *toda* a modificação de relações acarreta por si só, de imediato, uma alteração do conteúdo da norma. Existe a princípio, ao invés, uma relação de tensão que só impele a uma solução - por via de uma interpretação modificada ou de um desenvolvimento judicial do Direito - quando a insuficiência do entendimento anterior da lei passou a ser "evidente". (Karl Larenz, *Metodologia da Ciência do Direito*, 3ª. Edição, Lisboa, 1997, p. 495).

Daí afirmar Larenz:

A alteração da situação normativa pode assim conduzir à modificação - restrição ou extensão - do significado da norma até aqui prevalecente. De par com a alteração da situação normativa, existem factos tais como, sobretudo, modificações na estrutura da ordem jurídica global, uma nítida tendência da legislação mais recente, um novo entendimento da *ratio legis* ou dos critérios teleológico-objectivos, bem como a necessidade de adequação do Direito pré-constitucional aos princípios constitucionais, que podem provocar uma alteração de interpretação. Disto falamos nós já. Os tribunais podem abandonar a sua interpretação anterior porque se convenceram que era incorrecta, que assentava em falsas suposições ou em conclusões não suficientemente seguras. Mas ao tomar em consideração o factor temporal, pode também resultar que uma interpretação que antes era correcta agora não o seja. (Larenz, Metodologia, *cit.*, p. 498-500) .

Por isso, ensina, Larenz, de forma lapidar:

O preciso momento em que deixou de ser "correcta" é impossível de determinar. Isto assenta em que as alterações subjacentes se efectuam na maior parte das vezes de modo

16

> contínuo e não de repente. Durante um "tempo intermédio" podem ser "plausíveis" ambas as coisas, a manutenção de uma interpretação constante e a passagem a uma interpretação modificada, adequada ao tempo. É também possível que uma interpretação que aparecia originariamente como conforme à Constituição, deixe de o ser na seqüência de uma modificação das relações determinantes. Então é de escolher a interpretação, no quadro das possíveis, segundo os outros critérios de interpretação, que seja agora a única conforme à Constituição.

No plano constitucional, esse tema mereceu uma análise superior no trabalho de Inocêncio Mártires Coelho sobre interpretação constitucional (Inocêncio Mártires Coelho, *Interpretação Constitucional*. Sergio Antonio Fabris, Porto Alegre, 1997).

No Capítulo 4 da obra em referência, que trata das conseqüências da diferença entre lei e Constituição, propicia-se uma ***releitura*** do fenômeno da chamada ***mutação constitucional***, asseverando-se que as situações da vida são constitutivas do significado das regras de direito, posto que é somente no momento de sua aplicação aos casos ocorrentes que se revelam o sentido e o alcance dos enunciados normativos. Com base em Perez Luño e Reale, enfatiza-se que, em verdade, a norma jurídica não é o *pressuposto*, mas o *resultado* do processo interpretativo ou que a *norma* é a sua *interpretação*.

Essa colocação coincide, fundamentalmente, com a observação de Häberle, segundo a qual não existe norma jurídica, senão norma jurídica interpretada (*Es gibt keine Rechtsnormen, es gibt nur interpretierte Rechtsnormen*), ressaltando-se que interpretar um ato normativo nada mais é do que colocá-lo no tempo ou integrá-lo na realidade pública (*Einen Rechssatz "auslegen" bedeutet, ihn in die Zeit, d.h. in die öffentliche Wirklichkeit stellen - um seiner Wirksamkeit willen*). Por isso, Häberle introduz o conceito de pós-

17

compreensão (Nachverständnis), entendido como o conjunto de fatores temporalmente condicionados com base nos quais se compreende "supervenientemente" uma dada norma. A *pós-compreensão* nada mais seria, para Häberle, do que a *pré-compreensão do futuro*, isto é, o elemento dialético correspondente da ideia de pré-compreensão (Häberle, Peter. "Zeit und Verfassung". in: *Probleme der Verfassungsinterpretation*, org: Dreier, Ralf/Schwegmann, Friedrich, Nomos, Baden-Baden, 1976, p. 312-313).

Tal concepção permite a Häberle afirmar que, em sentido amplo, toda lei interpretada - não apenas as chamadas leis temporárias - é uma lei com duração temporal limitada (*In einem weiteren Sinne sind alle - interpretierten - Gesetzen "Zeitgesetze" - nicht nur die zeitlich befristeten*). Em outras palavras, o texto, confrontado com novas experiências, transforma-se necessariamente em um outro.

Essa reflexão e a ideia segundo a qual a atividade hermenêutica nada mais é do que um procedimento historicamente situado autorizam Häberle a realçar que uma interpretação constitucional aberta prescinde do conceito de *mutação constitucional* (*Verfassungswandel*) enquanto categoria autônoma.

Nesses casos, fica evidente que o Tribunal não poderá *fingir* que sempre pensara dessa forma. Daí a necessidade de, em tais casos, fazer-se o ajuste do resultado, adotando-se técnica de decisão que, tanto quanto possível, traduza a mudança de valoração. No plano constitucional, esses casos de mudança na concepção jurídica podem produzir uma *mutação normativa* ou a *evolução na interpretação*, permitindo que venha a ser reconhecida a inconstitucionalidade de situações anteriormente consideradas legítimas. A orientação doutrinária tradicional, marcada por uma alternativa rigorosa entre *atos legítimos* ou *ilegítimos* (*entweder*

18

als *rechtmässig oder* als *rechtswidrig*), encontra dificuldade para identificar a consolidação de um processo de inconstitucionalização (*Prozess des Verfassungswidrigwerdens*). Prefere-se admitir que, embora não tivesse sido identificada, a ilegitimidade sempre existira.

Daí afirmar Häberle:

> O Direito Constitucional vive, *prima facie*, uma problemática temporal. De um lado, a dificuldade de alteração e a conseqüente duração e continuidade, confiabilidade e segurança; de outro, o tempo envolve agora mesmo, especificamente o Direito Constitucional. É que o processo de reforma constitucional deverá ser feito de forma flexível e a partir de uma interpretação constitucional aberta. A continuidade da Constituição somente será possível se *passado e futuro* estiverem nela associados. (Häberle, Zeit und Verfassung, *cit.*, p. 295-296)

Häberle então indaga:

> O que significa tempo? Objetivamente, tempo é a possibilidade de se introduzir mudança, ainda que não haja a necessidade de produzi-la. (Häberle, Zeit und Verfassung, *cit.*, p. 300).

Tal como anota Häberle, "o tempo sinaliza ou indica uma reunião (*ensemble*) de forças sociais e ideias. (...) A ênfase ao 'fator tempo' não deve levar ao entendimento de que o tempo há de ser utilizado como 'sujeito' de transformação ou de movimento (...). A história (da comunidade) tem muitos sujeitos. O tempo nada mais é do que a dimensão na qual as mudanças se tornam possíveis e necessárias (...)." (Häberle, Zeit und Verfassung, *cit.*, p. 300)

Uma nova visão dos direitos fundamentais e suas repercussões

Não é raro que essas alterações de concepções se verifiquem, dentre outros campos, exatamente em matéria de defesa dos direitos fundamentais. Aqui talvez se mesclem as mais diversas concepções existentes na própria sociedade e o processo dialético que as envolve. E os diversos entendimentos de mundo convivem, sem que, muitas vezes, o "novo" tenha condições de superar o "velho".

É natural também que esse tipo de situação se coloque de forma bastante evidente no quadro de uma nova ordem constitucional. Aqui, entendimentos na jurisprudência, doutrina e legislação tornam, às vezes, inevitável, que a interpretação da Constituição se realize, em um primeiro momento, com base na situação jurídica pré-existente. Assim, até mesmo institutos novos poderão ser interpretados segundo entendimento consolidado na jurisprudência e na legislação pré-constitucionais. Nesse caso, é igualmente compreensível que uma nova orientação hermenêutica reclame cuidados especiais.

Nesse sentido, refiro-me mais uma vez às lições de Larenz:

> O que é para os tribunais civis, quando muito, uma excepção, adequa-se em muito maior medida a um Tribunal Constitucional. Decerto que se poderá, por exemplo, resolver muitas vezes sobre recursos constitucionais de modo rotineiro, com os meios normais da argumentação jurídica. Aqui tão-pouco faltam casos comparáveis. Mas nas resoluções de grande alcance político para o futuro da comunidade, estes meios não são suficientes. Ao Tribunal Constitucional incumbe uma responsabilidade política na manutenção da ordem jurídico-estadual e da sua capacidade de funcionamento. Não pode proceder segundo a máxima: *fiat justitia, pereat res publica*. Nenhum juiz constitucional procederá assim na prática. Aqui a ponderação das consequências é, portanto, de todo irrenunciável, e neste ponto tem KRIELE razão. Certamente que as conseqüências (mais remotas) tão pouco são susceptíveis de ser entrevistas com segurança por um Tribunal Constitucional, se bem que este disponha de possibilidades muito mais amplas do que um simples juiz civil de conseguir uma imagem

20

daquelas. Mas isto tem que ser aceite. No que se refere à avaliação das conseqüências previsíveis, esta avaliação só pode estar orientada à ideia de "bem comum", especialmente à manutenção ou aperfeiçoamento da capacidade funcional do Estado de Direito. É, neste sentido, uma avaliação política, mas devendo exigir-se de cada juiz constitucional que se liberte, tanto quanto lhe seja possível - e este é, seguramente, em larga escala o caso - da sua orientação política subjectiva, de simpatia para com determinados grupos políticos, ou de antipatia para com outros, e procure uma resolução despreconceituada, "racional". (Metodologia, *cit.*, p. 517).

Talvez o caso historicamente mais relevante da assim chamada mutação constitucional seja expresso na concepção da igualdade racial nos Estados Unidos. Em 1896, no caso *Plessy versus Ferguson*, a Corte Suprema americana reconheceu que a separação entre brancos e negros em espaços distintos, no caso específico - em vagões de trens - era legítima. Foi a consagração da fórmula "*equal but separated*". Essa orientação veio a ser superada no já clássico *Brown versus Board of Education* (1954), no qual se assentou a incompatibilidade dessa separação com os princípios básicos da igualdade.

Nos próprios Estados Unidos, a decisão tomada em *Mapp versus Ohio*, 367 U.S. 643 (1961), posteriormente confirmada em *Linkletter versus Walker*, 381 U.S. 618 (1965), a propósito da busca e apreensão realizada na residência da Sra. Dollree Mapp, acusada de portar material pornográfico, em evidente violação às leis de Ohio, traduz uma significativa mudança da orientação até então esposada pela Corte Suprema.

A condenação de Dolree Mapp foi obtida com base em evidências obtidas pela polícia quando adentraram sua residência, em 1957, apesar de não disporem de mandado judicial de busca e apreensão. A Suprema Corte, contrariando o julgamento da 1ª. Instância, declarou que a *'regra de exclusão'* (baseada na Quarta

21

Emenda da Constituição), que proíbe o uso de provas obtidas por meios ilegais nas Cortes federais, deveria ser estendida também às Cortes estaduais. A decisão provocou muita controvérsia, mas os proponentes da *'regra de exclusão'* afirmavam constituir esta a única forma de assegurar que provas obtidas ilegalmente não fossem utilizadas.

A decisão de *Mapp v. Ohio* superou o precedente *Wolf v. Colorado*, 338 U.S. 25 (1949), tornando a regra obrigatória aos Estados, e àqueles acusados, cujas investigações e processos não tinham atendido a estes princípios, era conferido o direito de *habeas corpus*.

Em 1965, a Suprema Corte americana julgou o caso *Linkletter v. Walker*, 381 U.S. 618, no qual um condenado por arrombamento na Corte de Louisiana requereu o direito de *habeas corpus*, com fundamento na decisão do caso *Mapp v. Ohio*.

A Suprema Corte decidiu contrariamente à aplicação retroativa da norma, naqueles casos que tiveram o julgamento final antes da decisão proferida em Mapp. Essa mudança foi descrita por Christina Aires Lima em sua dissertação de Mestrado:

> Apesar do entendimento da Corte Federal do Distrito de Lousiana e da Corte de Apelação do Estado, de que no caso *Linkletter* as investigações sobre a pessoa e bens do acusado foram feitas de modo ilegal, tais Cortes decidiram que a regra estabelecida no caso *Mapp* não poderia ser aplicada retroativamente às condenações das cortes estaduais, que se tornaram finais antes do anúncio da decisão do referido precedente.
>
> As decisões dessas Cortes foram fundadas no entendimento de que, conferir-se efeito retroativo aos casos que tiveram julgamento final antes da decisão do caso *Mapp*, causaria um enorme e preocupante problema para a administração da Justiça.

22

> A Suprema Corte americana admitiu o *certiorari* requerido por *Linkletter*, restrito à questão de saber se deveria, ou não, aplicar efeito retroativo à decisão proferida no caso *Mapp*. (Lima, Christina Aires Corrêa. *O Princípio da Nulidade das Leis Inconstitucionais*, UnB, 2000, p. 84)

Ao justificar o indeferimento da aplicação da norma retroativamente, a opinião majoritária da Corte Suprema americana, no julgamento do caso *Linkletter v. Walker*, foi no seguinte sentido:

> Uma vez aceita a premissa de que não somos requeridos e nem proibidos de aplicar uma decisão retroativamente, devemos então sopesar os méritos e deméritos em cada caso, analisando o histórico anterior da norma em questão, seu objetivo e efeito, e se a operação retrospectiva irá adiantar ou retardar sua operação. Acreditamos que essa abordagem é particularmente correta com referência às proibições da 4ª Emenda, no que concerne às buscas e apreensões desarrazoadas. Ao invés de "depreciar" a Emenda devemos aplicar a sabedoria do Justice Holmes que dizia que "na vida da lei não existe lógica: o que há é experiência. (*United States Reports*, Vol. 381, p. 629).

E mais adiante ressaltou:

> A conduta imprópria da polícia, anterior à decisão em *Mapp*, já ocorreu e não será corrigida pela soltura dos prisioneiros envolvidos. Nem sequer dará harmonia ao delicado relacionamento estadual-federal que discutimos como parte do objetivo de *Mapp*. Finalmente, a invasão de privacidade nos lares das vítimas e seus efeitos não podem ser revertidos. A reparação chegou muito tarde. (*United States Reports*, Vol. 381, p. 637).

No direito alemão, mencione-se o famoso caso sobre o regime da execução penal (*Strafgefangene*), de 14 de março de 1972. Segundo a concepção tradicional, o estabelecimento de restrições aos direitos fundamentais dos presidiários mediante atos normativos secundários era considerada, inicialmente, compatível com a Lei Fundamental. Na espécie, cuidava-se de *Verfassungsbeschwerde* proposta por preso que tivera carta dirigida a uma organização de ajuda aos presidiários interceptada, porque continha críticas à direção do presídio. A decisão respaldava-se em uma portaria do Ministério da Justiça do Estado.

A Corte Constitucional alemã colocou em dúvida esse entendimento na decisão proferida sobre problemática da execução penal, como se logra depreender da seguinte passagem do acórdão:

> O constituinte contemplou, por ocasião da promulgação da Lei Fundamental, a situação tradicional da execução da pena, tal como resulta dos artigos 2º, parágrafo 2º, 2º período, e 104, parágrafos 1º e 2º da Lei Fundamental, não existindo qualquer sinal de que ele partira da premissa de que o legislador haveria de editar uma lei imediatamente após a entrada em vigor da Lei Fundamental. Na apreciação da questão sobre o decurso de prazo razoável para o legislador disciplinar a matéria e, por conseguinte, sobre a configuração de ofensa à Constituição, deve-se considerar também que, até recentemente, admitia-se, com fundamento das **relações peculiares de poder** (**besondere Gewaltverhältnisse**), que os direitos fundamentais do preso estavam submetidos a uma restrição geral decorrente das condições de execução da pena. Cuidar-se-ia de limitação implícita, que não precisava estar prevista expressamente em lei. Assinale-se, todavia, que, segundo a orientação que se contrapõe à corrente tradicional, a Lei Fundamental, enquanto ordenação objetiva de valores com ampla proteção dos direitos fundamentais, não pode admitir uma restrição **ipso jure** da proteção dos direitos fundamentais para determinados grupos de pessoas. Essa corrente somente impôs-se após lento e gradual processo. (*BVerfGE* 33, 1 (12))

A especificidade da situação impunha, todavia, que se tolerassem, provisoriamente, as restrições aos direitos fundamentais dos presidiários, ainda que sem fundamento legal expresso. O legislador deveria emprestar nova disciplina à matéria, em consonância com a orientação agora dominante sobre os direitos fundamentais.

A evolução do entendimento doutrinário e jurisprudencial - uma autêntica *mutação constitucional* - passava a exigir, no entanto,

24

que qualquer restrição a esses direitos devesse ser estabelecida mediante expressa autorização legal.

Conclusão

Por tais motivos, firme no entendimento de que a ordem de prisão antes de atingido o trânsito em julgado da sentença penal condenatória, sem expressa e fundamentada indicação dos requisitos e fundamentos da prisão preventiva, segundo trata o art. 312 do Código de Processo Penal, ofende diretamente o princípic de presunção de não-culpabilidade de que trata o art. 5º, LVII, da Constituição Federal, defiro a ordem de *habeas corpus*.

É como voto.

Supremo Tribunal Federal **1212** Página

PLENÁRIO

EXTRATO DE ATA

HABEAS CORPUS 84.078
PROCED.: MINAS GERAIS
RELATOR : MIN. EROS GRAU
PACTE.(S): OMAR COELHO VITOR
IMPTE.(S): OMAR COELHO VITOR
ADV.(A/S): JOÃO EDUARDO DE DRUMOND VERANO E OUTRO(A/S)
ADV.(A/S): LUÍS ALEXANDRE RASSI
COATOR(A/S)(ES): SUPERIOR TRIBUNAL DE JUSTIÇA

Decisão: Após o voto do Ministro Eros Grau, Relator, indeferindo o pedido de **habeas corpus** e cassando a liminar concedida, pediu vista dos autos o Ministro Carlos Britto. Falou pelo paciente o Dr. João Eduardo de Drumond Verano. 1ª Turma, 26.10.2004.

Decisão: Prosseguindo o julgamento, a Turma, por maioria de votos, decidiu remeter o presente pedido de **habeas corpus** a julgamento do Tribunal Pleno; vencidos os Ministros Cezar Peluso e Eros Grau, Relator. 1ª. Turma, 24.11.2004.

Decisão: Após o voto do Senhor Ministro Eros Grau (relator), concedendo a ordem, pediu vista dos autos o Senhor Ministro Menezes Direito. Ausentes, justificadamente, a Senhora Ministra Ellen Gracie (Presidente) e o Senhor Ministro Cezar Peluso. Falou pelo paciente o Dr. Luís Alexandre Rassi e, pelo Ministério Público Federal o Procurador-Geral da República, Dr. Antônio Fernando Barros e Silva de Souza. Presidência do Senhor Ministro Gilmar Mendes (Vice-Presidente). Plenário, 09.04.2008.

Decisão: Prosseguindo no julgamento, o Tribunal, por maioria, deferiu a ordem de *habeas corpus*, nos termos do voto do Relator, vencidos os Senhores Ministros Menezes Direito, Cármen Lúcia, Joaquim Barbosa e Ellen Gracie. Votou o Presidente, Ministro Gilmar Mendes. Plenário, 05.02.2009.

Presidência do Senhor Ministro Gilmar Mendes. Presentes à sessão os Senhores Ministros Celso de Mello, Marco

STF 102.002

Aurélio, Ellen Gracie, Cezar Peluso, Carlos Britto, Joaquim Barbosa, Ricardo Lewandowski, Eros Grau, Cármen Lúcia e Menezes Direito.

Vice-Procurador-Geral da República, Dr. Roberto Monteiro Gurgel Santos.

p/Luiz Tomimatsu
Secretário

STF 102.002